U0928440

中国证券职业操盘实训教材，广东经济出版社出版

独创国内首部证券职业操盘实训教材，属史无前例
系统解剖主力机构鲜为人知的操盘行为，价值连城

深度分析股价涨跌背后的核心奥秘，鞭辟入里，绝
免费网校证券操盘学院从头到尾逐一讲解全书，酷

顶级职业操盘手　资深投资家倾情力作，不可不读
大型私募机构操盘手内训教材！专注、专业、权威

中国证券职业操盘实训教材

伍朝辉　著

操盘学

职业操盘手实战入门宝典

《道破股市天机》系列丛书作者伍朝辉又一力作

实战技术交易系统训练

中册

廣東省出版集團
广东经济出版社

图书在版编目（CIP）数据

操盘学. 中册 / 伍朝辉著. —广州：广东经济出版社，2009.1（2011.8 重印）
（《道破股市天机》系列丛书）
ISBN 978－7－5454－0051－9

Ⅰ. 操… Ⅱ. 伍… Ⅲ. 股票－证券交易－基本知识 Ⅳ. F830.91

中国版本图书馆 CIP 数据核字（2008）第 195418 号

出版发行	广东经济出版社（广州市环市东路水荫路 11 号 11～12 楼）
经销	全国新华书店
印刷	广东新华印刷有限公司（广东省佛山市南海区盐步河东中心路）
开本	787 毫米×1092 毫米 1/16
印张	21 2 插页
字数	303 000 字
版次	2009 年 1 月第 1 版
印次	2011 年 8 月第 13 次
印数	48 001～51 000 册
书号	ISBN 978－7－5454－0051－9
定价	66.00 元

如发现印装质量问题，影响阅读，请与承印厂联系调换。
发行部地址：广州市环市东路水荫路 11 号 11 楼
电话：（020）38306055 38306107 邮政编码：510075
邮购地址：广州市环市东路水荫路 11 号 11 楼
邮购电话：（020）37601950 邮政编码：510075
营销网址：**http：//www.gebook.com**
广东经济出版社常年法律顾问：何剑桥律师

中国证券职业操盘实训教材《操盘学》策划手记

广东经济出版社投资理财编辑室　罗振文

一、为什么要策划出版《操盘学》

如果你要全面系统学习操盘技术，百度一下，很难查找到比较合适的教材。虽然网络上关于操盘的文章已经不少，市场上关于操盘的书籍也不少，但是，真正实用的、系统的、全面的讲述证券操盘技术的著述却不多。为了筹建证券操盘学院这所网络学院，我准备了很长时间，其中的艰辛，难与君说。光是配备教材这一项，就耗费了很多时间和精力，但还是很难找到合适的，甚至可以说很难寻觅到像样的适用的教材。于是长叹息，唉……

2008年某月的某一天，和朝辉（私募）投资管理机构管理人暨国内顶级职业操盘手伍朝辉先生喝下午茶，聊及此事，相对无语。稍后，伍总说，此事很少有人愿意涉足，因为，个中工作量之巨大和写作的艰辛，非常人所能承受。我问他，假如我们策划一套证券操盘技术实训教材，名字就叫《操盘学》，并由你来执笔，你觉得如何。伍总当时直摇头。

为什么？

难啊！

这是一件非常人所能想像的事情。

但是，我坚持认为，这是一件史无前例的大事，是利在当代，功在千秋的创举！

它是前无古人的，是中外证券史上堪称开天辟地的壮举，于投资者而言，功德无量。

于是，我反复游说伍总，从独创《操盘学》的现实意义、将来在证券史上的历史地位、对投资者的影响和对机构的震撼力，诸如此类的宏大意义和深远影响，连珠炮的说了一通。最后，我十分郑重地说，就这么定了，伍总，你一定要创作《操盘学》，这是即将影响一代人乃至 N 代人的光荣任务，要圆满的完成它，就非你莫属了！你义不容辞！

伍总思索再三，欣然应允。

于是，我们就这样敲定了书名。

在伍总长达数月的伏案挥笔，反复推敲，数易其稿之后，我们才有了今天的这套中国证券职业操盘实训教材《操盘学》。个中的辛劳，真是一言难尽啊！

二、《操盘学》究竟是什么

关于《操盘学》，究竟要写点什么呢？首先是它的定位。我把它定位为培养投资者职业素养和专业水准的实训教材。这里的关键词是职业素养、专业水准！这是全书写作的出发点，也是架构全书的基点。关于这个问题，我和伍总的意见是很吻合的，绝对一致的。我们的愿望是通过这一套实训教材，训练投资者尤其是中小投资者的职业素养，提升自己的专业水准，在风险奇高的证券市场上立于不败之地。这也是我们策划出版这套教材的初衷。

于是，我们约定，这套《操盘学》必须凸显以下几个方面的内容：

必须将盘口即时交易的分笔成交量进行详细的技术分析，使读者可以从目标个股的分笔成交量分析中解读到主力资金的操盘意图。

必须将盘口即时价格走势与大盘当日走势相结合进行详细的分析，使读者通过这种对比分析发现目标个股的操盘技术特征，以便制定自己的操盘对策。

必须将资金管理策略与大盘趋势环境相结合进行详细的解读，使读者通过这种解读，结合自身实际逐步建立起自己的交易管理系统和资金管理系统。

最为重要的一点，是必须系统地深入浅出的讲解职业投资者必须具备的职业操盘方法、职业投资思维模式，帮助他们建立职业操盘的交易模型，以便形成职业操盘的思维模式，逐步养成良好的职业素养，以切实提高投资者的投资水平。

现在，《操盘学》已经顺利完成了，在付梓之际，回顾之前定下的写作目标，我感到十分欣慰。因为，伍总在十分繁忙的机构管理事务之余，牺牲了无数的休息时间，几乎完美地达成了我们预定的写作目标。

三、《操盘学》出版的意义

从某种意义上，可以这样说，《操盘学》是一部在中外证券史上具有划时代意义的鸿篇巨著，它独创了国内首部证券职业操盘实训教材，它是属于前无古人的，史无前例的。它的策划和出版，必将对证券市场上林林总总的投资行为和各色各样的投资者产生积极而深远的影响。而且，这种影响很快就可以切实地感受得到。

具体来说，中国证券职业操盘实训教材《操盘学》全面系统的解剖了主力机构鲜为人知的操盘行为，使投资者对主力机构有了更为深刻的具体细致的认知，这些价值连城的解剖必将影响投资者的操盘行为，直接或间接地触动整个市场的神经。

再更细致一步来说，由于中国证券职业操盘实训教材《操盘学》深度分析了股价涨跌背后的核心奥秘，鞭辟入里，简明实用，对投资者尤其是中小投资者的日常操作直接产生作用，从而帮助他们学好技术，改变命运，创造财富。这是伍总最大的心愿，也是最功德无量的最无私的奉献。

总而言之，中国证券职业操盘实训教材《操盘学》是不同寻常的、意义非凡的，它的出版，必将引起市场广为注目！它的影响是深远的，难于估量的！

四、怎样阅读和使用《操盘学》

《操盘学》在写作上体现了实训教材的特色，语言朴素平实，言简意赅，直指要义。在阅读的时候，建议对照软件，注意比照学习，才能收到最佳效果。

全书的架构，共分为三个大板块，分别从股价盘口动态信息、技术交易系统和实战操盘策略三大重要内容来进行详细讲解。读者可以根据自身的实际需要，选择优先阅读的章节。

● 上册是初级盘口语言信息训练教学课程，讲解最基础的盘口实战语言信息，以及通过这些信息所反映的股价技术特征。

● 中册是中级实战技术交易系统训练教学课程，主要讲解实战买卖进出的技术系统与技术要点，通过对技术系统中特定的买卖信号进行优化并跟踪操作。

● 下册是高级操盘策略训练教学课程，讲解实战资金管理、技术交易系统的建仓与仓位控制管理，大盘环境与操盘策略，并重点讲解了针对不同市况环境下的仓位管理与风险防范措施。

难忘的2008年即将过去，在这辞旧迎新的时刻，能够推出这部重磅的职业操盘实训教材，既感到欣慰，又感到责任重大。正如作者伍朝辉总裁所言，“在本书出来之后，我希望有更多的投资专家和大师们出来做这样的工作。不遗余力，全国奔走，教育和引导各地的中小投资者不断成长。而不是冷眼旁观，看着更多的股民变成‘赌民’，看着更多人在盲目投资中倾家荡产财富缩水。”我们竭诚欢迎有志之士加盟我们的团队，做好中国证券职业操盘实训教材《操盘学》的宣传推广工作。我的联系方式是：

广东经济出版社罗振文工作室
室主：罗振文
地址：广州市环市东路水荫路11号12楼
邮编：510075
电话：020 87612179
传真：020 37603207
手机：13719061809
邮箱：139601998@qq. com
QQ号：139601998 130601998

罗振文谨记

二零零八年十二月十八日

教材简介

本教材的目的是为了培养职业投资者的操盘技能和投资素质，训练职业投资者的盘口触觉和视觉，从而提高实战操盘水平。因而，本教材立足职业操盘手的实战训练需求，共分为三个大板块，分别从股价盘口动态信息、技术交易系统和实战操盘策略三大重要内容来进行详细讲解。

上册是初级盘口语言信息训练教学课程，讲解最基础的盘口实战语言信息，以及通过这些信息所反映的股价技术特征。

中册是中级实战技术交易系统训练教学课程，主要讲解实战买卖进出的技术系统与技术要点，通过对技术系统中特定的买卖信号进行优化并跟踪操作。

下册是高级操盘策略训练教学课程，讲解实战资金管理、技术交易系统的建仓与仓位控制管理，大盘环境与操盘策略，并重点讲解了针对不同市况环境下的仓位管理与风险防范措施。

目 录

第一章

大阳K线交易系统

本章学习目标

1. 认识大阳 K 线。
2. 掌握大阳 K 线的构成特点。
3. 分析大阳 K 线的力度特征和相关标准。
4. 学习大阳 K 线交易系统的买进技术法则。
5. 掌握大阳 K 线的滚动操盘技术法则。
6. 认识与辨别大阳 K 线交易系统的误区。
7. 如何规避大阳 K 线交易系统的技术风险。

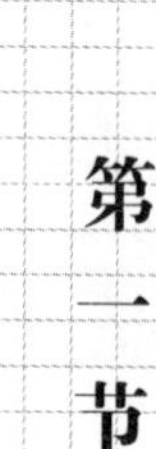

第一节 大阳K线概述

一、名词解释：大阳K线

大阳K线是指当天交易过程中，股价呈现持续放量的攻击式上涨特征，并在交易结束时，股价涨幅仍然达到7%以上的阳K线结构。大阳K线出现时，盘中量增价升，全天换手率大于5%以上，量价配合十分健康。而反映在日K线图表中，大阳K线和大量柱均呈正比性放大关系。如图1、图2所示。

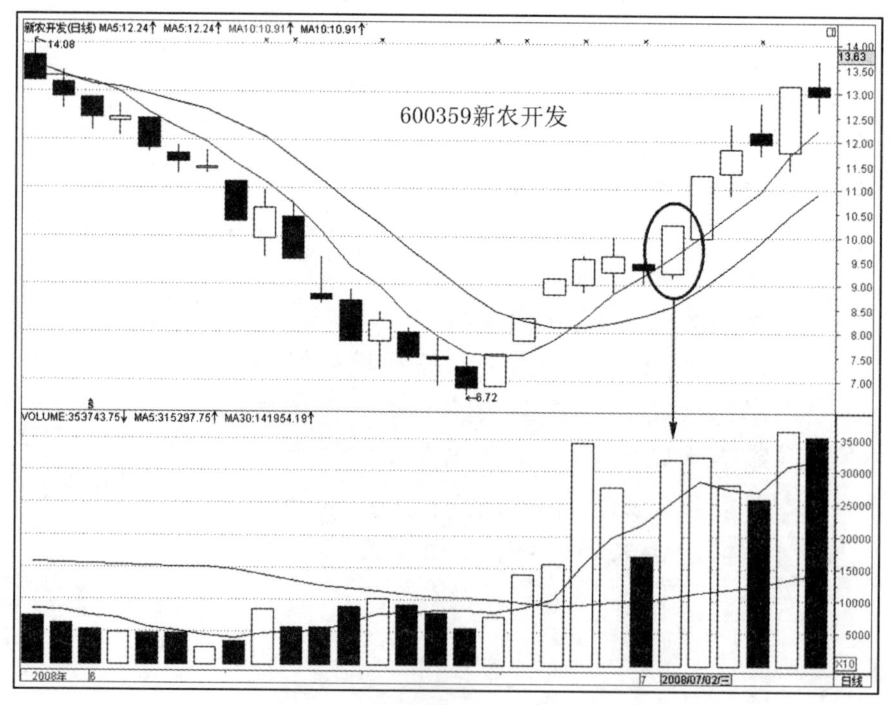

（图1）

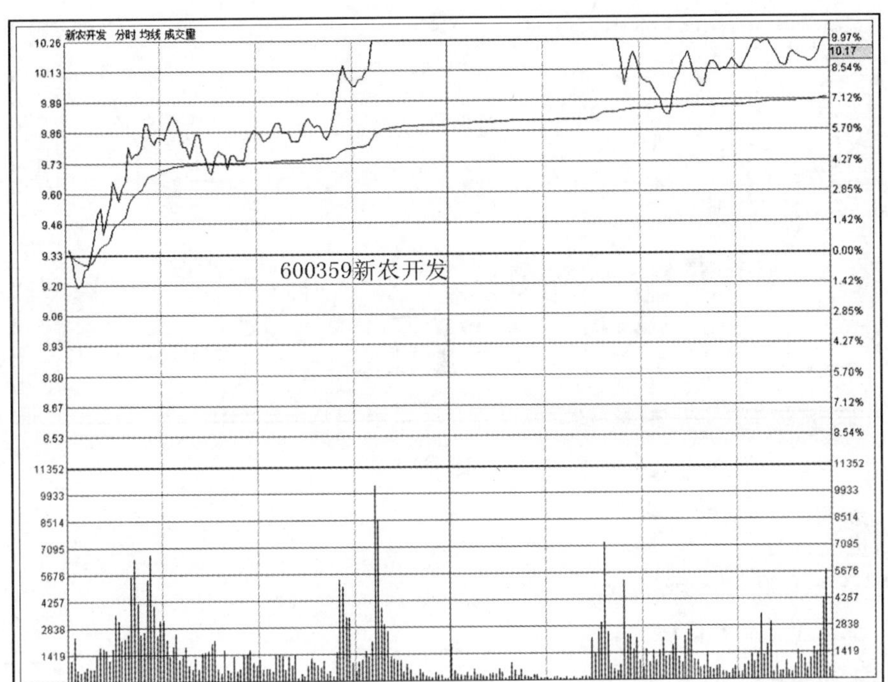

（图 2）

大阳 K 线是最经典的主力操盘特征。因而，所有的大阳 K 线均是由主力资金在盘中积极性买进所形成的结果。大阳 K 线充分的体现了主力在一个阶段趋势的操盘意图。

二、大阳的标准

针对大阳 K 线的标准历来就无准确的定论。在国际规范的证券市场中，一般均没有设定涨跌停板的限制制度，对大阳 K 线的标准较难界定。而在我国证券市场，由于已经有涨跌停板的限制制度存在，因此，可以通过对大阳 K 线制定一些参考性标准，用以方便对股价的强弱特征作出精确的判断，具体如下：

1. 涨幅标准：

A. 全天振幅：10％以上。

B. 收盘涨幅：7％以上。

如图 3 所示。

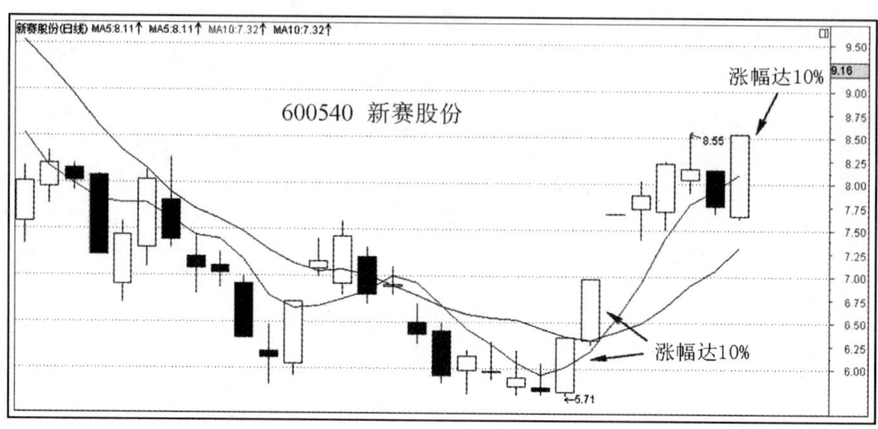

（图 3）

2. 量能标准：

A. 全天换手率：5％以上。

B. 全天量比：3 倍以上。

如图 4 所示。

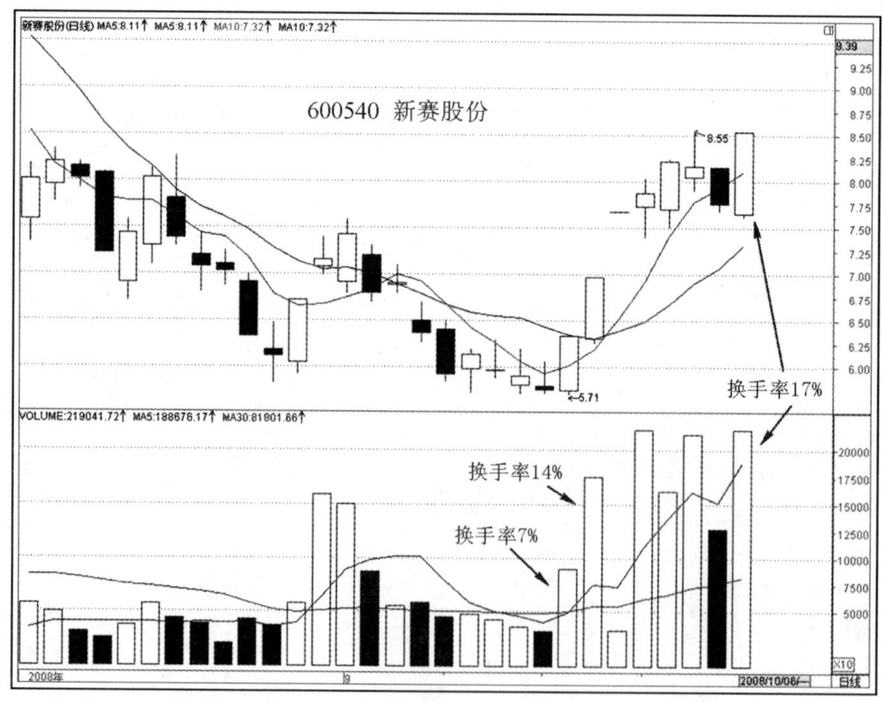

（图 4）

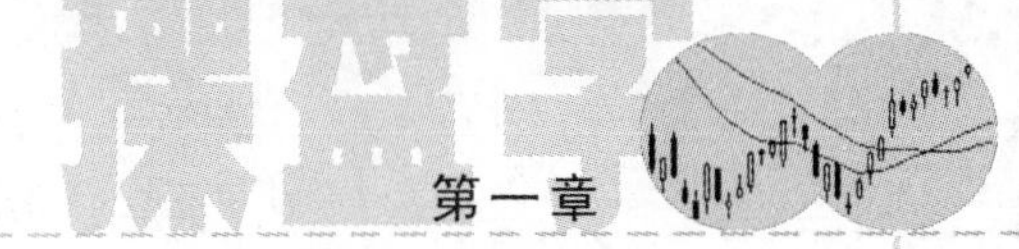

三、大阳出现的位置

根据长期对股市交易状态、环境及技术特征的观察，经过统计总结发现，大阳K线较易出现在以下股价趋势的阶段位置。

其一，股价从底部向上突破性上涨时。如图5所示。

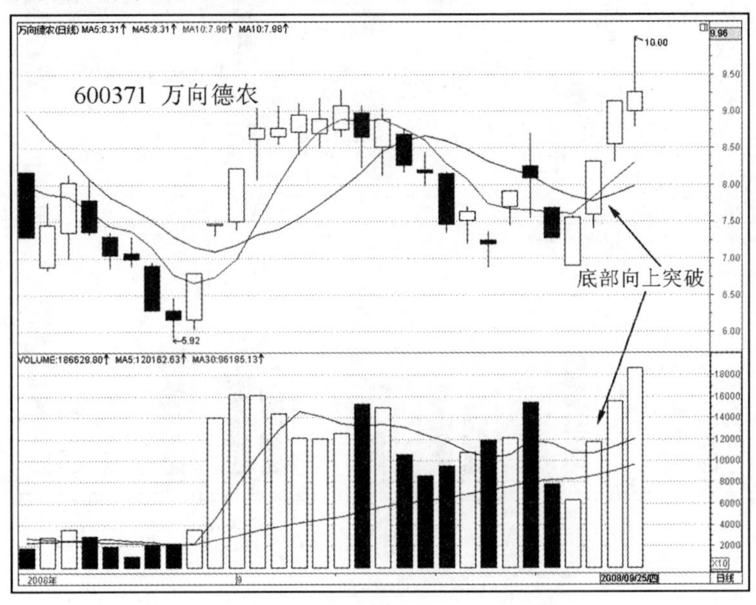

（图5）

其二，股价在波段性上升趋势过程中。如图6所示。

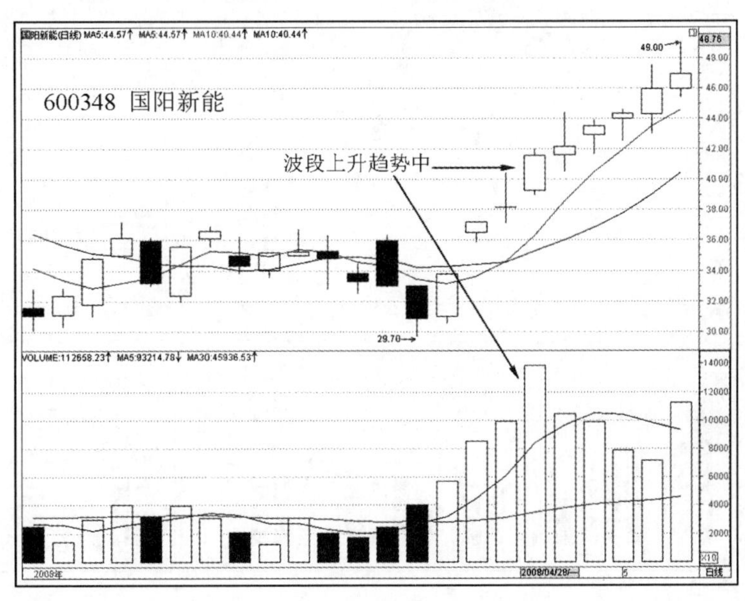

（图6）

其三，股价进入阶段性头部整理过程中。如图 7 所示。

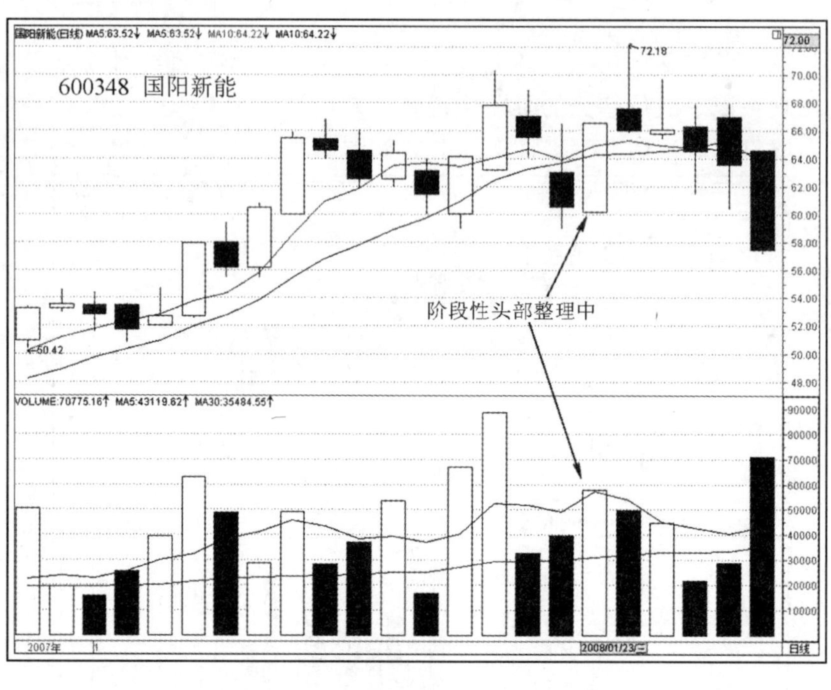

（图 7）

其四，股价在下降过程中出现超跌反弹时。如图 8 所示。

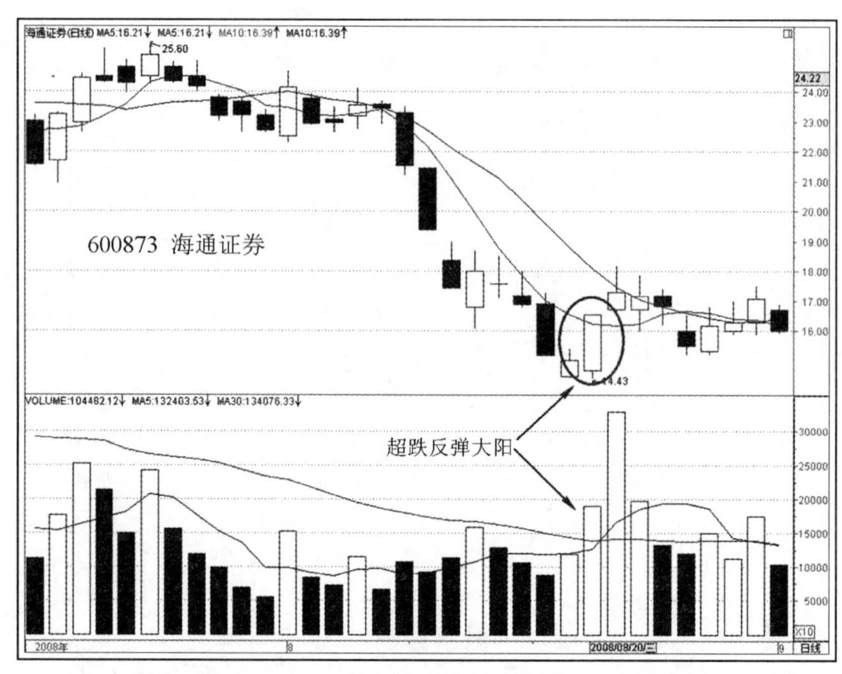

（图 8）

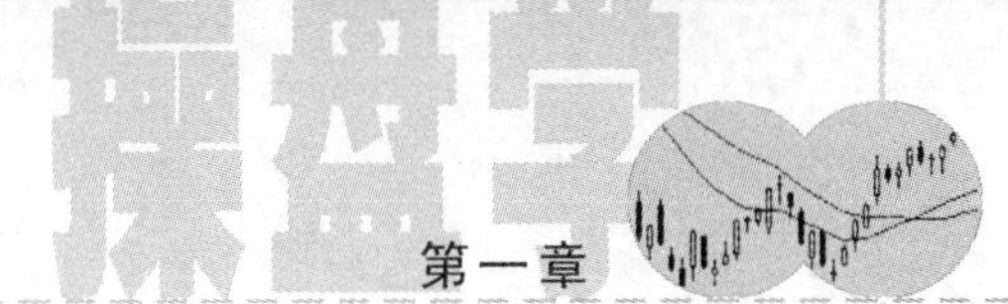

其五，股价进入底部筑底整理过程中。如图 9 所示。

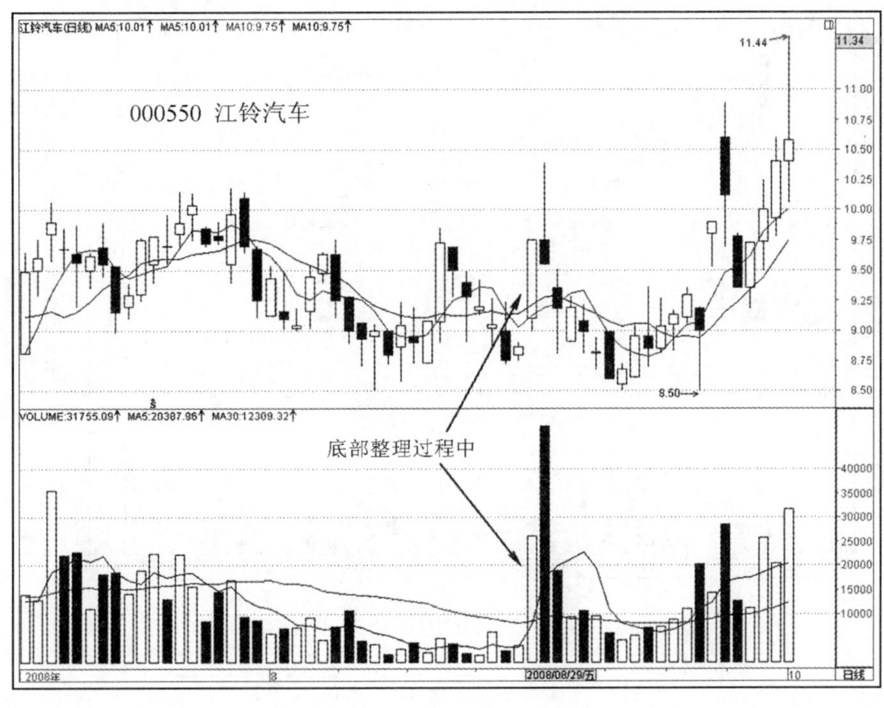

（图 9）

经过长期观察发现，大阳 K 线在底部向上突破、波段上升趋势中具有巨大的中短线实战操作价值；在阶段性头部整理、底部筑底整理阶段中，仅具备短线操作价值；而在股价趋势下降过程中超跌反弹，其临盘操作的风险性较大。

四、大阳内部分时 K 线结构组合

大阳 K 线内部的分时 K 线结构组合也是决定这根大阳 K 线强弱的判断依据。通常情况下，以 60 分钟 K 线结构来解析和判断日 K 线的强弱特征，具体有以下几种组合特征：

1. 井喷型。

井喷型是一种极强势的分时技术特征，股价在分时 K 线中经常以连续性长阳线和中阳线间隔小阳式的 K 线组合结构出现。如图 10 所示。

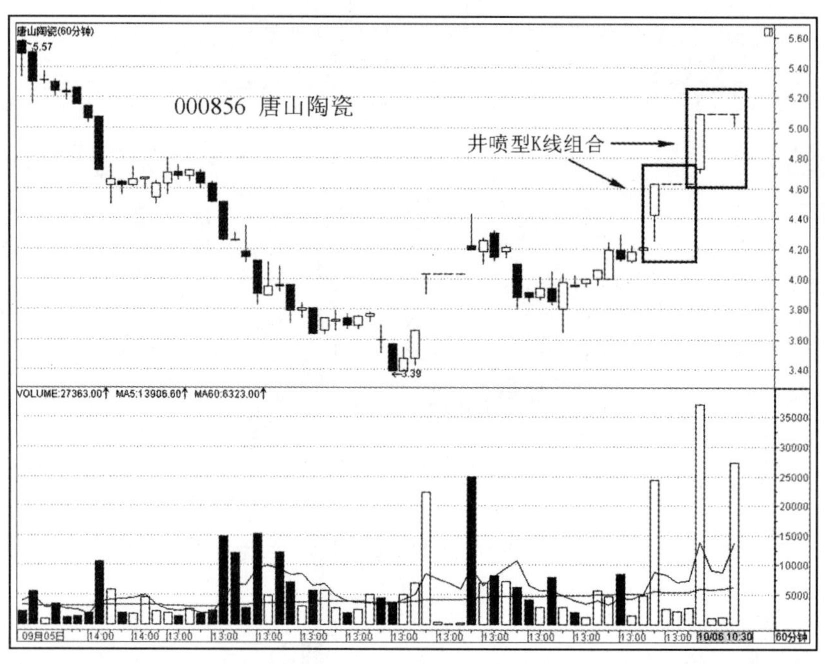

（图 10）

2. 盘升型。

盘升型是一种震荡盘升的较强分时技术特征，股价在分时 K 线中经常以阳多阴少式的中阳线间隔小阴线的 K 线组合结构出现。如图 11 所示。

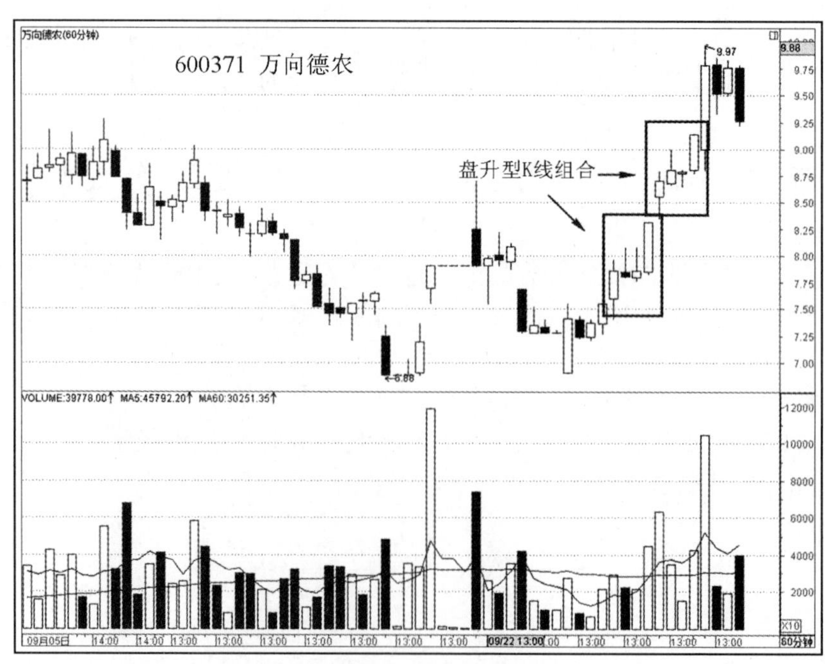

（图 11）

3. 虚涨型。

虚涨型是一种涨势乏力的普通行情分时技术特征，股价在分时 K 线中经常以小阳、中阳间隔小阴与中阴 K 线结构组合出现。如图 12 所示。

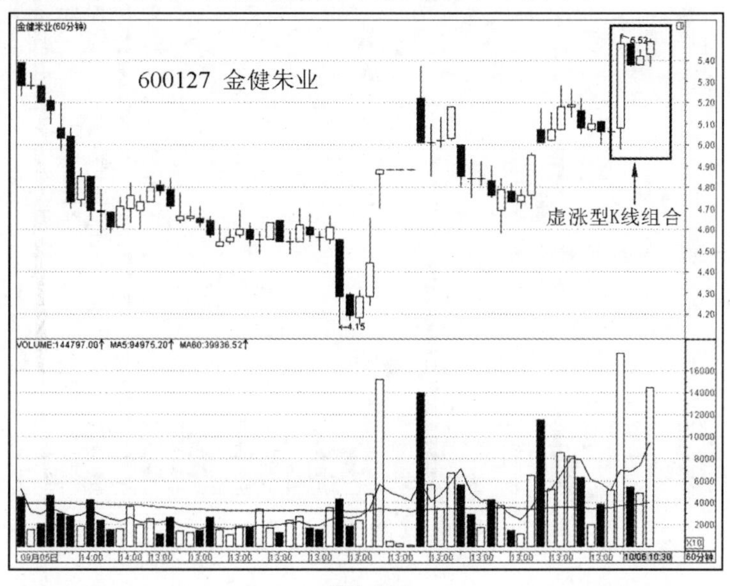

（图 12）

五、大阳内部量能结构特征

大阳 K 线的内部量能结构要从三个方面来进行分析，具体如下：

1. 即时系统：

A. 盘中即时交易出现持续密集性大单和特大单成交。

B. 在每一波攻击性拉升时，量峰呈现纵向和横向放大特征。

如图 13 所示。

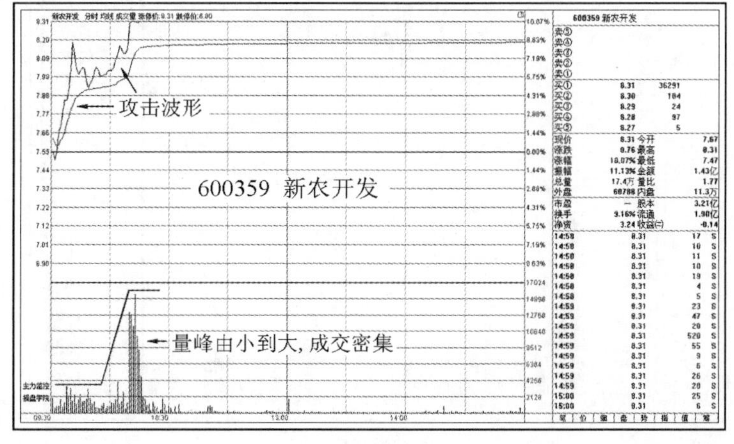

（图 13）

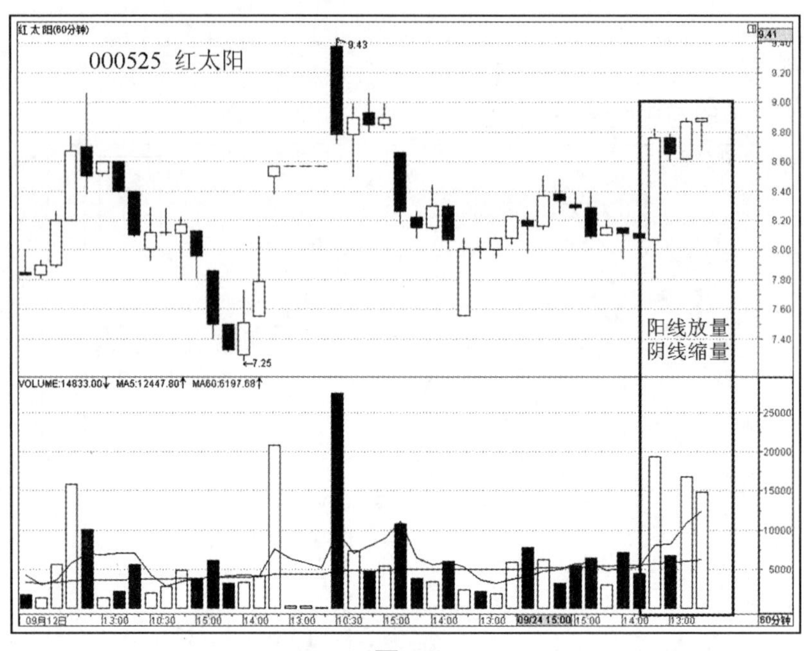

（图 14）

2. 分时系统：

A. 60 分钟出现阳线放量、阴线缩量特征。

B. 30 分钟出现持续阳线放量，阴线调整缩量特征。

C. 15 分钟出现波段阳线放量，小波段调整缩量特征。

分别如图 14、图 15、图 16 所示。

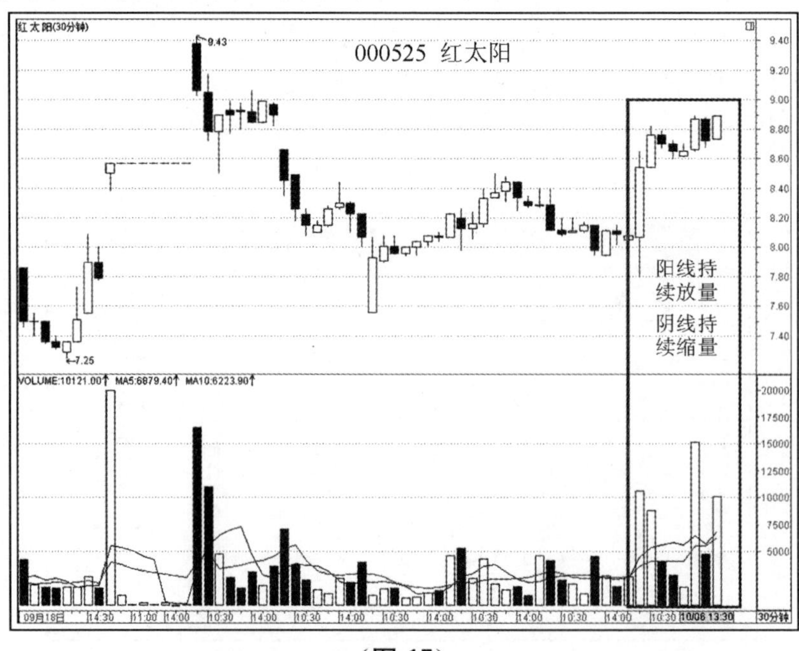

（图 15）

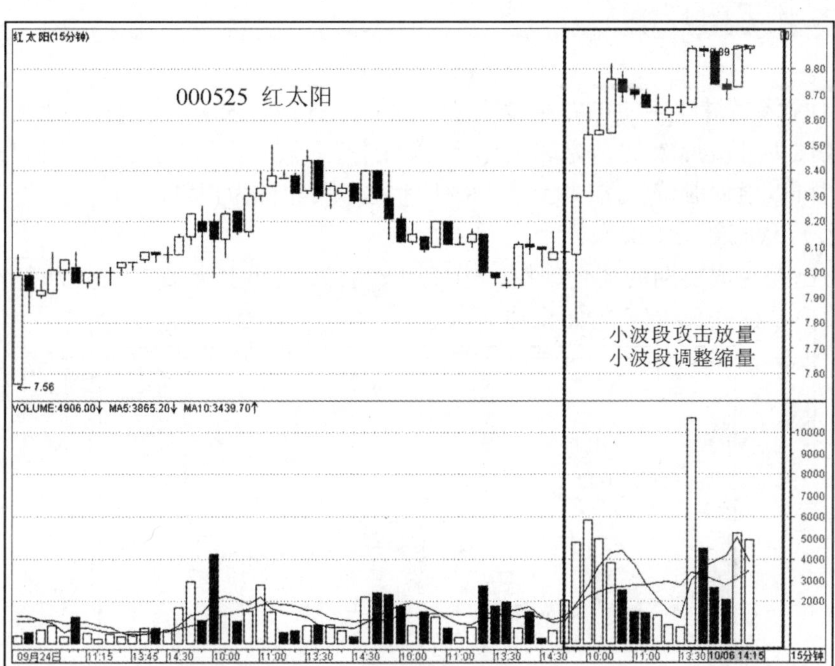

（图 16）

3. 日线系统：

A. 换手率达到 5%以上。

B. 量比达到 1.5 倍甚至 3 倍以上。

C. 成交量指标出现大量柱特征。

D. 量能均线开始向上发生金叉。

如图 17 所示。

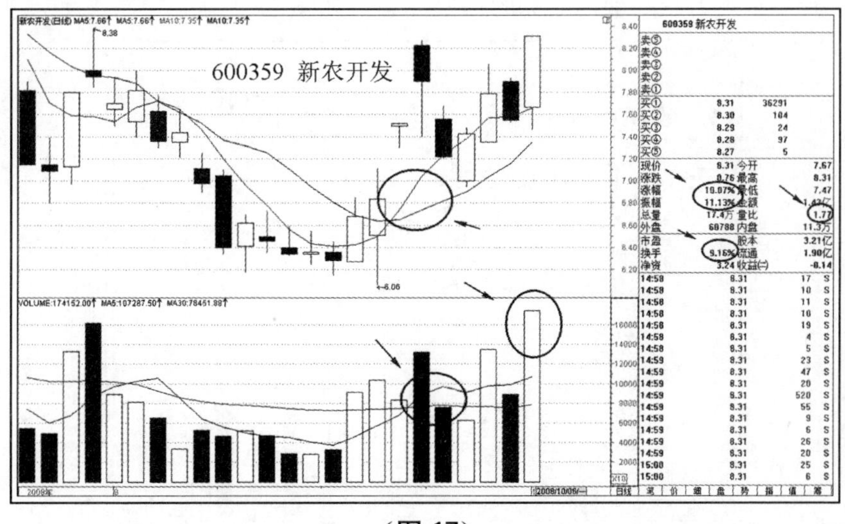

（图 17）

六、大阳与主力操盘行为分析

大阳 K 线是最经典的主力操盘特征，因而，所有的大阳 K 线均是由主力资金在盘中积极性买进所形成的结果。大阳 K 线充分的体现了主力在一个阶段的操盘意图。我们可以根据股价的阶段趋势，来研判主力操盘行为，具体如下：

1. 股价从底部向上突破性上涨时。

主力已经完成前期的建仓动作，今日以大阳 K 线向上突破，是主力意图通过快速拉升脱离其建仓成本区。如图 18 所示。

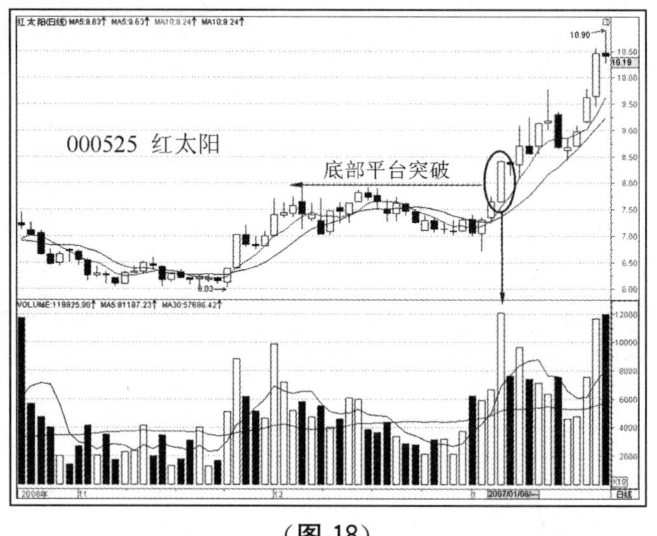

（图 18）

2. 股价在波段性上升趋势过程中。

主力已经完全脱离底部建仓成本区，并且达到一定的持仓盈利，今日以大阳 K 线展开拉升，是主力意图加速上涨的重要标志。如图 19 所示。

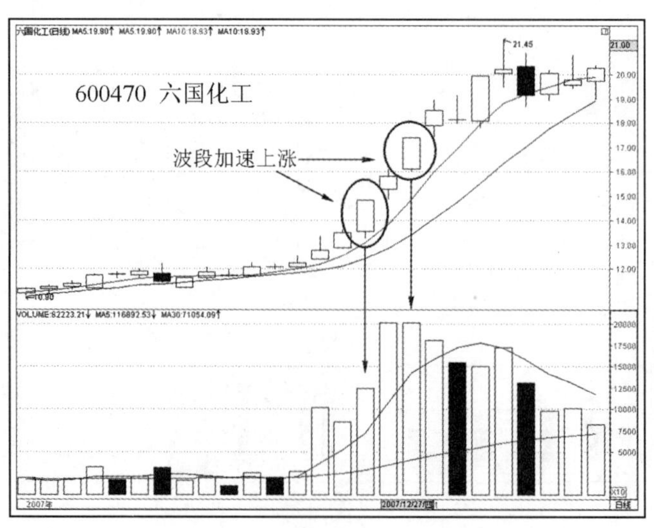

（图 19）

3. 股价进入阶段性头部整理过程中。

主力已经实现了波段盈利目标，并且已经通过盘头阶段的整理行情，持续进行滚动操盘。今日以大阳K线形态出现，是主力意图反复滚动操盘持续出货进一步扩大盈利的重要特征。如图20所示。

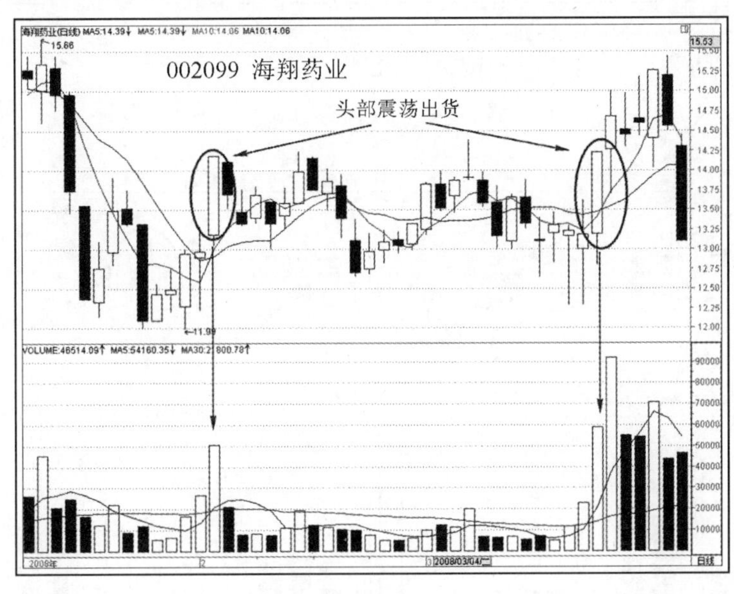

（图20）

4. 股价在下降过程中出现超跌反弹时。

主力已经在下降初期完成出货，股价持续超跌时，今日以大阳K线形态出现，是主力再次利用小量资金进场推动股价反弹的短线行情。如图21所示。

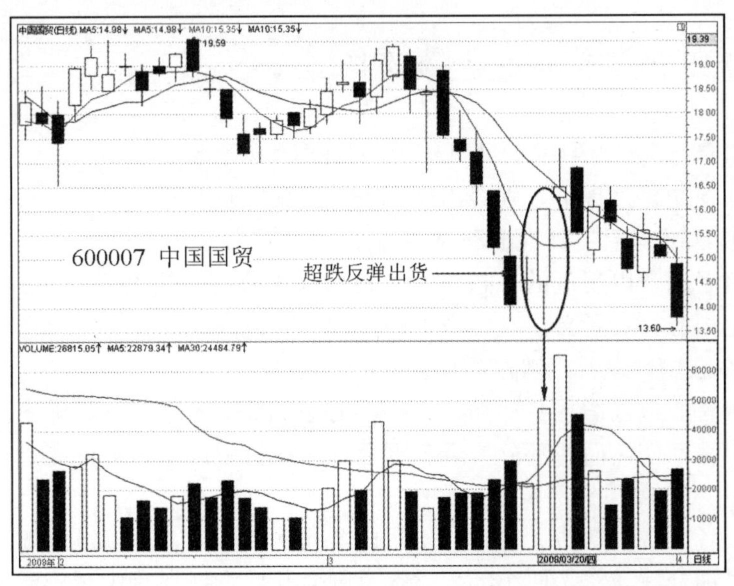

（图21）

5. 股价进入底部筑底整理过程中。

主力开始试探性进场建仓，在底部交易低迷时期，今日以大阳 K 线形态出现，是主力意图拉高吸筹建仓或做短线套利性操盘的重要特征。如图 22 所示。

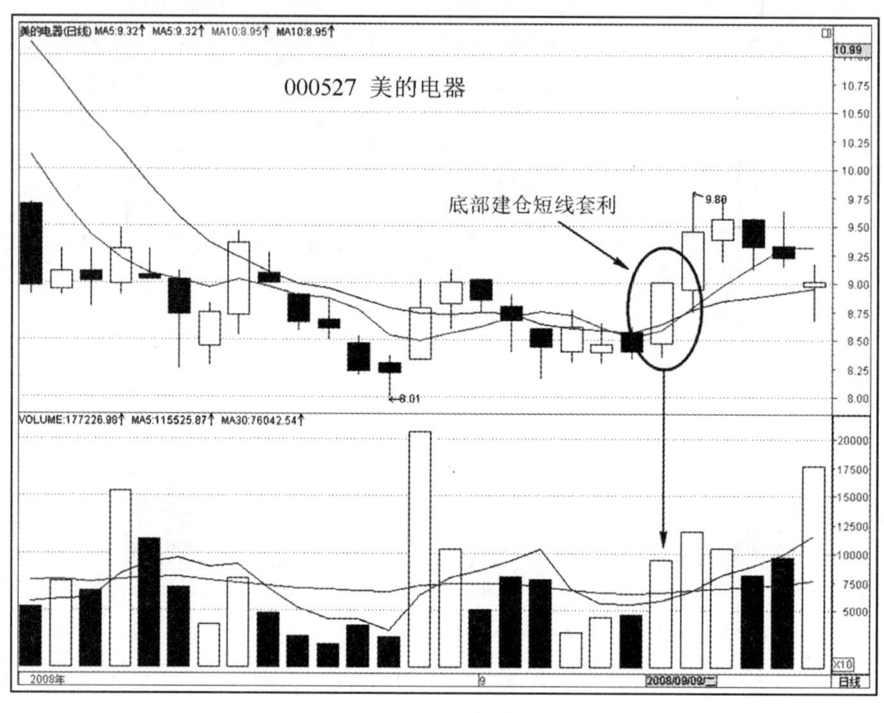

（图 22）

七、大阳对中小投资者心理因素影响

与主力操盘行为分析一样，大阳 K 线同样对中小投资者会产生巨大的心理与情绪波动，反映在交易过程中，则会出现以下行为特征：

1. 股价从底部向上突破性上涨时。

中小投资者通常以观望的心态为主，相当一部分解套者会在盘中果断作出卖出性动作，而小部分投资者会在盘中产生跟风性买进行为。

2. 股价在波段性上升趋势过程中。

中小投资者通常以妒忌、冲动、失望的心态为主，相当一部分投资者会在盘中果断作出卖出性动作，而一部分投资者则会继续在盘中产生跟风性买进行为。

3. 股价进入阶段性头部整理过程中。

中小投资者通常以期盼、希望、乐观的心态为主，相当一部分投资者会在盘中继续作出买进加仓性动作，而小部分投资者则会开始选择在盘中观望或卖出。

4. 股价在下降过程中出现超跌反弹时。

中小投资者通常以期盼、幻想、沮丧的心态为主，相当一部分投资者会选择继续套牢性持仓，而小部分投资者则会继续在盘中产生跟风性买进行为。

5. 股价进入底部筑底整理过程中。

中小投资者通常以绝望、沮丧、恐惧的心态为主，相当一部分投资者会在盘中果断作出卖出性动作，而小部分投资者则会继续在盘中产生跟风性买进行为。

八、大阳对股价趋势方向的影响

大阳K线是一种非常强势的股价上涨特征，因而，对股价在当天及未来趋势的牵引力和促动性极强。通常情况下，会影响股价趋势的进一步发展。所以，我们也可以这样讲，大阳K线即是股价趋势的风向标。

其一，当大阳K线出现在股价从底部向上突破性上涨时，股价后续将继续以波段性上涨趋势出现。如图23所示。

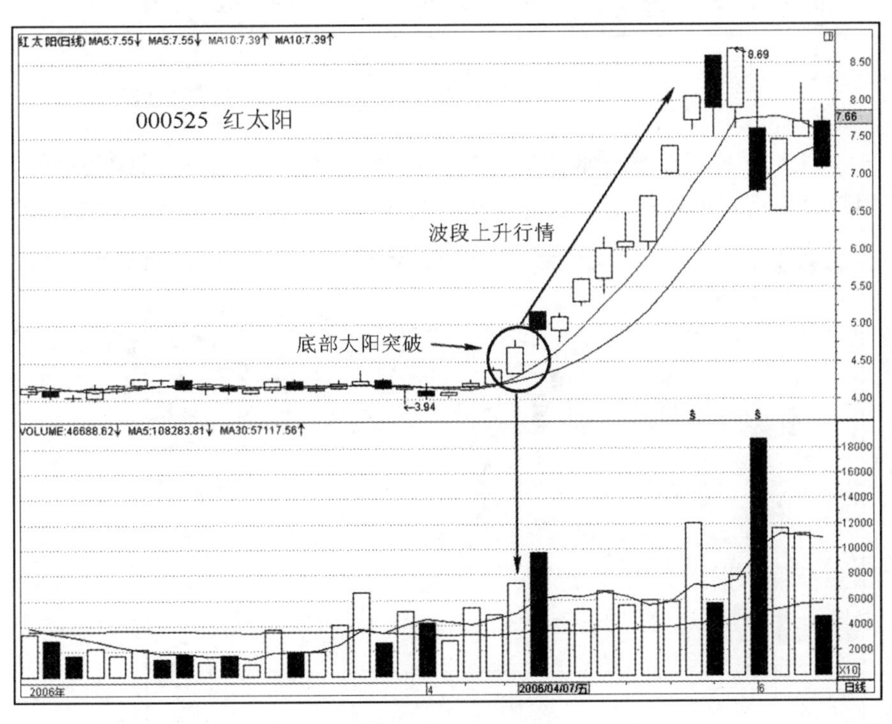

（图23）

其二，当大阳K线出现在股价波段性上升趋势过程中时，股价后续将继续以加速性上涨趋势出现。如图24所示。

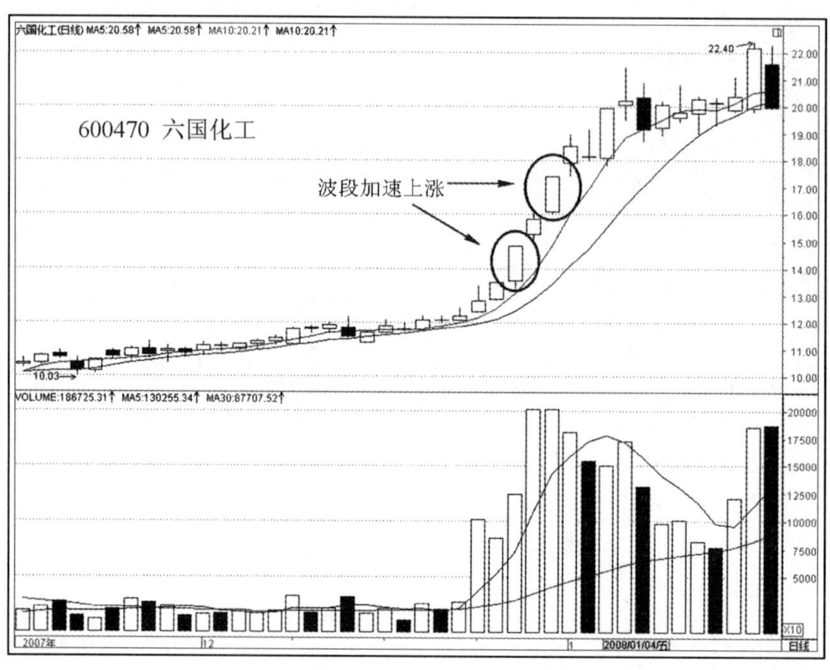

（图 24）

其三，当大阳 K 线出现在股价阶段性头部整理过程中，股价后续将继续反复以头部整理趋势出现，如量能配合较好，则有再创新高的可能。如图 25 所示。

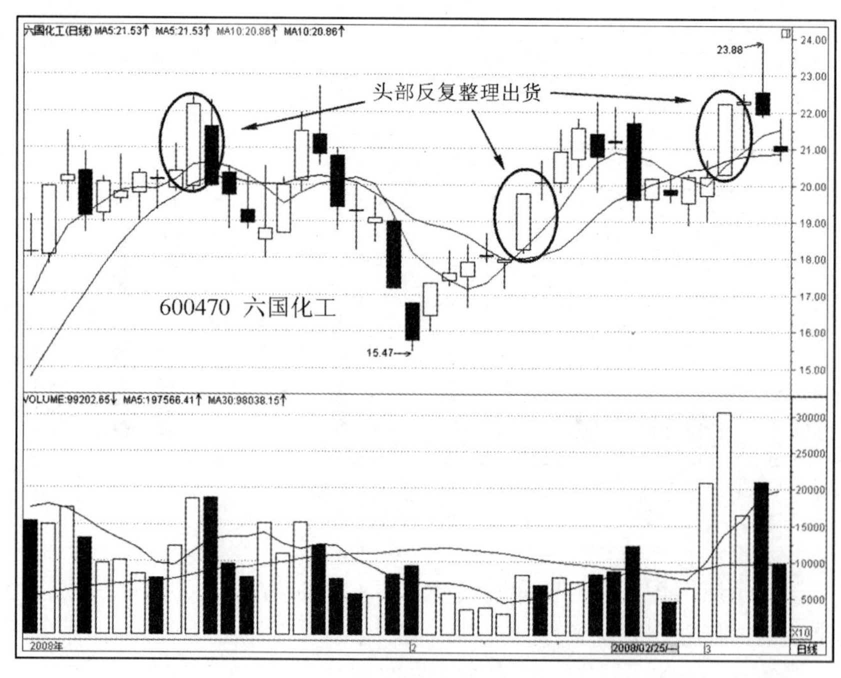

（图 25）

其四，当大阳 K 线出现在股价下降过程中的超跌反弹时，股价后续将短线冲高后继续维持下降趋势。如图 26 所示。

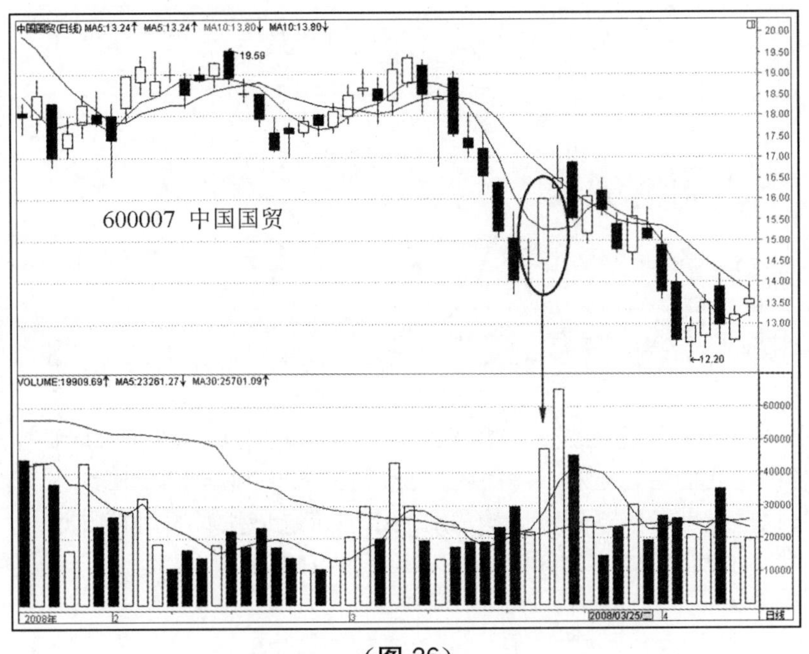

（图 26）

其五，当大阳 K 线出现在股价底部筑底整理过程中时，股价后续将继续展开反复震荡整理或小波段短线上涨行情出现。如图 27 所示。

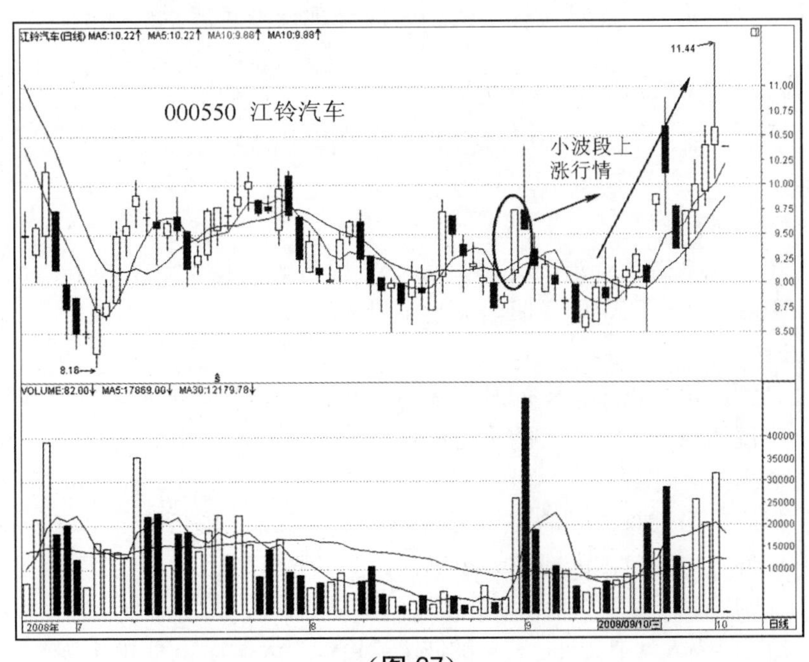

（图 27）

第二节 大阳的力度

一、大阳的力度构成特点

大阳K线的出现是主力强势操盘的结果，也是股价由弱转强的重要标志。在临盘实战过程中，我们可以通过一些力度的参照系数来判断大阳K线当天的拉升力度，并通过这些力度参照系数可以构成对后市股价趋势强弱的判断依据。

根据多年的股市实战统计分析，大阳K线的力度结构由以下几个重要的参照系数组成：

1. 盘中量峰。

盘中量峰是股价在盘中交易过程中密集成交的量能结构，在《操盘学》的上册中已经有过非常详尽的介绍。

2. 当天换手率。

换手率是指股价当天交易过程中的全天成交现量与总股本之间的交易比率。换手率越大，表示成交越活跃。

3. 巨型量柱。

量柱是指股价日K线图表中的成交量指标图。当天的成交量柱越大，表示当天交易量越巨大。

4. 多笔大单成交。

多笔大单成交是指股价当天交易过程中出现密集型持续性大单和特大单成交。大单和特大单成交越活跃，则说明当天盘中投入资金量越大。

5. 攻击波。

攻击波是指股价在当天盘中即时交易过程中的股价走势波形特征。当天攻击波流畅明显，则说明当天属于积极的主动性攻击。

6. 当日涨幅。

涨幅是指股价当天收盘时的最终涨升幅度。当天涨幅达到7%以上，表示股价已经形成明确的强势特征。涨幅越大越好。

7. 当日振幅。

振幅是指股价当天盘中交易过程中的波动幅度。当天振幅达到10%以上，表示股价多空争夺激烈，振幅越大，表示盘中交易越激烈，对股价趋势的影响力就越强。

判断大阳K线的力度是一个系统化科学化严谨性的操盘工作。由此可见，职业化的操盘必须要遵守严谨规范科学的操盘原则。接下来，本节将逐一对上述七个参照系数进行一一讲解。

二、大阳与量峰

大阳K线的内部即时交易必须要有标准的攻击型量峰。在《操盘学》上册中，我们已经详细学习了“攻击型量峰”。大阳K线当日的量峰结构由攻击型量峰构成，则力度强大。如图28所示。

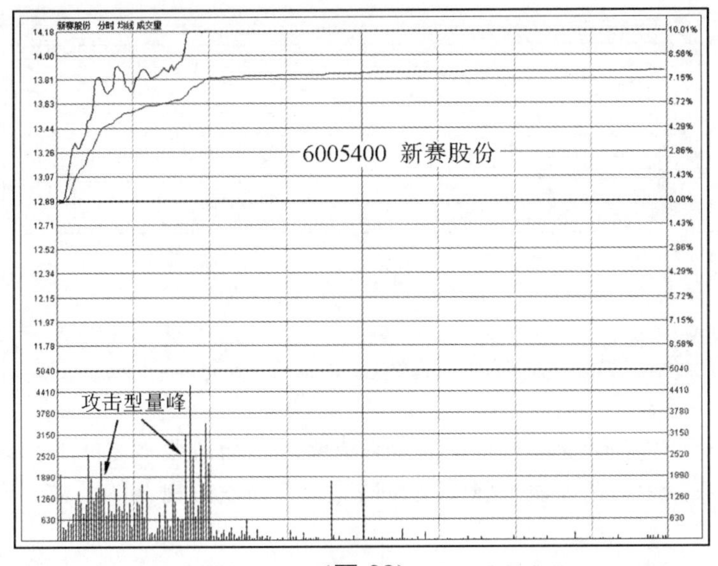

（图28）

大阳K线当日的量峰结构如果是由冲击型量峰构成，则力度较小。如图29所示。

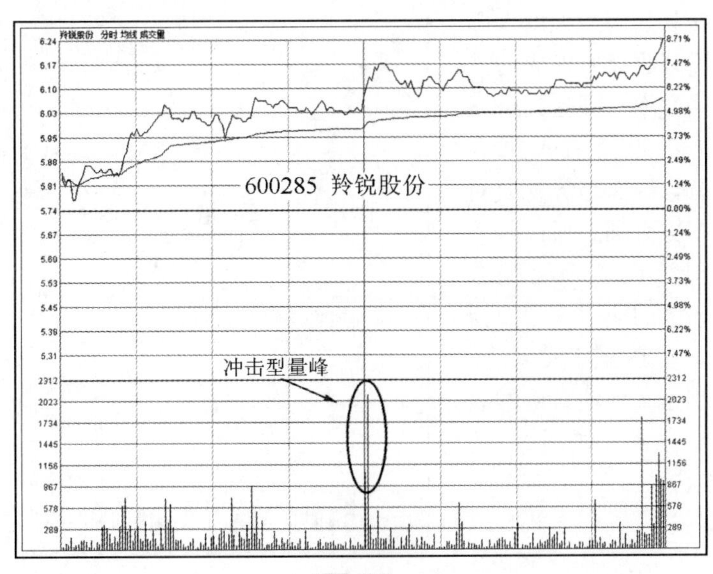

（图29）

当日的量峰结构如果是由萎缩型量峰构成，则力度虚弱。如图 30 所示。

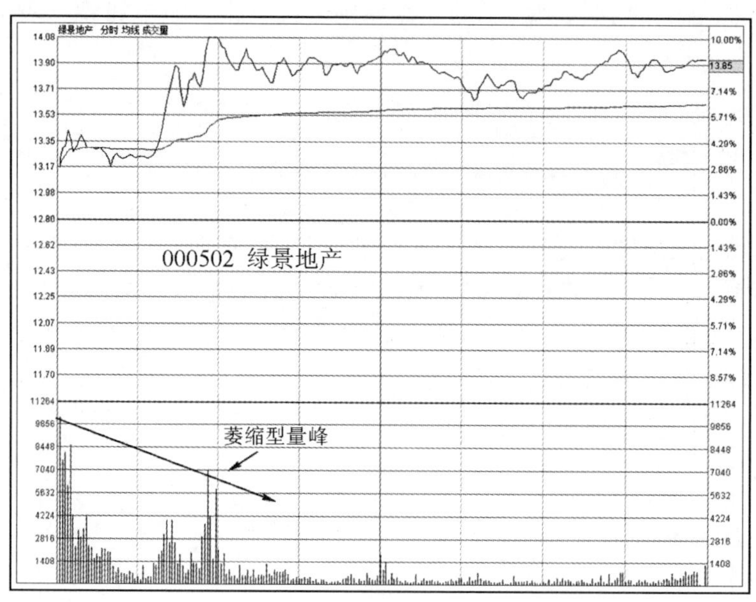

（图 30）

三、大阳与换手率

换手率是指股价当天交易过程中的全天成交现量与总股本之间的交易比率。换手率越大，表示成交越活跃。换手率反映的是股价交易双方更新的系数。换手率大，说明了同时有大量的投资者在盘中进行买卖交易。而当天以大阳 K 线收盘所形成的大换手率，则是买进一方的投资者占据上方，因而趋势发展对多方有利。所以，大阳 K 线必须要配合较大的换手率。而换手率达到 5%以上，则是一个较直接的表现方式。如图 31 所示。

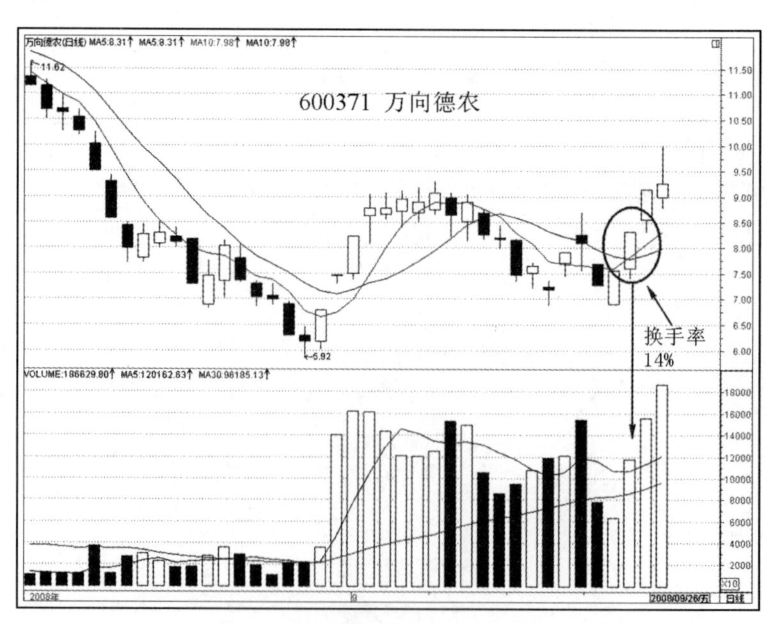

（图 31）

四、大阳与攻击波

大阳K线的内部即时股价走势必须要形成标准的攻击波形。在《操盘学》上册中，我们已经详细学习了“攻击波”。大阳K线当日的即时波形结构由攻击波构成，则力度强大。如图32所示。

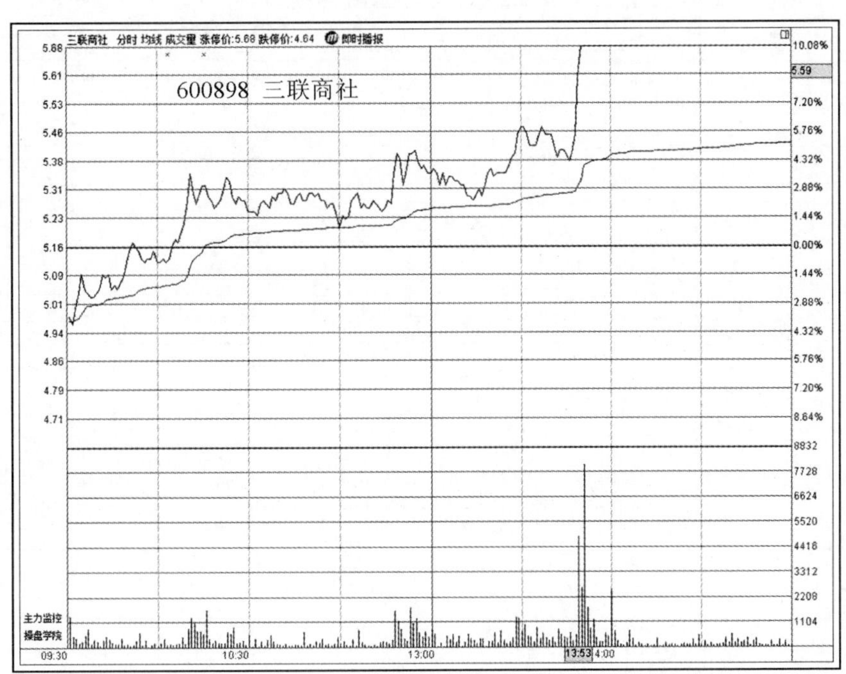

（图32）

大阳K线当日的波形结构如果是由冲击波构成，则力度一般。如图33所示。

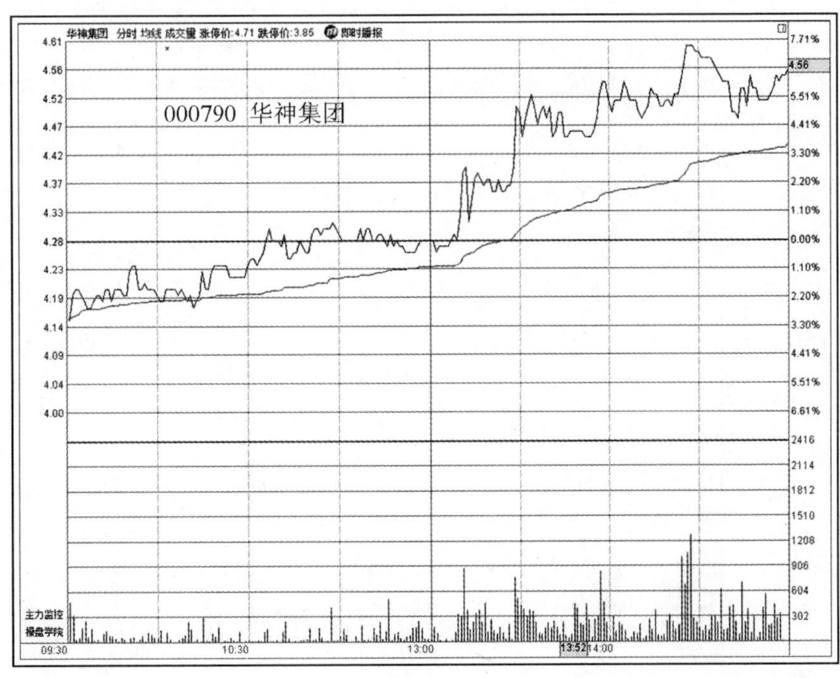

（图33）

当日的波形结构如果是由脉冲波构成，则力度也较一般，甚至虚弱。如图 34 所示。

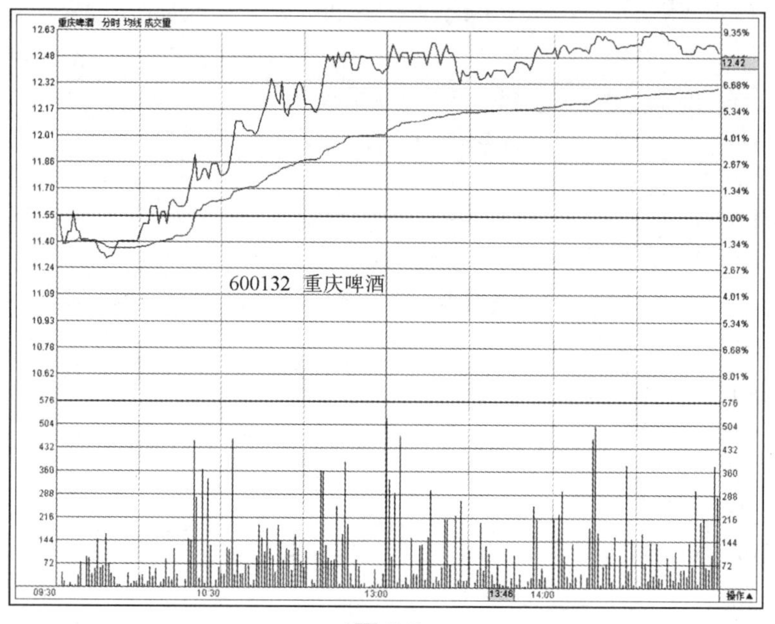

（图 34）

五、大阳与当日涨幅

大阳 K 线的当日涨幅必须足够大，因而才能引发股价较强的牵引力和促动力。涨幅不大，则力弱，无法有效地激发股价上涨欲望，也较难改变股价的运行趋势。

大阳 K 线当日收盘时的涨幅达到 7%以上，则表明当天股价走势力度极强。如图 35 所示。

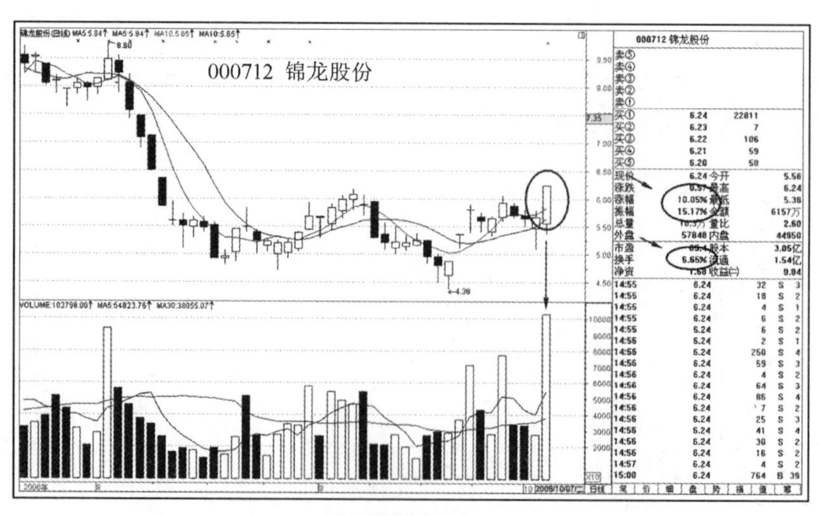

（图 35）

大阳K线当日收盘时的涨幅仅为5%左右，则表明当天股价走势力度一般。如图36所示。

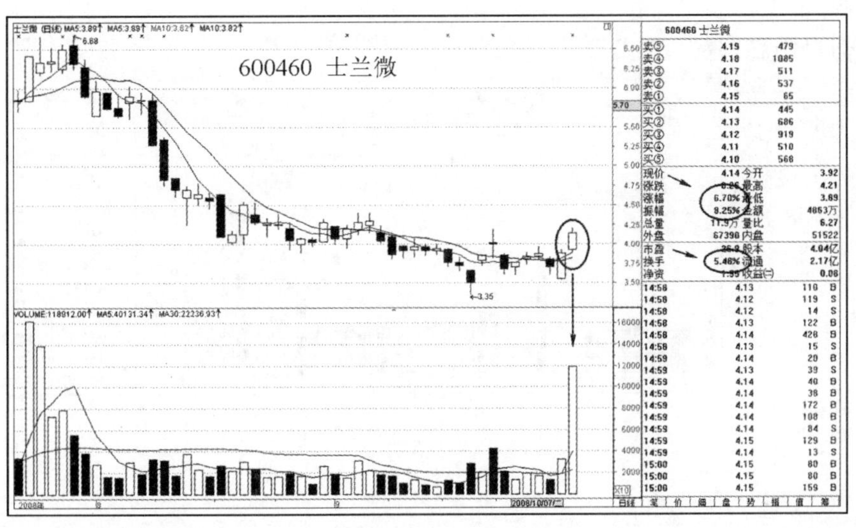

（图36）

六、大阳与当日振幅

大阳K线的当日振幅也必须要足够大。振幅大，表示股价多空争夺激烈。而振幅越大，表示盘中交易越激烈，对股价趋势的影响力就越强。盘中振幅不大，则力弱，无法有效地激发股价上涨欲望，也较难改变股价的运行趋势。

大阳K线当日交易过程中的振幅达到10%以上，则表明当天股价走势力度极强。如图37所示。

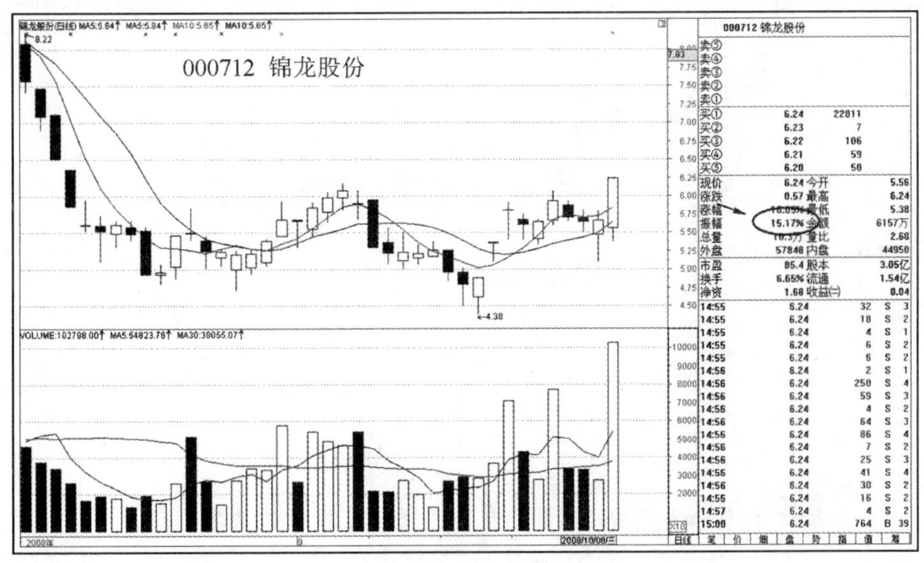

（图37）

大阳 K 线当日交易过程中的振幅低于 10%，但盘中高开直接攻击涨停，则表明当天股价走势力度极强。如图 38 所示。

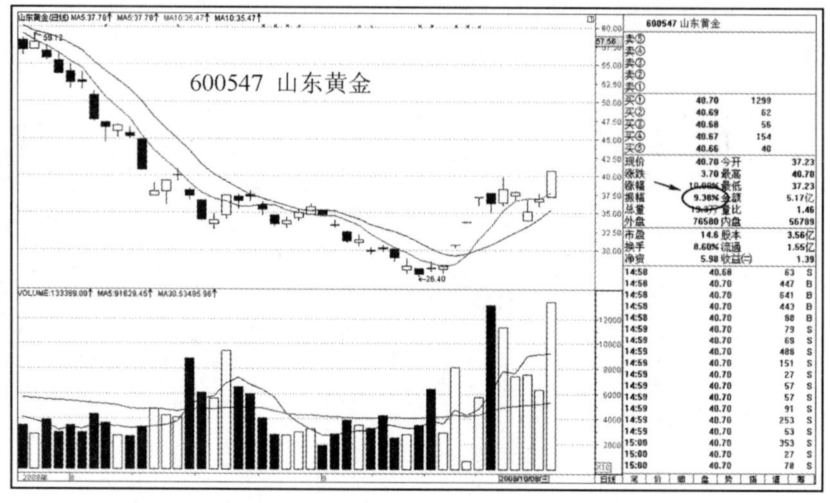

（图 38）

七、大阳与巨型量柱

反映在当天日 K 线图表中的成交量指标是比较直观的力度指标。因为，当天的成交量柱越大，则说明当天交易过程中的成交现量越大，同时也表明了成交十分活跃。尤其是当天的成交量柱是最近几个月或几周以来的最大量，则表明当天大阳 K 线力度十分强劲。如图 39 所示。

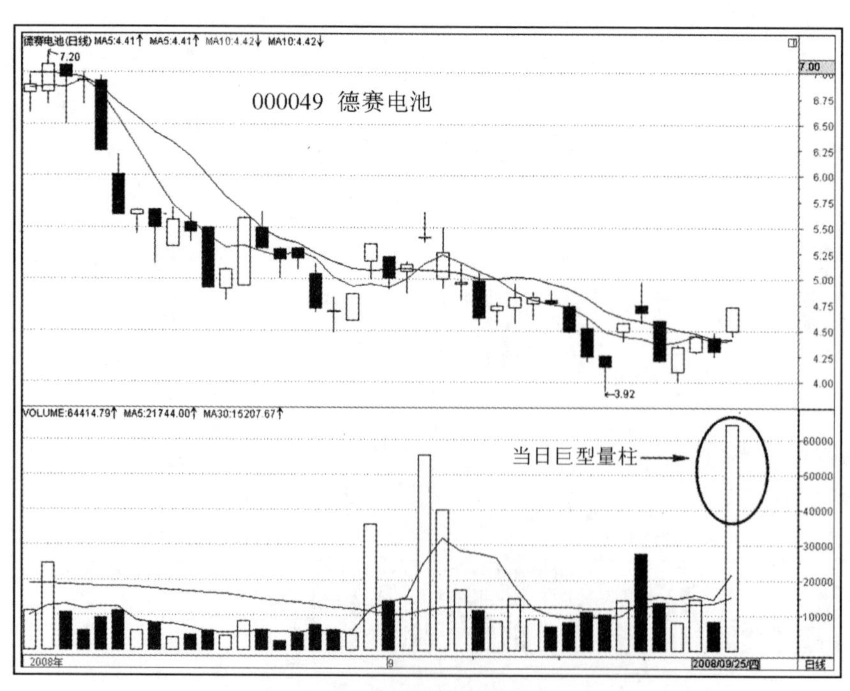

（图 39）

八、大阳与当日多笔大单成交

大阳K线的内部即时交易过程中必须要由密集型持续性大单和特大单成交现量构成。在《操盘学》上册中，我们已经详细学习了“多笔大单成交”。大阳K线当日的即时交易如果由持续密集型多笔大单所构成，则力度强大。如图40所示。

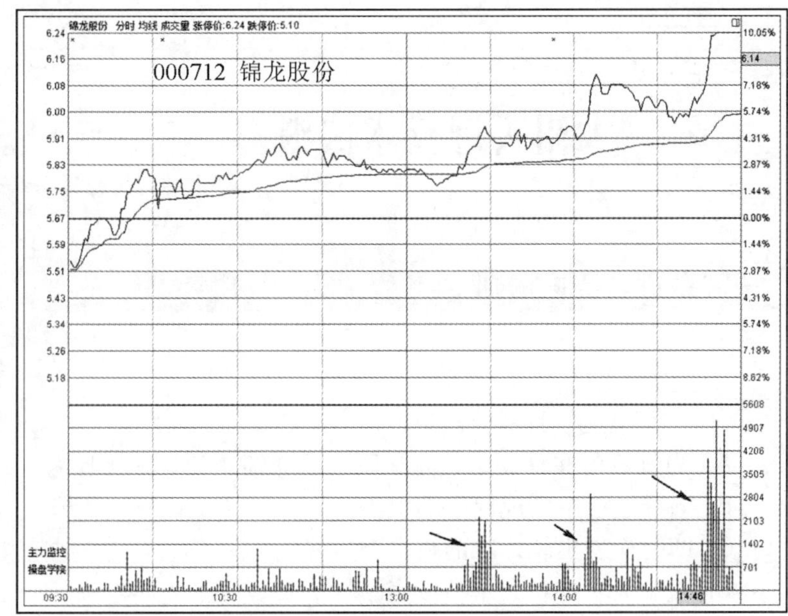

（图40）

大阳K线当日的即时交易如果仅仅由单笔大单或数笔大单所构成，则力度一般，甚至虚弱。如图41所示。

本节所介绍的上述七个典型参照系数，在临盘实战过程中，应该综合性多方位多角度地灵活运用。如上述参照系数所述，当天大阳K线满足参照系数的所有标准值，则股价当天上涨的力度十分强大，将对短线或中线趋势形成极大的牵引力和促动力，从而彻底改变股价趋势的运行方向。

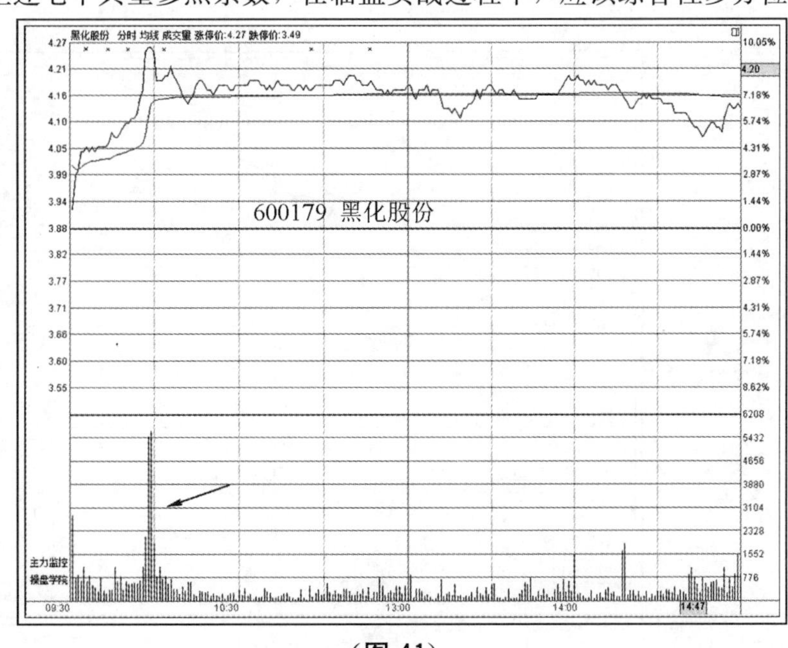

（图41）

第三节 大阳买进技术法则

一、激进型买进法则

1. 盘中买进：

（1）符合盘中买进的技术特征：

A. 当日股价在早盘第二时间段之后涨幅达到 5％以上。

B. 上涨过程中出现标准的攻击波形。

C. 即时交易出现标准的攻击型量峰。

D. 盘中大单和特大单持续密集性成交。

E. 股价在回调时，没有击穿均价线。

（2）盘中买进技巧：

A. 当攻击波出现第二波和第三波回调时，可在均价线附近买进。

B. 当攻击波出现第四波回调时，可在均价线附近买进。

如图 42 所示。

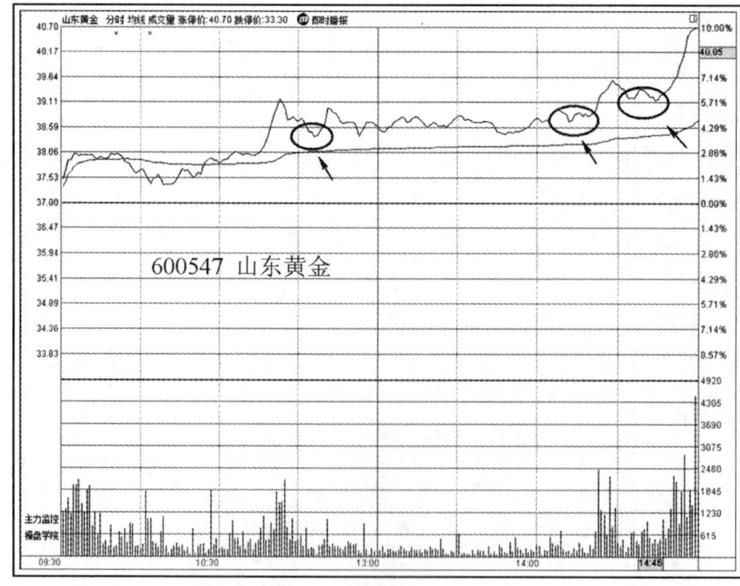

（图 42）

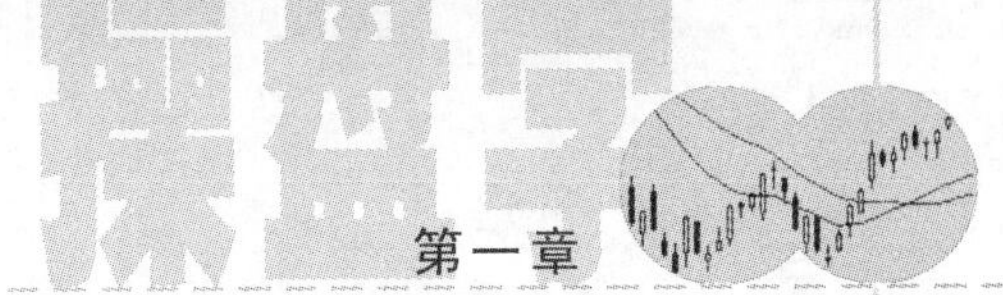

（3）盘中买进技术限制：

A. 日K线处在股价下降通道中，必须停止买进。

B. 日K线处在初次超跌反弹中，必须停止买进。

如图43所示。

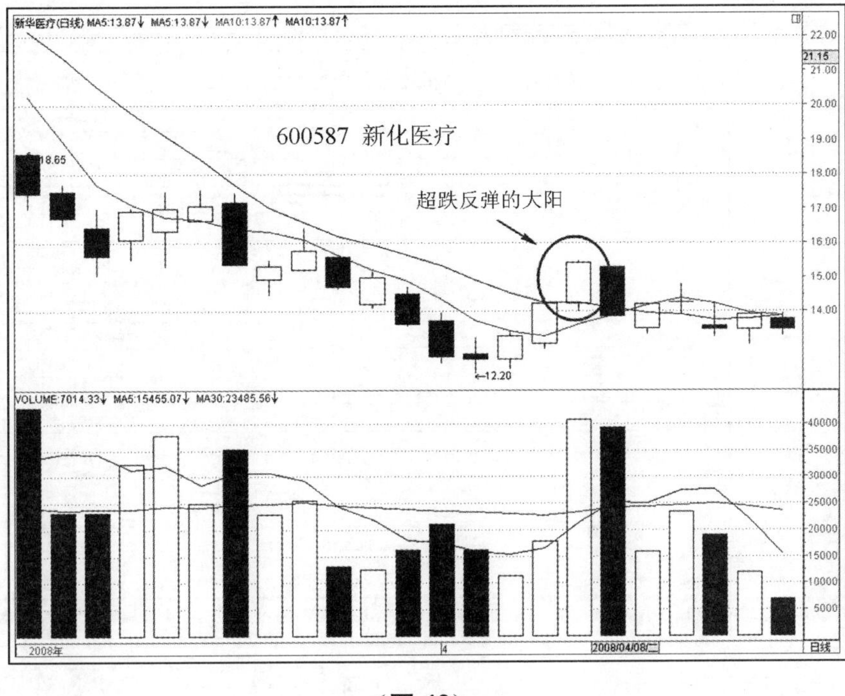

（图43）

（4）盘中买进技术注释：

A. 当日盘中股价第二时间段之后涨幅达到5%以上，估计当天收盘时的涨幅有可能超过7%，因而可以买进。当日买进风险不大。

B. 当日盘中股价符合买进的技术特征，说明股价上涨力度较大，结构健康，因而可以买进。当日买进风险相对较小。

C. 盘中在股价回调至均价线区域买进，买进的价位相对较低，当日买进后持仓风险较小。

D. 关于第二时间段的划分标准，请读者参考《道破涨停天机》一书中的标准设置。

2. 尾盘买进。

符合尾盘买进的技术特征：

A. 当日股价在盘中第五时间段之后涨幅达到7%以上。

B. 上涨过程中出现标准的攻击波形。

C. 即时交易出现标准的攻击型量峰。

D. 盘中大单和特大单持续密集性成交。

E. 股价在回调时，没有击穿均价线。

尾盘买进技巧：

A. 当攻击波出现第二波回调时，可在均价线附近买进。

B. 当攻击波出现第三波回调时，可在均价线附近买进。

如图44所示。

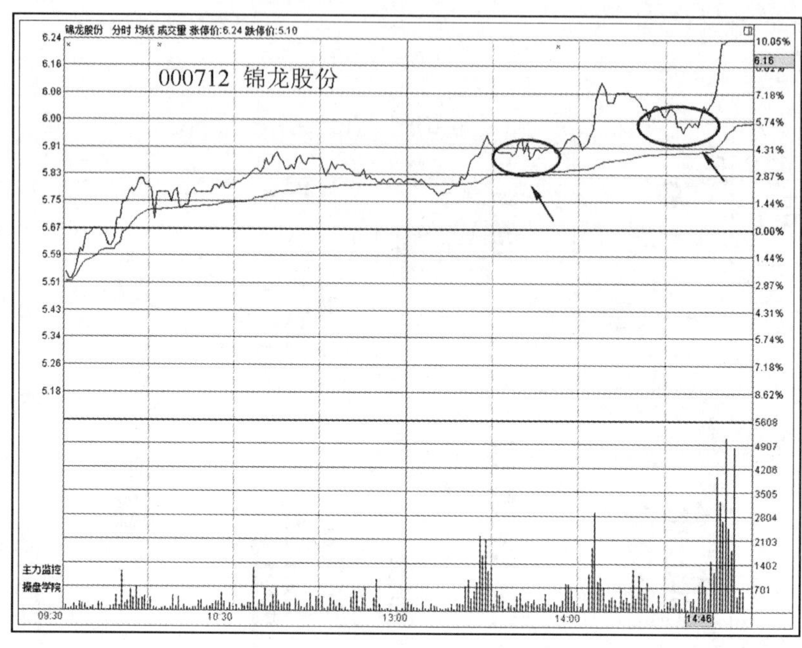

（图 44）

尾盘买进技术限制：

A. 日 K 线处在股价下降通道中，必须停止买进。

B. 日 K 线处在初次超跌反弹中，必须停止买进。

如图 45 所示。

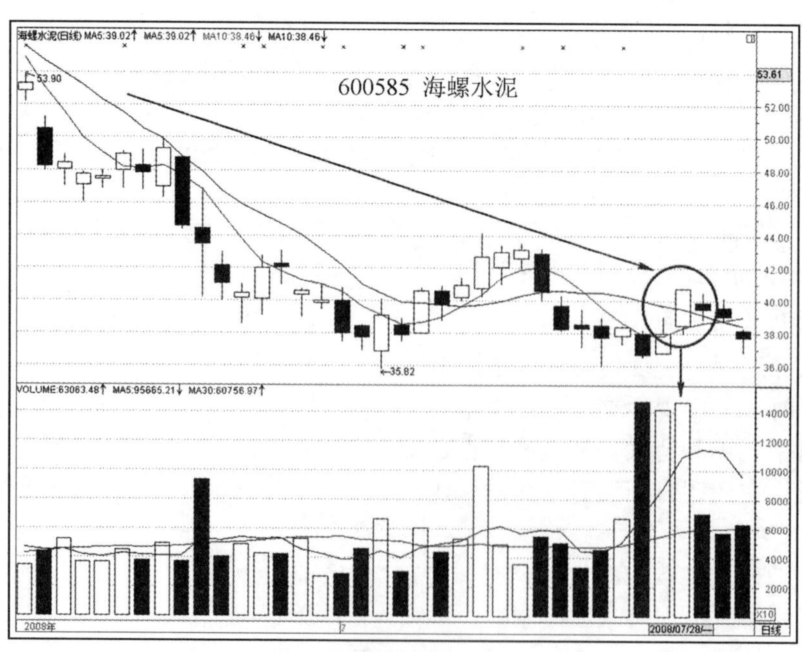

（图 45）

尾盘买进技术注释：

A. 当日尾盘股价第五时间段之后涨幅达到7%以上，估计当天收盘时完全以标准大阳K线报收，因而可以买进。当日买进风险不大。

B. 当日尾盘股价符合买进的技术特征，说明股价上涨力度较大，结构健康，因而可以买进。当日买进持仓风险相对较小。

C. 尾盘在股价回调至均价线区域买进，买进的价位相对较低，当日买进后持仓风险较小。

D. 关于第五时间段的划分标准，请读者参考《道破涨停天机》一书中的标准设置。

二、激进法则的加码补仓与止损策略

1. 日K线加码策略：

A. 见阴线加码。股价在向上继续攻击过程中，于某天出现回调收阴特征。如当天成交量大幅萎缩，则说明仅仅是回调洗盘，临盘可在收盘时实施加码。如图46所示。

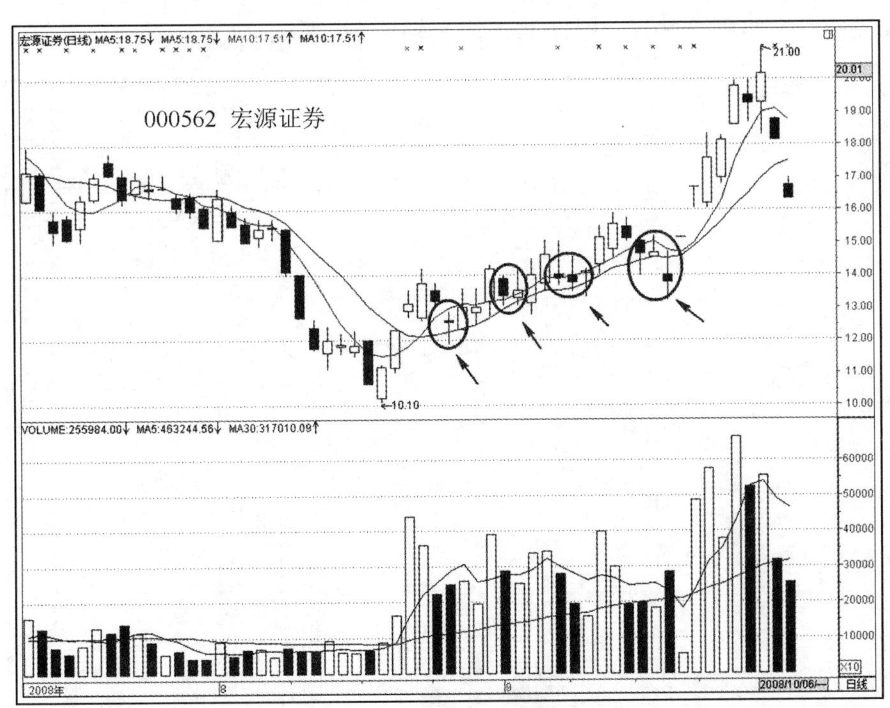

（图46）

B. 攻击线加码。

股价在向上继续攻击过程中，当股价远离攻击线时，盘中会出现回档调整现象。可等待股价回档至攻击线时实施加码。如图 47 所示。

备注：关于攻击线的技术特征，请参考《道破短线天机》，其中有详细介绍。

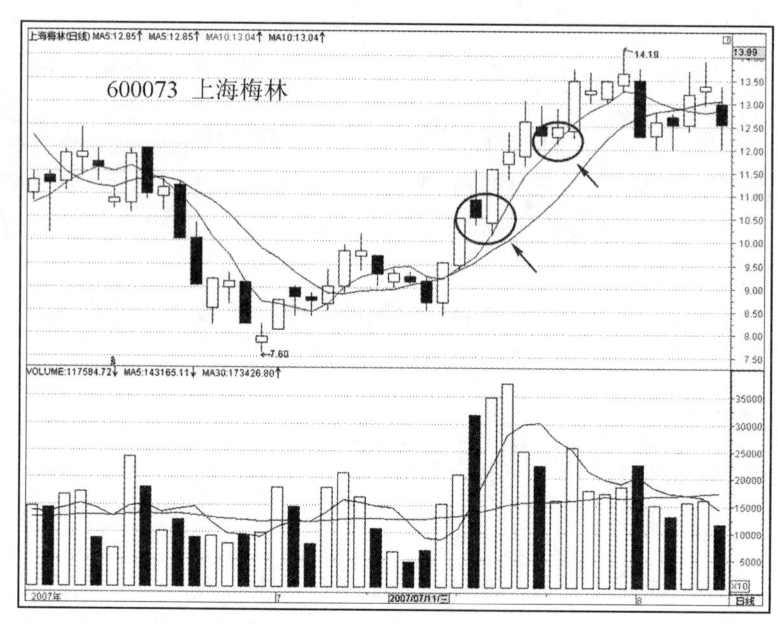

（图 47）

C. 操盘线加码。股价在向上继续攻击过程中，当股价远离操盘线时，主力会实施较大力度的洗盘动作。可等待股价回调至操盘线时实施加码。如图 48 所示。

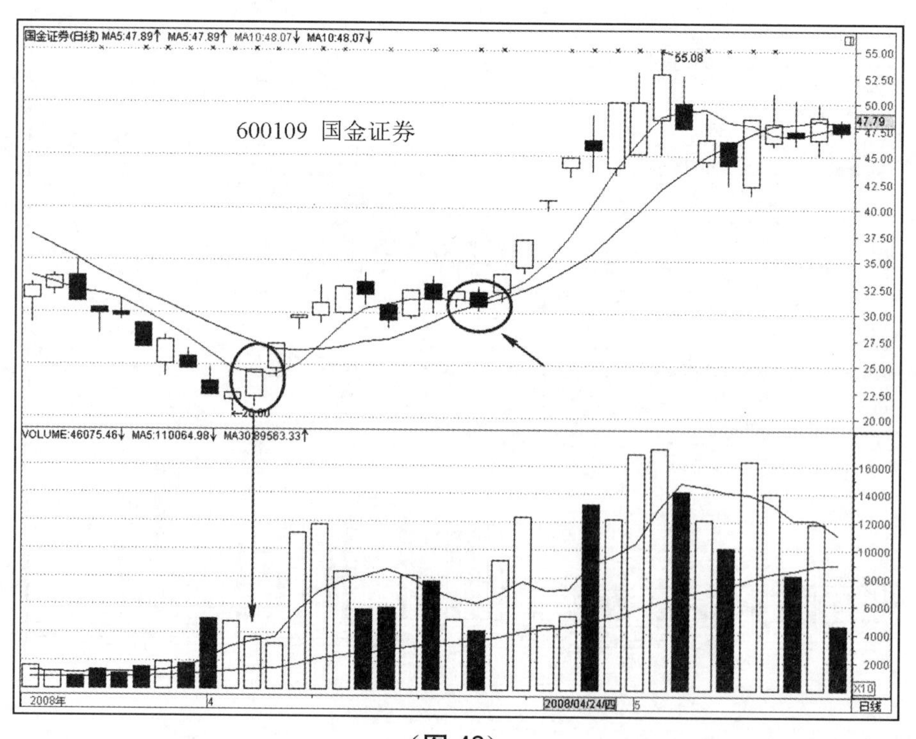

（图 48）

备注：关于操盘线的技术特征，请参考《道破短线天机》，其中有详细介绍。

2. 分时线加码策略：

A. 一级加码

股价短期内实施爆发性攻击，当股价远离60分钟的操盘线时，盘中会出现回档调整现象。可等待股价回档至操盘线时实施一级加码。如图49所示。

备注：关于操盘线的技术特征，请参考《道破短线天机》，其中有详细介绍。

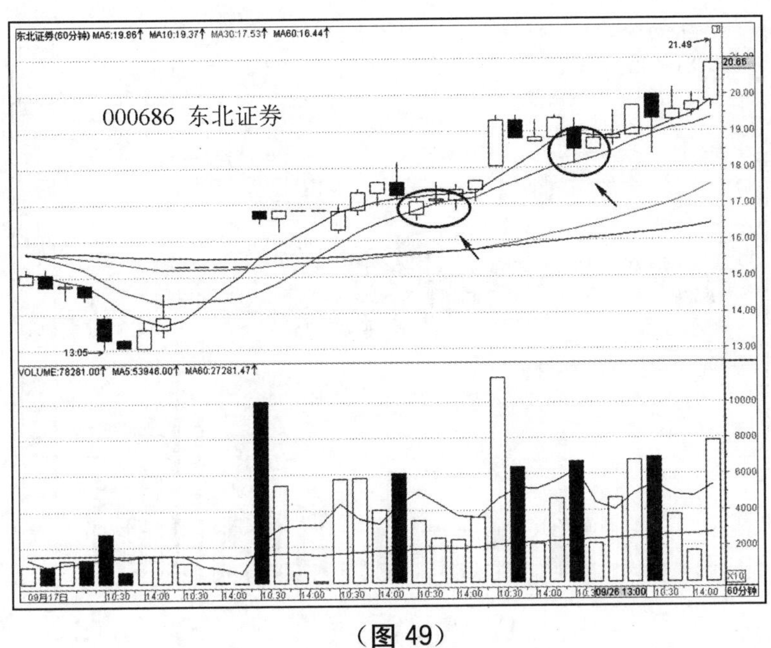

（图49）

B. 二级加码

股价经过一个小波段拉升之后，尤其是当股价远离生命线时，盘中会出现回调洗盘现象。可等待股价回调至生命线时，实施二级加码。如图50所示。

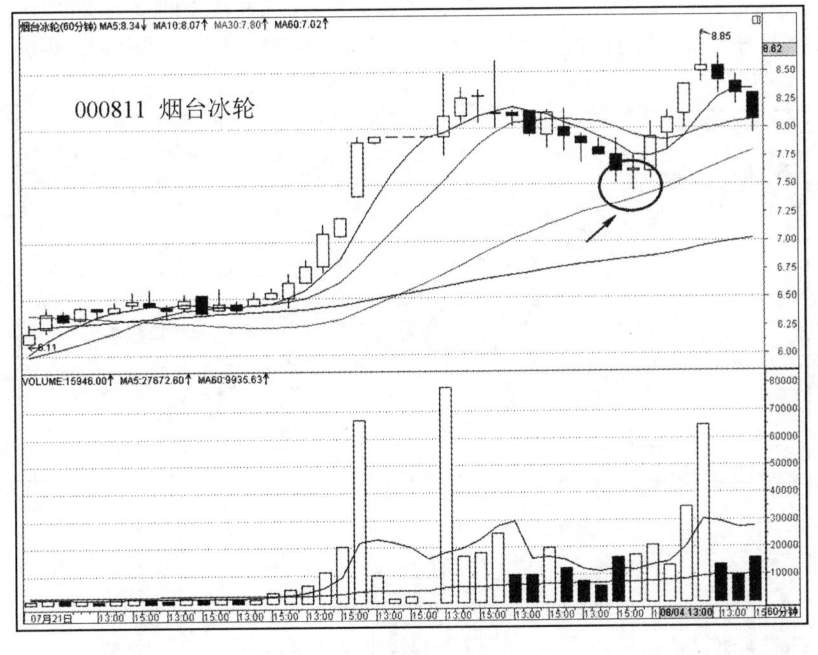

（图50）

备注：关于生命线的技术特征，请参考《道破短线天机》，其中有详细介绍。

3. 补仓与止损策略：

A. 大阳线开盘价补仓。

大阳线当日买进之后，如次日股价展开下跌，导致昨日持仓套牢。可待股价下跌至大阳线开盘价区域时实施补仓。如股价仅仅是短线洗盘，则不会击穿大阳线开盘价而迅速展开盘升。如图 51 所示。

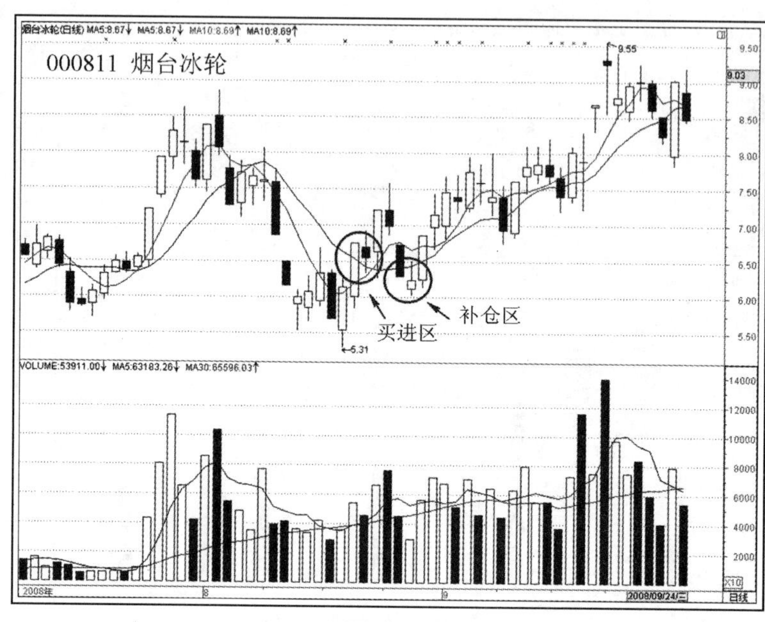

（图 51）

B. 大阳线最低价止损。

大阳线当日买进之后，如次日股价展开下跌，导致昨日持仓套牢。可待股价下跌至大阳线开盘价区域和大阳线最低价区域时，临盘密切观察这两个区域的支撑力度。如股价在此区域展开反弹上涨，则说明支撑有效，股价下跌仅仅是洗盘诱空而已。如盘中放量击穿这两个区域并在收盘时仍在此价格之下，说明股价还将下跌，临盘应实施止损。如图 52 所示。

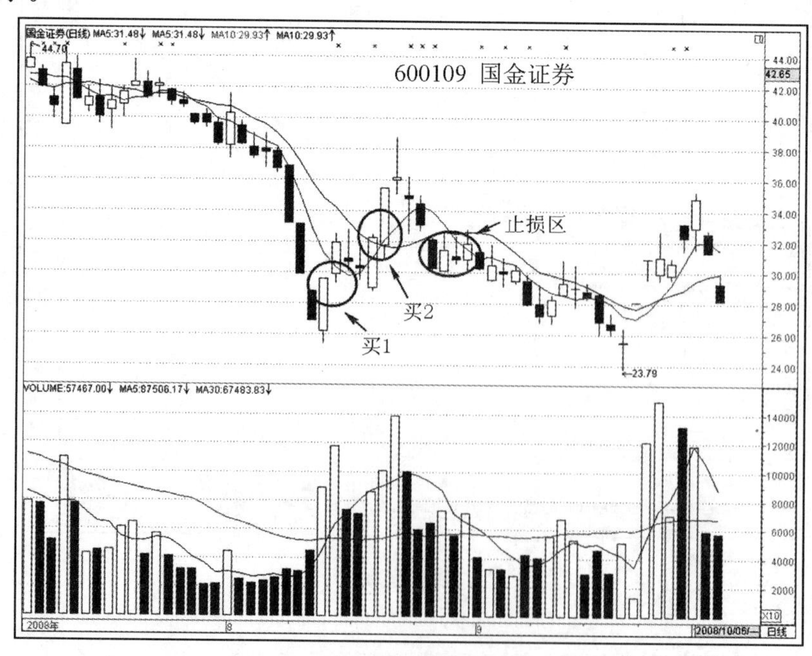

（图 52）

三、稳健型买进法则

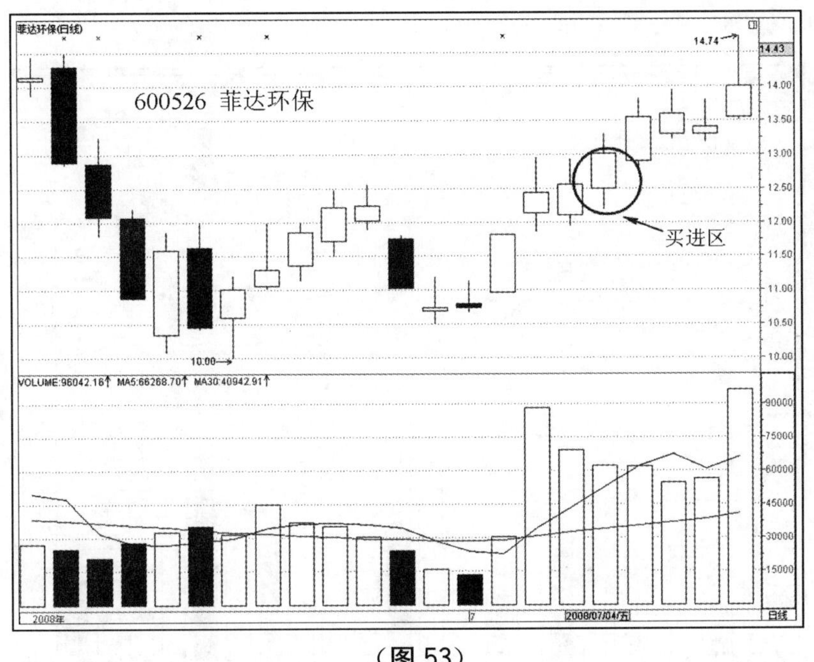

（图 53）

1. 大阳上方第三天买进。

大阳K线形成之后，为防止股价在次日出现变盘现象，因此，可以等待股价走稳时再考虑买进。临盘观察股价如连续两天收盘于大阳K线收盘价之上，则应在第三天开盘时以集合竞价买入。如图 53 所示。

2. 大阳上方回调第三天买进。

大阳K线形成之后，往往会带来了一轮小波段的上涨行情。但这轮上涨行情大多数情况下属于主力发动行情的初级阶段，必然会在小幅上涨三天或五天之后展开回调洗盘。因此，可在观察股价已经形成明确上升通道的情况下，临盘于股价回调的第三天在盘中遇低点买进，则容易把握住股价的主升段行情。如图 54 所示。

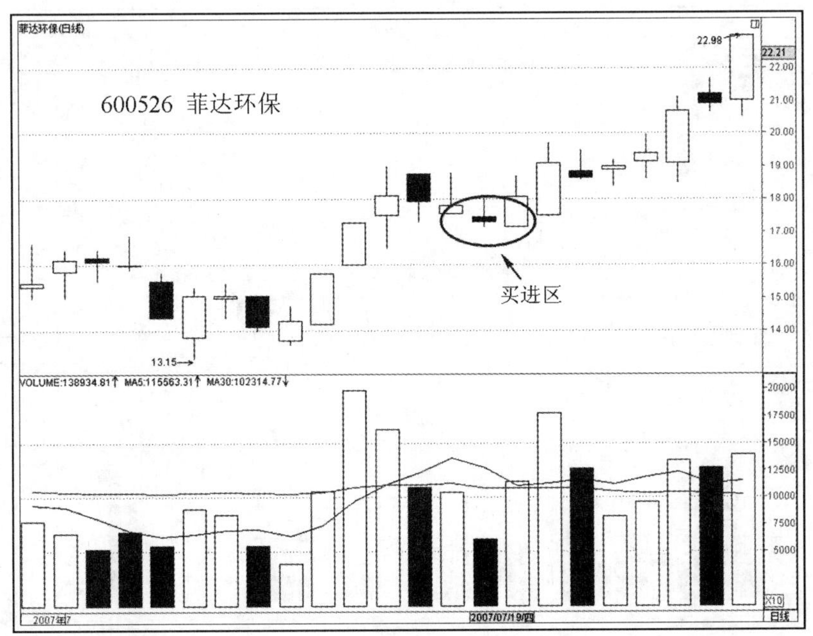

（图 54）

四、稳健法则的加码补仓与止损策略

1. 日K线加码策略：

A. 见阴线加码。

股价在向上继续攻击过程中，通常会于上涨的第四天或第五天出现回调收阴特征。如当天成交量大幅萎缩，则说明仅仅是回调洗盘，临盘可在收盘时实施加码。如图55所示。

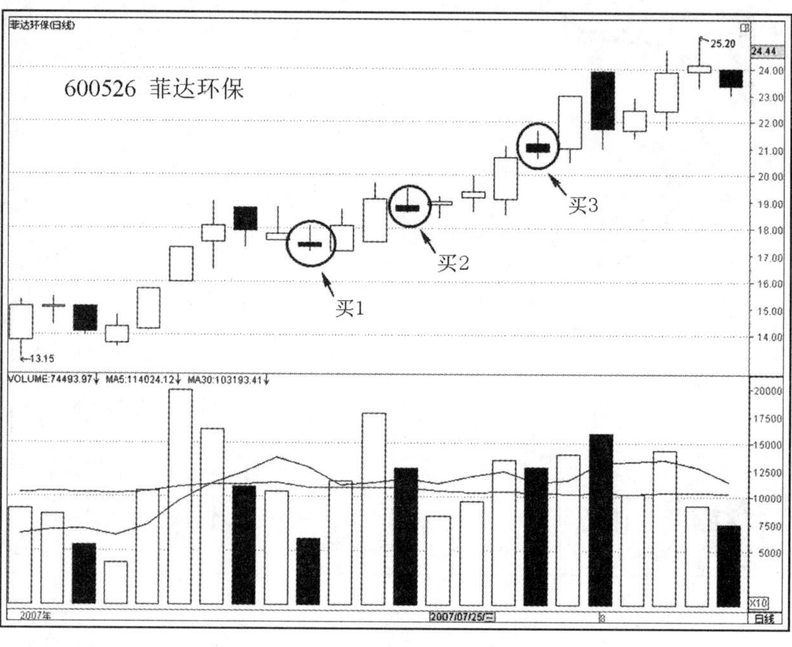

（图55）

B. 操盘线加码。

股价在向上继续攻击过程中，当涨幅达到20%以上并远离操盘线时，主力会实施较大力度的洗盘动作。可等待股价回调至操盘线时实施加码。如图56所示。

备注：关于操盘线的技术特征，请参考《道破短线天机》，其中有详细介绍。

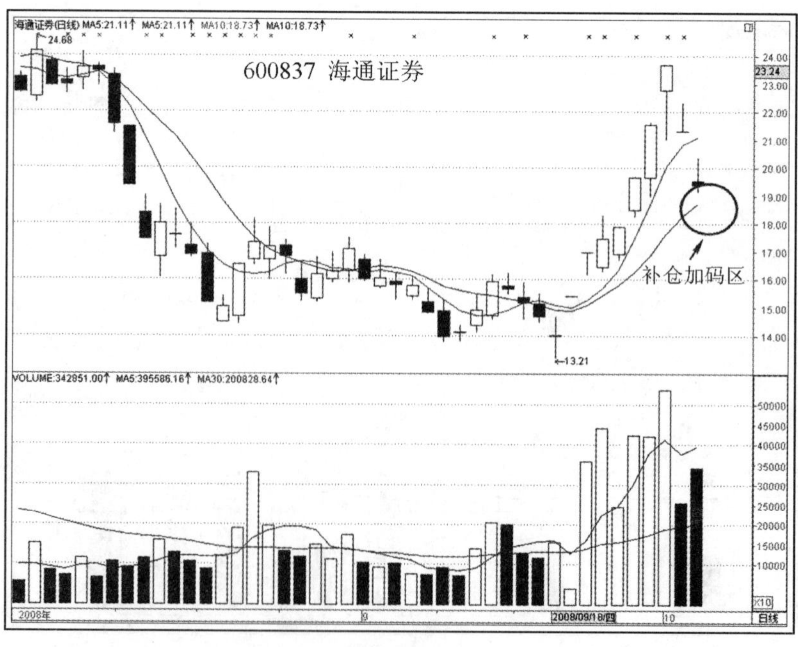

（图56）

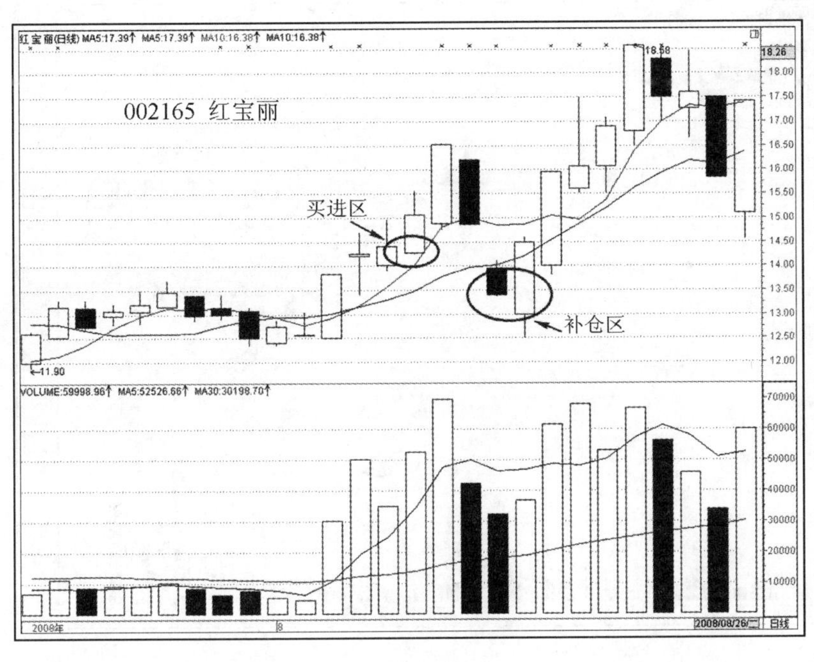

（图 57）

2. 补仓与止损策略。

A. 大阳线开盘价补仓。

大阳线出现第三天买进之后，如次日股价展开下跌，导致昨日持仓套牢。可待股价下跌至大阳线开盘价区域时实施补仓。如股价仅仅是短线洗盘，则不会击穿大阳开盘价而迅速展开盘升。如图 57 所示。

B. 操盘线止损。

大阳线买进策略实施之后，如次日股价展开下跌，导致昨日持仓套牢。可待股价下跌至操盘线价格区域时，临盘密切观察这操盘线的支撑力度。在一轮波段行情中，操盘线具有强大的支撑。如盘中放量击穿操盘线并收盘在此支撑之下，说明股价还将下跌。临盘应实施止损。如图 58 所示。

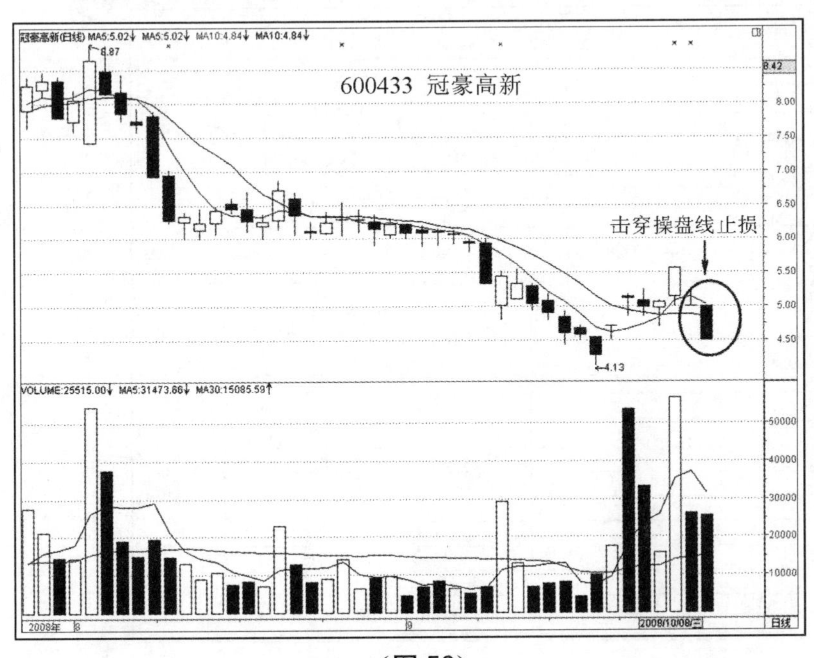

（图 58）

在操盘线上因补仓或加码买进的持仓，如当日收盘击穿操盘线，则说明股价还将下跌。当日操盘策略失误，临盘应在次日实施止损。如图 59 所示。

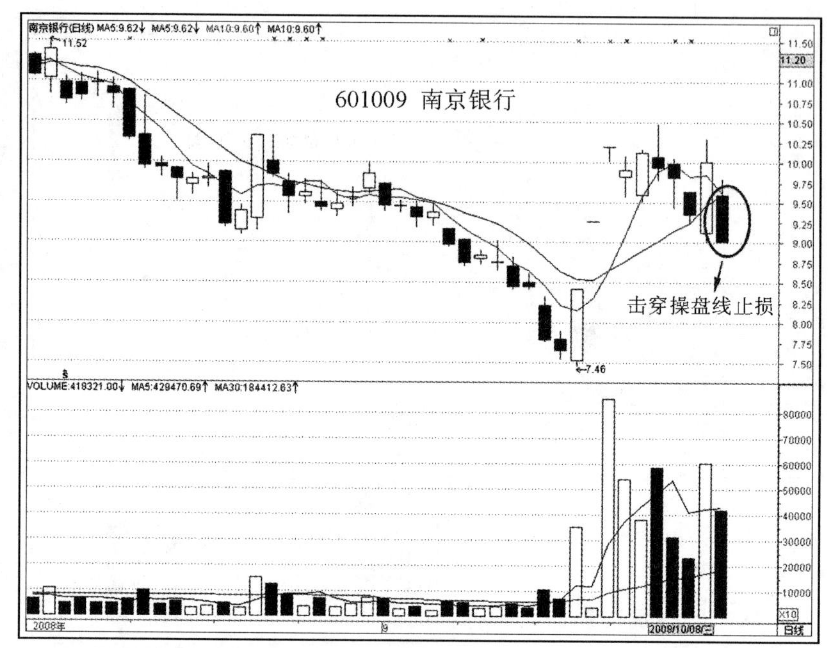

（图 59）

五、实战图谱演示

案例一：

激进型买进：600689 上海三毛

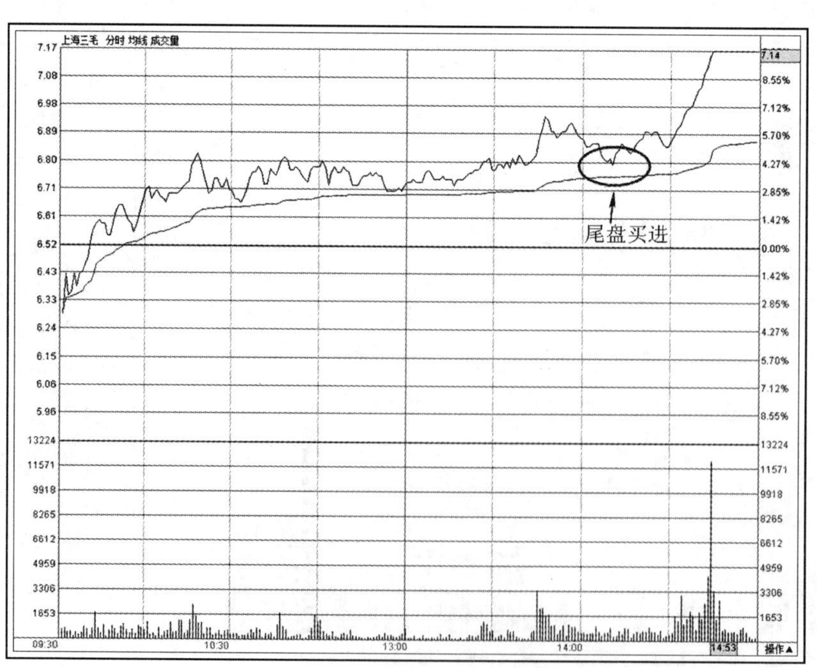

（图 60）

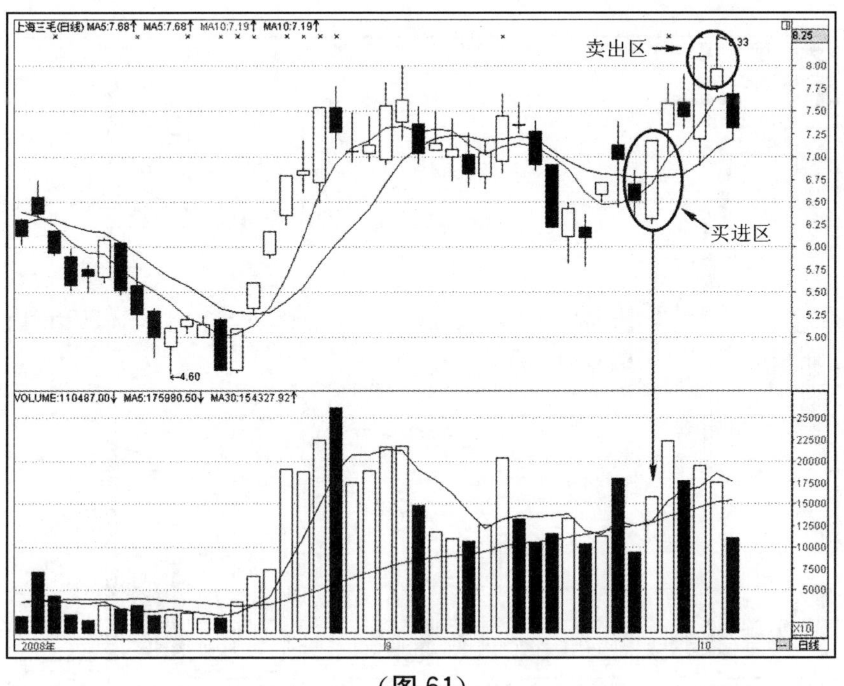

（图 61）

案例二：

激进型买进：600285 羚锐股份

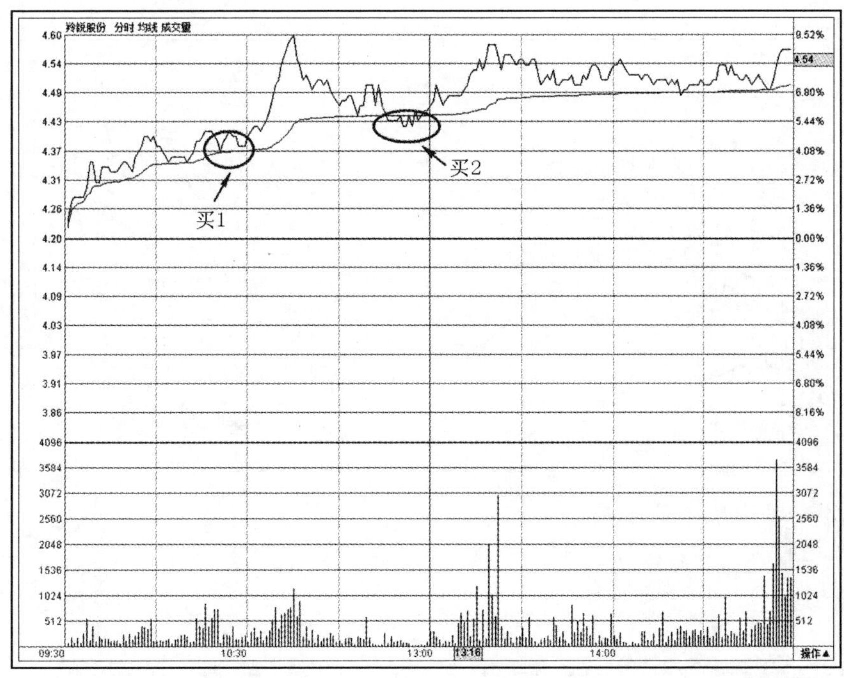

（图 62）

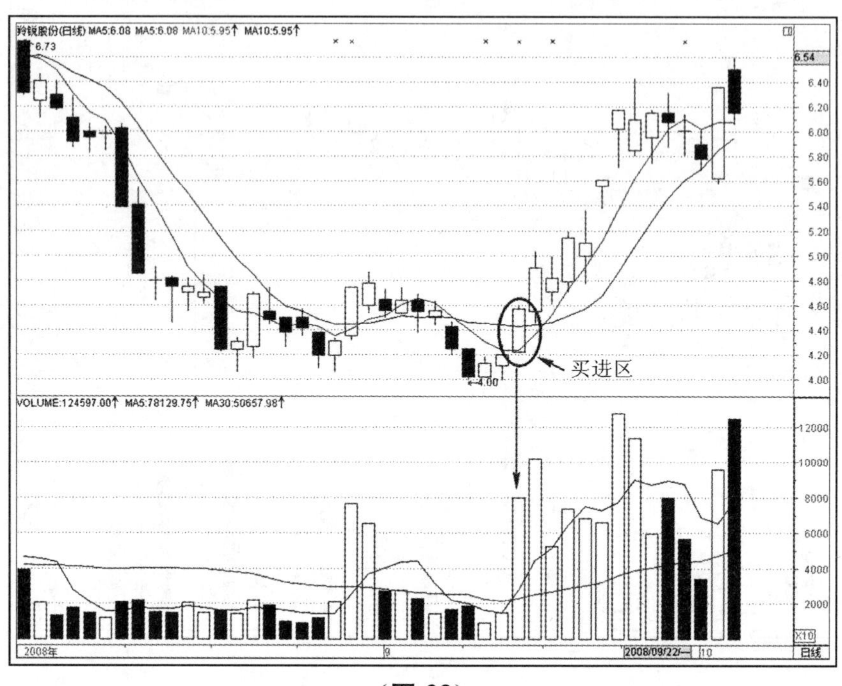

（图 63）

案例三：

稳健型买进：000565 渝三峡

（图 64）

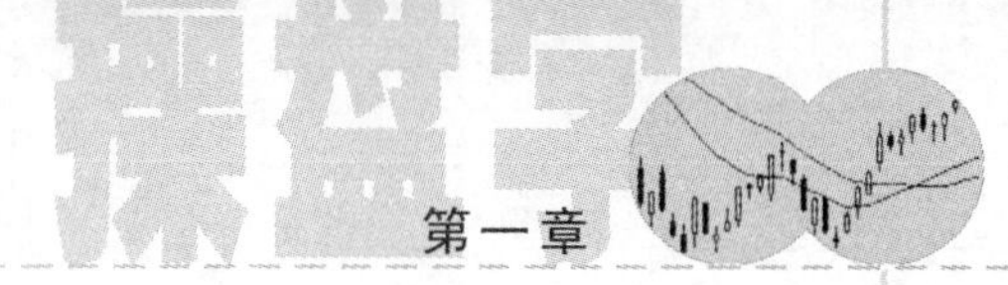

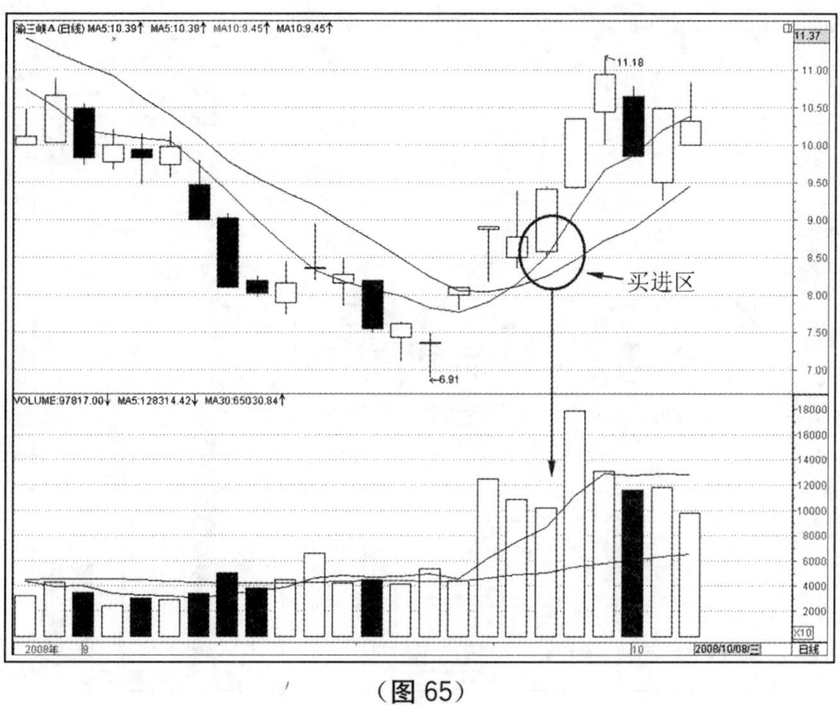

（图 65）

案例四：

稳健型买进：002051 霞客环保

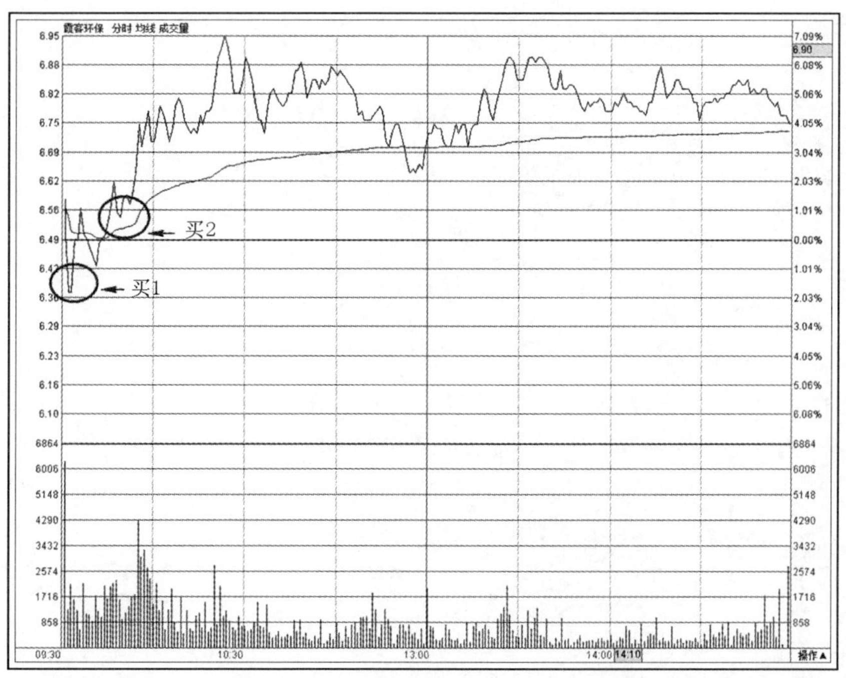

（图 66）

卖出区
买进区
VOLUME:131428.22↑ MA5:194755.17↓ MA30:94037.63↑
2008年
2008/07/10/四
日线

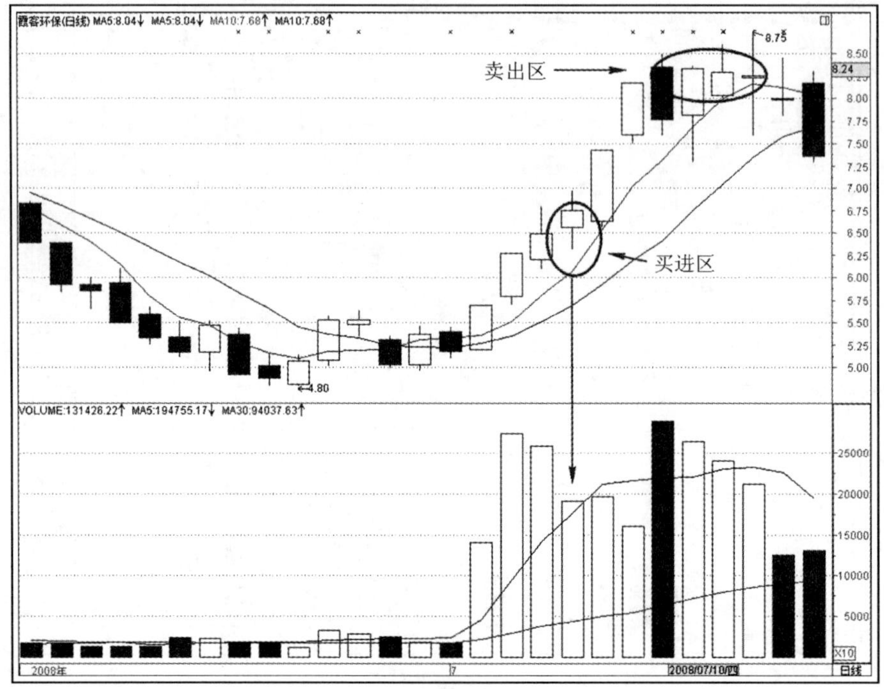

（图 67）

第四节 大阳滚动操盘法则

一、滚动操盘的买卖技巧

滚动操盘的核心宗旨就是：高抛低吸。这个说法在业界比较普遍，认同度极高。但历来鲜有操作成功者，其主要原因在于投资者没有清晰辨别股价小周期小波段性的高低点，以至于经常发生卖在低点、买在高点的操盘现象。

股价运行的过程中，均有其内在的规律。尤其是当小波段涨幅达到一定标准值后，股价即会出现波段性小周期高点和低点。在临盘实战过程中，我们可以通过对分时系统中的60分钟技术特征进行跟踪操作，基本可以准确地实现滚动操盘的目的。以下为利用分时系统技术实施滚动操盘的三个典型买卖技巧：

1. 分时K线长上影线小波段卖出技巧。
2. 分时K线长下影线小波段抄底技巧。
3. 分时K线四大均线小波段抄底技巧。

接下来，我们将在本节中对上述三个典型买卖技巧进行详细的讲解。

二、分时K线长上影线小波段卖出

当股价小波段上涨达到20%以上的涨幅标准值时，临盘要留意股价可能会出现小周期调整。如股价在当日60分钟K线组合中出现带较长上影线的K线，则说明股价调整即将展开。因此，当第二根60分钟K线开盘时，则以开盘价卖出较好。此时卖出会经常卖在相对高价区。

反映在K线图表中，我们经常发现出现以下典型的技术特征：

1. K线结构中的上影线较长。
2. 带长上影线的K线成交量明显放大。
3. 盘中即时图表中显示股价在最后拉升过程中，量峰持续萎缩，或纯粹无量拉升。
4. 盘中即时图表中显示股价在迅速回调时，均价线缺乏支撑力。
5. 60分钟KDJ的J值已经进入100以上，并开始向下拐头。

如图 68 所示。

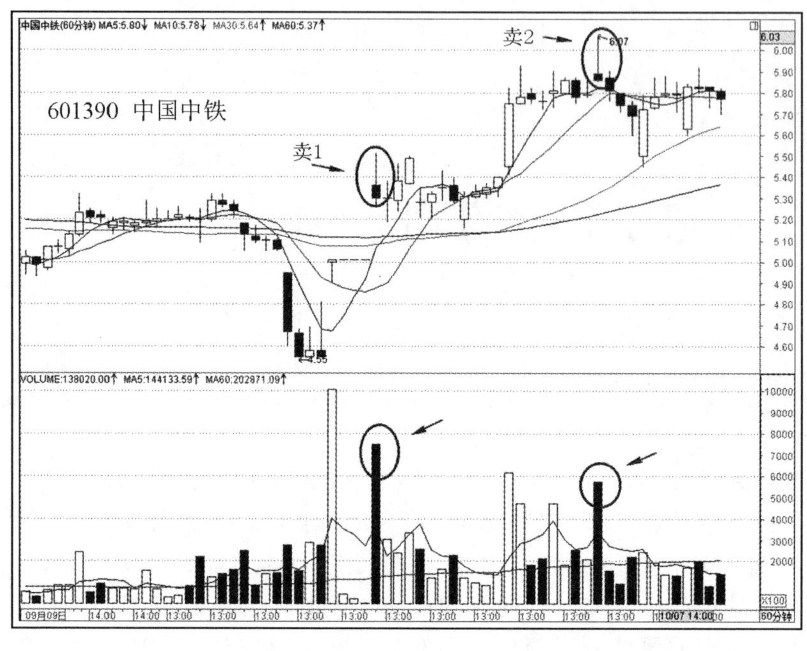

（图 68）

在分时系统的卖出技巧中，我们也可以把卖出时间提高到 30 分钟 K 线系统。即当股价在当日 30 分钟 K 线组合中出现带较长上影线的 K 线，则说明股价调整即将展开。因此，当第二根 30 分钟 K 线开盘时，则以开盘价卖出较好。此时卖出会经常卖在相对高价区。如图 69 所示。

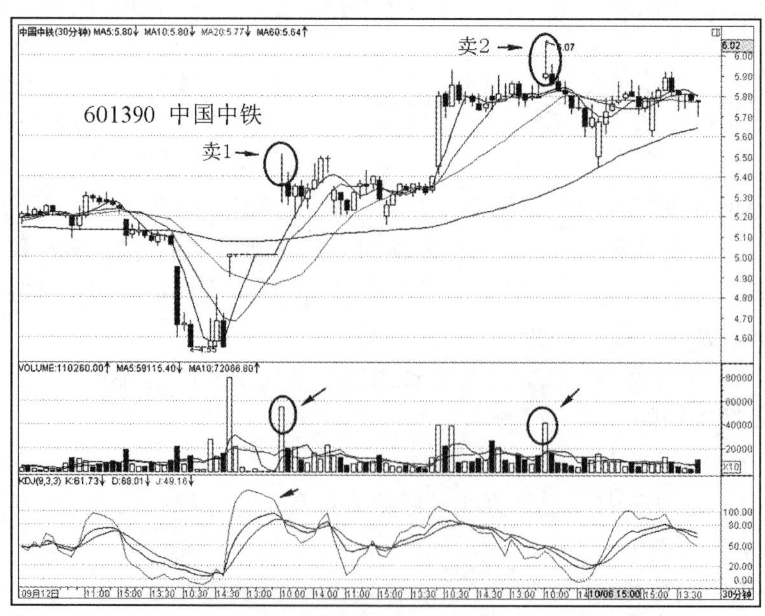

（图 69）

三、分时K线长下影线小波段抄底买进

当股价小波段下跌达到10%以上的跌幅标准值时，临盘要留意股价可能会结束小周期调整。如股价在当日60分钟K线组合中出现带较长下影线的K线，则说明股价调整即将结束。因此，当第二根60分钟K线开盘时，则以开盘价买进较好。此时买进会经常买在相对低价区。

反映在K线图表中，我们经常发现出现以下典型的技术特征：

1. K线结构中的下影线较长。

2. 带长下影线的K线成交量萎缩至阶段性地量状态。

3. 盘中即时图表中显示股价在最后加速下跌过程中，第一轮下跌量峰放大，而第二轮或第三轮下跌量峰则出现萎缩，或纯粹无量下跌。

4. 盘中即时图表显示股价在反弹时，向上迅速突破均价线的小阻力。

5. 60分钟KDJ的J值已经进入0以下的负值区域，并开始向上拐头。

如图70所示。

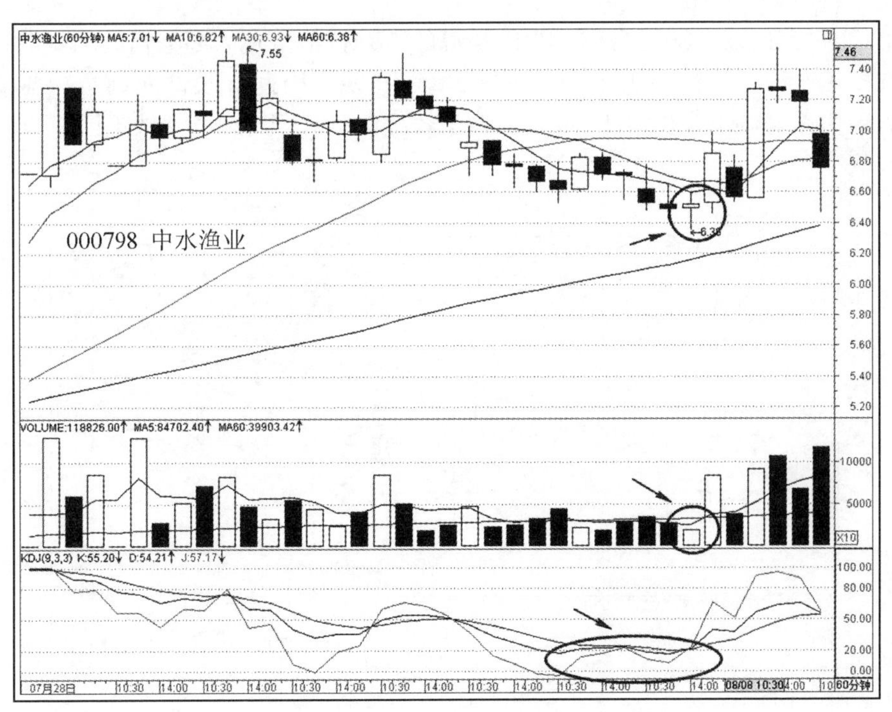

（图70）

四、分时K线四大均线小波段抄底买进

灵活运用60分钟K线系统中的四大均线，是较好的“抄底”工具。这四大均线系统分别是操盘10线、辅助20线、生命30线和决策60线，在小周期小波段的调整过程中，四大均线系统均能显示十分强大的“抄底”操盘价值。

1. 操盘10线抄底。

在一轮波段上涨行情中，股价不会轻易击穿60分钟K线系统的操盘10线。因此，我们把在操盘10线之上持续上涨行为称之为极强势的涨升行情。在大多数情况下，股价第一轮小波段拉升后的调整均不会轻易击穿操盘10线。因此，股价回调至操盘10线，或在盘中快速轻微击穿操盘10线时，均是较好的抄底机会。分别如图71、图72所示。

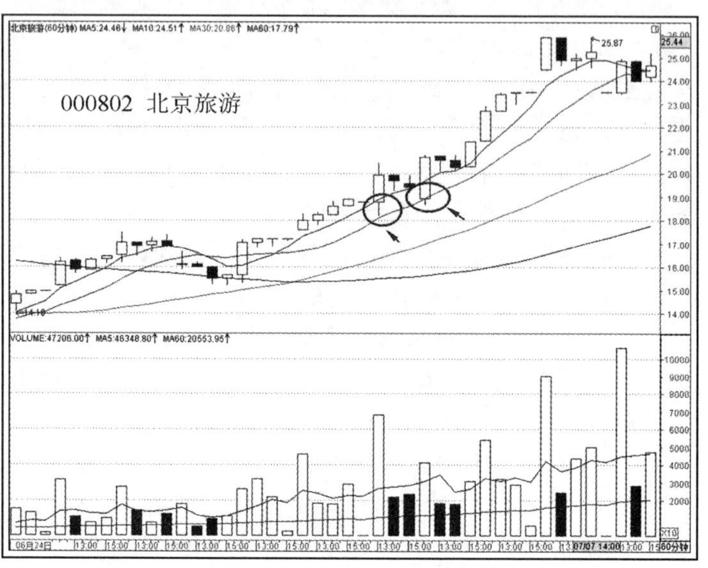

（图71）

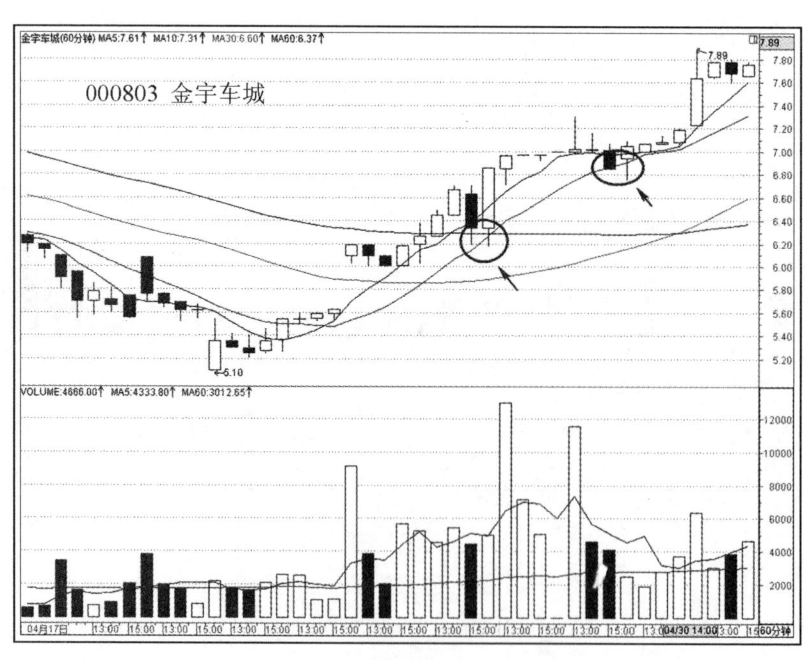

（图72）

操盘 10 线抄底条件限制：

A. 15 分钟 K 线系统中的 KDJ 必须已经进入低值区，其中 J 值进入负值区。

B. 30 分钟 K 线系统中的 KDJ 必须已经进入低值区，其中 J 值进入负值区。

C. 60 分钟 K 线系统中的 KDJ 必须已经进入 50 以下的低值区，其中 J 值进入 0 值区为佳。

特别要注意的是，股价在拉升过程中，第一次回调操盘 10 线时的支撑力通常较强，也最有效。而股价经过第二次拉升后的回调，则支撑力减弱。而第三次之后的调整，则支撑力更弱，被击穿下破的可能性也极大。因此，建议第三次之后的调整时，操作要相对谨慎。

2. 辅助 20 线抄底。

同样，在一轮波段上涨行情中，股价也不会轻易击穿 60 分钟 K 线系统的辅助 20 线。因此，我们把在辅助 20 线之上持续上涨行为称之为次强势的涨升行情。在大多数情况下，股价第二轮或第三轮小波段拉升后的调整均不会轻易击穿辅助 20 线。因此，股价第一次回调至辅助 20 线时，均是较好的抄底机会。如图 73 所示。

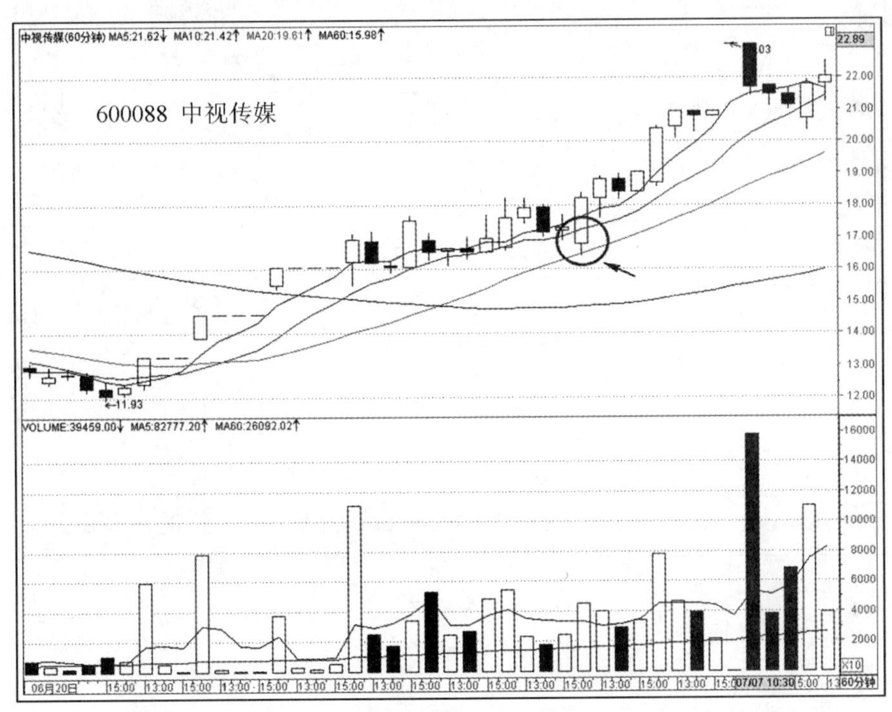

（图 73）

辅助 20 线抄底条件限制：

A. 15 分钟 K 线系统中的 KDJ 必须已经进入低值区，其中 J 值进入负值区。

B. 30 分钟 K 线系统中的 KDJ 必须已经进入低值区，其中 J 值进入负值区。

C. 60 分钟 K 线系统中的 KDJ 必须已经进入 20 以下的低值区，其中 J 值进入负值区为佳。

值得注意的是，股价回调至辅助 20 线时，通常已经经过了二轮或三轮小波段拉升行情，即是指在操盘 10 线之上经过了至少两次小周期调整后的拉升行情。因而，其涨幅也已经必然达到一定的标准值。股价第一次回调时，会具有较强的支撑力。而经过第二次调整时，则支撑力较弱，通常也会被击穿。因此，第二次之后的调整时，操作要十分谨慎，不可轻易抄底。

3. 生命 30 线抄底。

在一轮较大级别的波段上涨行情中，股价也不会轻易击穿 60 分钟 K 线系统的生命 30 线。因此，我们把在生命 30 线之上持续上涨行为称之为大波段的涨升行情。在大多数情况下，股价在经过至少三轮小波段拉升后的调整均不会轻易击穿生命 30 线。因此，股价第一次回调至生命 30 线时，均是较好的抄底机会。如图 74 所示。

（图 74）

生命 30 线抄底条件限制：

A. 15 分钟 K 线系统中的 KDJ 必须已经进入低值区，其中 J 值进入负值区。

B. 30 分钟 K 线系统中的 KDJ 必须已经进入低值区，其中 J 值进入负值区。

C. 60 分钟 K 线系统中的 KDJ 必须已经进入 10 以下的低值区，其中 J 值进入负值区为佳。

特别提醒：股价第一次回调生命 30 线时，会具有较强的支撑力。而经过第二次调整时，则支撑力较弱，通常也会被击穿。因此，第二次之后的调整时，操作要十分谨慎，不可轻易抄底，而应将抄底时机下调至决策 60 线区域。

4. 决策 60 线抄底。

在一轮较大级别的波段上涨行情中，股价也不会轻易击穿 60 分钟 K 线系统的决策 60 线。因此，我们把在决策 60 线之上持续上涨行为称之为特大波段的涨升行情。在大多数情况下，股价在经过至少三轮或四轮小波段拉升后的调整均不会轻易击穿决策 60 线。因此，股价第一次回调至决策 60 线时，均是较好的抄底机会。如图 75 所示。

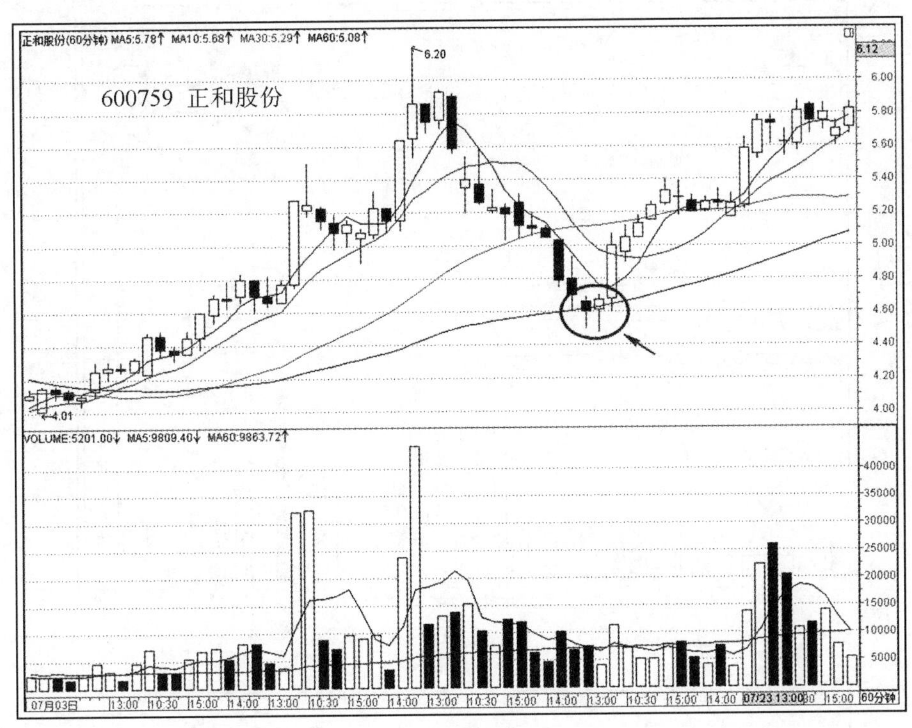

（图 75）

决策 60 线抄底条件限制：

A. 15 分钟 K 线系统中的 KDJ 必须已经进入低值区，其中 J 值进入负值区。

B. 30 分钟 K 线系统中的 KDJ 必须已经进入低值区，其中 J 值进入负值区。

C. 60 分钟 K 线系统中的 KDJ 必须已经进入 0 以下的低值区，KDJ 值均进入负值区为佳。

特别提醒：股价第一次回调决策 60 线时，会具有较强的支撑力。而经过第二次调整时，则支撑力较弱，通常也会被击穿。因此，第二次之后的调整时，操作要十分谨慎，不可轻易抄底。连续大幅调整将导致股价有可能结束大波段涨势。

备注：关于上述四大均线系统的临盘实战买卖技巧，将在本书第二章《均线交易系统》中会有详细的分析应用介绍。

五、实战图谱演示

案例一：

分时操盘线小波段抄底：600759 正和股份

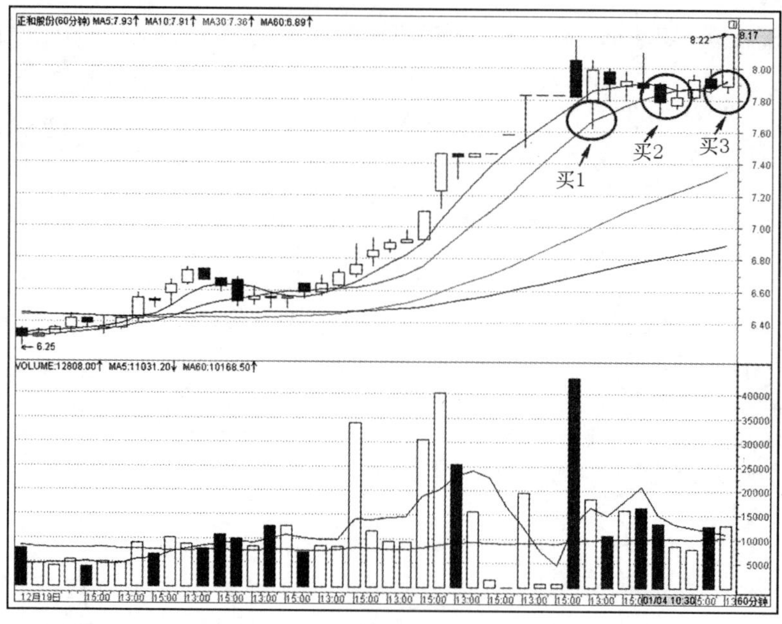

（图 76）

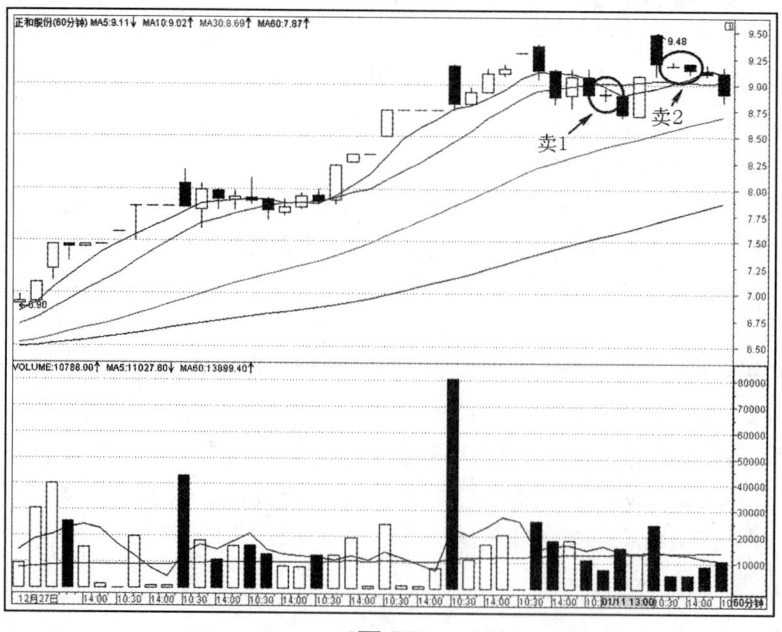

（图 77）

案例二：

分时辅助线小波段抄底：600578 京能热电

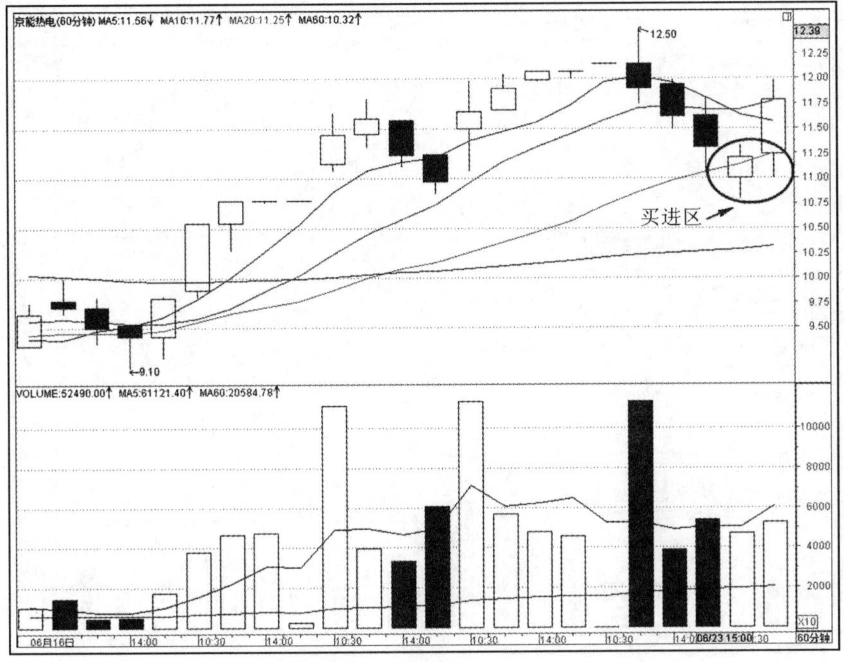

（图 78）

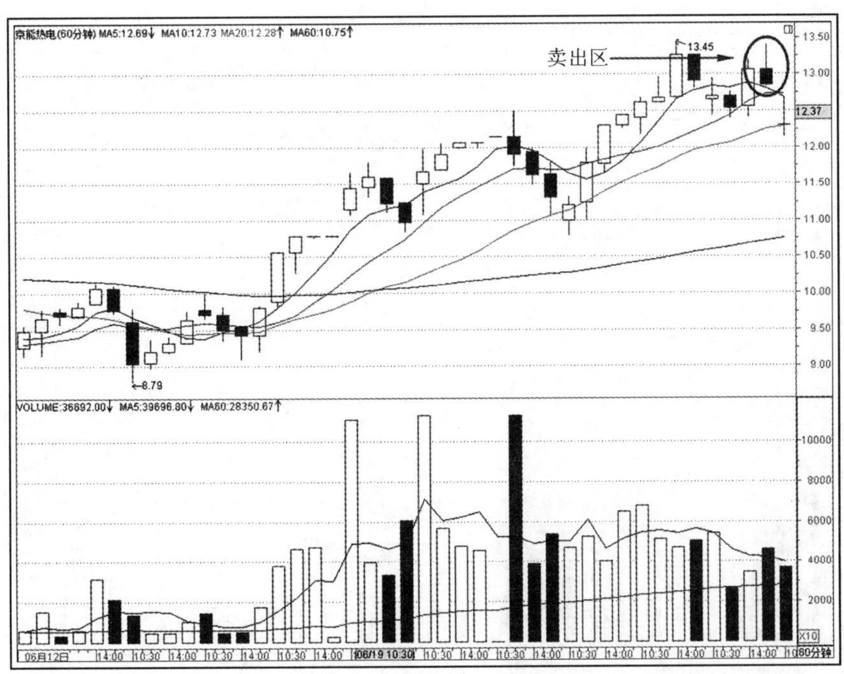

（图 79）

案例三：

分时生命线小波段抄底：000639 金德发展

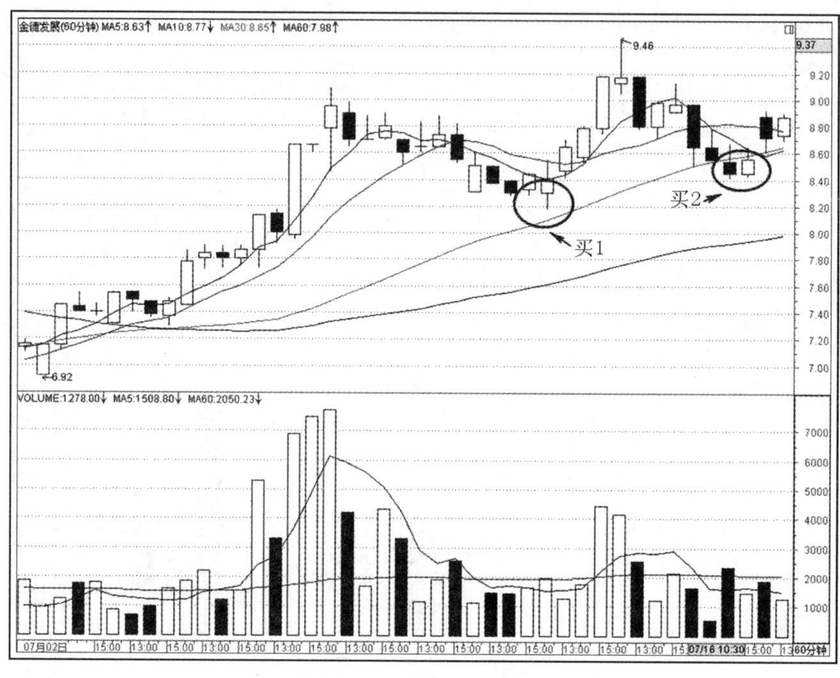

（图 80）

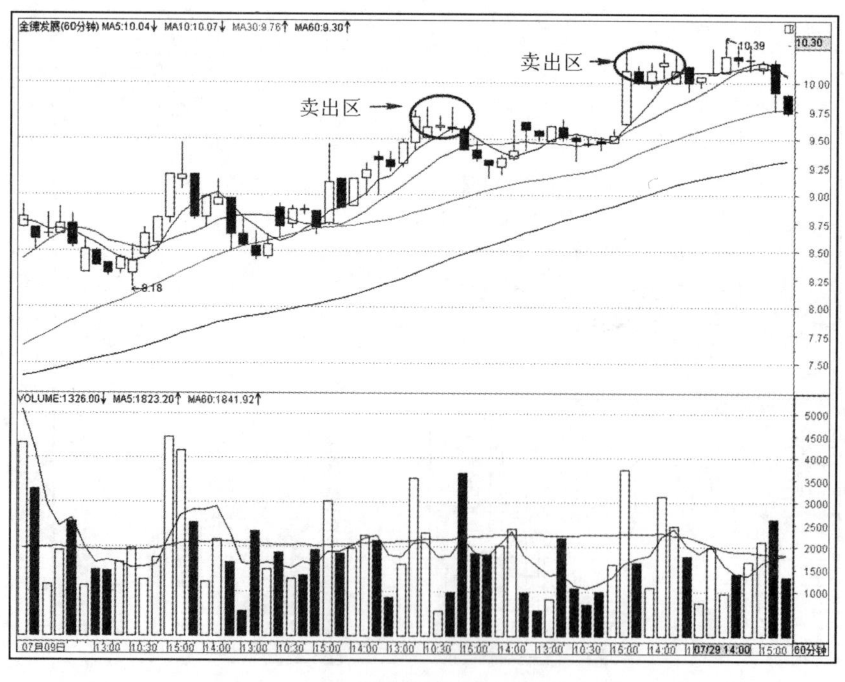

（图 81）

案例四：

分时决策线小波段抄底：000576 广东甘化

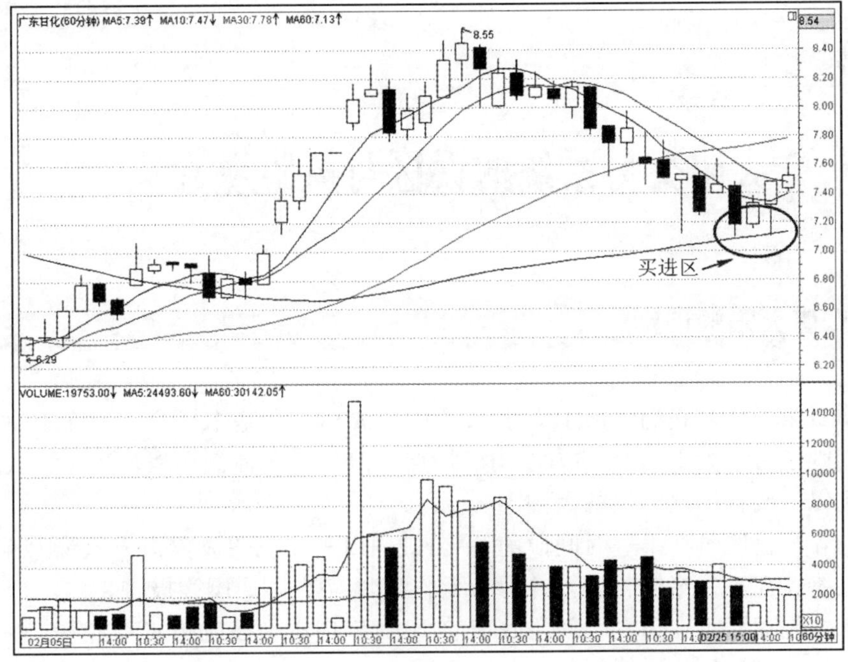

（图 82）

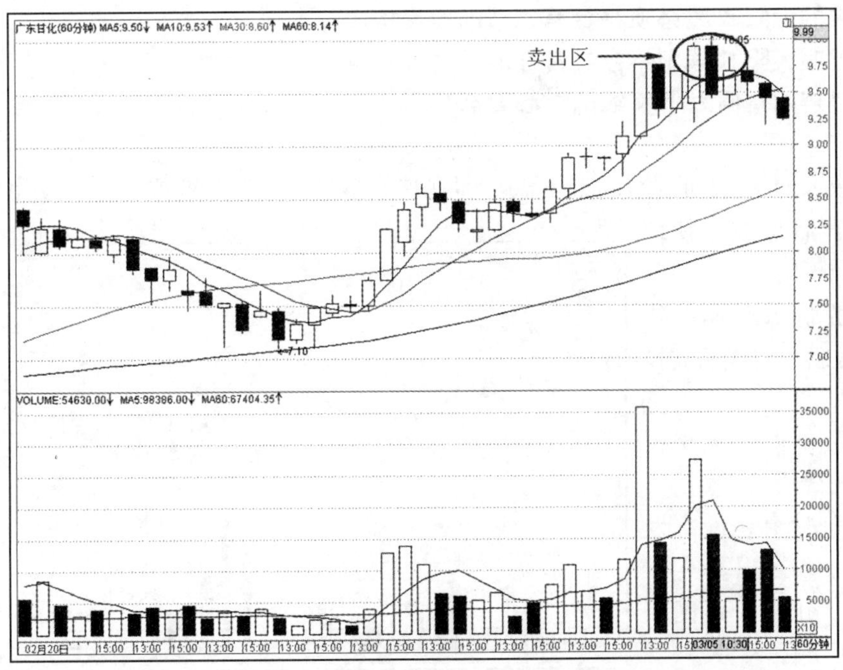

（图 83）

第五节 大阳交易系统的误区与风险规避

一、真假大阳的识别

在本章第一节，我们学习了大阳 K 线的构成标准和基本概念。而在本章第二节中，我们则学习了大阳 K 线的力度构成特点。但是，在临盘实战过程中，我们还会经常碰到以下两种情况产生的大阳 K 线。

第一，早盘股价在第一时间段前 20 分钟内以一波或两波攻击方式涨升至 7%以上，全天维持在高位窄幅整理，并保持至收盘时，以大阳 K 线报收。

第二，尾盘股价在第六时间段收市前 10 分钟内以一波或两波攻击方式快速拉升至 7%以上，并以大阳 K 线报收。

所谓真假大阳 K 线，其实质就是要从大阳 K 线的内部结构特征来进行区别。

标准的大阳 K 线必须符合第二节的力度构成特点；
而虚假大阳 K 线则不会具备标准的力度特点。
这是辨别真假大阳 K 线的核心要点！

虚假大阳 K 线通常形成于尾盘，即在尾盘收市前 10 分钟或甚至 5 分钟内出现快速拉升后形成，其结构特征如下：

1. 股价涨升速度快捷，通常以一波或两波拉升结构。

2. 股价即时成交仅有数笔大单或特大单。

3. 即时图表没有发现标准的量峰结构。

4. 60 分钟 K 线图表仅为一根大阳 K 线。

如图 84 所示。

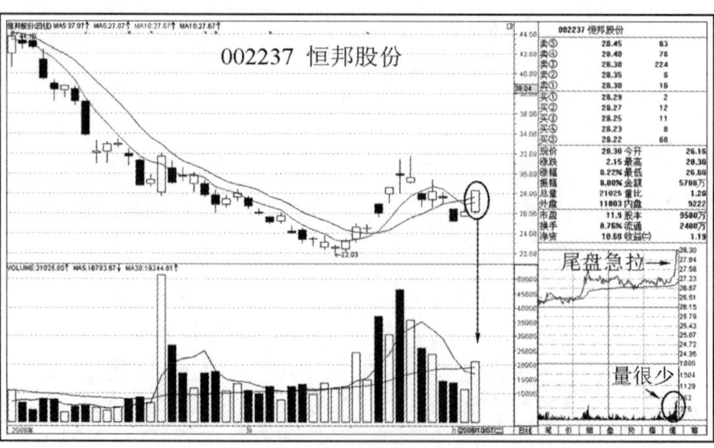

（图 84）

因此，上述第二种情况所讲到的大阳K线即是典型的虚假大阳K线。

虚假大阳K线在实战领域，仅仅可以作为股价异动特征来进行跟踪。其主要原因是受主力在尾盘以大单对敲拉升所造成的结果。主力在尾盘对敲拉升一方面是故意“做价”来引起市场的注意，另一方面也有可能向其他主力机构发出操盘信号。无论如何，这种异动性涨升，不能做为大阳K线系统交易的信号。

特别提醒：

上述第二种情况所讲到的大阳K线还有一种可能性，即是在尾盘收市前30分钟内通过快速攻击拉升至7%以上，并以大阳K线报收。当这种情况出现时，我们要仔细辨别其是否符合标准大阳K线的力度构成特点及要点。

1. 尾盘第六时间段涨升时，盘中是否由密集型持续性大单和特大单成交？

2. 在即时图表中，成交量是否构成标准的量峰形态？

3. 当天整体换手率是否达到5%以上？

4. 当天振幅是否达到10%以上？

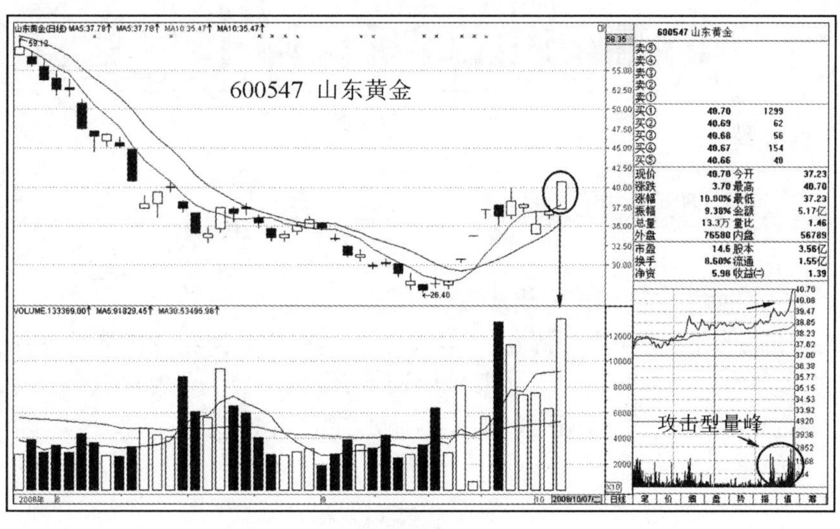

（图85）

5. 当天收盘涨幅是否达到7%以上？

6. 分时系统K线结构是否出现大阳带巨量井喷特征？

如图85所示。

在上述第一种情况所讲的大阳K线特征时，我们也要仔细辨别其是否符合标准大阳K线的力度构成特点及要点。

1. 早盘第一时间段涨升时，盘中是否由密集型持续性大单和特大单成交？

2. 在即时图表中，成交量是否构成标准的量峰形态？

3. 当天换手率是否达到5%以上？

4. 当天振幅是否达到10%以上？

5. 当天涨幅是否达到7%以上？

6. 分时系统中的60分钟K线结构是否出现井喷型或盘升型特征？

如图86所示。

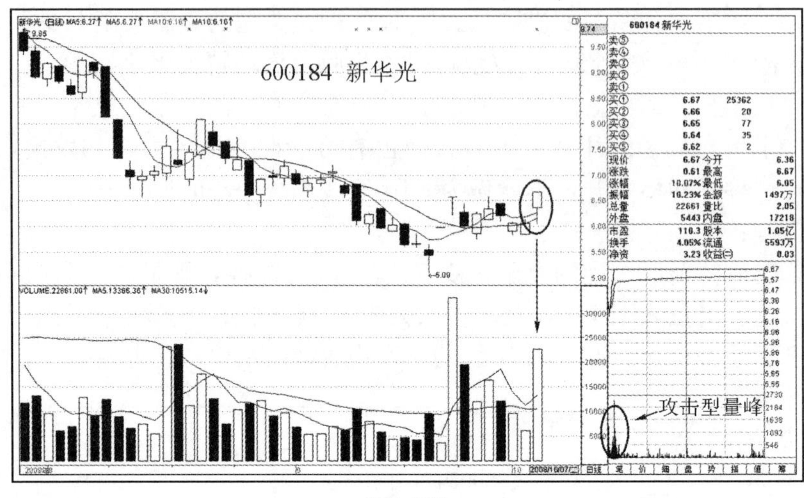

（图 86）

二、大阳买入的止损位

1. 回调击穿大阳 K 线开盘价止损。

股价出现大阳 K 线后，一般情况下，主力不会轻易在洗盘过程中击穿大阳 K 线的开盘价。大多数情况下，股价回调不会超过大阳 K 线的 50%水平位置。如低于这一位置，则股价趋势暂时转弱。即使击穿大阳 K 线 50%水平位，也会迅速拉升收于此位置之上。如图 87 所示。

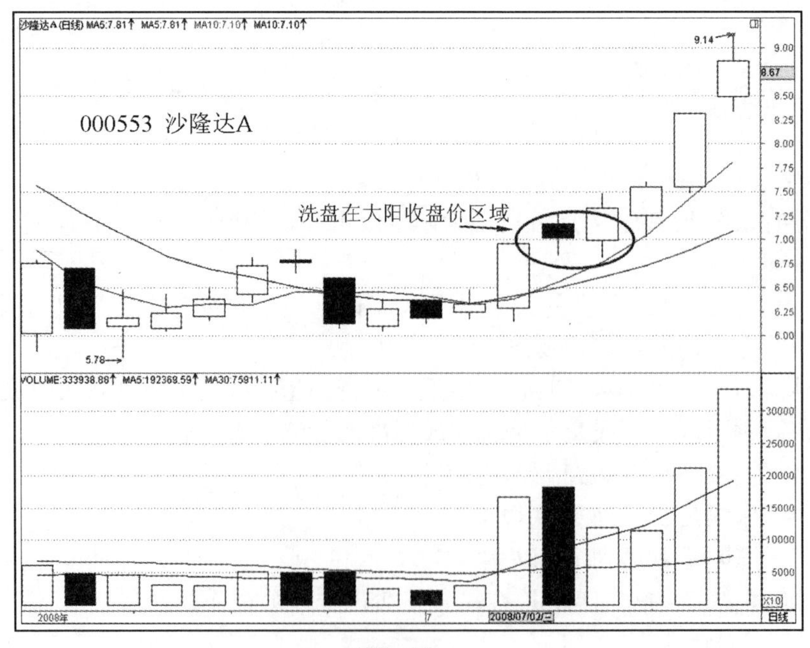

（图 87）

因此，当股价在回调中击穿大阳 K 线的开盘价时，表示大阳 K 线的重要支撑位失守，临盘出局避险则是上策，以回避未知的风险。如图 88 所示。

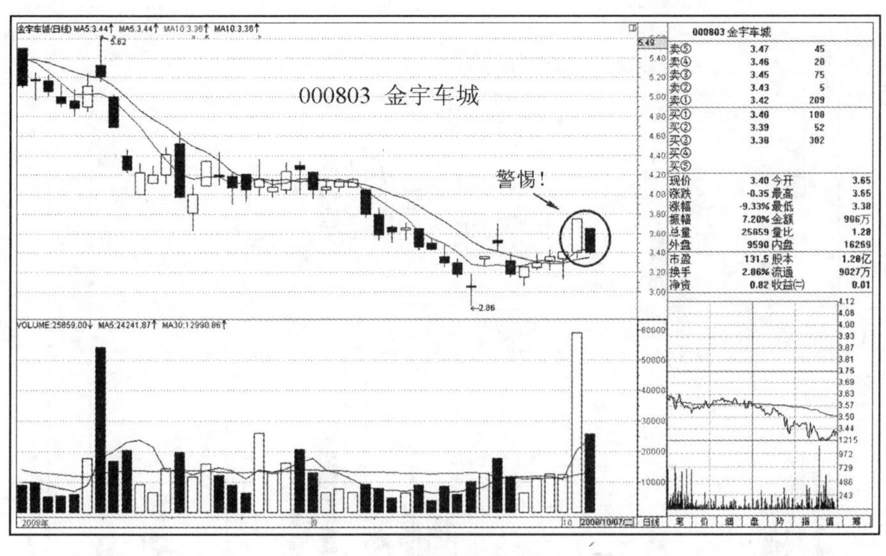

（图 88）

2. 回调击穿大阳 K 线最低价止损。

当股价在回调中击穿大阳 K 线的最低价时，表示大阳 K 线最后的支撑位失守，临盘出局避险则是上策，以回避未知的风险。如图 89 所示。

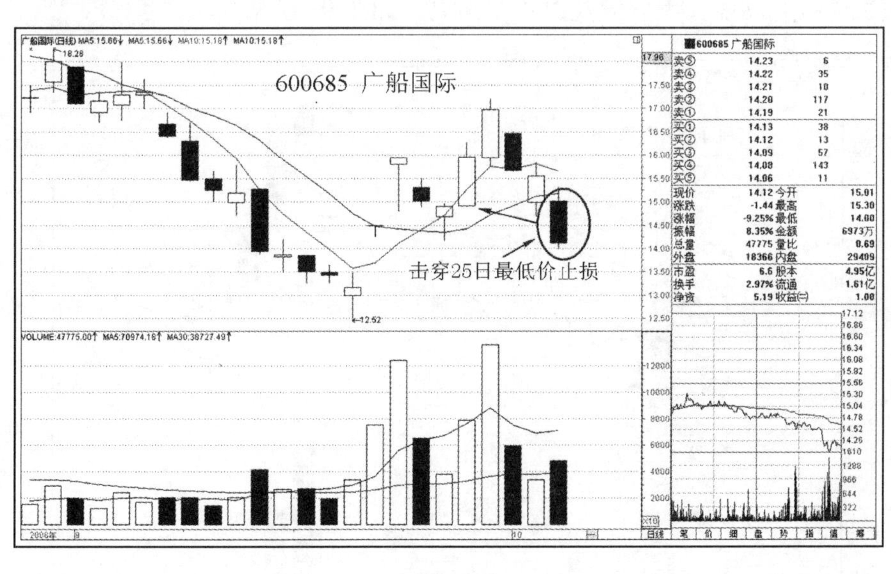

（图 89）

3. 回调击穿大阳 K 线最低价两天内不拉升止损。

稳健的投资者可以在股价回调击穿大阳 K 线的最低价后，临盘仍应观察股价是否在两天内的收盘变化。这种策略主要是应对凶狠洗盘的主力。有些主力可能会以退为进，故意击穿大阳的最低价以达到恐吓跟风盘的目的。如图 90 所示。

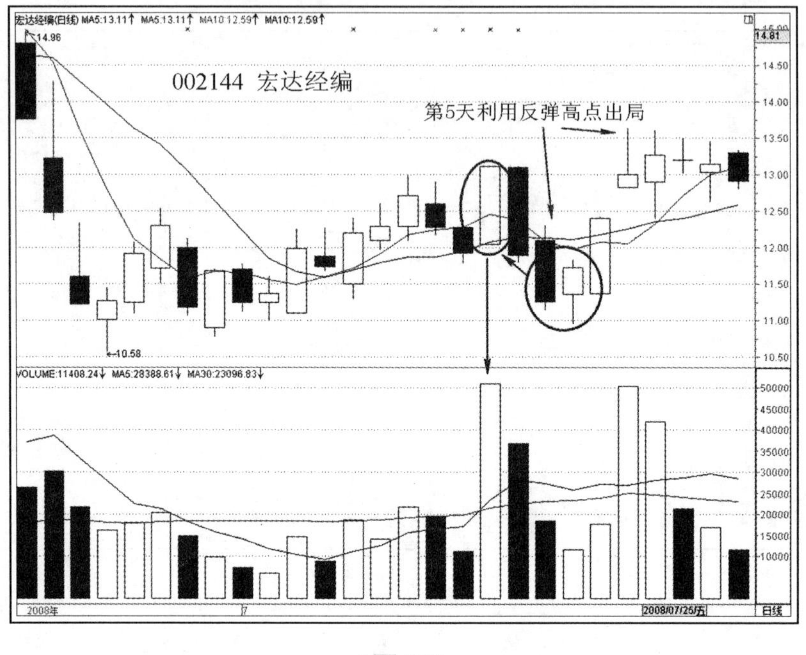

（图 90）

但如果股价击穿大阳 K 线的最低价后，在两天内不能展开拉升，则说明该股已经彻底丧失拉升动能，因此应及时止损出局。如图 91 所示。

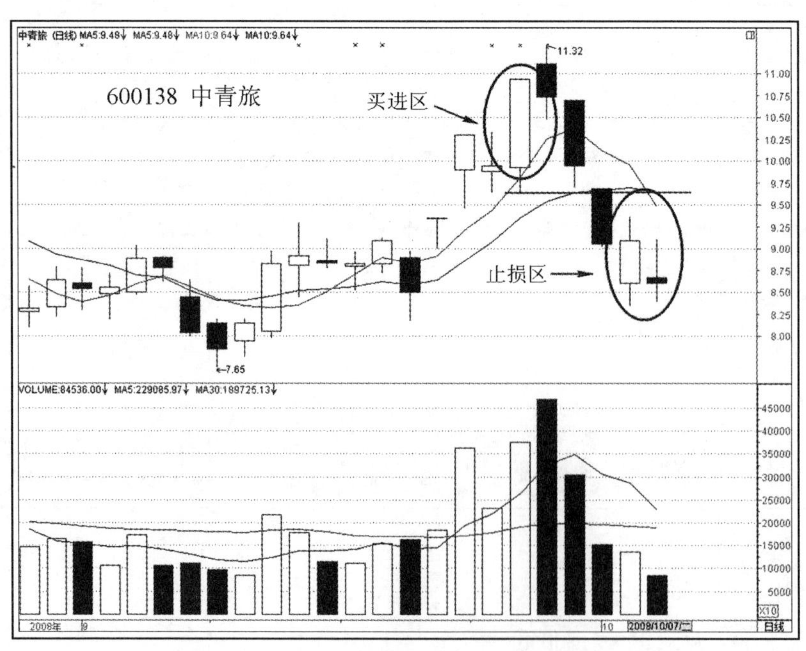

（图 91）

三、大阳滞涨与主力操盘行为分析

大阳K线滞涨现象通常较易发生在股价筑底阶段、股价盘头阶段和股价下降通道中的反弹阶段。通过股价的阶段趋势特征，我们可以判断分析主力操盘行为与基本意图。

1. 股价在底部筑底整理过程中。

临盘出现大阳K线滞涨，通常只是主力开始试探性进场建仓，盘中意图拉高吸筹建仓。因此，主力的主要目的并非真正要展开一轮波段性上涨，而仅仅在于试探性建仓。后续股价趋势仍然以反复震荡整理为主。如图92所示。

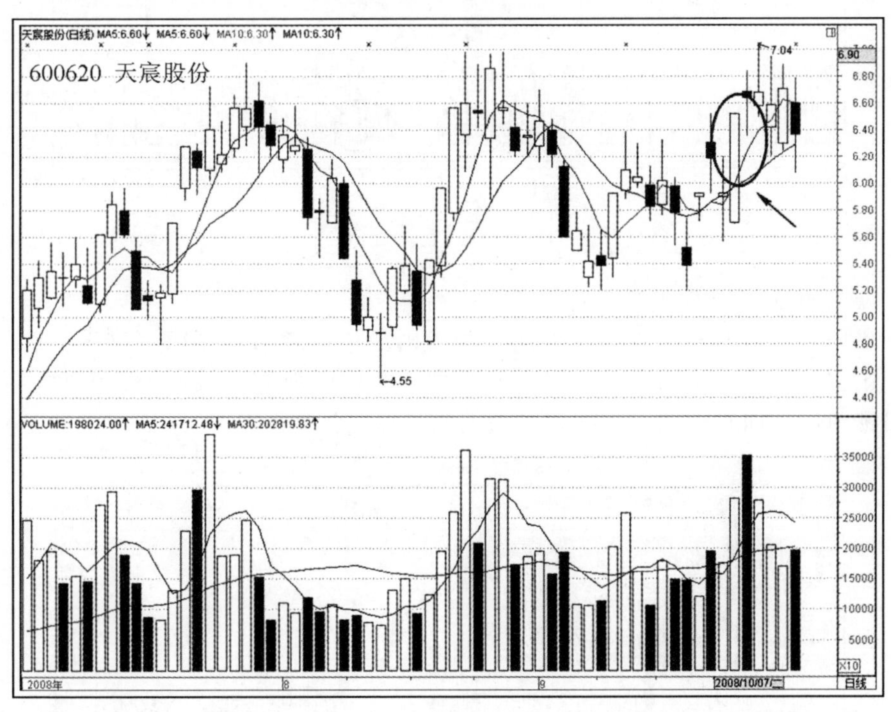

（图92）

2. 股价在阶段性头部整理过程中。

临盘出现大阳K线滞涨，通常只是主力为了完成波段盈利目标，在盘中持续进行滚动操盘。因此，主力的意图并非真正要展开一轮波段性上涨，而仅仅在于通过反复滚动操盘，持续出货进一步扩大赢利。如图93所示。

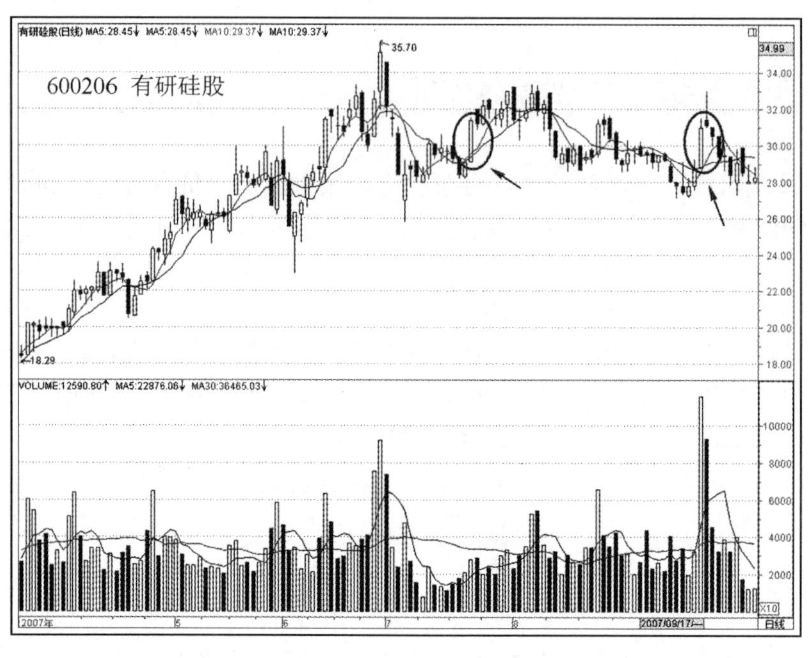

（图 93）

3. 股价在下降过程中。

临盘出现大阳 K 线滞涨，通常由于主力已经在下降初期完成出货，股价持续超跌时，仅仅是主力再次利用小量资金进场推动股价反弹的短线行情。因此，当大阳 K 线滞涨时，反而是短线反弹即将结束的重要特征。如图 94 所示。

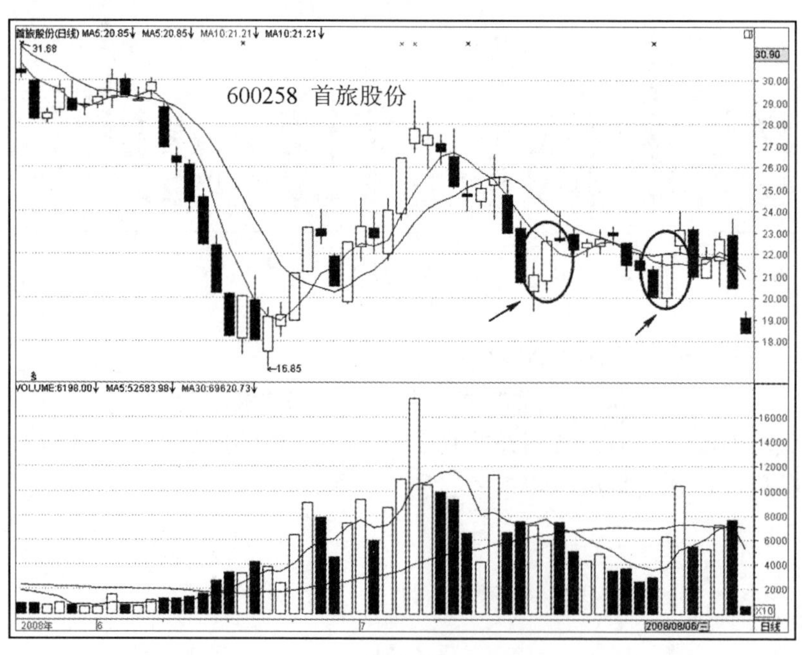

（图 94）

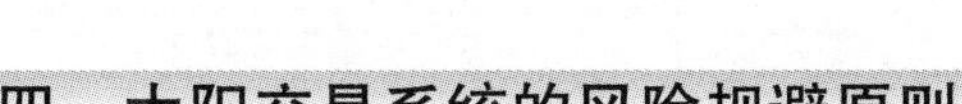

四、大阳交易系统的风险规避原则

1. 准确判断大阳 K 线所处的阶段位置，规避系统风险。

大阳 K 线所处的阶段位置是否符合交易要求，是临盘作出操盘决策的前提条件。因此，在计划进入市场展开操作时，首先要准确判断大阳 K 线是否符合以下阶段特征：

A. 大阳 K 线在底部向上突破、波段上升趋势中具有巨大的中短线实战操作价值。如图 95、图 96 所示。

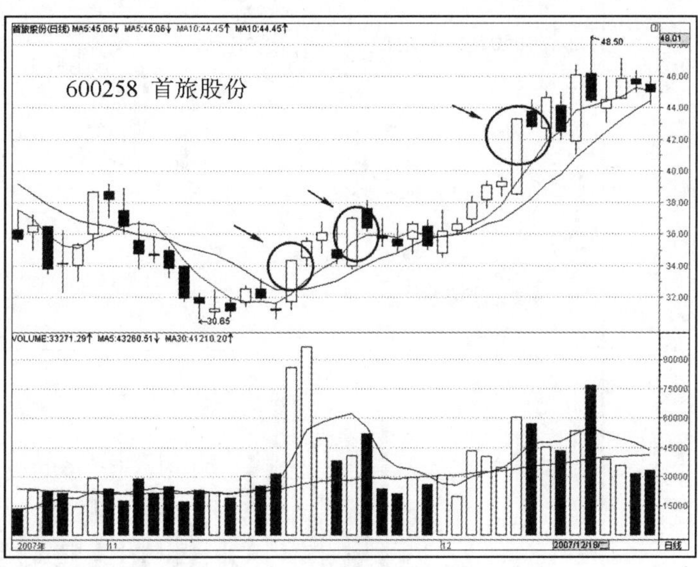

（图 95）

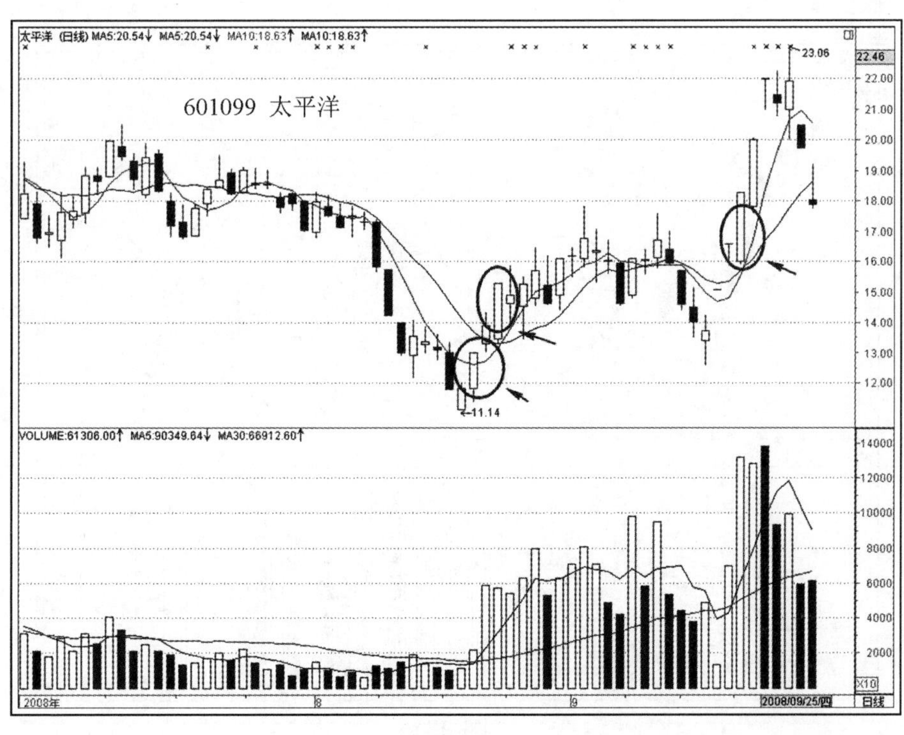

（图 96）

B. 在阶段性头部整理、底部筑底整理阶段中，仅具备短线操作价值。如图 97、图 98 所示。

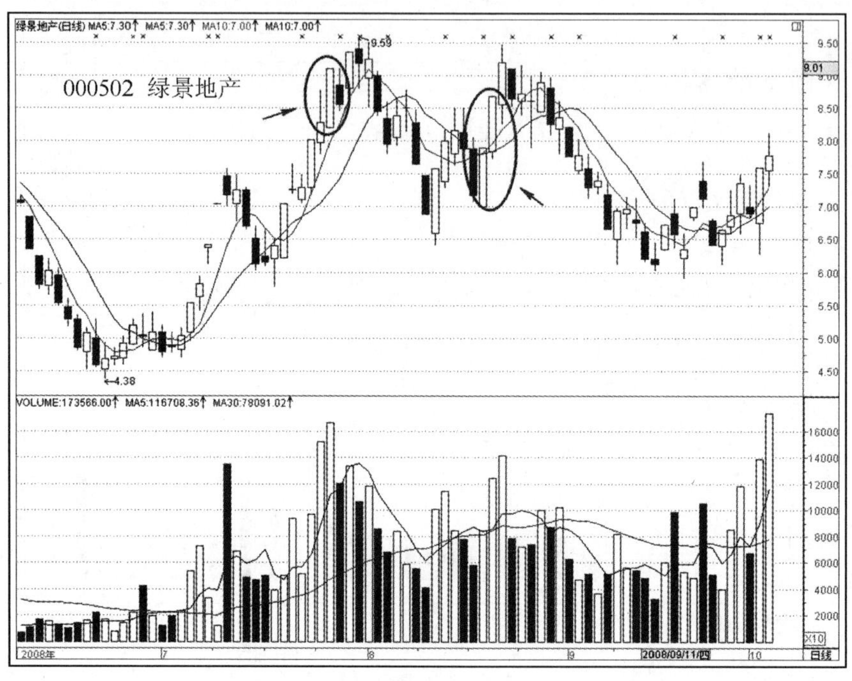

（图 97）

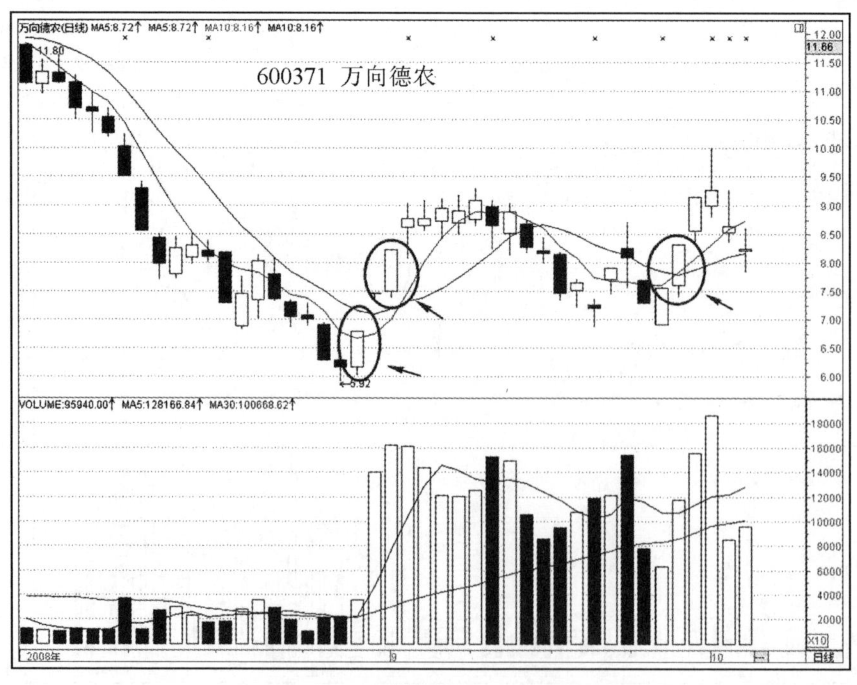

（图 98）

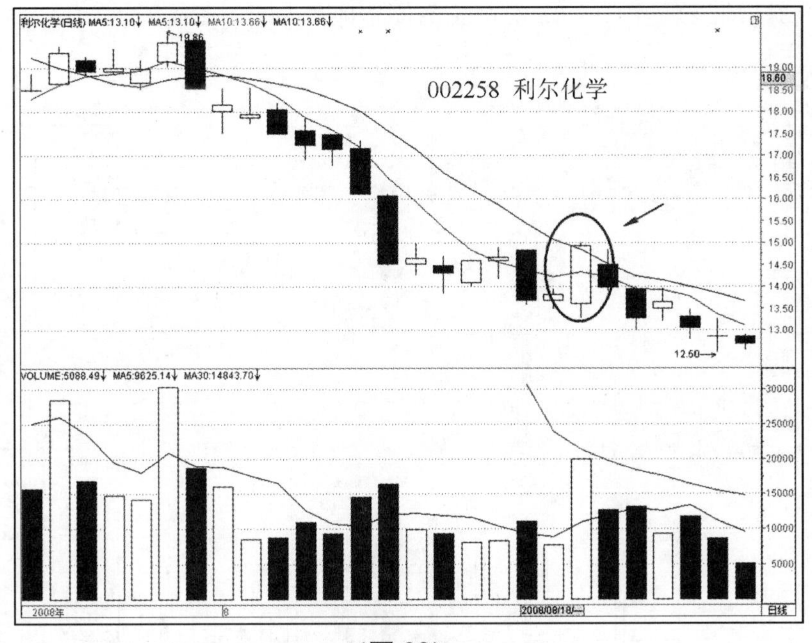

（图 99）

C. 在股价趋势下降过程中超跌反弹，其临盘操作的风险性较大。如图 99 所示。

2. 准确把握三种分时 K 线组合，规避强弱风险。

由于大阳 K 线的出现，其内部 60 分钟 K 线系统的组合在很大程度上决定了大阳的强弱。因此，在临盘操作过程中，我们可以按照以下结构特征进行精选：

A. 井喷型 K 线结构，操盘首选品种。如图 100 所示。

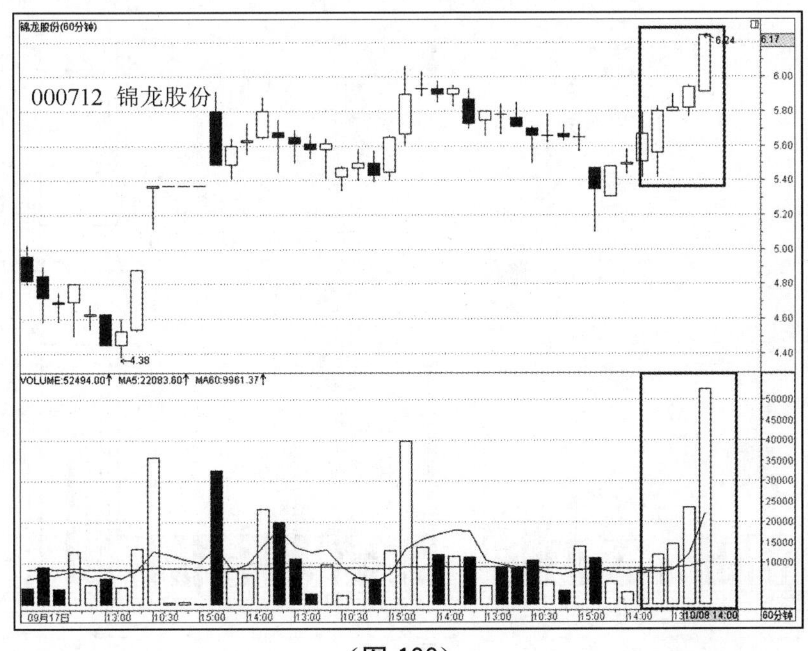

（图 100）

B. 盘升型K线结构，操盘次选或备选品种。如图101所示。

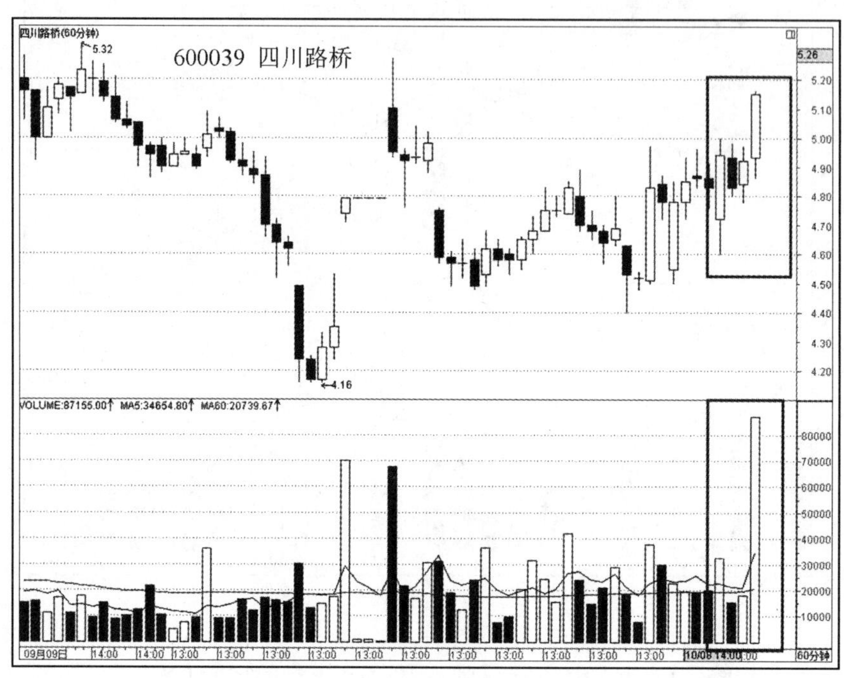

（图101）

C. 虚涨型K线结构，操盘淘汰品种。如图102所示。

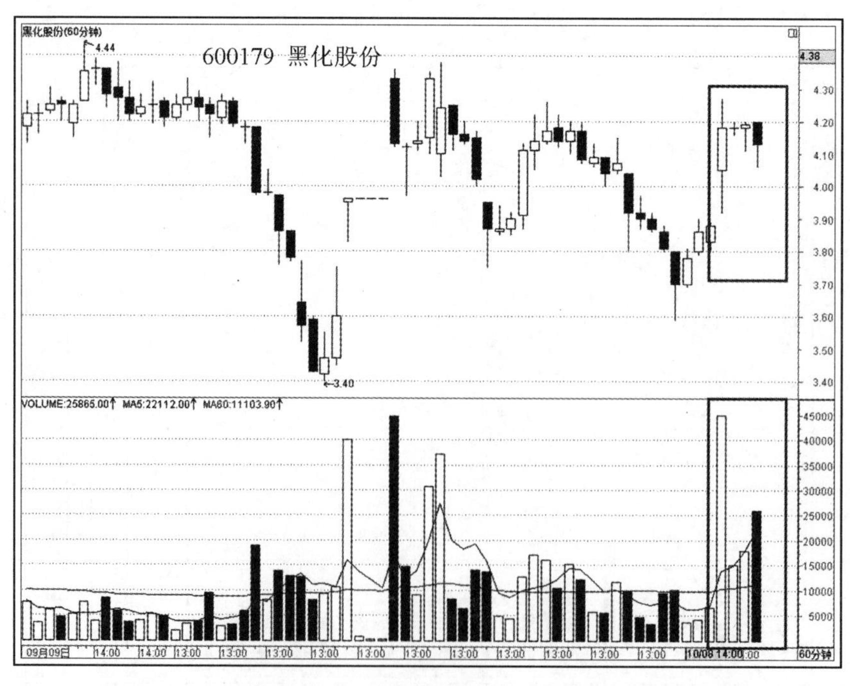

（图102）

3. 认真辨别真假大阳 K 线，规避力度风险。

大阳 K 线有真假之分，因此，必须从力度构成特征上来加以仔细的辨别。完全符合力度构成特征的将是临盘操作的首选品种。临盘应必须完全杜绝冲动性买入虚假大阳 K 线。

4. 及时止损，降低资金风险。

及时止损的目的，是为了避免进一步扩大资金风险，减少资金套牢的亏损。在止损动作完成之后，虽然账面暂时出现小量亏损，但实际上却增大了资金的利用率，增强了资金的盈利能力。而在接下来的正确操盘决策中，将会获得更大的回报。如图 103 所示。

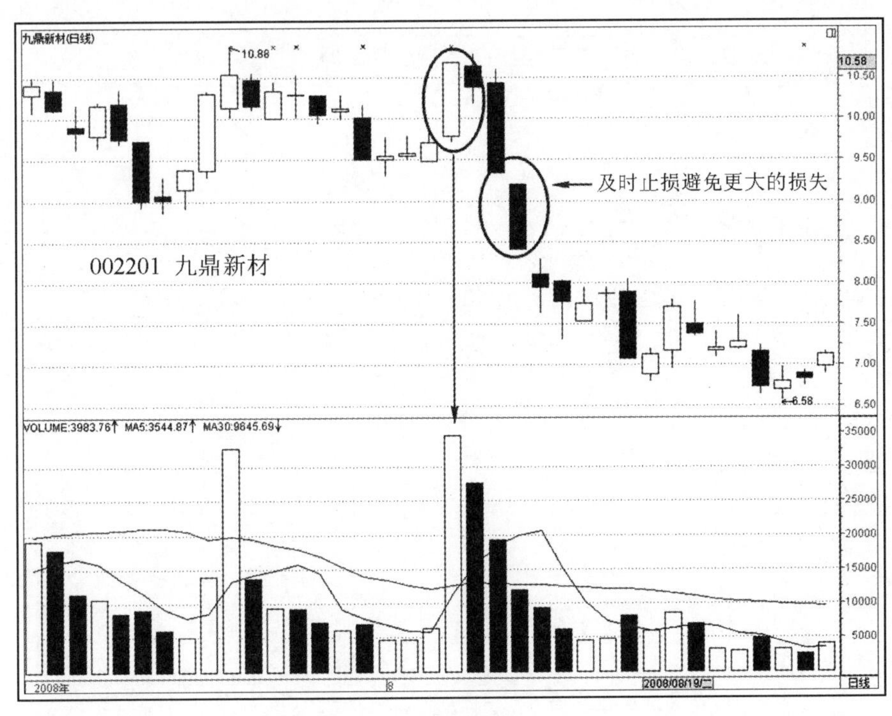

（图 103）

我们是人，不是神。所谓知错能改，善莫大焉！

在临盘操作过程中，通过我们严格的操盘程序，遵守严谨规范的操盘纪律，完全执行交易系统的操盘指令，灵活运用操盘技术，及时规避交易风险，必然就会获得更多更丰厚的交易回报。

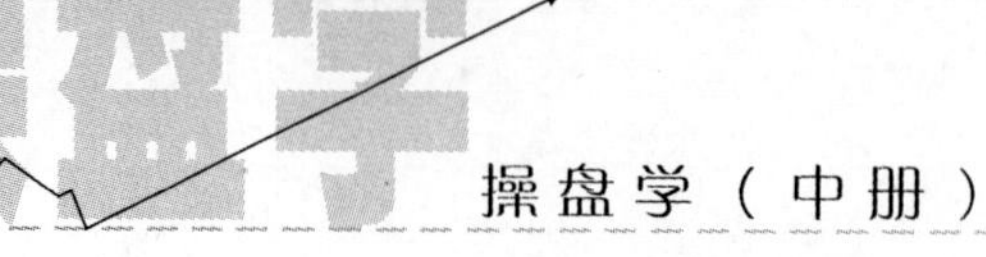

第二章

均线交易系统

本章学习目标

1. 认识移动平均线。
2. 认识均线的作用。
3. 掌握六大均线的功能与特点。
4. 学习均线交易技术法则。
5. 认识均线交易的技术误区。
6. 掌握如何规避均线交易的技术风险。

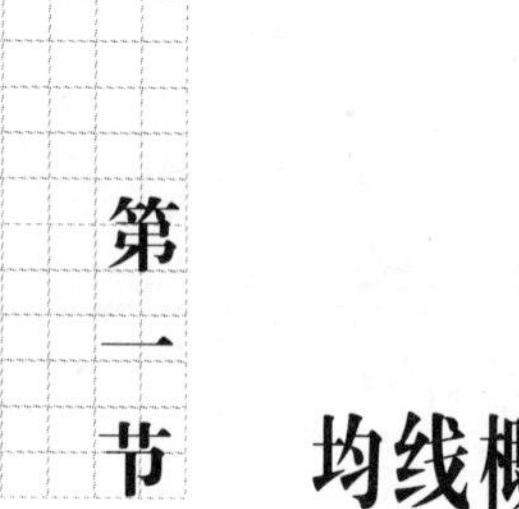

第一节　均线概述

一、名词解释：移动平均线

移动平均线是指采用统计学中“移动平均”的原理，将一段时期内的股票价格平均值连成曲线，用来显示股价的历史波动情况，进而反映股价指数未来发展趋势的技术分析方法。如图 104 所示。

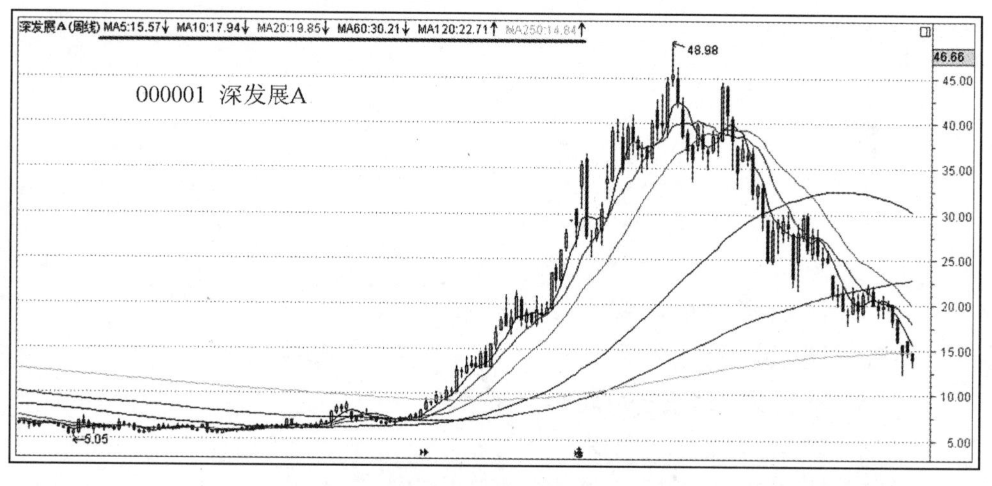

（图 104）

移动平均线的计算公式为：MA＝（C1＋C2＋C3＋...　＋Cn）÷N（注：C＝某日收盘价，N＝移动平均周期）

根据移动平均线的计算周期，可分为：

A. 短期均线：3 日、5 日、10 日。

B. 中期均线：20 日、30 日。

C. 长期均线：60 日、120 日和 250 日。

如图 105 所示。

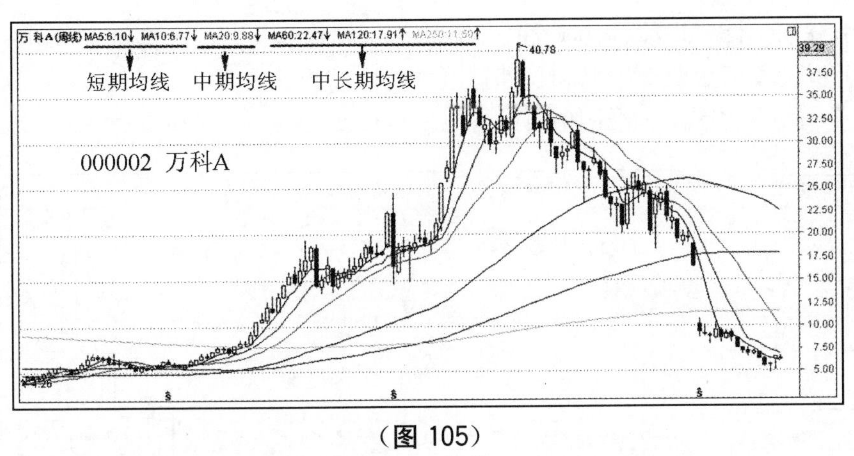

（图 105）

移动平均线有多种计算方法，根据其算法可分为算术移动平均线、线型加权移动平均线、阶梯形移动平均线、平滑移动平均线等多种，而最为常用的则是本章所应用分析的算术移动平均线。

二、均线系统的构成

如前所述，移动平均线根据其计算周期的长短，分别有短期均线、中期均线和长期均线。但按照交易软件时间周期分析计算的不同，又分为分时均线系统、日均线系统、周均线系统和月均线系统。具体如下：

1. 分时均线系统。

分时均线系统是分析股票超级短期技术趋势的最有效最常用工具。在分时均线系统中，根据时间周期的划分，又分为四个不同时间周期阶段的均线结构，具体如下：

A. 五分钟均线，如图 106 所示。

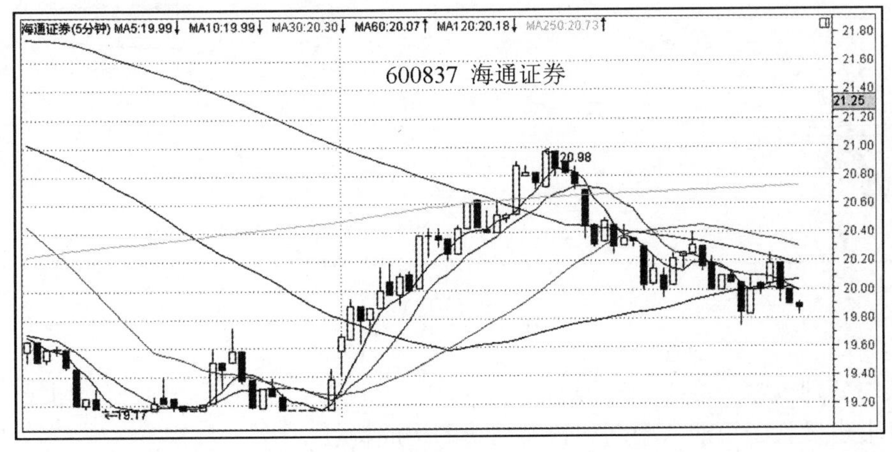

（图 106）

其中分别包含 5 均线、10 均线、30 均线、60 均线、120 均线和 250 均线，在时间长度上也设置了短期、中期和长期均线的构成特点。

B. 十五分钟均线，如图 107 所示。

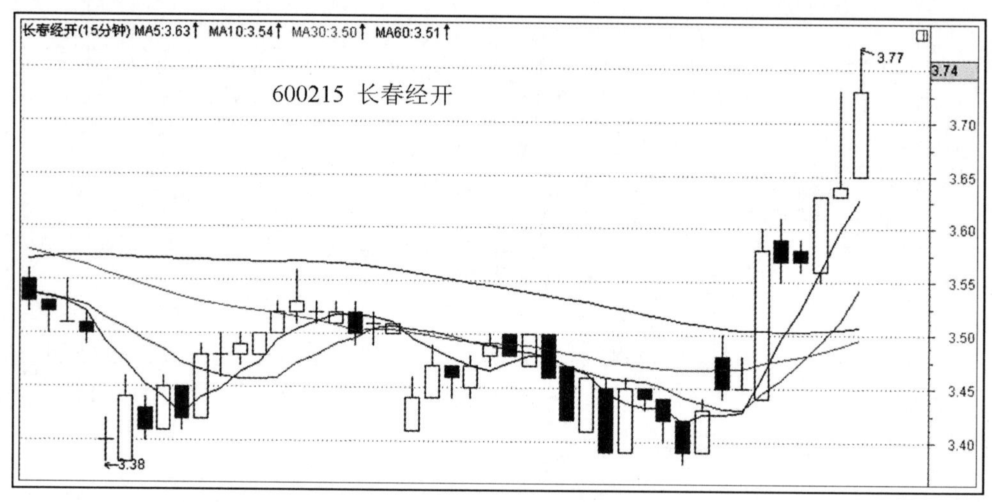

（图 107）

其中分别包含 5 均线、10 均线、30 均线、60 均线、120 均线和 250 均线，在时间长度上也设置了短期、中期和长期均线的构成特点。

C. 三十分钟均线，如图 108 所示。

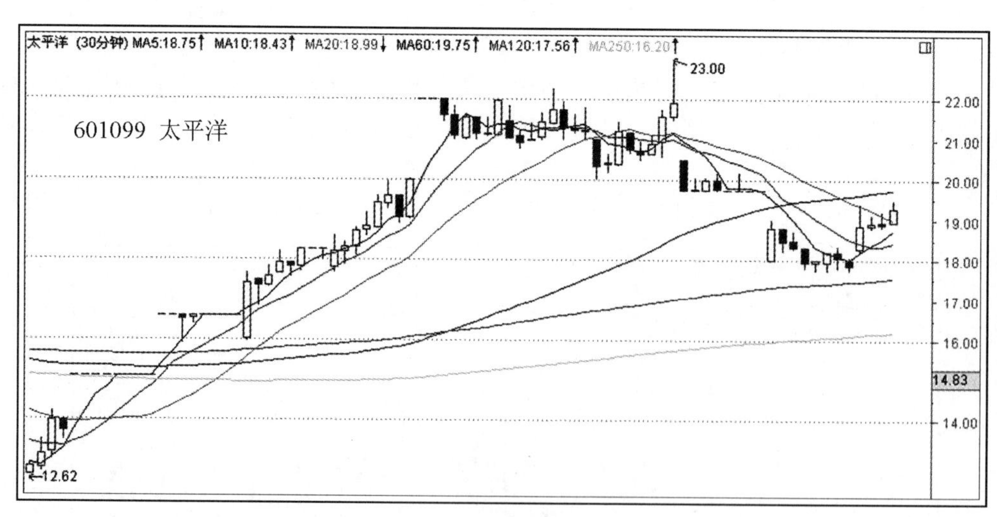

（图 108）

其中分别包含 5 均线、10 均线、30 均线、60 均线、120 均线和 250 均线，在时间长度上也设置了短期、中期和长期均线的构成特点。

D. 六十分钟均线，如图 109 所示。

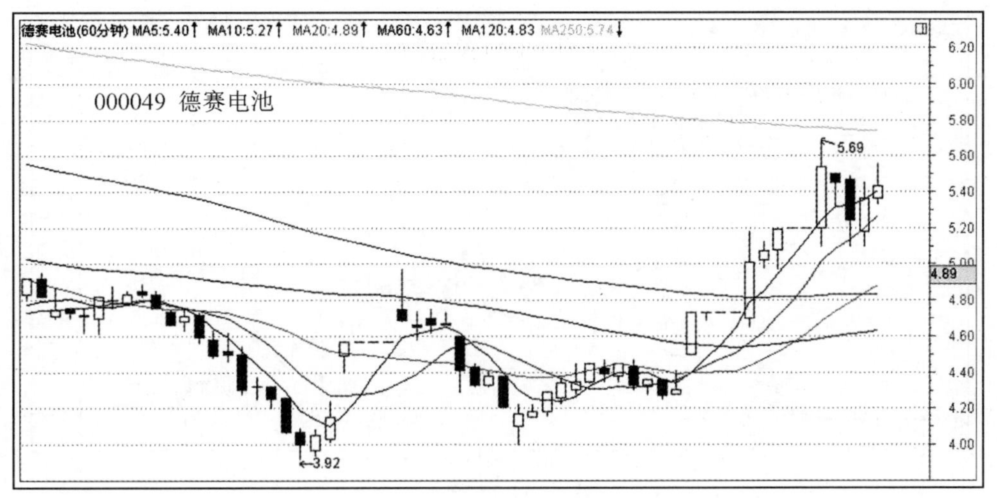

（图 109）

其中分别包含 5 均线、10 均线、30 均线、60 均线、120 均线和 250 均线，在时间长度上也设置了短期、中期和长期均线的构成特点。

2. 日均线系统。

日均线系统是分析股票短线趋势最常用的技术工具，如图 110 所示。

（图 110）

其中分别包含 5 日均线、10 日均线、30 日均线、60 日均线、120 日均线和 250 日均线，在时间长度上也设置了短期、中期和长期均线的构成特点。

3. 周均线系统。

周均线系统主要是分析股票中级趋势的技术工具，如图 111 所示。

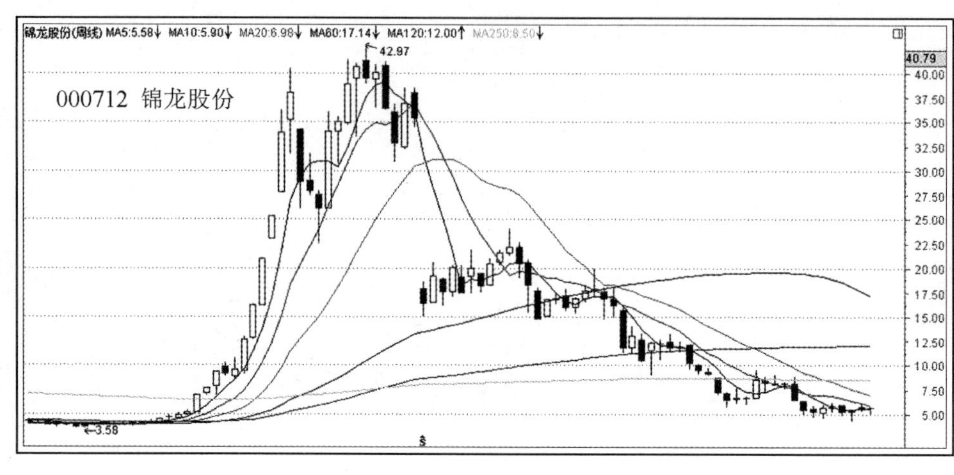

（图 111）

其中分别包含 5 周均线、10 周均线、20 周均线、60 周均线、120 周均线和 250 周均线，在时间长度上也设置了短期、中期和长期均线的构成特点。

4. 月均线系统。

月均线系统主要是分析股票中长期大趋势的技术工具，如图 112 所示。

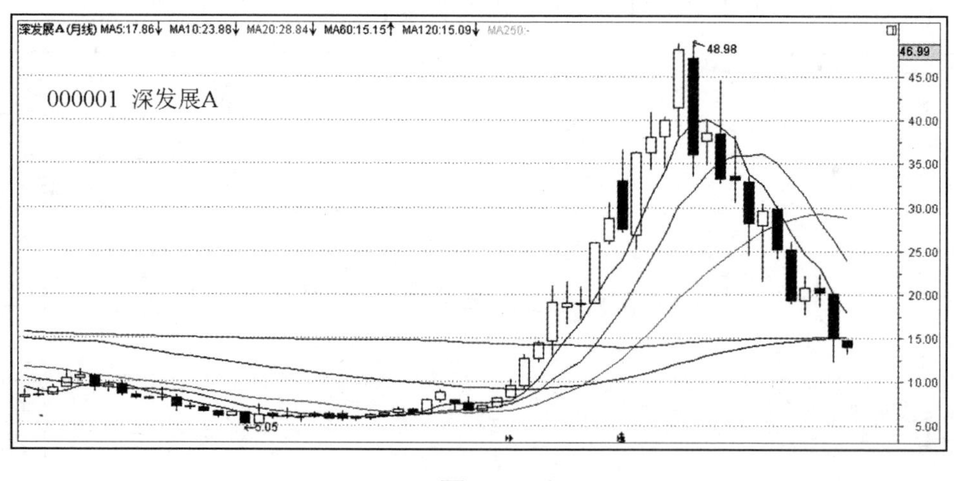

（图 112）

其中分别包含 5 月均线、10 月均线、20 月均线、60 月均线、120 月均线和 250 月均线，在时间长度上也设置了短期、中期和长期均线的构成特点。

三、均线的作用

1. 了解市场平均成本。

正如前面在名词解释中所述一样，移动平均线是将一段时期内的股票价格平均值连成曲线，用来显示股价的历史波动情况。因而，移动平均线也是市场各个时间周期阶段的综合平均成本线。通过移动平均线，我们可以基本了解市场不同时间段的平均成本。

2. 助涨的作用。

当股价从移动平均线下方向上突破，移动平均线也开始向右上方移动，此时便成为多头支撑线。股价回跌至移动平均线附近，便会产生支撑力量。短期移动平均线向上移动速度较快，而中长期移动平均线向上移动速度较慢，但都表示一定期间内平均成本增加，当股价回跌至移动平均线附近，将受到移动平均线的支撑而产生止跌上涨，这是移动平均线的助涨作用。

3. 助跌的作用。

同理，当股价从移动平均线上方向下突破，移动平均线也开始向右下方移动，此时便成为空头阻力线。股价反弹至移动平均线附近，便会产生阻力。因此，当移动平均线往下走时，股价每次反弹至移动平均线附近便会形成强大的阻力，这是移动平均线助跌作用的结果。

四、均线与主力操盘行为分析

1. 短期均线。

短期均线既是市场的短期成本线，也是主力短期行为线。当短期均线方向向上时，表示主力短期操盘以攻击性拉升为主。当短期均线方向向下时，表示主力短期操盘以攻击性下跌或调整为主。当短期均线方向横盘平行时，表示主力短期操盘以平衡整理为主。

2. 中期均线。

同理，中期均线也是市场的中期成本线，亦是主力中期行为线。当中期均线方向向上时，表示主力中期操盘以波段性或阶段性拉升为主。当中期均线方向向下时，表示主力中期操盘以阶段性下跌或调整为主。当中期均线方向横盘平行时，表示主力中期操盘以平衡整理为主。

3. 长期均线。

同理，长期均线是市场的中长期成本线，更是主力中长期行为线。当长期均线方向向上时，表示主力中长期操盘以大波段性拉升为主。当长期均线方向向下时，表示主力中长期操盘以大波段性下跌或调整为主。当长期均线方向横盘平行时，表示主力中长期操盘以平衡整理为主。

五、均线对中小投资者的心理行为影响

移动平均线在国际资本市场经过长达 100 多年的应用和研究，已经被广大投资

者所接受，并成为最基本最常用的股票技术分析工具之一。因而，其市场影响力已经深入人心。

在实际运用过程中，移动平均线所形成的各种技术特征对中小投资者影响巨大。以下例四种技术状态为例：

1. 当短期均线向上穿越中期均线形成金叉时，中小投资者会产生积极的买进行为，因而容易引发市场积极的做多心理及更高的股价心理预期。

2. 同理，当中期均线向上穿越长期均线形成金叉时，中小投资者会坚定而积极地买进或持仓，市场一致做多，对股价的未来心理预期更高。

3. 当短期均线向下穿越中期均线形成死叉时，中小投资者会产生积极的卖出行为，因而容易引发市场积极的做空心理，并对股价未来发展空间产生失望情绪。

4. 当中期均线向下穿越长期均线形成死叉时，一部分中小投资者会积极卖出斩仓，因而容易引发市场积极的做空心理；而大部分中小投资者高度套牢后，不愿认赔出局，但对股价未来发展空间产生浓厚的悲观绝望情绪。

临盘观察统计结果发现，当移动平均线发生金叉时，大部分中小投资者容易跟风追涨买进，而当发生死叉时，仅有一小部分中小投资者会产生较积极的斩仓卖出行为。

六、均线对股价未来运行趋势的影响

移动平均线的产生是从《道氏趋势理论》中演变而来，在实际操作运用过程中，移动平均线具有强大的趋势牵引力和促动力。移动平均线的运动方向，直接更形象更清晰地代表了股价现在与未来的运行趋势。以国际上最著名的《葛兰维买卖八法》中的七条经典理论为例，移动平均线对股价未来运行趋势的影响简析如下：

1. 移动平均线从下降逐渐走平且略向上方抬头，股价从移动平均线下方向上方突破，此时，股价趋势将以持续波段性上涨趋势为主。

2. 股价位于移动平均线之上运行，回档时未跌破移动平均线后又再度上升，此时，股价中长期上涨趋势仍在平衡运行之中。

3. 股价位于移动平均线之上运行，回档时跌破移动平均线，但短期移动平均线继续呈上升趋势，此时，股价短中期上涨趋势仍在强势运行。

4. 移动平均线从上升逐渐走平，而股价从移动平均线上方向下跌破移动平均线，此时，股价趋势已经发生逆转，短中期趋势将向下运行。

5. 股价位于移动平均线以下运行，突然暴跌，距离移动平均线太远，极有可能向移动平均线靠近，此时，股价将会在短期反弹后仍然维持向下运行趋势。

6. 股价位于移动平均线下方运行，反弹时未突破移动平均线，移动平均线跌势减缓，趋于水平后又出现下跌趋势，此时，股价中长期趋势仍然向下运行，股价处于弱势状态之中。

7. 股价反弹后在移动平均线上方徘徊，而移动平均线却继续下跌，此时，股价中长期将继续维持在下降趋势中运行为主。

第二节　六大均线系统

在常规指标系统中，职业操盘手一般用 5 日、10 日、20 日、30 日、60 日和 120 日这六条移动平均线作为平时操盘的重要指标。根据我们对移动平均线的职业称谓，通常将这六条均线冠以以下名称，以指明它们在操盘中的重要意义：

一、攻击线

攻击线即是指 5 日均线，其主要作用是推动股价在短期内形成攻击态势，不断引导股价上涨或下跌。如果攻击线上涨角度陡峭有力（没有弯曲疲软的状态），则说明股价短线爆发力强。反之，则弱。同样，在股价进入下跌阶段时，攻击线也是重要的杀跌武器，如果向下角度陡峭，则杀跌力度极强。如图 113、图 114 所示。

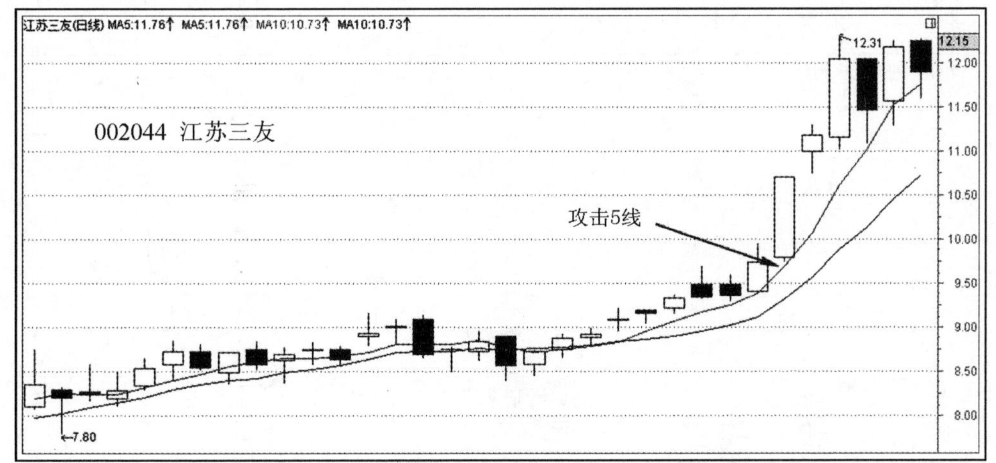

（图 113）

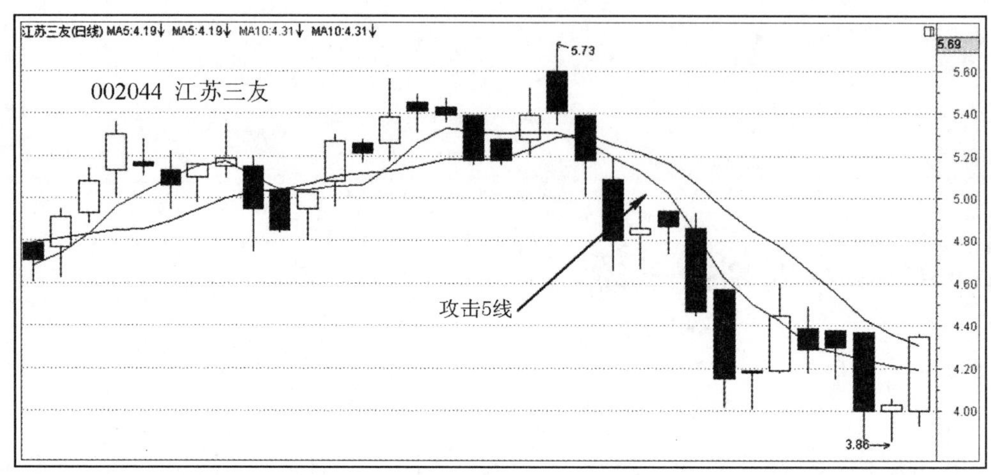

（图 114）

在临盘实战中，当股价突破攻击线，攻击线呈陡峭向上的攻击状态时，则意味着短线行情已经启动，此时应短线积极做多。同理，当股价击穿攻击线，攻击线呈向下拐头状态时，则意味着调整或下跌行情已经展开，此时应短线做空。

二、操盘线

操盘线即是指 10 日均线，也有行情线之称。操盘线的主要作用是推动股价在一轮中级波段行情中持续上涨或下跌。如果操盘线上涨角度陡峭有力，则说明股价中期上涨力度强。反之，则弱。同样，在股价进入下跌波段时，操盘线同样可促使股价反复盘跌。如图 115、图 116 所示。

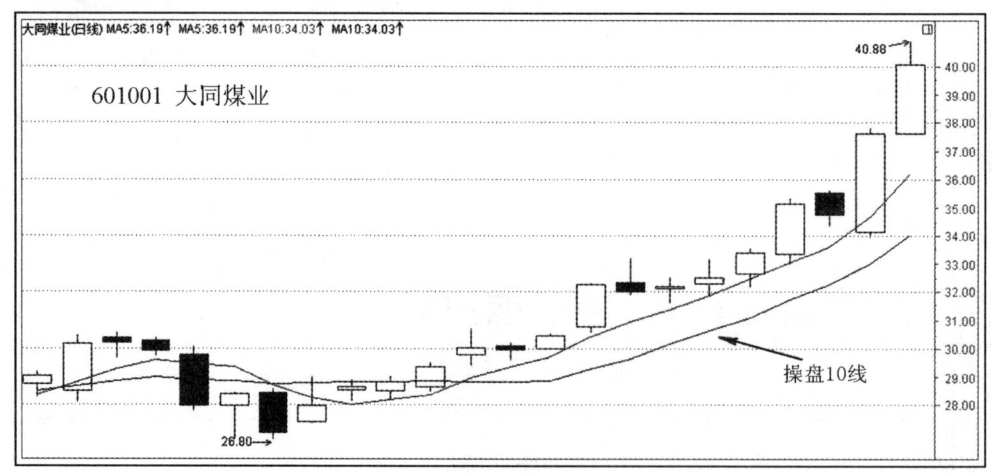

（图 115）

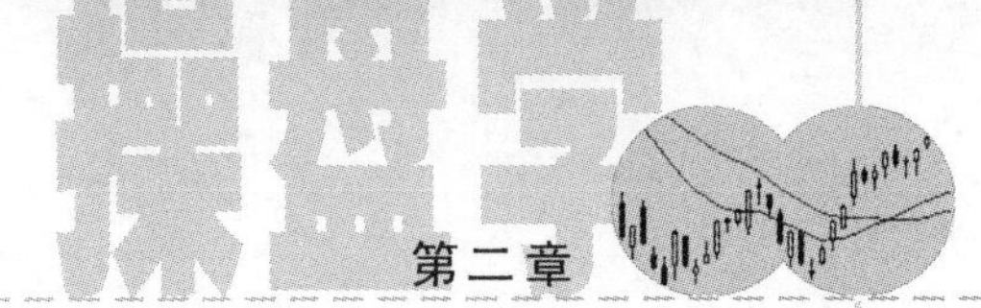

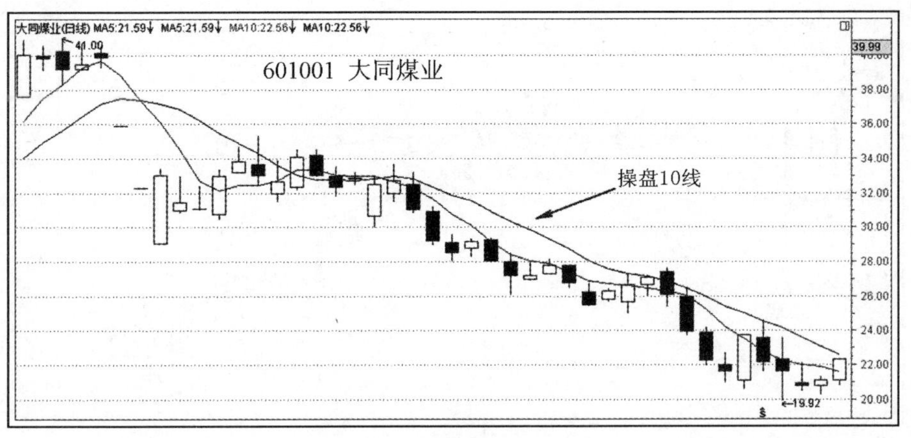

（图 116）

在临盘实战中，当股价突破操盘线，操盘线呈持续向上的攻击状态时，则意味着波段性中线行情已经启动，此时应短线积极做多。同理，当股价击穿操盘线，操盘线呈向下拐头状态时，则意味着上涨行情已经结束，大波段性调整或下跌行情已经展开，此时应中线做空。

三、辅助线

辅助线即是指 20 日均线。辅助线的主要作用是协助操盘线，推动并修正股价运行力度与趋势角度，稳定股价趋势运行方向。同时，也起到修正生命线反应迟缓的作用。在一轮波段性上涨行情中，如果辅助线上涨角度较大并陡峭有力，则说明股价中线波段上涨力度极强。反之，则弱。同样，股价在下跌阶段时，辅助线更是股价反弹时的强大阻力，并可修正股价下跌轨道，反复促使股价震荡盘跌。如图 117、图 118 所示。

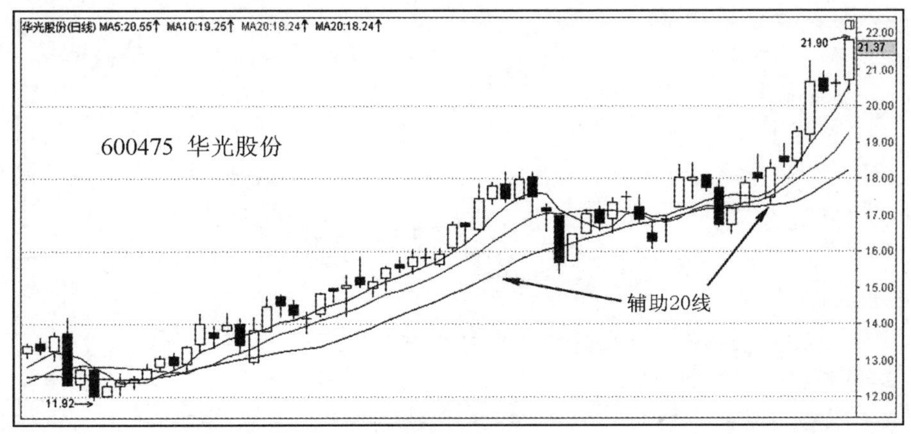

（图 117）

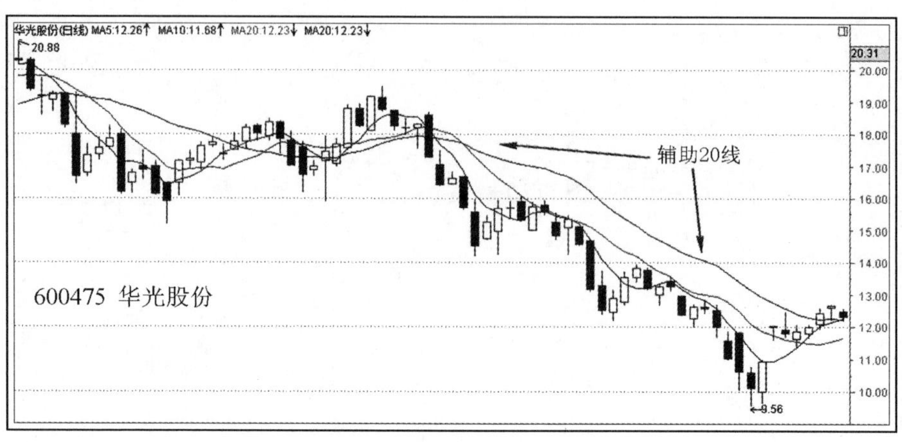

（图 118）

在临盘实战中，当股价突破辅助线，辅助线呈拐头向上的攻击状态时，则意味着阶段性中线行情已经启动，此时应中线积极做多。在一轮波段性中线行情中，股价回调洗盘不会轻易击穿辅助线。然而，当股价击穿辅助线，辅助线呈向下拐头状态时，则意味着阶段性中线上涨行情已经结束，而阶段性调整或下跌行情已经展开，此时应及时中线做空。

四、生命线

生命线即是指 30 日均线。生命线的主要作用是指明股价的中期运行趋势。在一个中期波段性上涨运行趋势中，生命线有极强的支撑和阻力作用。如果生命线上涨角度陡峭有力，则说明股价中期上涨趋势强烈，主力洗盘或调整至此位置可坚决狙击。反之，则趋势较弱，支撑力也将疲软。同样，在股价进入下跌趋势时，生命线同样可压制股价的反弹行为，促使股价持续走弱。如图 119、图 120 所示。

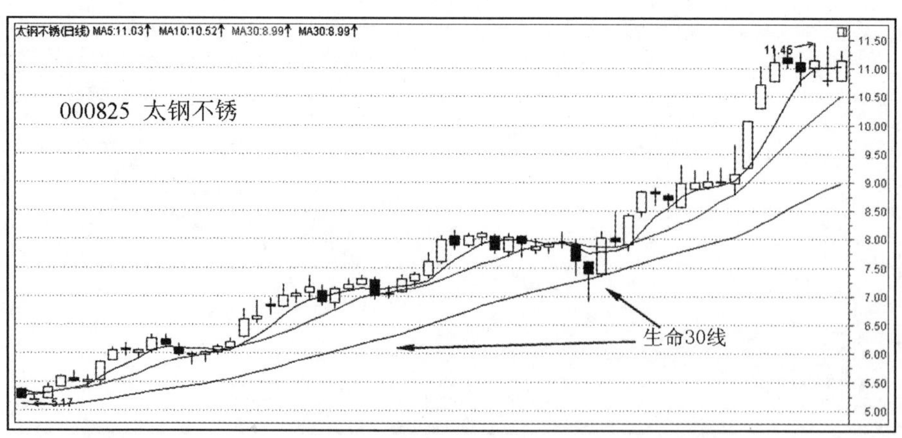

（图 119）

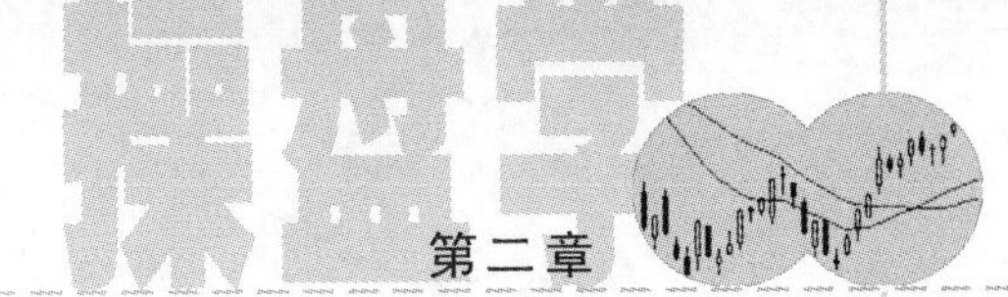

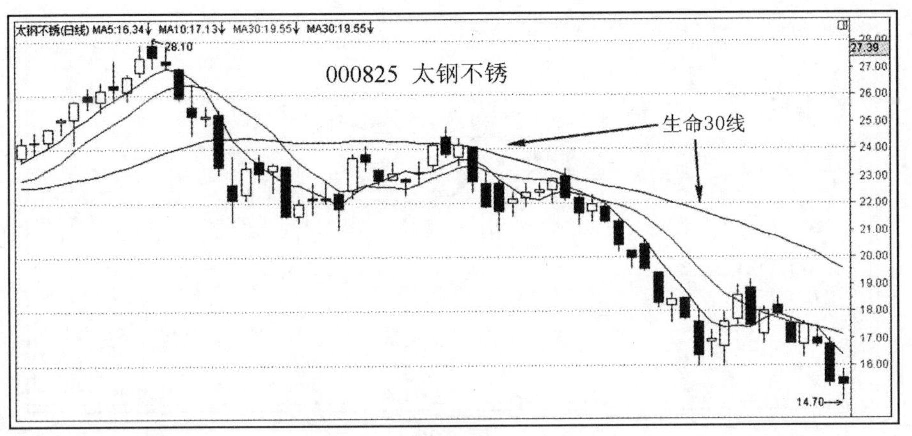

（图 120）

生命线是一轮大波段上涨或下跌行情的生命基础。在临盘实战中，当股价突破生命线，生命线呈拐头向上的攻击状态时，则意味着中线大波段行情已经启动，此时应中线积极做多。生命线在一轮大波段行情的阶段性调整过程中，不会轻易被击穿。然而，一旦当股价击穿生命线，生命线呈向下拐头状态时，则意味着更大级别的调整或下跌行情已经展开，此时应中线积极做空。

五、决策线

决策线即是指 60 日均线。决策线的主要作用是指明股价的中期反转趋势，指导股价大波段级别运行于既定的趋势之中。当股价放量向上或向下突破决策线时，则说明一轮大级别的反转行情已经启动，临盘应作出相应的操盘决策。股价突破决策线时，一般情况下不会在较短时间内出现反方向运行，即使是主力作出诱多或诱空动作，至少也会在决策线之上或之下运行 10～25 个交易日左右方可反转。如图 121、图 122 所示。

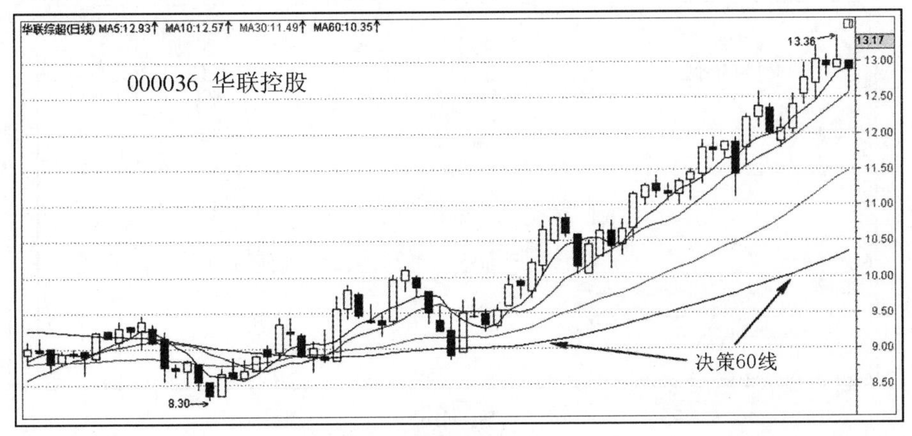

（图 121）

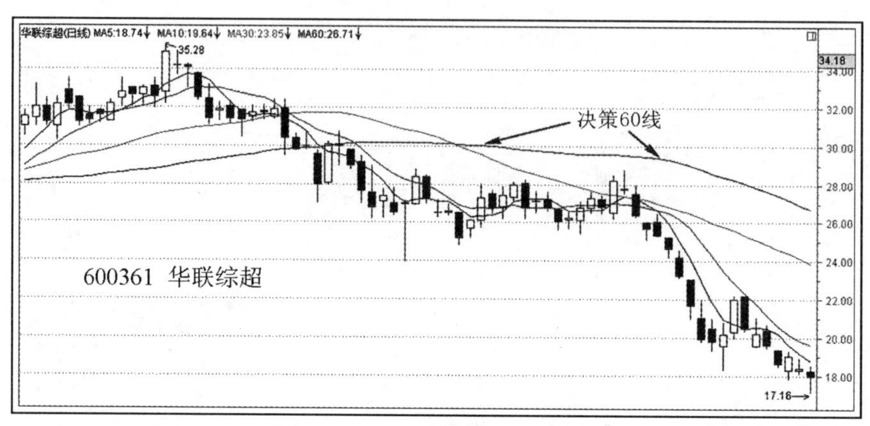

（图 122）

在临盘实战中，所有的主力对决策线都有清醒的认识。决策线在主力机构的操盘计划中有着对行情性质决定性的重大意义。因而，当股价突破决策线，决策线呈拐头向上的攻击状态时，则意味着中线大趋势多头行情已经形成，此时应中线积极做多。决策一旦形成，一般情况下均不会轻易更改。所以，股价一旦突破决策线后，即不会在阶段性调整中轻易击穿这一决策性支撑。然而，一旦当股价向下击穿决策线，决策线呈向下拐头状态时，则意味着一轮大级别的下跌行情已经展开，此时应中线果断做空。

六、趋势线

趋势线即是指 120 日均线。和决策线一样，趋势线的主要作用也是指明股价中长期的反转趋势，引导或指导股价大波段大级别运行于既定的趋势之中。当股价放量向上或向下突破趋势线时，则说明股价大趋势已经发生逆转，临盘应作出相应的操盘决策。如图 123、图 124 所示。

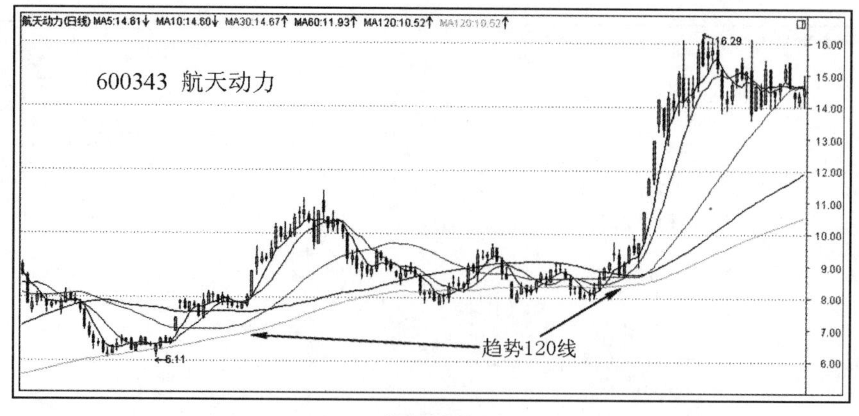

（图 123）

（图 124）

股价突破趋势线时，一般情况下不会在较短时间内出现反方向运行，即使是主力作出诱多或诱空动作，至少也会在趋势线之上或之下运行 10 个交易日或数个交易周左右方可反转。如图 125、图 126 所示。

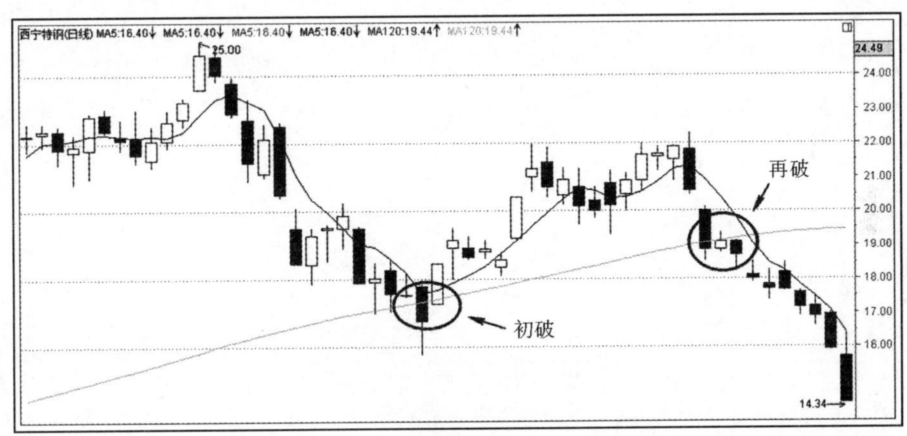

（图 125）

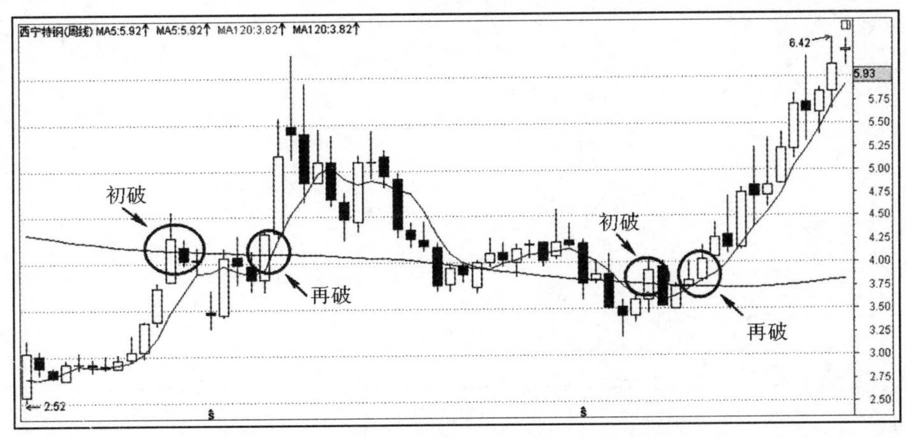

（图 126）

移动平均线是所有技术分析系统中最常用最重要也是最经典的技术指标。通常情况下，包括市场所有的主力及中小投资者在内，移动平均线做为一个重要的技术分析工具而被广泛应用。绝大部分主力总是不约而同地利用移动平均线的技术形态来做文章。既然主力也是用移动平均线来操纵目标股票的价格，因此，作为职业投资者更要很好地理解这个技术指标系统，并熟练运用这六大均线系统。

第三节 均线交易法则

移动平均线在国际通行的交易法则主要遵循"葛兰维"的"均线八法"，这一交易法则时至今日，已经成为经典。本节所要介绍的，则是在"均线八法"之基础上加以特别提炼的"均线交易系统"，进而指导投资者更系统更全面更精细更专业地运用均线交易法则。

一、激进型均线交易法则

激进型均线交易系统主要以攻击线和操盘线为主要操盘工具。其主要原因是在于，攻击线是主力短线操盘利用的有力武器，而操盘线则是主力波段操盘的行情指南针。在短线行情中，攻击线和操盘线由于反应灵敏，常常被主力机构和职业投资者所利用。

1. 股价由下向上攻击，收盘时突破攻击线，则次日开盘时买进。如图 127 所示。

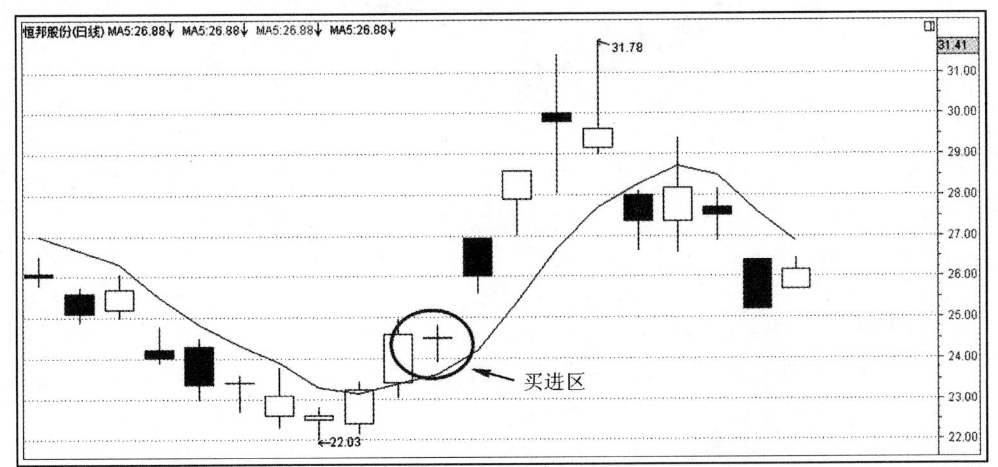

（图 127）

2. 股价由下向上攻击，收盘时突破操盘线，攻击线拐头向上，则次日开盘时买进。如图 128 所示。

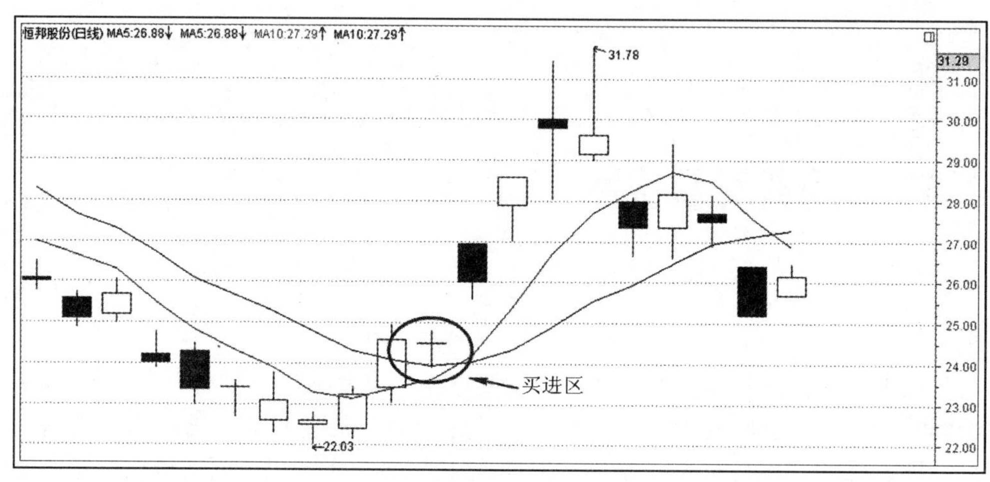

（图 128）

3. 股价由下向上攻击，收盘时突破操盘线，攻击线同时与操盘线发生金叉，则次日开盘时买进。如图 129 所示。

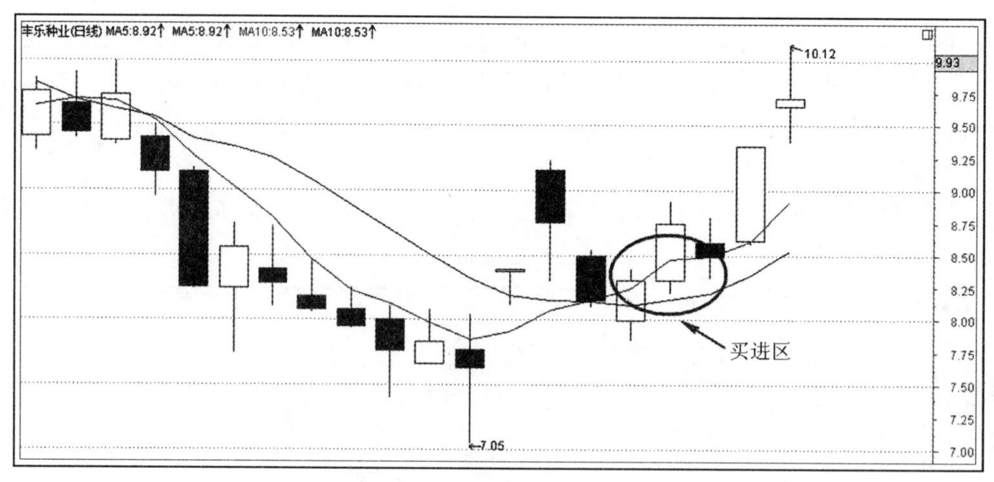

（图 129）

4. 激进型交易要点：

A. 当天突破时的换手率必须达到 5%以上，越大越好。

B. 当天突破时的量比必须达到 1 倍以上，越大越好。

C. 当天突破时如有板块效应联动为最佳。

D. 当天突破时大盘没有处在恐慌性下跌之中为最佳。

二、激进型均线交易的加码补仓与止损策略

1. 攻击线加码法则。

A. 股价连续两天收盘于攻击线之上，可加码。如图 130 所示。

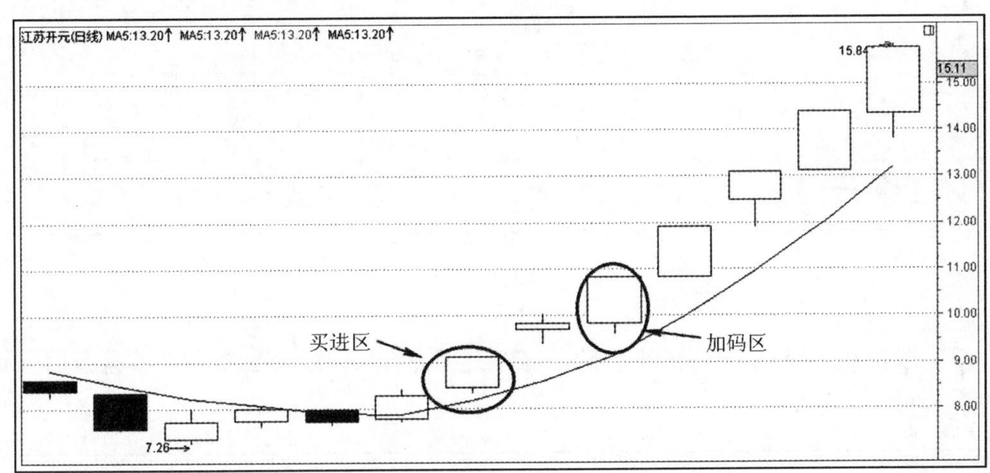

（图 130）

B. 股价在攻击线之上展开拉升，涨幅达到 10%以上，初次回调攻击线时，可加码。如图 131 所示。

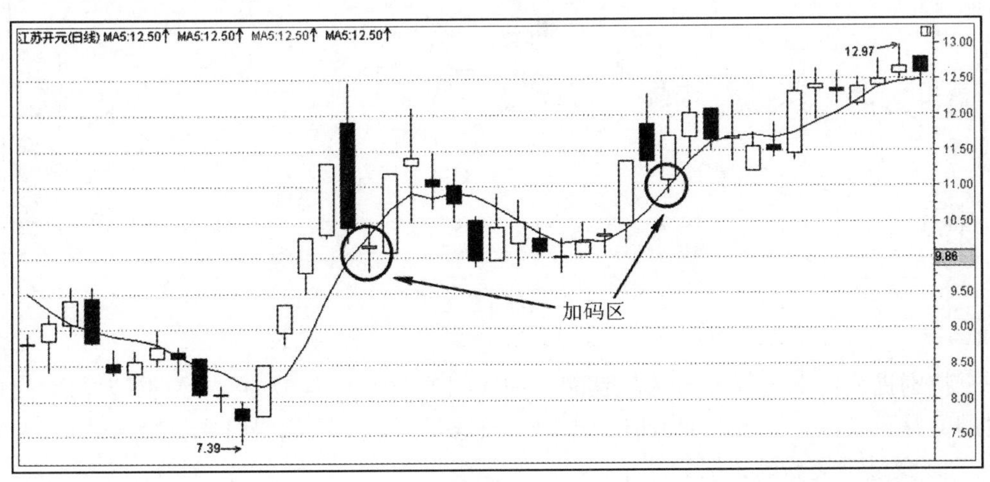

（图 131）

2. 操盘线加码法则。

A. 股价连续两天收盘于操盘线之上，攻击线与操盘线形成金叉，可加码。如图 132 所示。

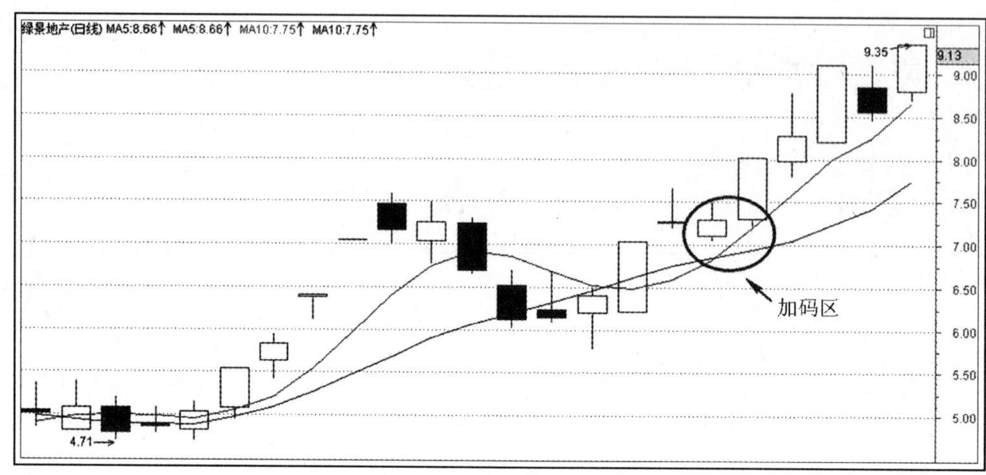

（图 132）

B. 股价在操盘线之上展开拉升，涨幅达到 20%以上，初次回调操盘线时，可加码。如图 133 所示。

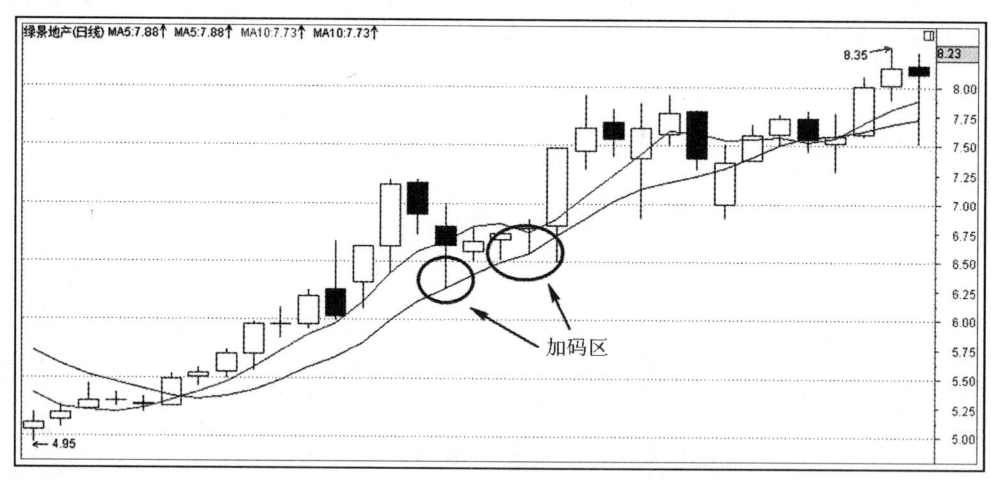

（图 133）

特别提醒：上述两大均线在股价第一次回调时的加码最为安全，因为初次回调时的支撑力较强。而二次回调时的支撑力较弱，所以二次加码时要特别谨慎。

3. 激进型交易的止损策略。

A. 如当日在攻击线上买进，而次日股价下跌击穿攻击线套牢昨天持仓，则可在股价两日内收盘不上攻击线时果断止损。因为此时股价短线攻击力消失，趋势可能走弱，所以出局避险为佳。如图 134 所示。

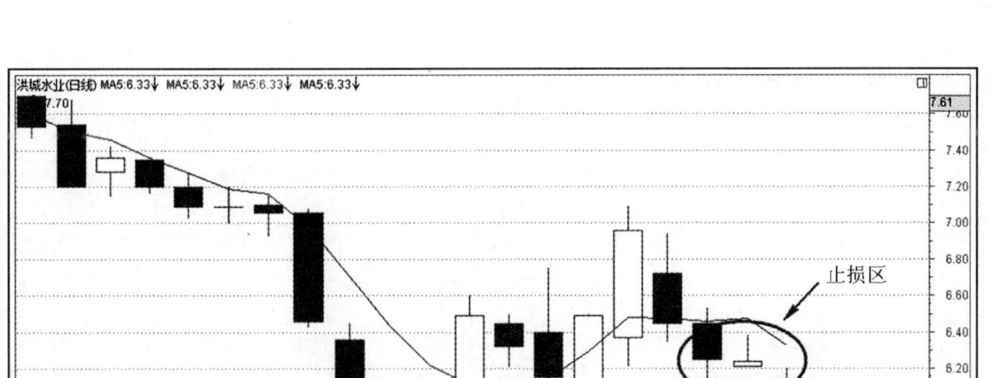

（图 134）

B. 同理，如当日在操盘线上买进，而次日股价下跌击穿操盘线并套牢昨天持仓，则可在股价两日内收盘不上操盘线时果断止损。因为此时股价短线攻击力消失，小波段行情已经终结，所以出局避险为佳。如图 135 所示。

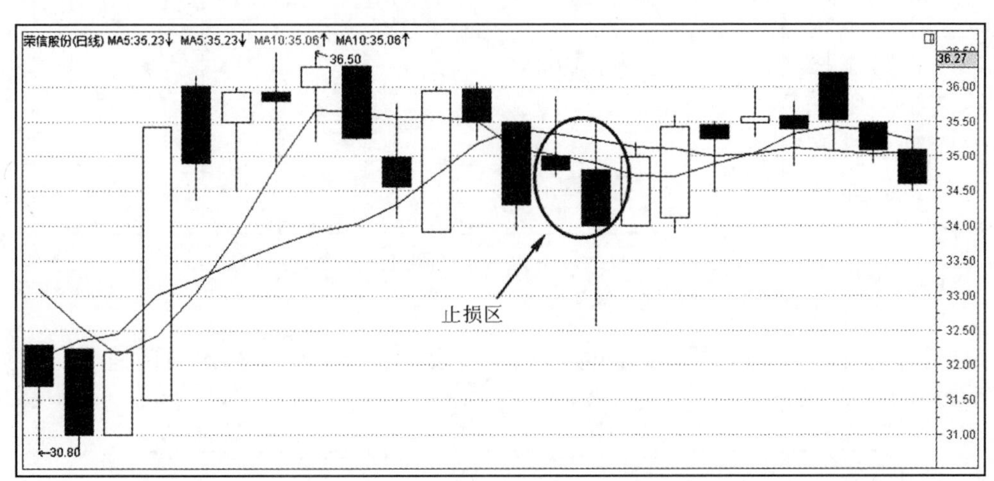

（图 135）

三、稳健型均线交易法则

1. 四线交易法则：

A. 股价由下向上攻击突破攻击线，并在未来两日内收盘于攻击线之上，则于突破后第三日开盘时买进。如图 136 所示。

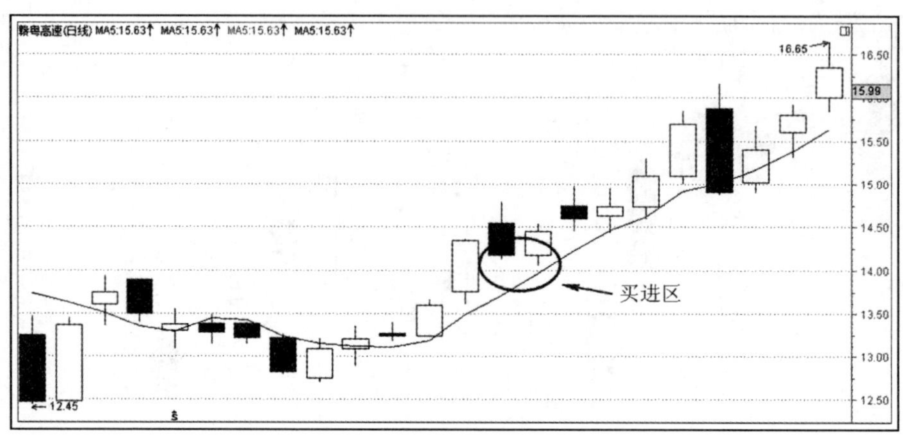

（图 136）

B. 股价由下向上攻击突破操盘线，攻击线同时与操盘线发生金叉，并于未来两日内收盘于操盘线之上，则于突破后第三日开盘时买进。如图 137 所示。

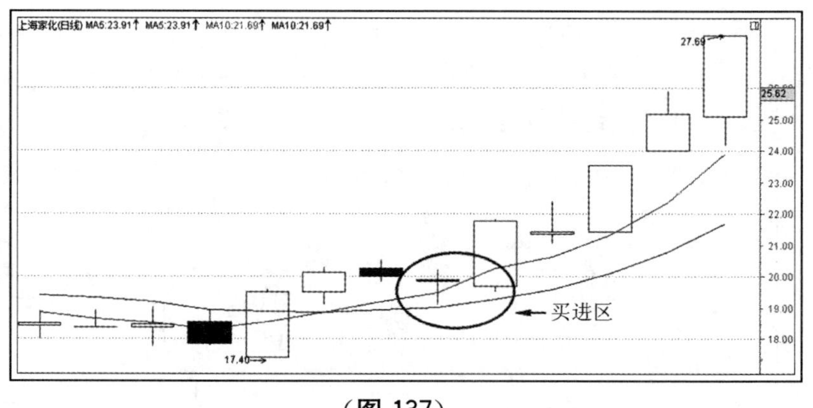

（图 137）

C. 股价由下向上攻击突破辅助线，股价企稳三天后，操盘线同时与辅助线发生金叉，则于初次回调辅助线时买进。如图 138 所示。

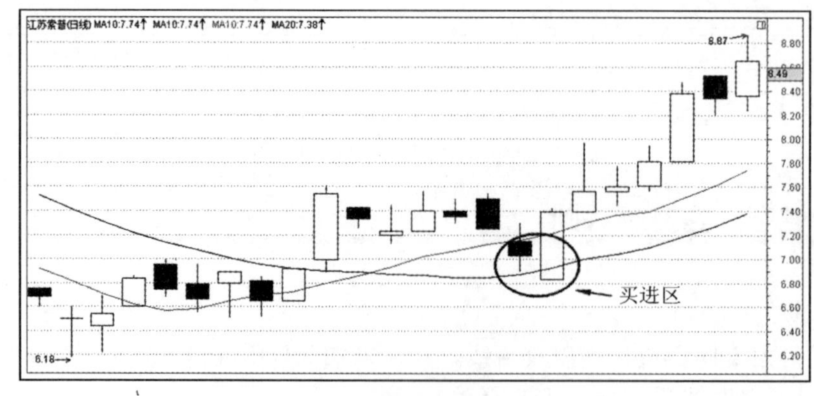

（图 138）

D. 股价由下向上攻击突破生命线，操盘线同时与生命线发生金叉，而攻击线与操盘线已经形成上型上升通道，则于次日开盘时买进。如图139所示。

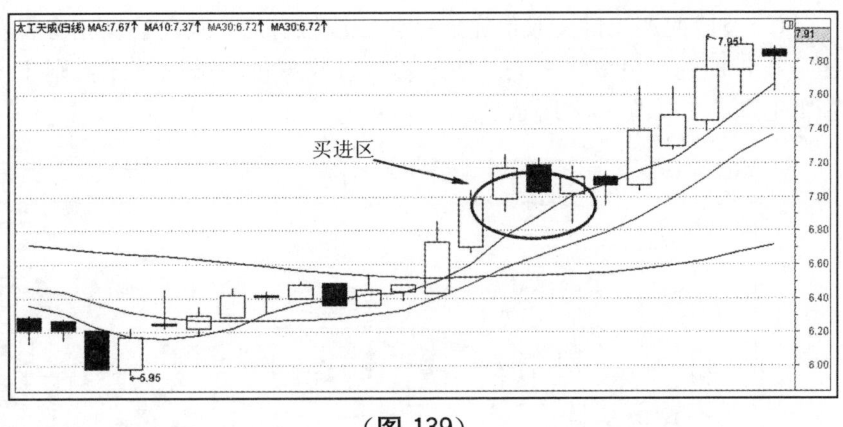

（图 139）

2. 决策线买进三策：

A. 初次突破买进。股价由下向上攻击突破决策线，操盘线同时与决策线发生金叉，而攻击线与操盘线已经形成上型上升通道，可于次日开盘买进。如图140所示。

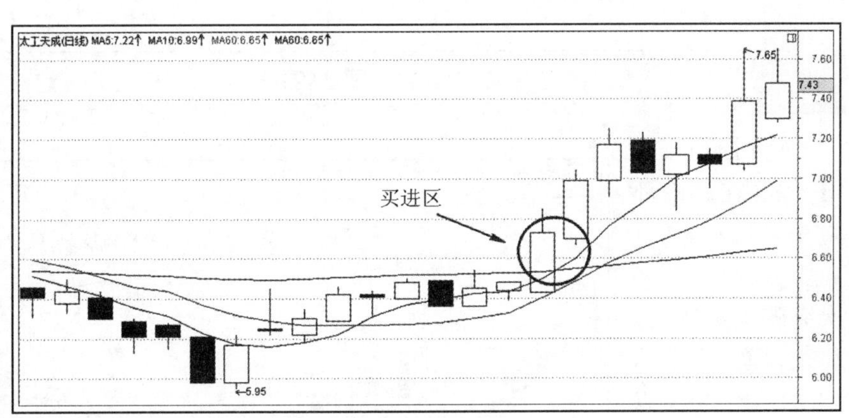

（图 140）

B. 初次回调买进。在大多数情况下，股价第一次突破决策线时，往往会产生回调。因此应耐心等待股价回调时再实施买进策略。如图141所示。

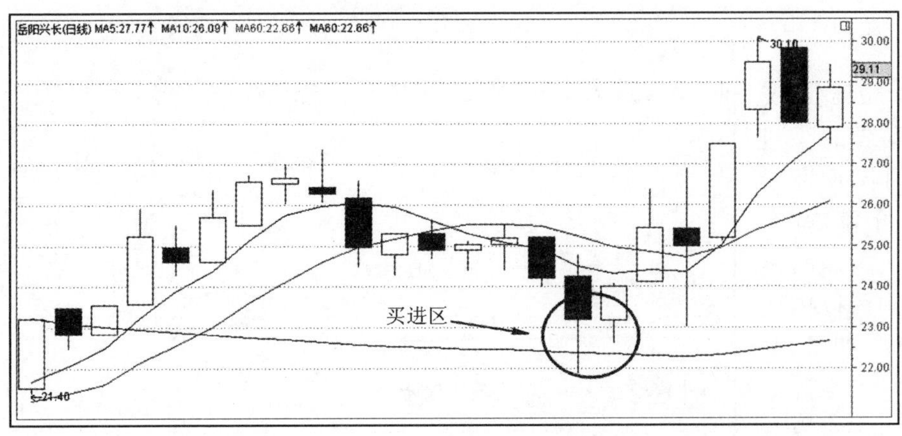

（图 141）

C. 波段回调买进。股价完成一轮波段拉升后，反复震荡击穿操盘线、辅助线和生命线，回调至决策线之上。如连续两日收盘价不破决策线，则于次日收盘不再创新低时买进。如图 142 所示。

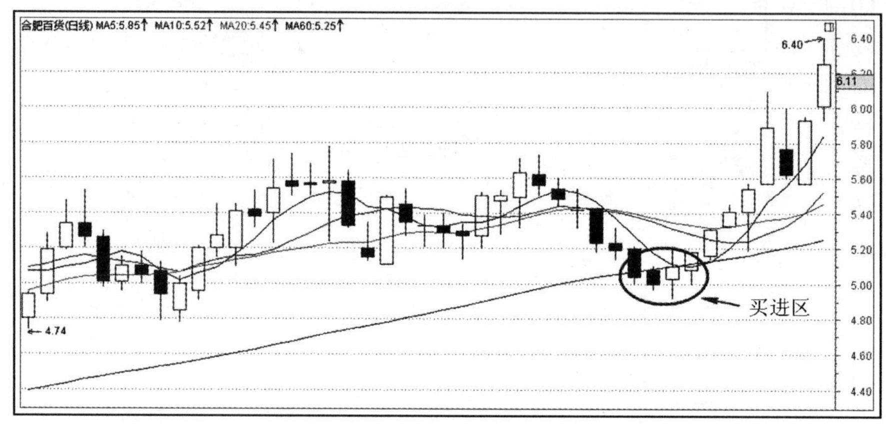

（图 142）

特别提示：

A. 在熊市环境中，股价由下向上反弹，第一次突破决策线时，往往涨幅已经达到 20%－30%以上，因而突破决策线即是股价反弹见顶特征。如图 143 所示。

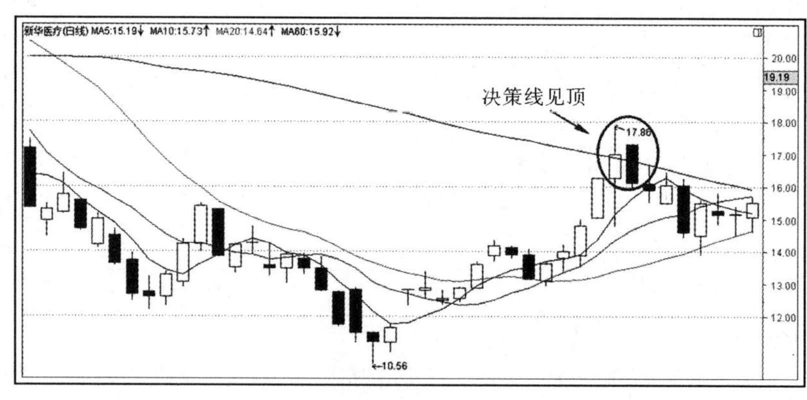

（图 143）

B. 因此，突破决策线的买进策略则仅仅适合于股价涨幅在 15%以内，而涨幅在 10%以内则为最佳。如图 144 所示。

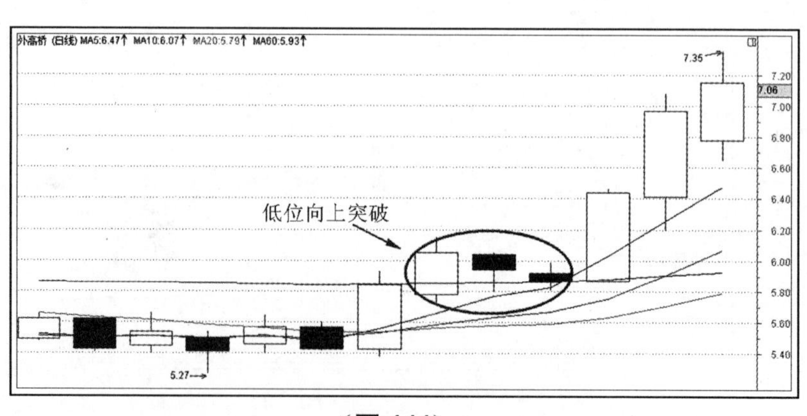

（图 144）

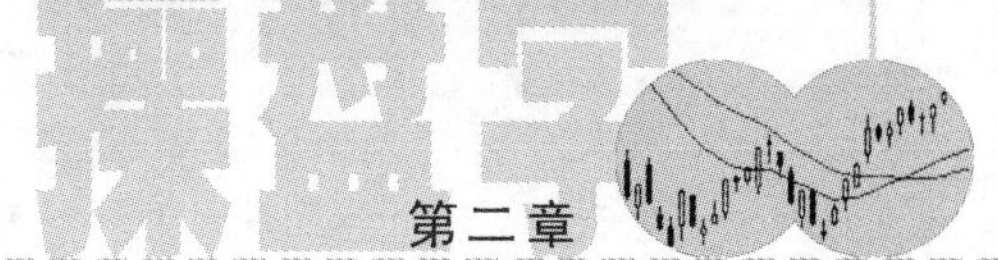

3. 趋势线买进二策：

A. 初次突破买进。股价由下向上攻击突破趋势线，攻击线同时与趋势线发生金叉，而操盘线与辅助线已经形成上型上升通道，可于次日开盘买进。如图 145 所示。

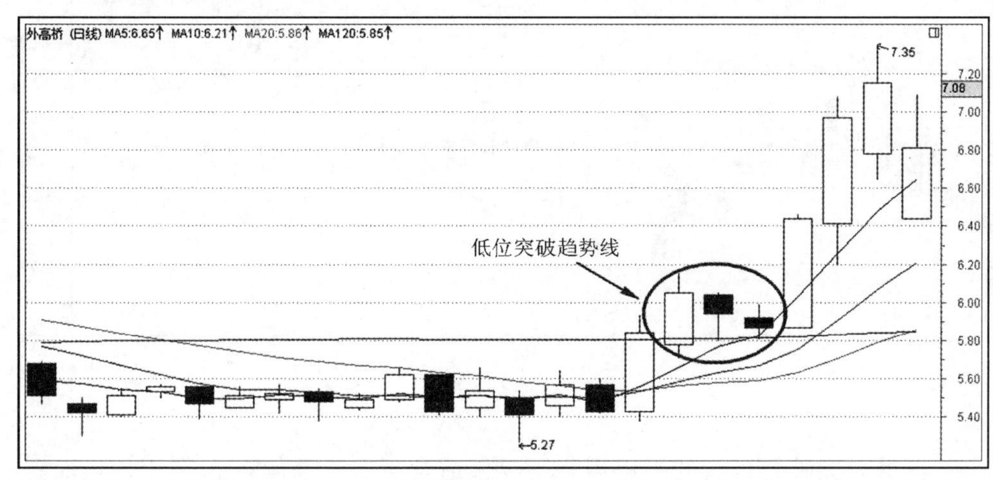

（图 145）

B. 初次波段回调买进。在大多数情况下，股价完成突破趋势线的第一轮波段性涨幅后，往往会产生回调。因此应耐心等待股价回调至趋势线时再实施买进策略。如图 146 所示。

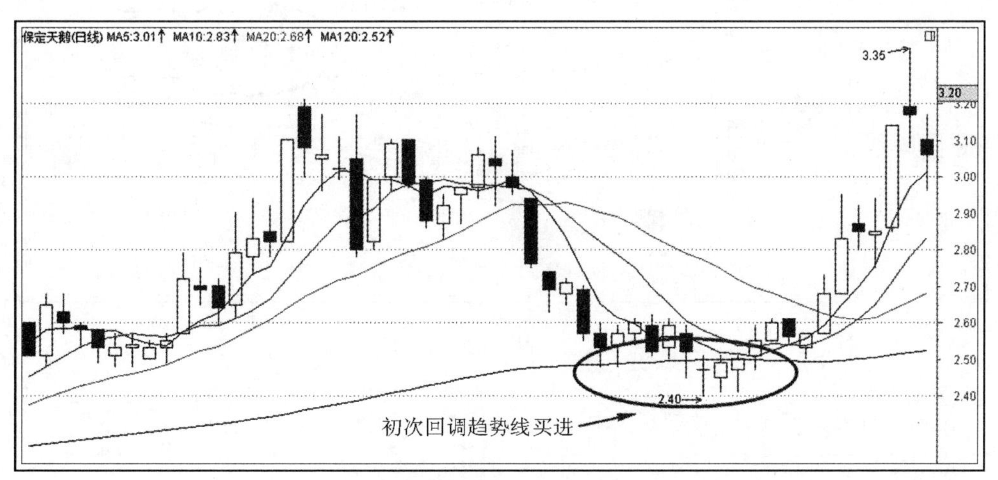

（图 146）

特别提示：

A. 在熊市环境中，股价由下向上反弹，第一次突破趋势线时，往往涨幅已经达到 30%以上，因而突破趋势线即是股价反弹见顶特征。如图 147 所示。

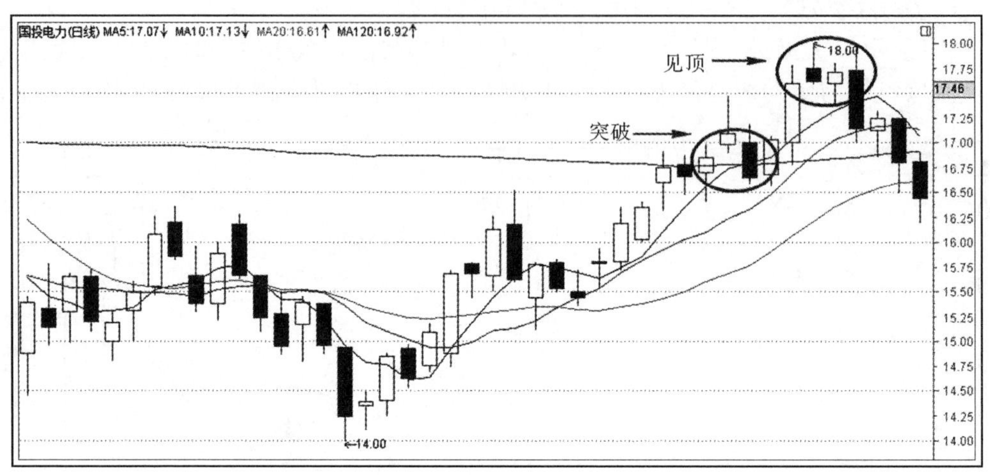

（图 147）

B. 因此，突破趋势线的买进策略则仅仅适合于股价涨幅在 20％以内，而涨幅在 15％以内则为最佳。如图 148 所示。

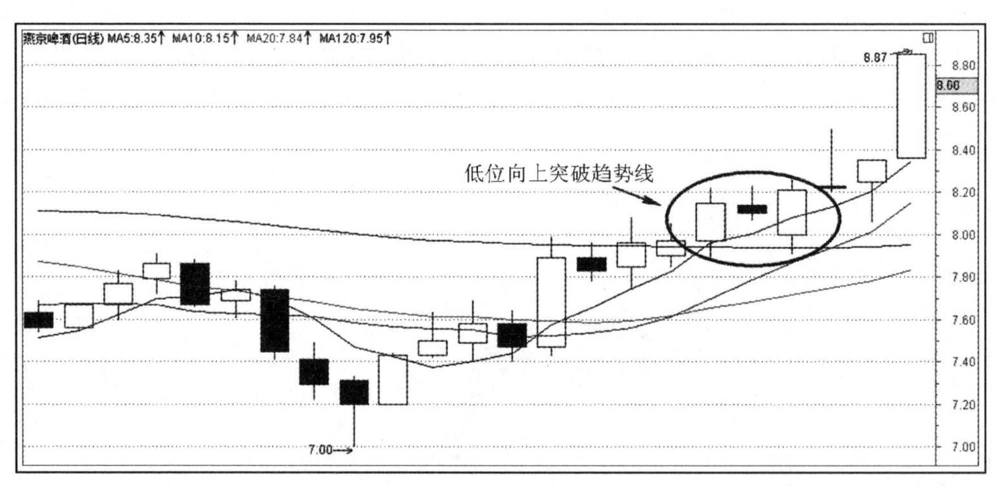

（图 148）

4. 稳健型交易要点：

A. 当天突破时的换手率必须达到 5％以上，越大越好。

B. 当天突破时的量比必须达到 1 倍以上，越大越好。

C. 当天突破时如有板块效应联动为最佳。

D. 当天突破时大盘没有处在恐慌性下跌之中为最佳。

E. 突破决策线时，波段涨幅必须控制在 10％以内为最佳。

F. 突破趋势线时，波段涨幅必须控制在 15％以内为最佳。

四、稳健型均线交易的加码补仓与止损策略

1. 操盘线加码策略。

股价在展开波段拉升过程中，第一次回调至操盘线时，这是主力洗盘行情，因此，可在操盘线上实施加码策略。如图 149 所示。

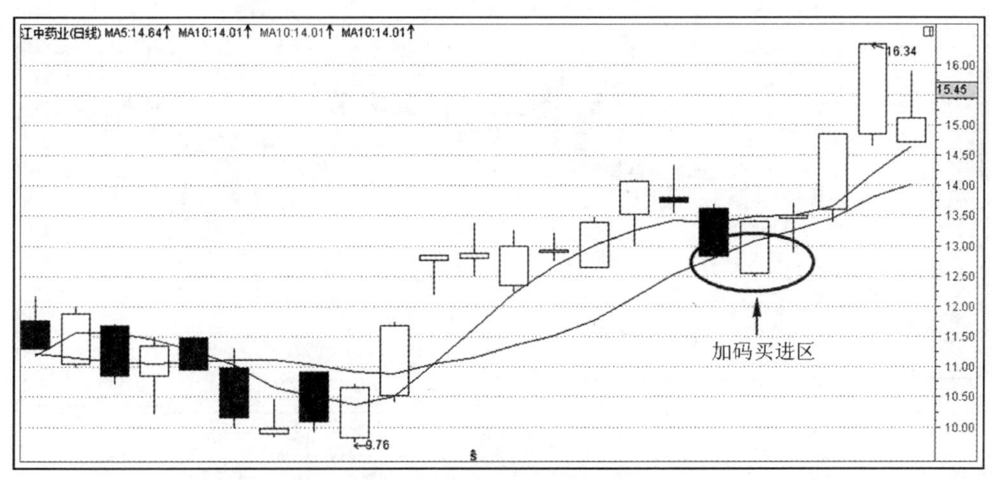

（图 149）

2. 生命线补仓策略。

股价突破生命线之后展开波段拉升过程中，当涨幅达到一定标准值后而出现回落，这通常属于波段性滚动操盘调整特征，因而可在股价第一次回调到生命线时实施补仓策略。如图 150 所示。

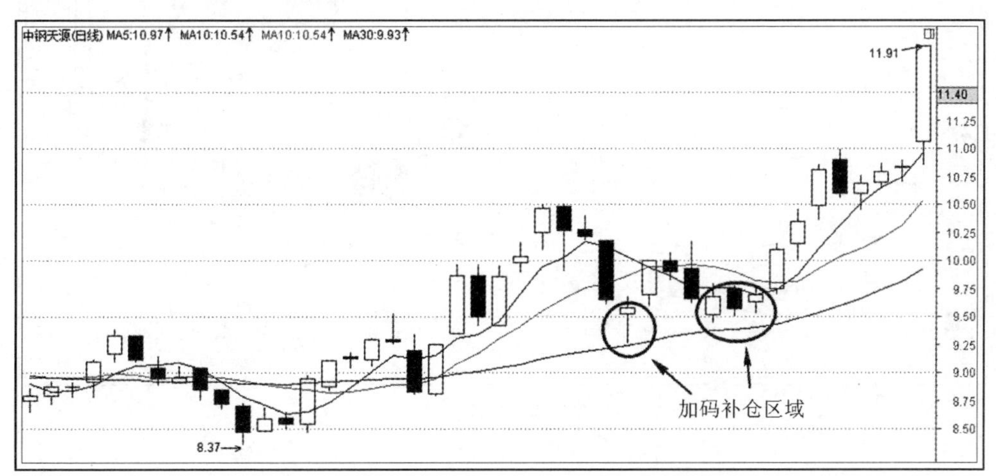

（图 150）

3. 决策线补仓策略。

同理，当股价突破决策线之后的涨幅达到一定标准值而出现阶段性回落，这通常属于股价阶段性调整特征，但股价中期上升趋势未变，因而可在股价第一次回调到决策线时实施补仓策略。如图 151 所示。

（图 151）

4. 趋势线补仓策略。

同理，当股价突破趋势线之后，盘中出现阶段性回落，这通常属于一轮波段性上涨行情完成后，股价例行阶段性调整特征。但股价中长期上升趋势未变，因而可在股价第一次回调到趋势线时实施补仓策略。如图 152 所示。

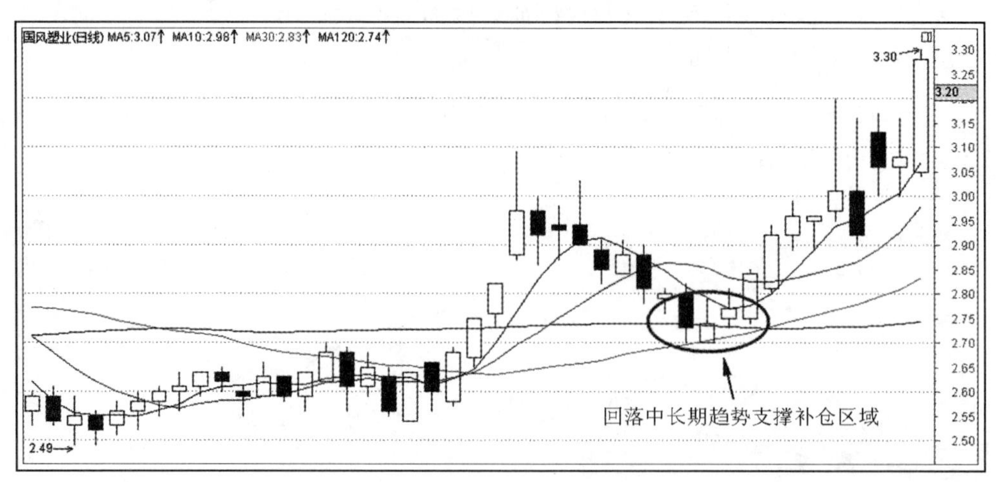

（图 152）

5. 均线止损策略：

A. 股价向下击穿操盘线和辅助线两天内不能返回应果断实施止损。如图 153 所示。

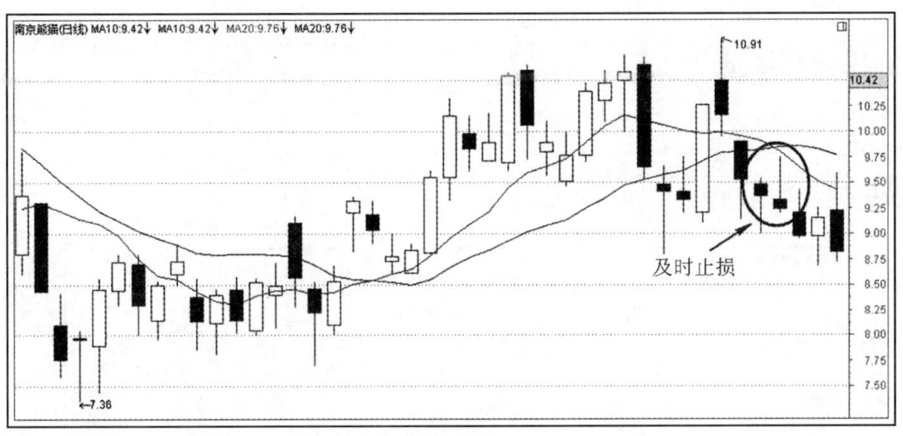

（图 153）

B. 股价向下击穿生命线和决策线两天内不能返回应果断实施止损。如图 154 所示。

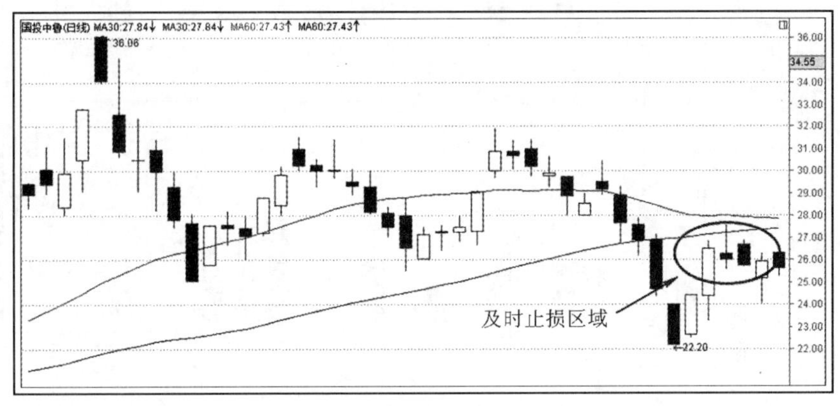

（图 154）

C. 股价向下击穿趋势线两天内不能返回应果断实施止损。如图 155 所示。

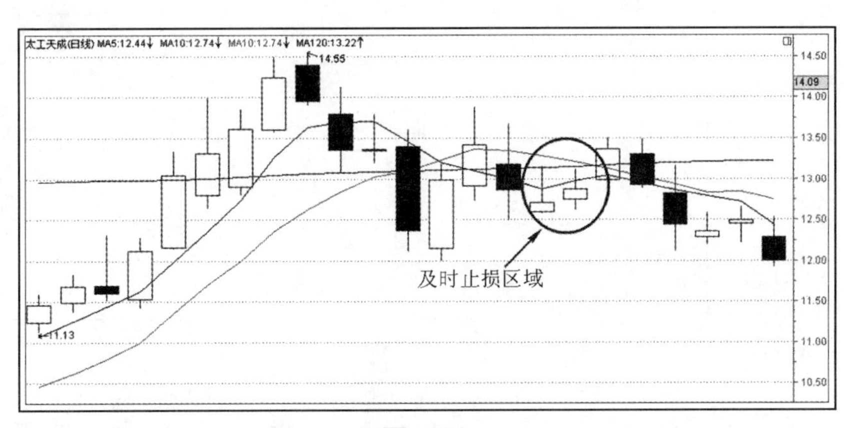

（图 155）

特别说明：

本节所述均线交易法则可适用于分时 K 线系统、日 K 线系统、周 K 线系统和月 K 线系统，在实战操盘时，投资者必须根据不同时间周期的特点灵活运用。

五、实战图谱演示

案例一：

激进型买进：002155 辰州矿业

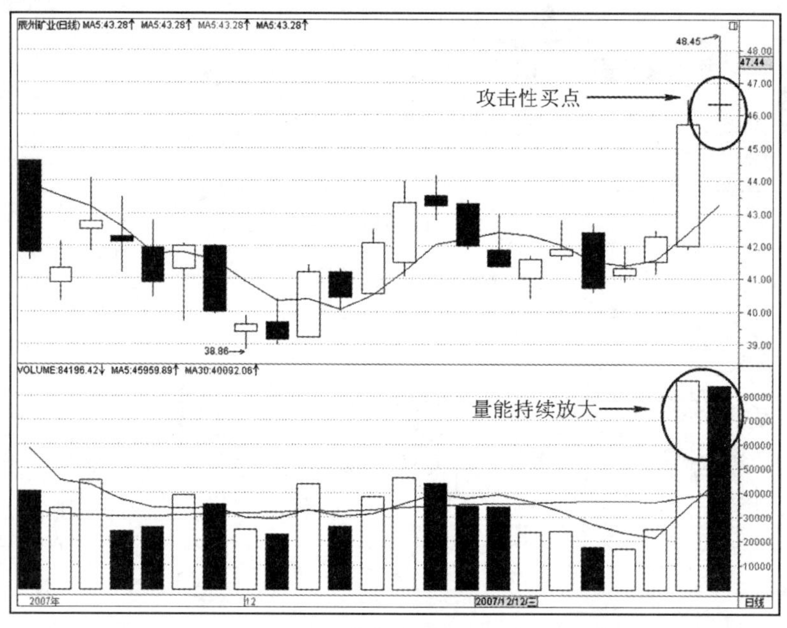

（图 156）

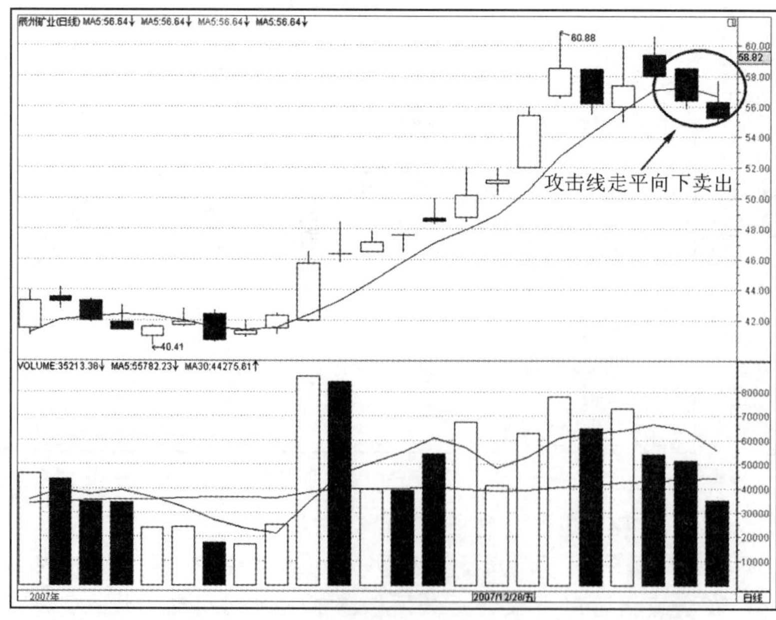

（图 157）

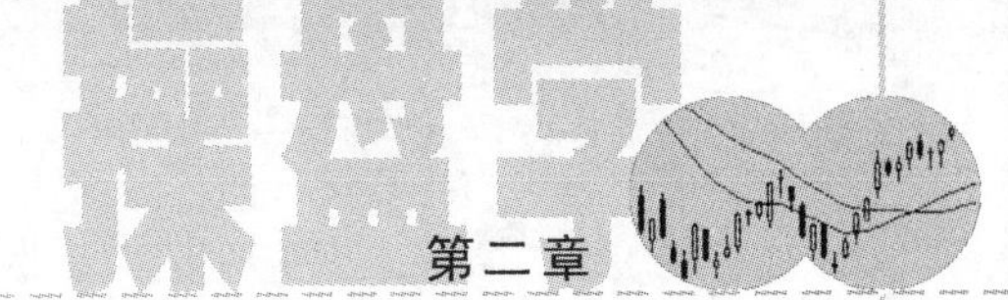

案例二：

激进型买进：000502 绿景地产

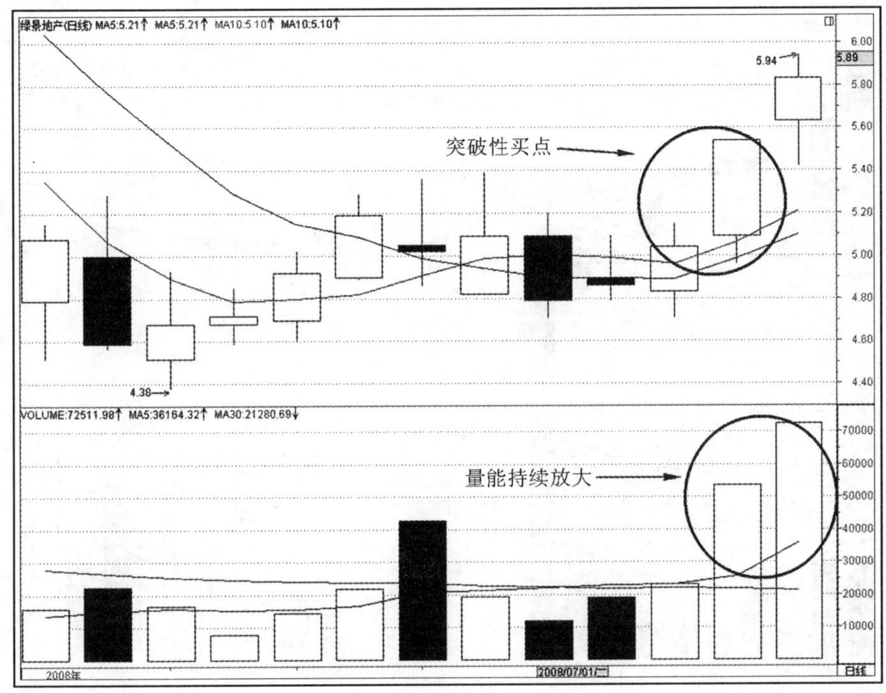

（图 158）

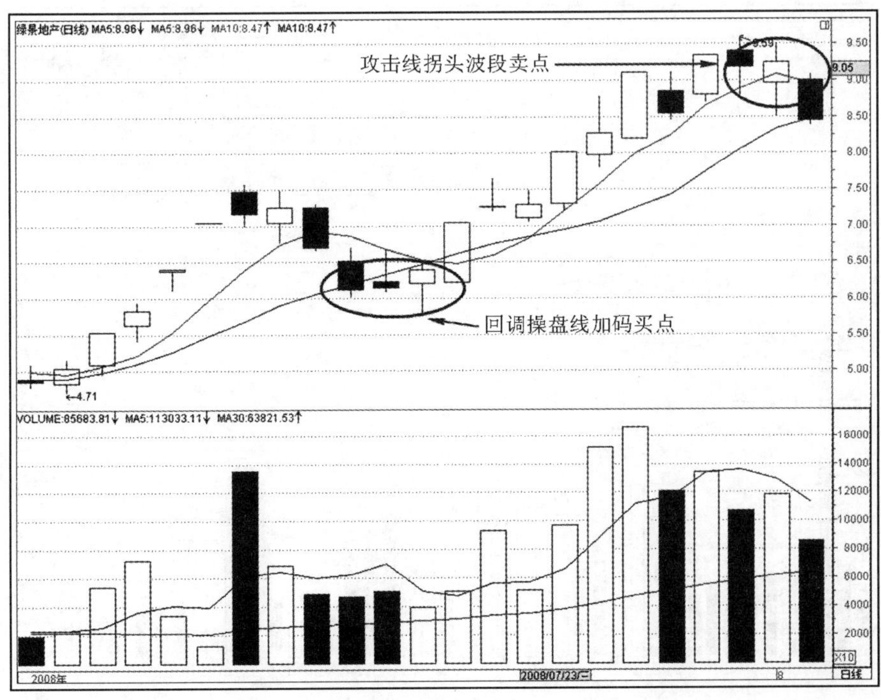

（图 159）

案例三：

稳健型买进：000759 武汉中百

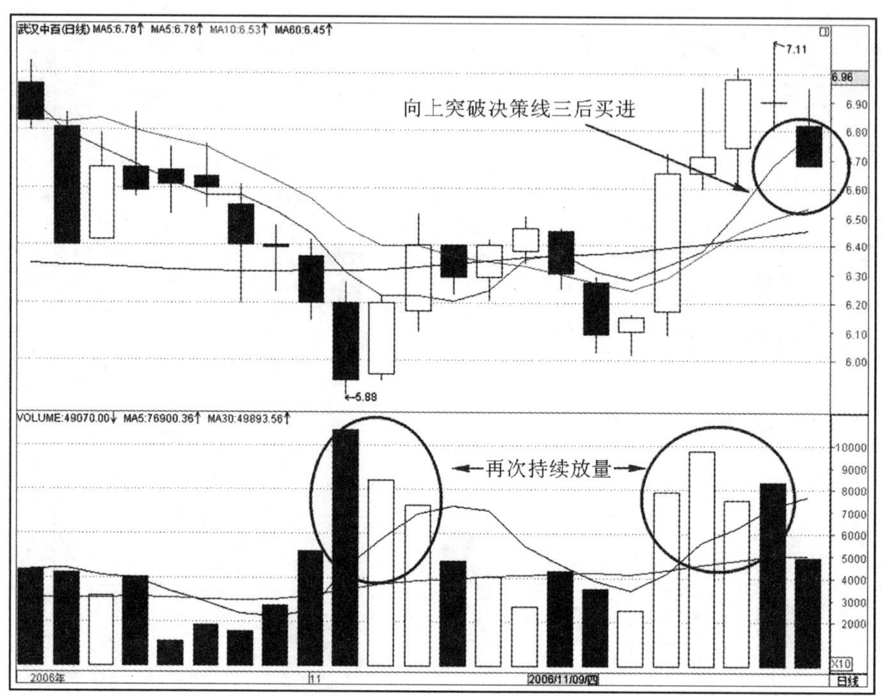

（图 160）

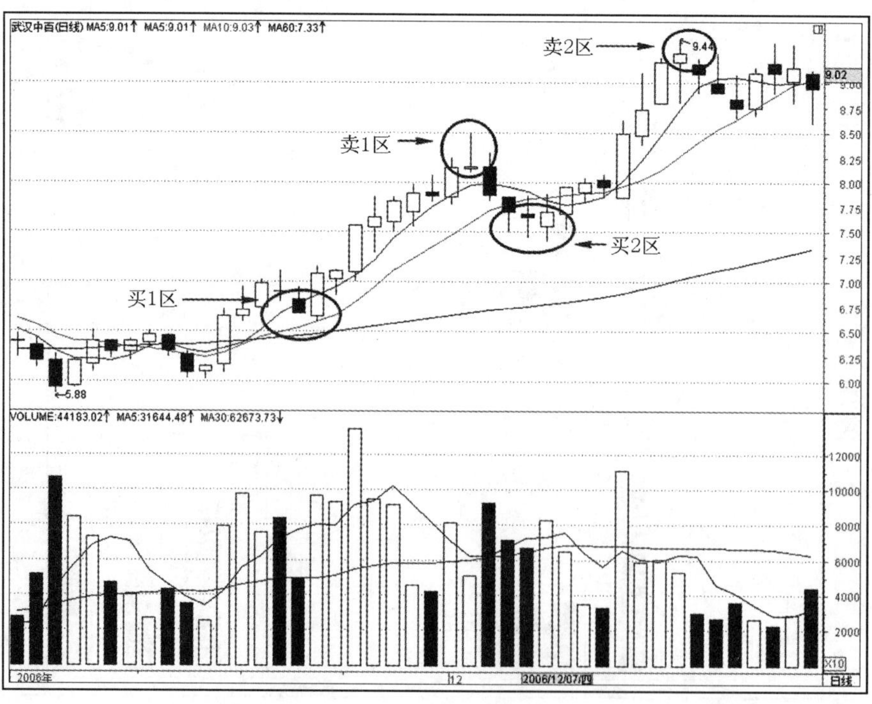

（图 161）

第四节 均线交易系统的误区与风险规避

一、均线有效突破的识别

如何识别股价是否有效突破均线，通常情况下，有以下三种方法：

1. 盘中放量突破。

股价在盘中突破均线的压制时，成交量迅速放大，并形成标准的量峰结构。并在突破后的回调过程中，未能跌穿均线支撑。如图 162 所示。

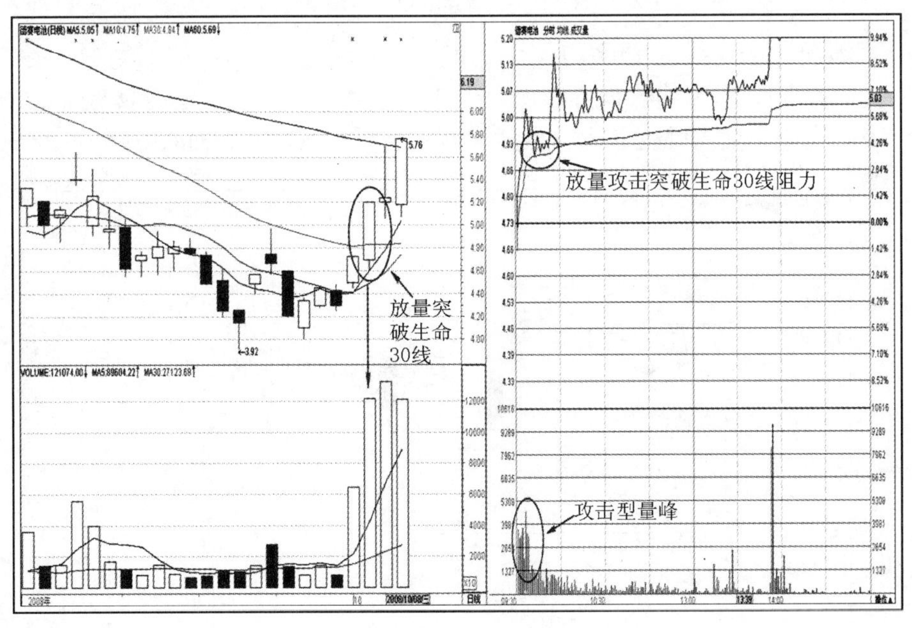

（图 162）

2. 收盘放量突破。

股价在第五时间段之后发动攻击并突破均线压制，至收盘时，仍然收于均线之上。全天放量特征明显，日 K 线图表量柱为最近三周内最大，换手率达到 5％以上。如图 163 所示。

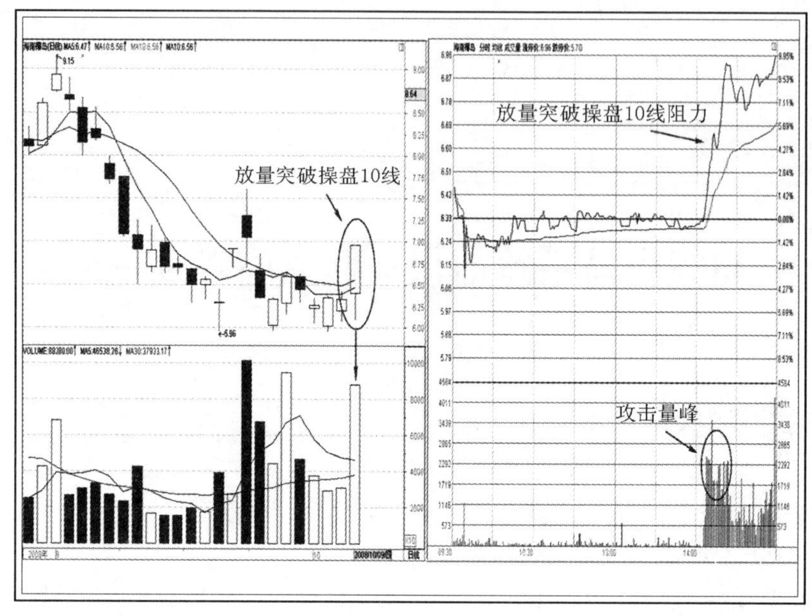

（图 163）

3. 收盘价大于均线价 1%以上。

股价收盘时，日 K 线收盘价必须大于或等于均线价 1%以上，收盘价比例越大越好，说明突破力度与强度较大，会增大有效突破的成功率。如图 164 所示。

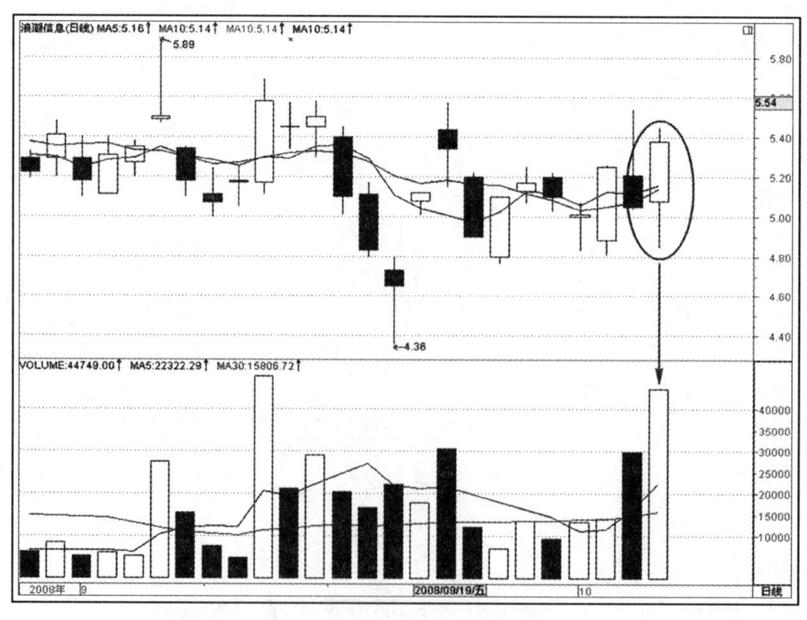

（图 164）

二、均线买入的止损位

均线买入后遭遇持仓套牢，正常情况下，可以采用以下方法与原则实施止损：

1. 两天原则。

股价击穿均线后，两天内收盘时不能重新回归均线之上，此时，均线拐头向下，临盘应及时止损。两天原则是充分保证不被套牢或实施止赢的最佳策略。如图 165 所示。

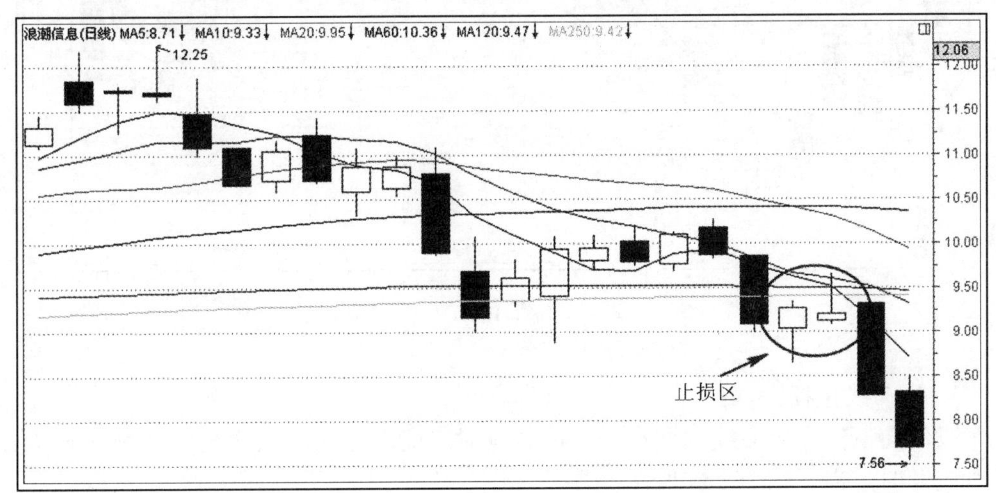

（图 165）

2. 操盘线止损。

股价向下击穿操盘线，并在两天内收盘时未能向上回归操盘线，波段行情终结，临盘应及时止损。如图 166 所示。

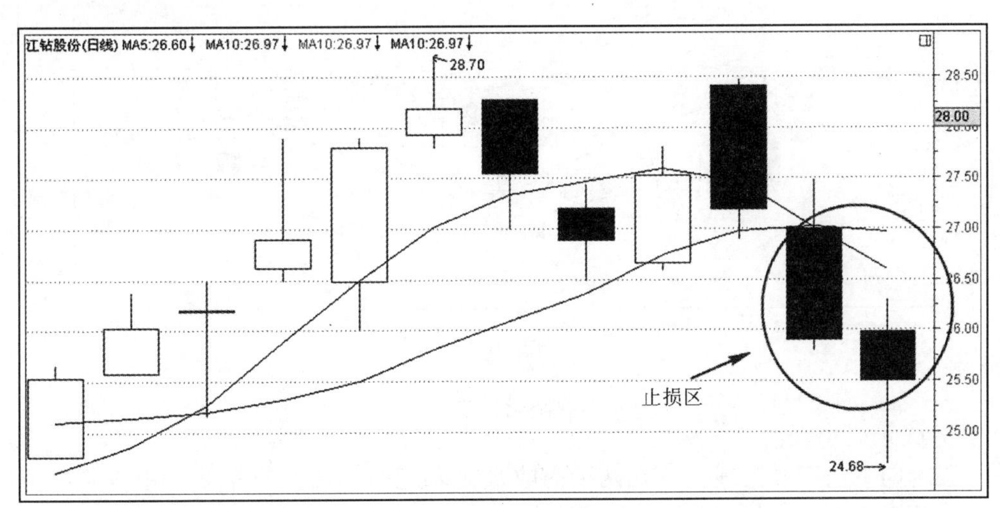

（图 166）

3. 辅助线止损。

股价向下击穿辅助线，并在两天内收盘时未能向上回归辅助线，波段行情终结，临盘应及时止损。如图 167 所示。

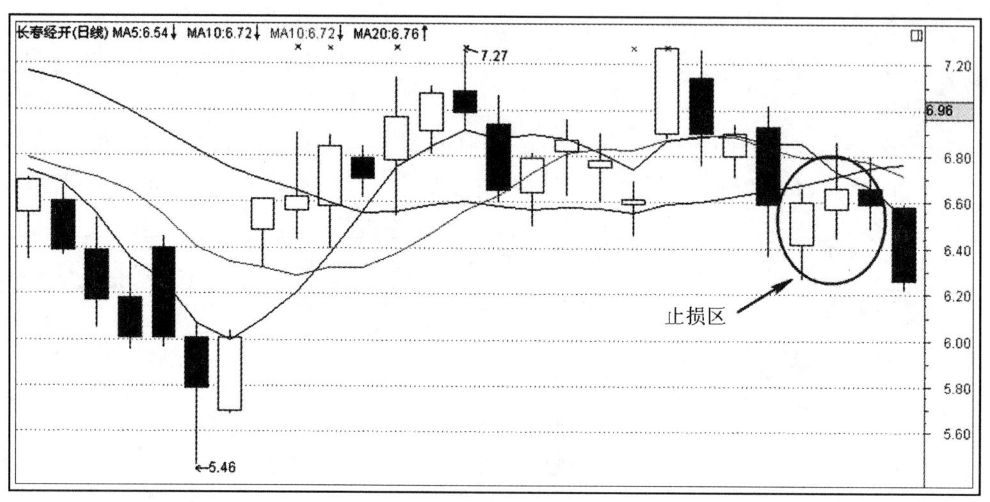

（图 167）

4. 生命线止损。

股价向下击穿生命线，并在两天内收盘时未能向上回归生命线，阶段行情终结，临盘应及时止损。如图 168 所示。

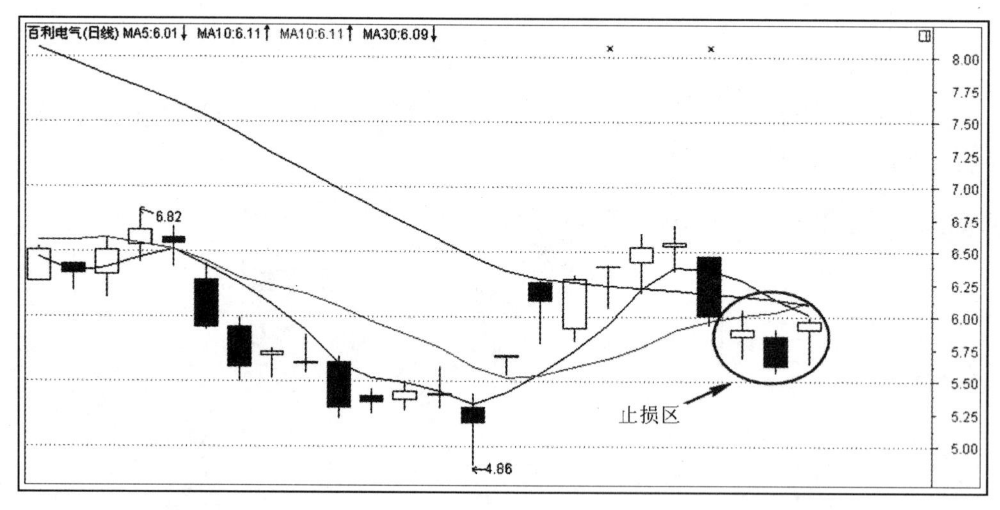

（图 168）

5. 决策线止损。

股价向下击穿决策线，并在两天内收盘时未能向上回归决策线，中级阶段行情终结，临盘应及时止损。如图 169 所示。

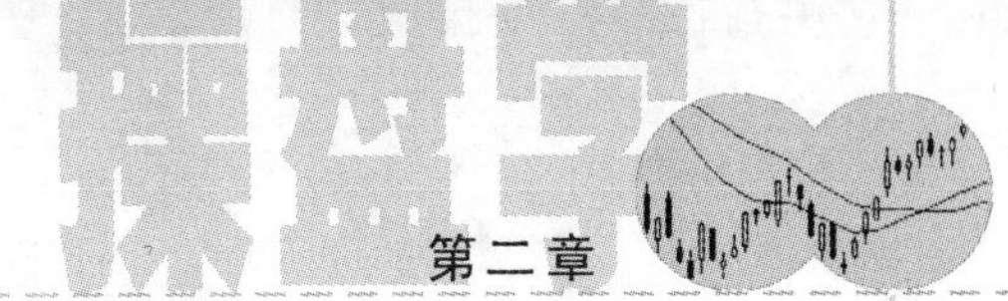

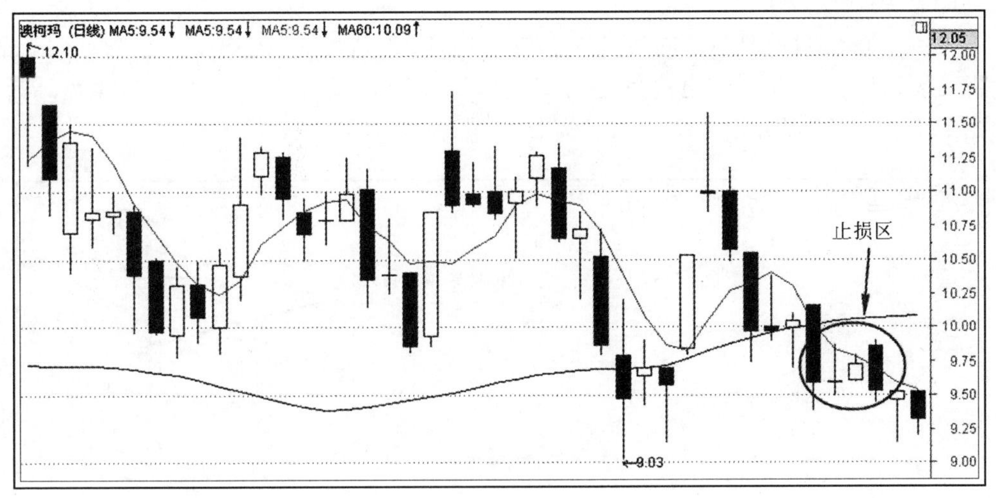

（图 169）

6. 趋势线止损。

股价向下击穿趋势线，并在两天内收盘时未能向上回归趋势线，中长线上升趋势行情终结，临盘应及时止损。如图 170 所示。

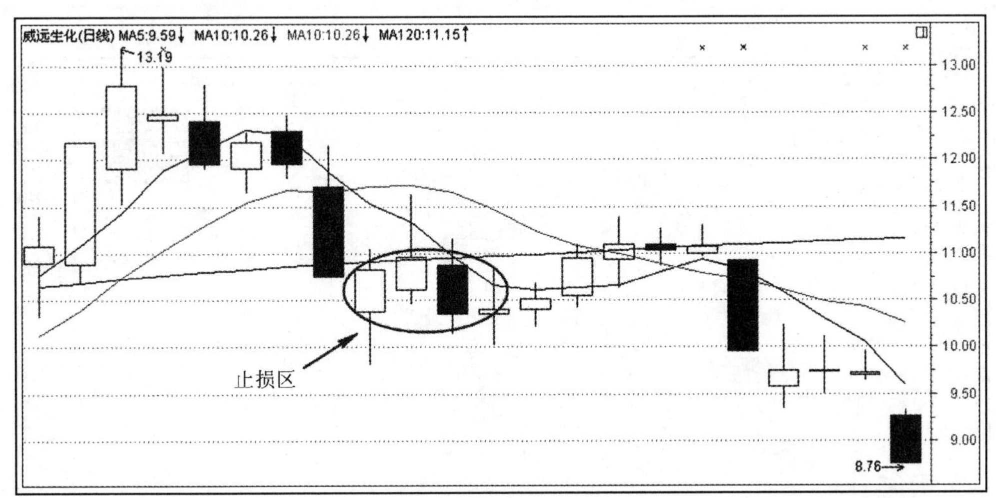

（图 170）

三、均线滞涨与主力操盘行为分析

在一轮上升行情中，均线滞涨是一个特殊的技术特征，常常出现在攻击线的走势形态之中，通常反映了主力机构的操盘意图。在临盘实战中，我们可以通过以下两个典型的技术特征进行分析和判断：

1. 均线升速减缓。

股价上升初期和中期，均线升速保持均速和加速状态。当均线突然减速时，股价将出现阶段性调整。这通常是主力将实施洗盘导致股价阶段性见顶的操盘结果。如图 171、图 172 所示。

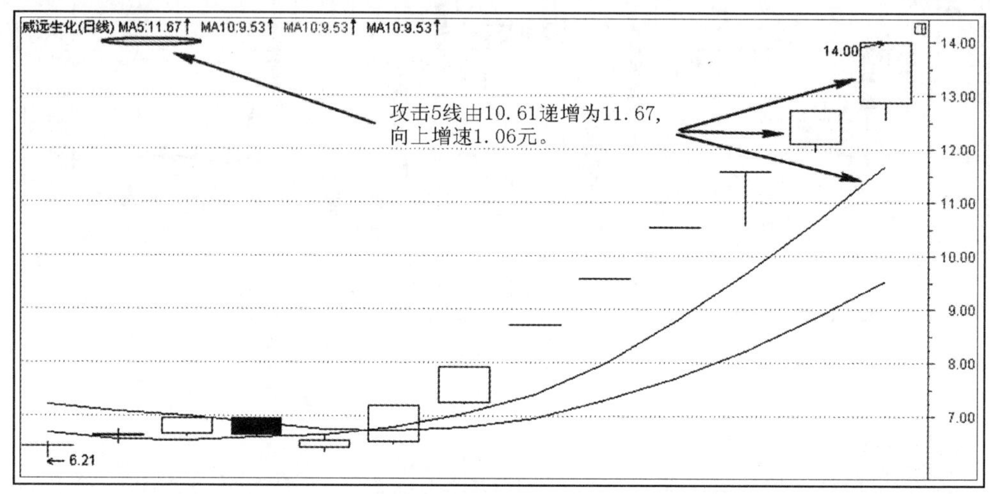

（图 171）

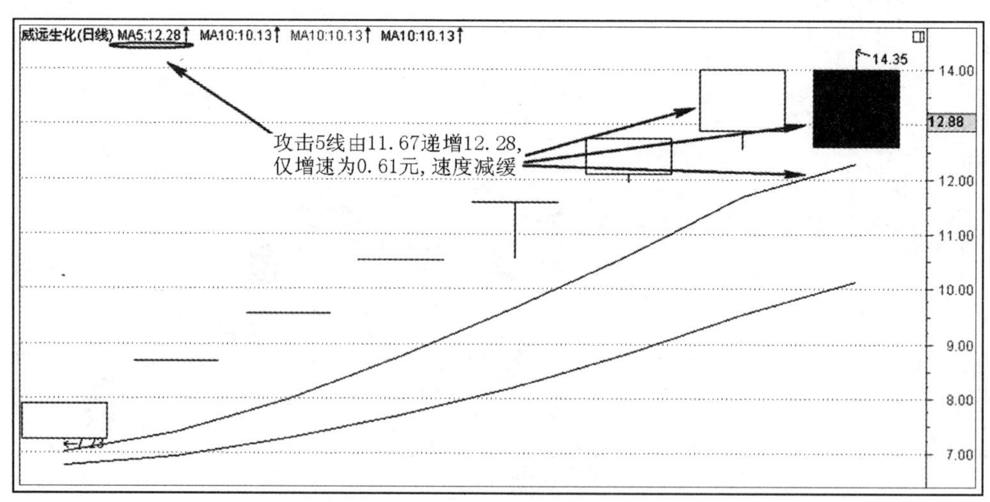

（图 172）

2. 均线拐头走平。

股价上升中期和末期，均线开始由攻击型向上状态演变为拐头走平状态。当均线拐头走平时，股价攻击力消失，并将形成阶段性头部特征。这通常是主力实施阶段性调整导致股价形成波段行情头部的操盘结果。如图 173、图 174 所示。

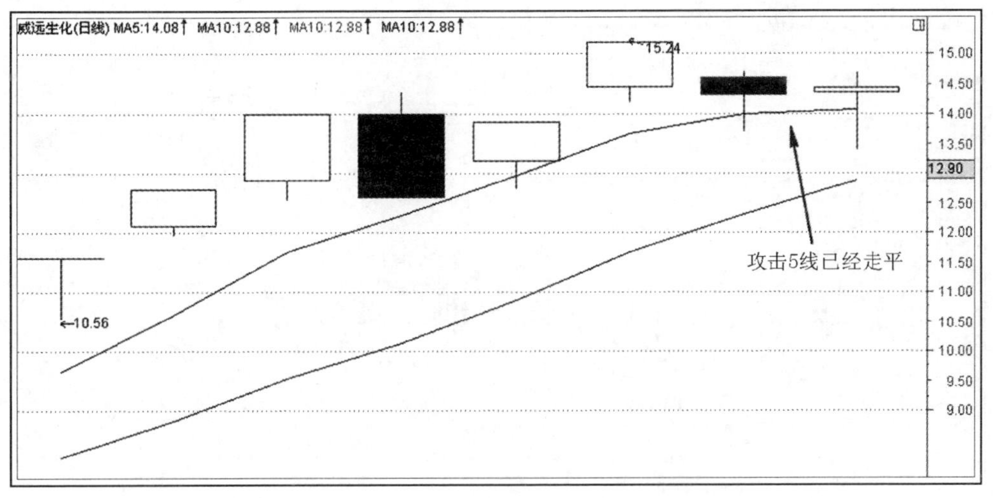

（图 173）

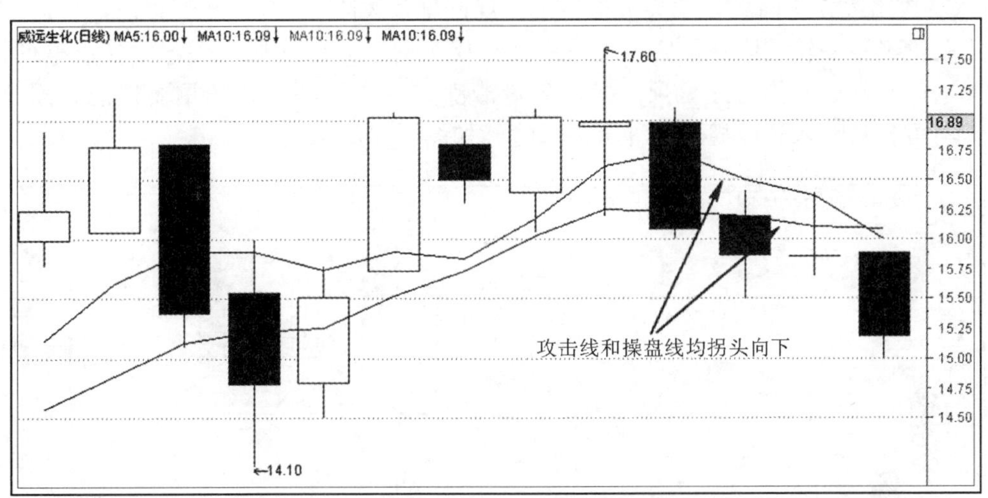

（图 174）

四、均线交易系统的风险规避原则

1. 波段涨幅达到 30％以上，应规避追涨风险。

股价在一轮波段上升行情中，当涨幅达到 30％以上时，一旦攻击线开始走平或拐头向下，主力容易实施洗盘性操盘动作。因而，此时追涨风险较大。牛市环境中，股价涨幅达到 40％以上，追涨风险较大。而在熊市环境中，股价波段涨幅在 30％左右，追涨风险较大。如图 175 所示。

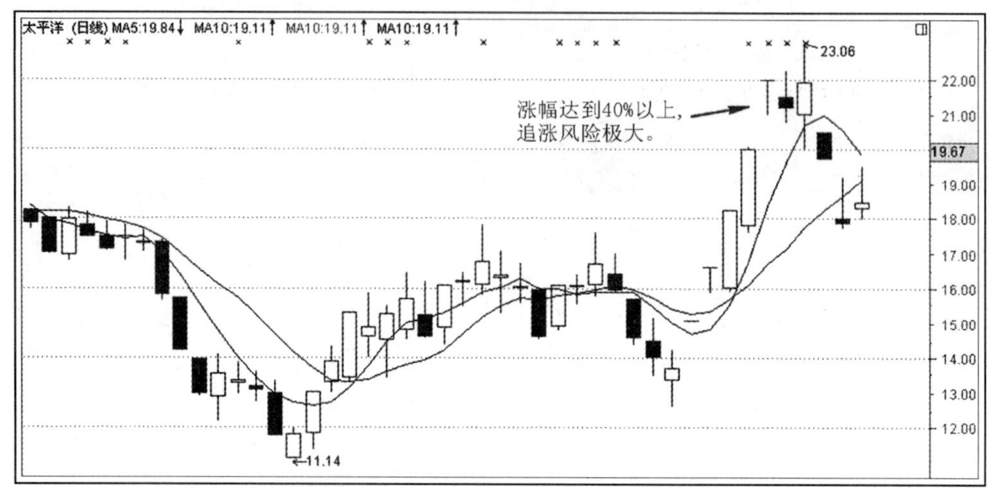

（图 175）

2. 攻击线拐头向下，不买头部原则，规避见顶风险。

股价经过一轮波段涨幅后，攻击线已经拐头向下，出现典型头部性横盘整理特征，这通常都是股价已经见顶。横盘放量滞涨是主力不断出货的重要标志，因此，临盘不可盲目买入。应规避这种头部风险。如图 176 所示。

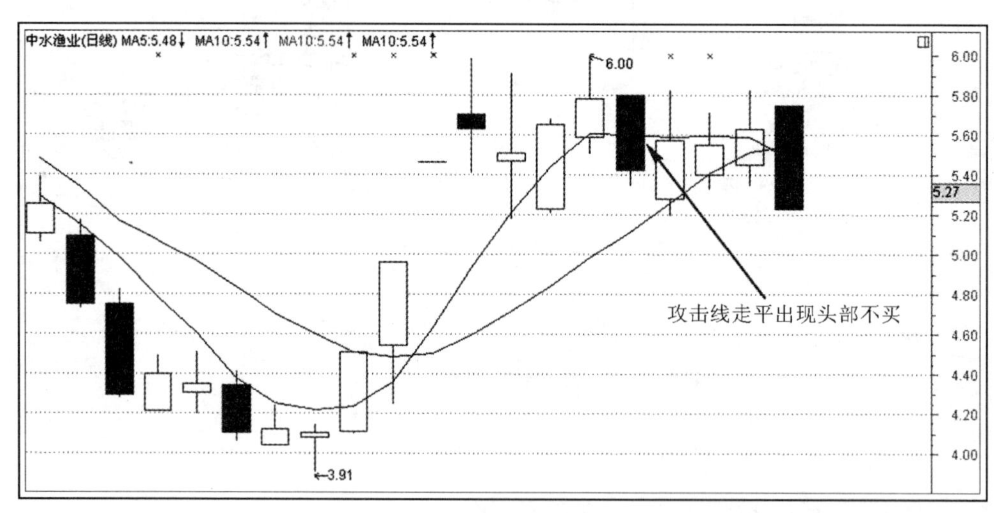

（图 176）

3. 操盘线拐头走平，应规避波段性调整风险。

操盘线由攻击状态转变为拐头走平特征，这通常是股价已经进入阶段性头部状态，股价的波段攻击力已经消失，而随时可能出现向下实施阶段性大调整。因而，此时买入的操作风险较大。如图 177 所示。

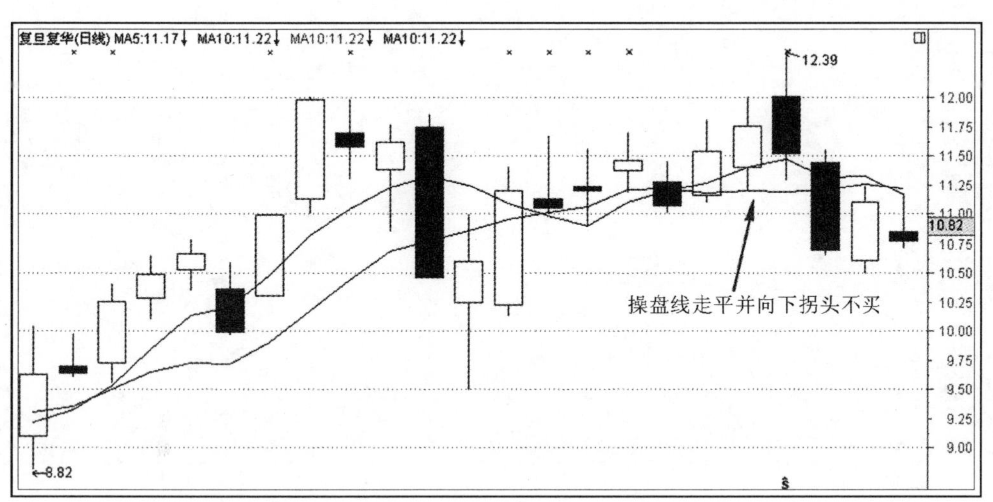

（图 177）

4. 生命线向下，应规避下降通道风险。

生命线持续呈现攻击性向下特征，这通常说明股价运行在下降通道之中，股价趋势极弱，临盘不可轻易抄底。当生命线未能出现走平或拐头特征时，股价趋势将不会轻易改变其下降本质，因而，随意买入的操作风险极大。如图 178 所示。

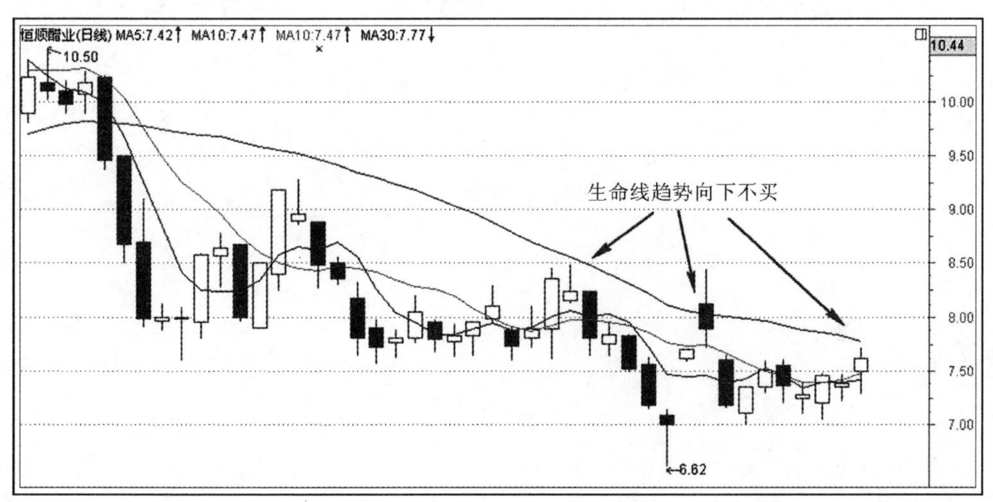

（图 178）

第三章

量能交易系统

本章学习目标

1. 认识大量。
2. 掌握单日大量的基本特征。
3. 掌握多日大量的基本特征。
4. 掌握大量的力度特征。
5. 学习大量的买进技术法则。
6. 学习大量的卖出技术法则。
7. 认识大量交易系统的误区。
8. 掌握大量交易系统的风险规避技巧。

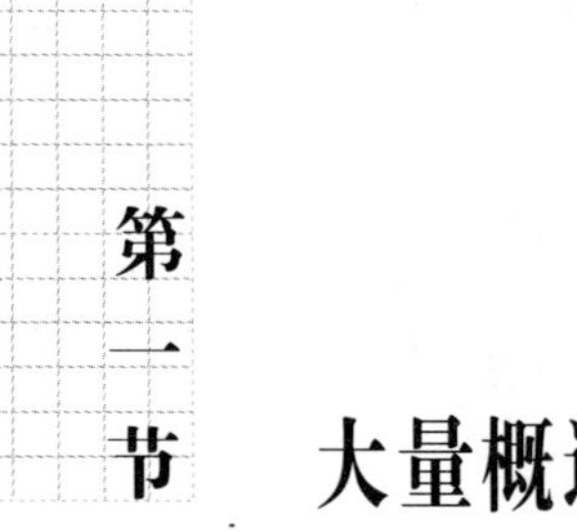

第一节 大量概述

在股市交易过程中，成交量是反映市场冷暖的晴雨表，也是股价涨跌力度的内在根本。自从股市诞生以来，全球各国的投资大师们均对成交量有过大量深入的研究。本章着重对成交量最关键的环节，即放大量这一技术特征进入系统化专业化精细化讲解，并以此作为实战操盘最重要的交易系统之一。

一、大量的标准

大量分为单日大量和多日大量这两大技术特征。大量的标准是特别针对单日大量而设立的一个技术参照系数，临盘通过这些标准化的参照系数，以此来判断单日大量发生的有效性。其标准体系如下：

1. 盘中量峰。

盘中出现攻击性量峰，并呈现明显的波形结构。如图 179 所示。

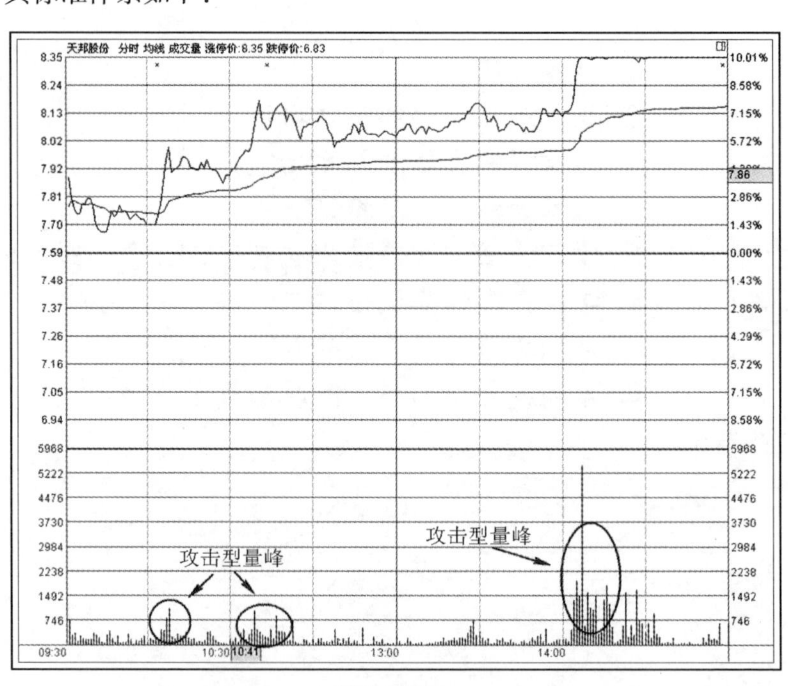

（图 179）

2. 当天换手。

当天收盘时，换手率达到5%以上。如图180所示。

现价	8.35	今开	7.70
涨跌	0.76	最高	8.35
涨幅	10.01%	最低	7.65
振幅	9.22%	金额	5616万
总量	68836	量比	3.15
外盘	35353	内盘	33483
换手	12.66%	股本	1.37亿
净资	2.65	流通	5437万
收益(二)	0.58	PE(动)	7.1
14:55	8.35	5 S	1
14:55	8.35	8 S	1
14:55	8.35	30 S	1
14:55	8.35	4 S	1
14:56	8.35	23 S	1

（图180）

特别说明：流通市值在10亿股以内，换手率必须要求达到5%以上；而流通市值在10亿股以上，换手率在3%～5%左右即可。

3. 当天量比。

当天收盘时，量比仍然达到1倍以上。如图181所示。

买①	8.35	3266	
买②	8.34	84	
买③	8.33	16	
买④	8.32	14	
买⑤	8.31	199	
现价	8.35	今开	7.70
涨跌	0.76	最高	8.35
涨幅	10.01%	最低	7.65
振幅	9.22%	金额	5616万
总量	68836	量比	3.15
外盘	35353	内盘	33483

（图181）

4. 当天量柱。

当天收盘后，日K线图表显示量柱为最近数个交易周最大，放量特征明显。如图182所示。

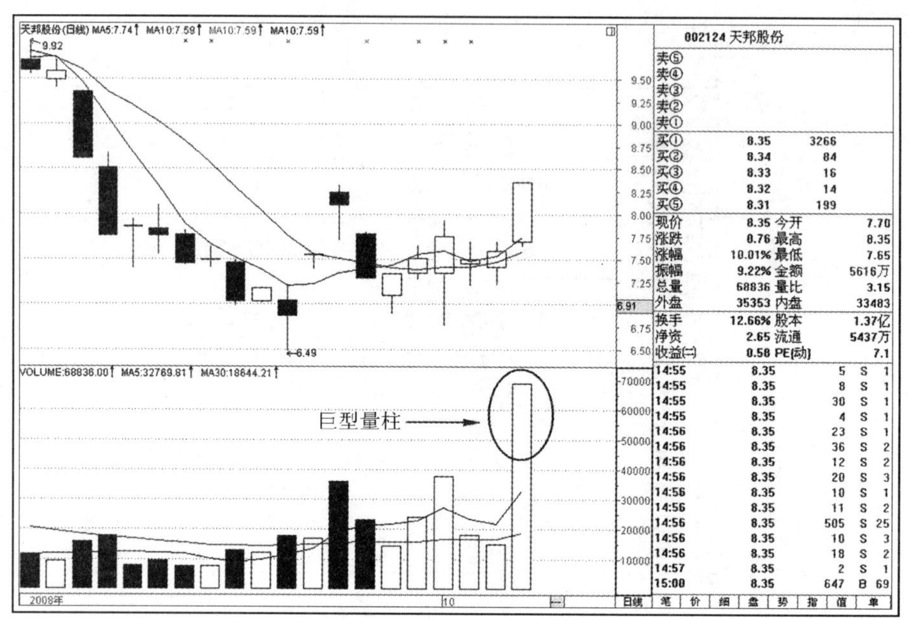

（图 182）

笔者在查阅国内外许多关于成交量的技术书籍及资料时发现，很少有作者认真关注大量产生背后的内在本质及其内部结构状态。单纯观察日 K 线图表的量柱及换手率显然属于片面性分析行为，不能辨别大量的强弱本质，容易掉入主力布置的陷阱。而通过盘中量峰，则能弥补这一不足。读者朋友在学习时，应深刻理解认识这一技术特征的重要性。

二、单日大量出现的位置

单日大量出现的位置非常重要，在本交易系统中，单日大量的买进信号共出现在以下五个最重要的位置，除此之外，其他位置的单日大量均不能作为本系统的交易信号。

1. 攻击线。

股价放大量向上突破攻击线，属于有效突破特征，这是短线买进信号。如图 183 所示。

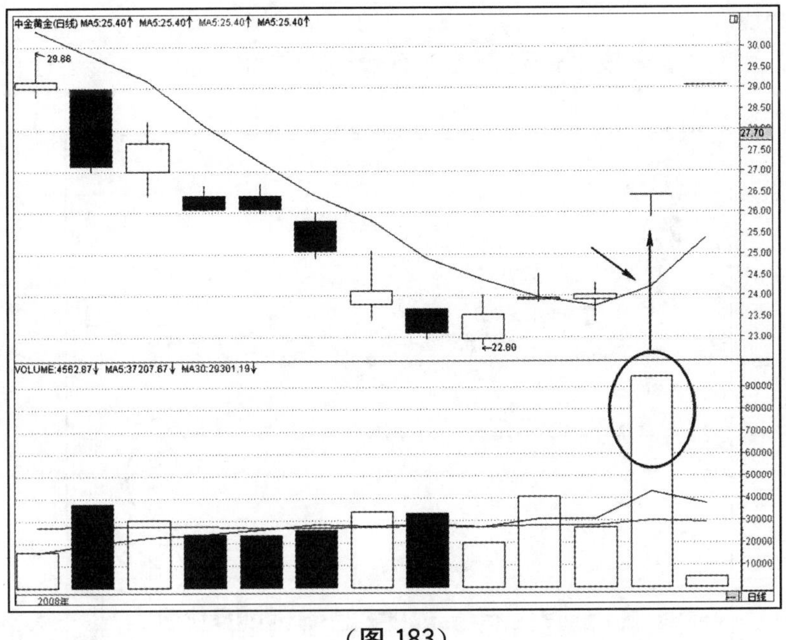

（图 183）

2. 操盘线。

股价放大量向上突破操盘线，属于有效突破特征，这是波段买进信号。如图184所示。

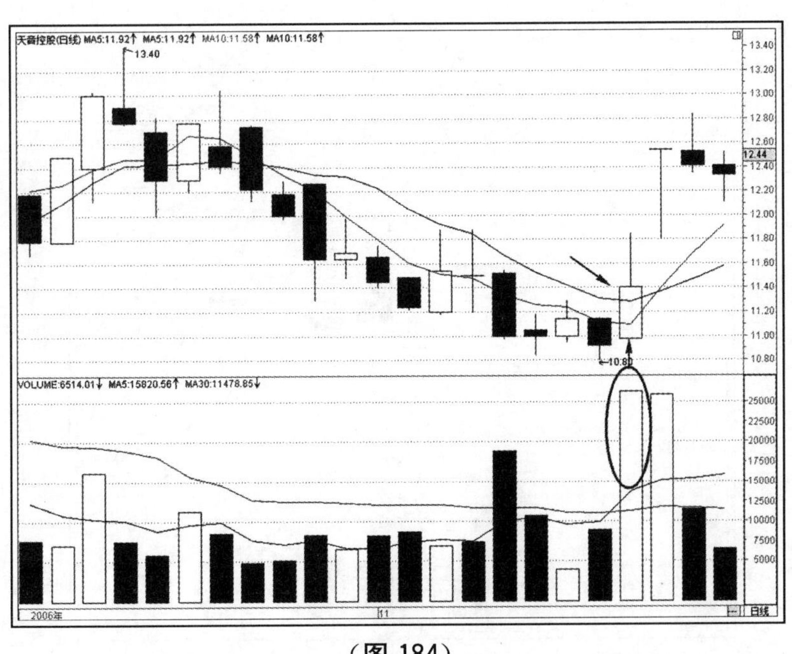

（图 184）

备注：操盘线与辅助线基本处于平行状态时，大量呈现“一量穿两线”结构，突破信号的有效性更强。

3. 生命线。

股价放大量向上突破生命线，属于有效突破特征，这是中线买进信号。如图185所示。

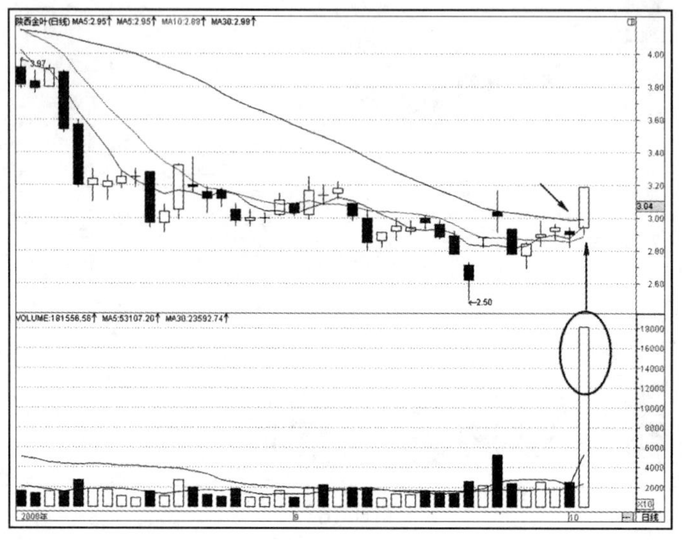

（图 185）

备注：生命线与操盘线之间的空间距离不能超过20%，距离太大，则大量信号将失效。

4. 决策线。

股价放大量向上突破决策线，属于有效突破特征，这是中线加码信号。如图186所示。

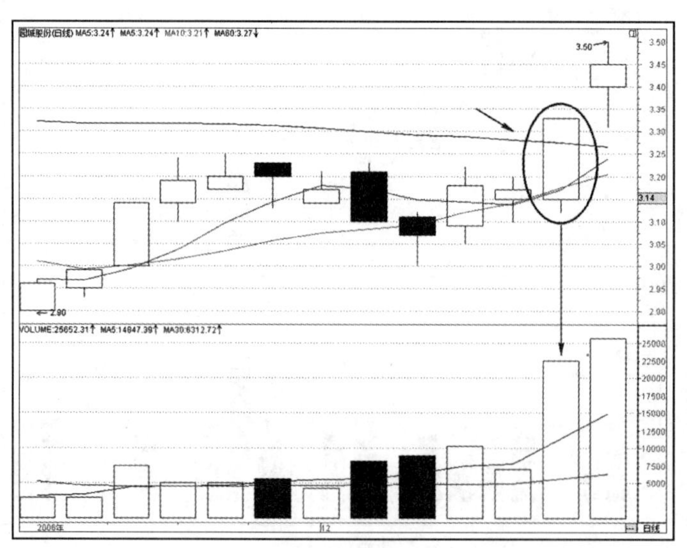

（图 186）

备注：决策线与生命线之间的空间距离不能超过15%，距离太大，则大量信号将失效。

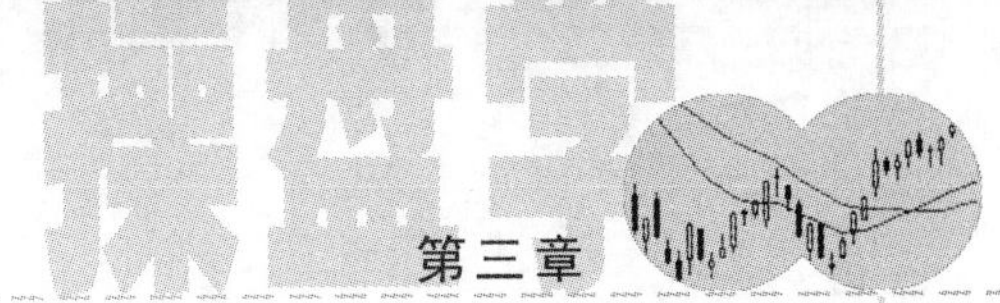

5. 趋势线。

股价放大量向上突破趋势线，属于有效突破特征，这是中长线持仓加码信号。如图 187 所示。

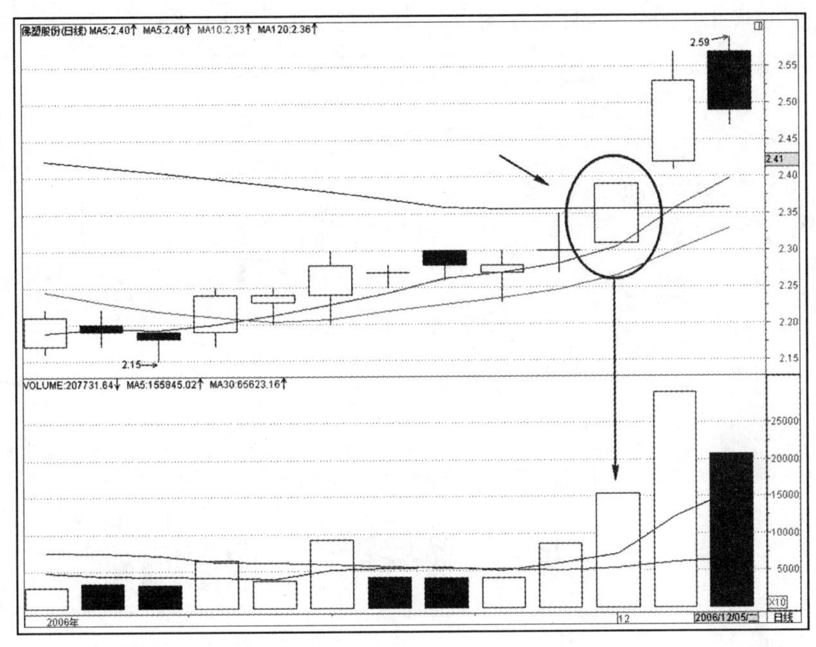

（图 187）

备注：趋势线与决策线之间的空间距离不能超过 10%，距离太大，则大量信号将失效。

三、单日大量的意义

股价不会无缘无故地上涨，也不会无缘无故地下跌。单日大量出现，充分表达了主力的操盘行为和市场内涵。综合总结其形成的内在本质，至少体现了以下三个方面的意义：

1. 反映了市场主流力量的态度。

如果股价上涨，则主流力量在积极努力地做多。如果股价下跌，则说明主流力量在积极地做空。

2. 表明了股价趋势发展的方向。

如果股价上涨，则未来股价趋势方向将以波段性上涨行情为主。反之，则股价将以反复震荡盘跌趋势为主。

3. 单日大量如出现在本系统所指定的五个位置区域，则表明了股价趋势将形成较好的多头行情，会进一步持续牵引股价出现上升趋势。

四、多日大量出现的位置

和单日大量一样，在本交易系统中，多日大量的买进信号共出现在以下四个最重要的位置，除此之外，其他位置的多日大量均不能作为本系统的交易信号。

1. 操盘线。

股价放大量向上突破操盘线后，持续出现多日大量特征，这是波段买进信号。如图 188 所示。

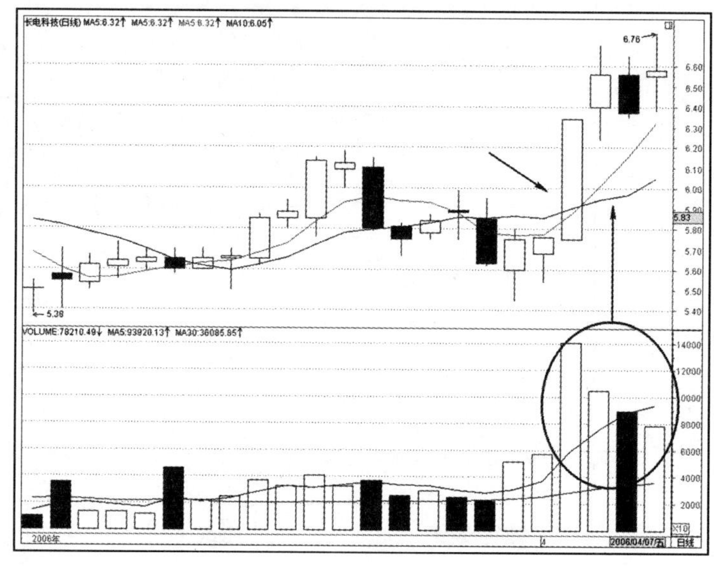

（图 188）

2. 生命线。

股价放大量向上突破生命线后，持续出现多日大量特征，这是中线持仓信号。如图 189 所示。

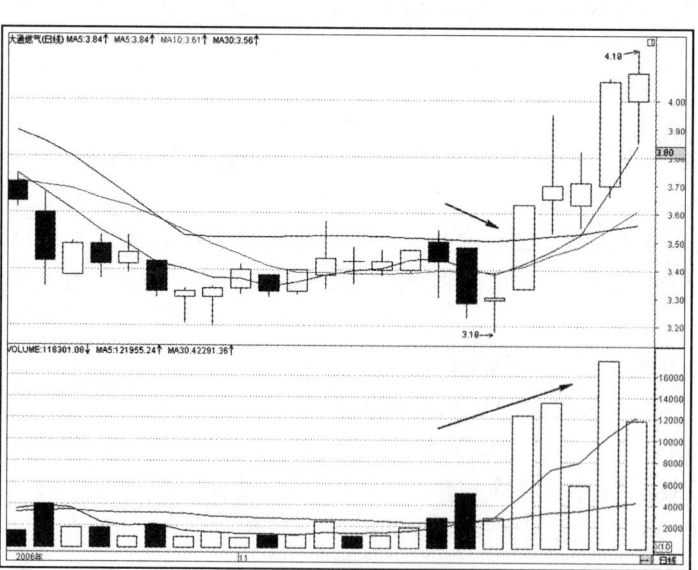

（图 189）

备注：生命线与操盘线之间的空间距离不能超过 20%，距离太大，则大量信号将失效。

3. 决策线。

股价放大量向上突破决策线后，持续出现多日大量特征，这是中线持仓加码信号。如图 190 所示。

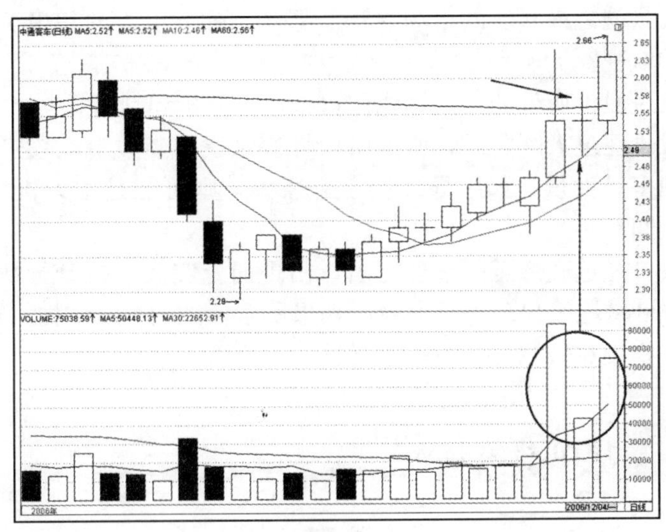

（图 190）

备注：决策线与生命线之间的空间距离不能超过 15%，距离太大，则大量信号将失效。

4. 趋势线。

股价放大量向上突破趋势线后，持续出现多日大量特征，这是中长线持仓加码信号。如图 191 所示。

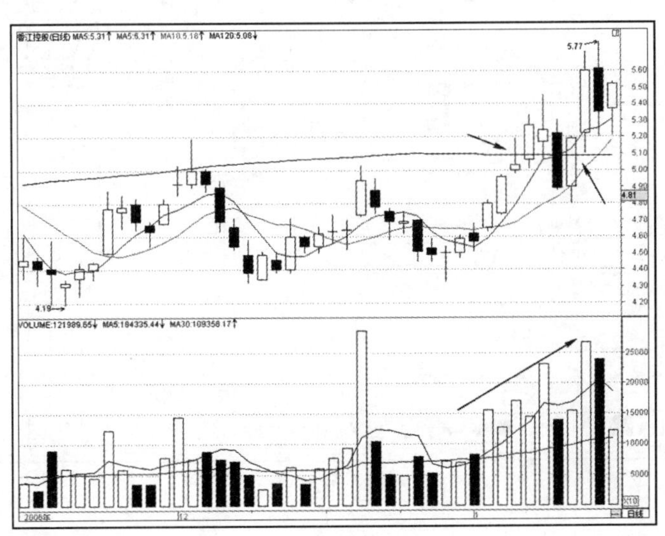

（图 191）

备注：趋势线与决策线之间的空间距离不能超过 10%，距离太大，则大量信号将失效。

五、多日大量的意义

多日大量是基于主力机构主动发起的积极性买卖行为。因此，由主力机构操纵的持续性多日大量就是最真实的市场内涵。那么，如此巨大的积极买卖行为所带来的市场意义是什么呢？

我们必须通过股价所处的六大均线位置来进行分析和判断。

其一，如股价经过大跌之后，所处阶段性底部区域，股价在攻击线和操盘线位置区域连续出现多日大量，如果导致换手率巨大，则可能是主力机构在对倒出货，股价还有下跌空间。

其二，如股价经过底部震荡整理之后，出现向上突破性拉升行情，尤其是股价在六大均线位置区域连续出现多日大量，如果属于标准的大量结构，且换手率较大，则是主力机构在积极对敲拉升，股价还会进一步上涨。

六、大量与主力操盘行为分析

1. 当日大量突破攻击线。

这是主力实施短线操盘行为，股价有效突破攻击线后，将有可能引发短线上涨行情。如图 192 所示。

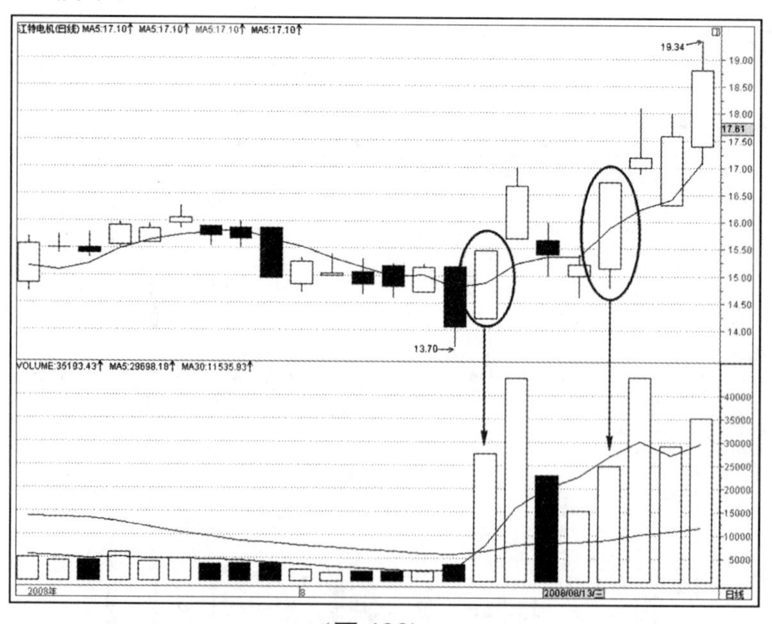

（图 192）

2. 当日大量突破操盘线。

这是主力实施波段性操盘行为，股价有效突破操盘线后，将有可能引发中线波段或小波段上涨行情。如图 193 所示。

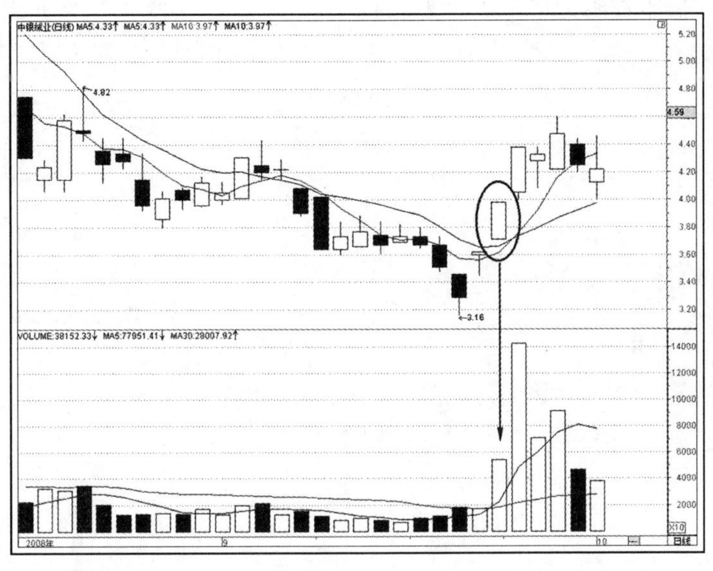

（图 193）

以此类推，当股价以大量突破生命线、决策线和趋势线时，主力操盘行为均在一步步升级和变化之中，因而所引发的行情力度和延伸空间也会越来越大。

七、大量对中小投资者的心理影响

大量这一技术特征出现时，股价的波动幅度出现剧烈的震荡变化，因而容易引起市场投资者的高度关注。市场投资者关注度的提高与增加，同时又加剧了大量内部换手率的突出变化，促使股价更快速地向一个单极的方向发生运动性逆转。

其一，如大量发生在股价向上突破六大均线位置之时，市场积极的买进气氛会激发中小投资者的渴望盈利心理，容易促动跟风性买进行为，同时加剧股价的上涨速度。

其二，如大量发生在股价向下跌穿六大均线位置之时，市场猛烈的卖出气氛会引发中小投资者的恐惧和恐慌心理，更容易促动跟风性卖出行为，同时加剧股价的下跌速度。

八、大量对股价未来运行趋势的影响

大量表现在盘面的信息则是主力机构对股价未来走向与发展趋势的态度。如当日股价上涨，则基本表明主力机构在盘中积极性买进，促使股价趋势向多头方向发展。如当日股价下跌，则说明主力机构在盘中积极性卖出，促使股价趋势向空头方向发展。

在重要的技术性阻力区域，如股价向上突破 30 日均线，当日如出现大量技术特征，并以大阳 K 线报收，则随后一段时间的股价趋势将基本以波段性上涨行情为主。如图 194 所示。

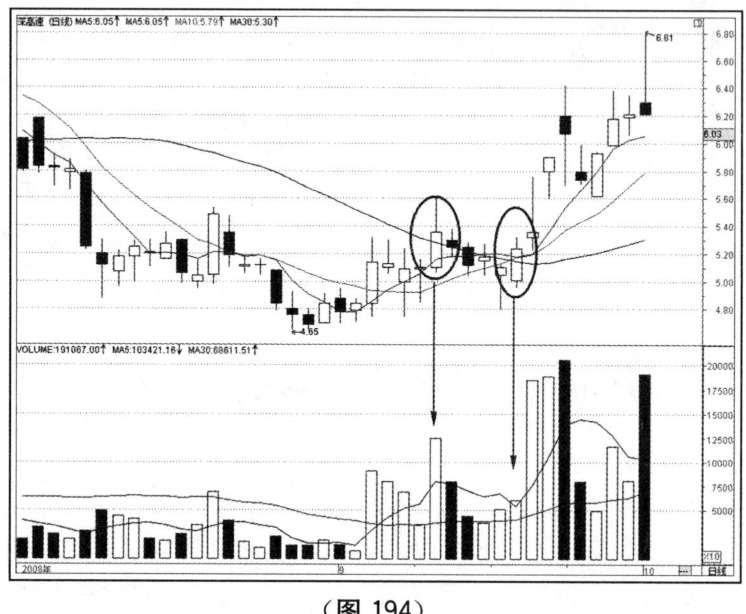

（图 194）

在重要的技术性支撑区域，如股价向下击穿 30 日均线，当日如出现大量技术特征，并以大阴 K 线报收，则随后一段时间的股价趋势将以波段性下跌行情为主。如图 195 所示。

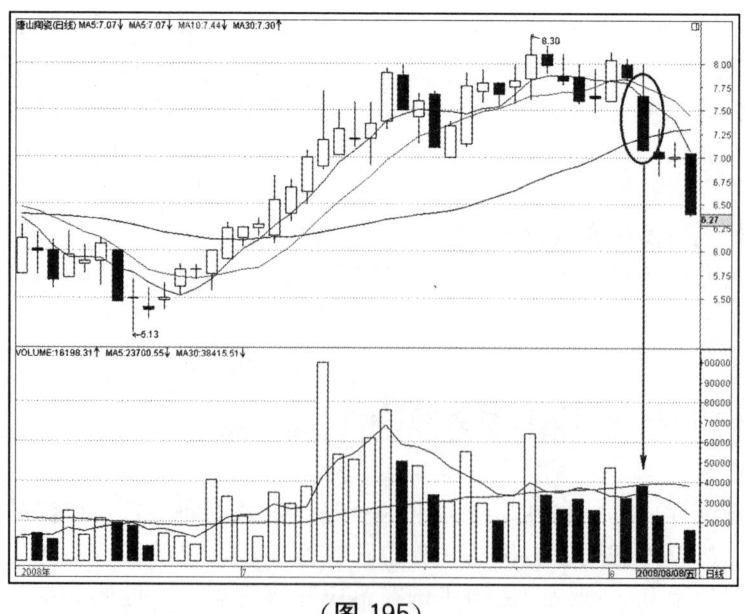

（图 195）

在临盘实战过程中，对大量出现的重要技术位置必须要有清醒而明确的认识。似是而非的技术特征，是职业操盘手或职业投资者操盘的大忌。对大量交易系统而言，则要求技术信号必须更加精确。

第二节 大量的力度

一、大量的力度构成特点

大量是主力集中资金强势操盘的结果，也是股价由弱转强的重要标志。在临盘实战过程中，我们可以通过一些力度的参照系数来判断大量出现时的攻击力度，并通过这些力度参照系数可以构成对后市股价趋势强弱的判断依据。

根据多年的股市实战统计分析，大量的力度结构由以下几个重要的参照系数组成：

1. 攻击型量峰。

攻击型量峰是股价在盘中交易过程中持续性密集型大单或特大单成交的量能结构，在《操盘学》的上册中已经有过非常详尽的介绍。

2. 当天换手率。

换手率是指股价当天交易过程中的全天成交现量与总股本之间的交易比率。换手率越大，表示成交越活跃。

3. 巨型量柱。

量柱是指股价日 K 线图表中的成交量指标图。当天的成交量柱越大，表示当天交易量越巨大。

4. 多笔大单成交。

多笔大单成交是指股价当天交易过程中出现密集型持续性大单和特大单成交。大单和特大单成交越活跃，则说明当天盘中投入资金量越大。

5. 攻击波。

攻击波是指股价在当天盘中即时交易过程中的股价走势波形特征。当天攻击波流畅明显，则说明当天属于积极的主动性放量攻击。

6. 大量比。

大量比是指股价当天收盘时的最终量比。量比越大，表示当天实际产生的量能就越强，也同时证明了当天的攻击力度较强。

二、大量与换手率

换手率是指股价当天交易过程中的全天成交现量与总股本之间的交易比率。换手率越大，表示成交越活跃。换手率反映的是股价交易双方更新的系数。换手率大，说明了同时有大量的投资者在盘中进行买卖交易。而当天大量产生时伴随股价上涨所形成的大换手率，则是买进一方的投资者占据上方，因而趋势发展对多方有利。所以，大量的形成往往伴随较大的换手率。而换手率达到 5%以上，则是一个较直接的表现方式。如图 196 所示。

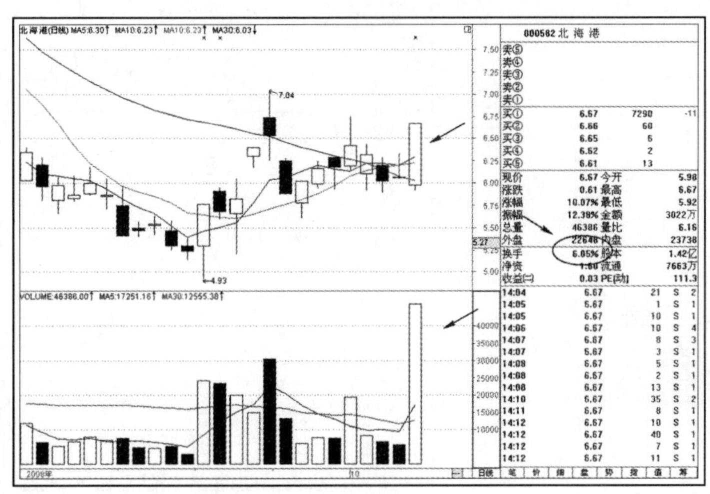

（图 196）

三、大量与攻击型量峰

大量的内部构成在即时交易中必须要形成标准的攻击型量峰。在《操盘学》第四章第三节中，我们已经详细学习了“攻击型量峰”。大量出现当日的量峰结构由攻击型量峰构成，则力度强大。如图 197 所示。

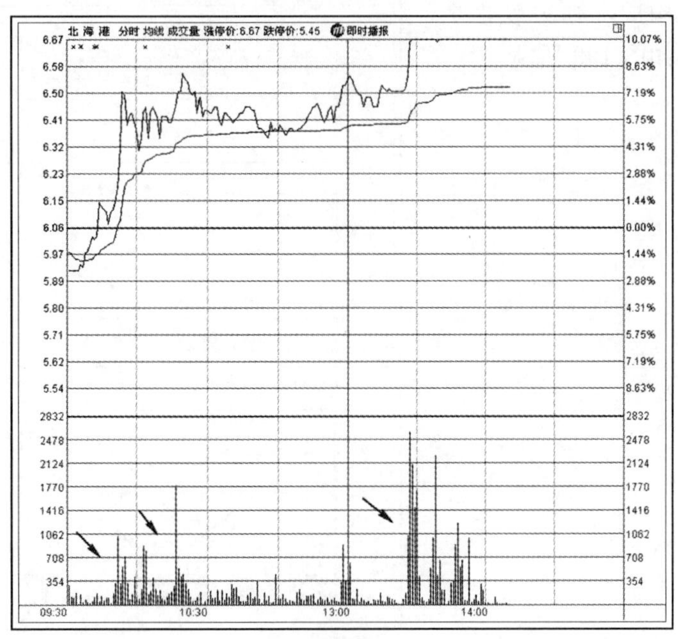

（图 197）

大量当日内部的量峰结构如果是由冲击型量峰构成，则相对力度较小。如图198所示。

（图 198）

当日的量峰结构如果是由萎缩型量峰构成，则力度虚弱。如图199所示。

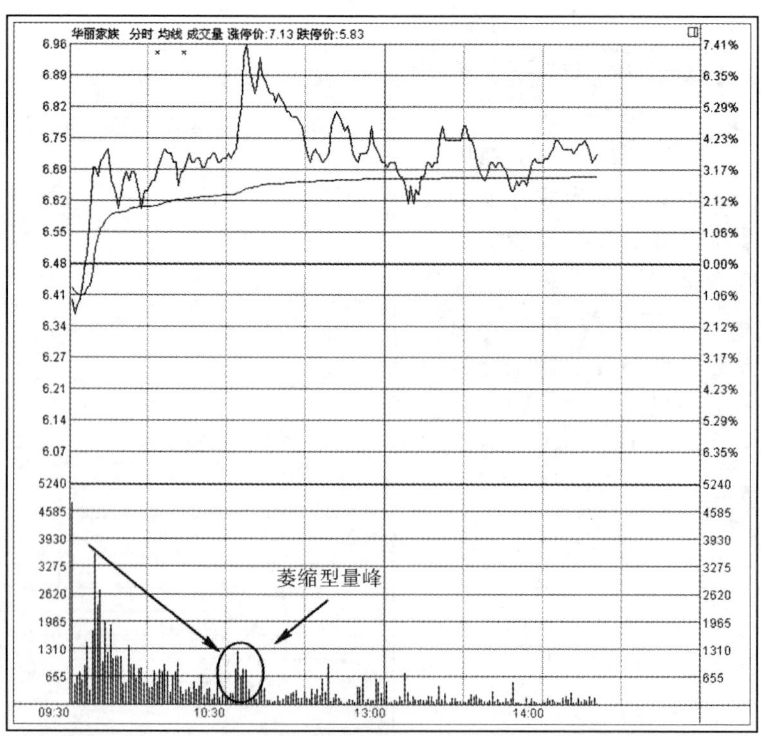

（图 199）

四、大量与攻击波

大量当天交易过程中的内部即时股价走势必须要形成标准的攻击波形。在《操盘学》第五章第三节中，我们已经详细学习了“攻击波”。大量出现当日的即时波形结构由攻击波构成，则力度强大。如图200所示。

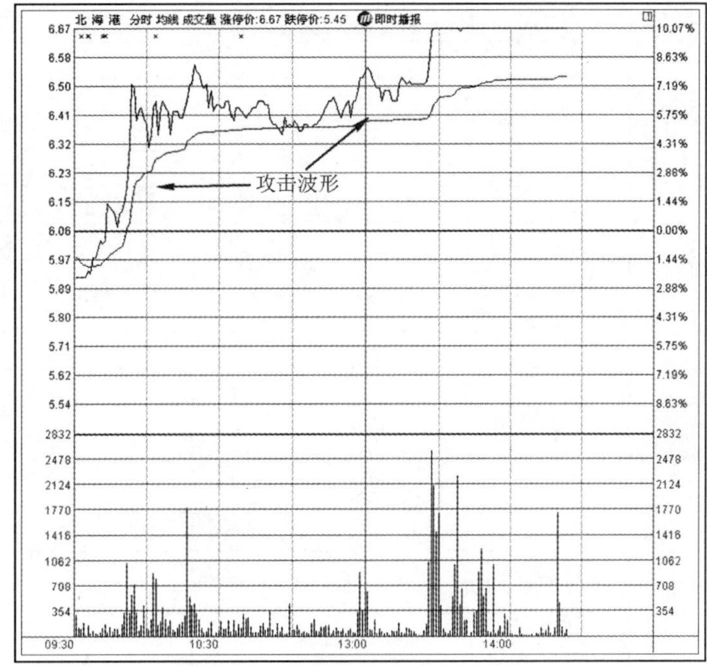

（图200）

大量当日的攻击波形结构如果是由冲击波构成，则力度一般。如图201所示。

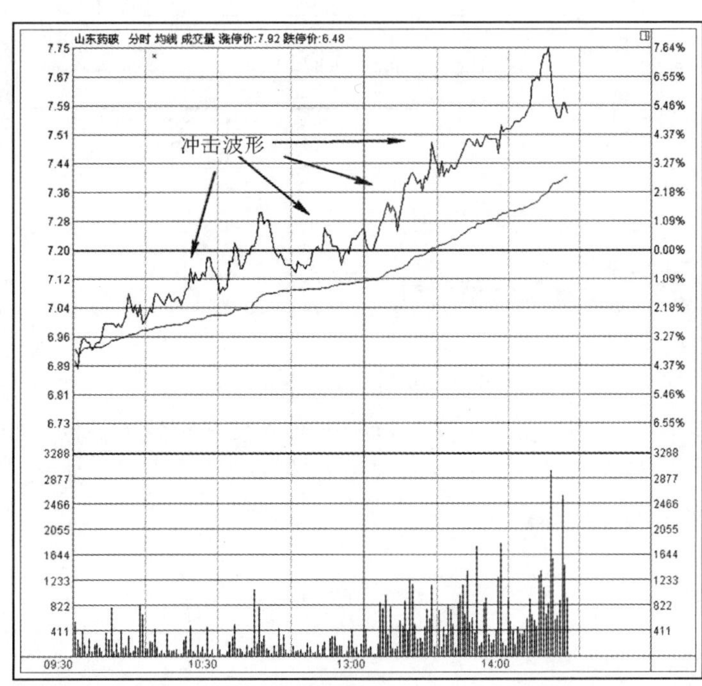

（图201）

大量当日的攻击波形结构如果是由脉冲波构成，则力度也较一般，甚至虚弱。如图 202 所示。

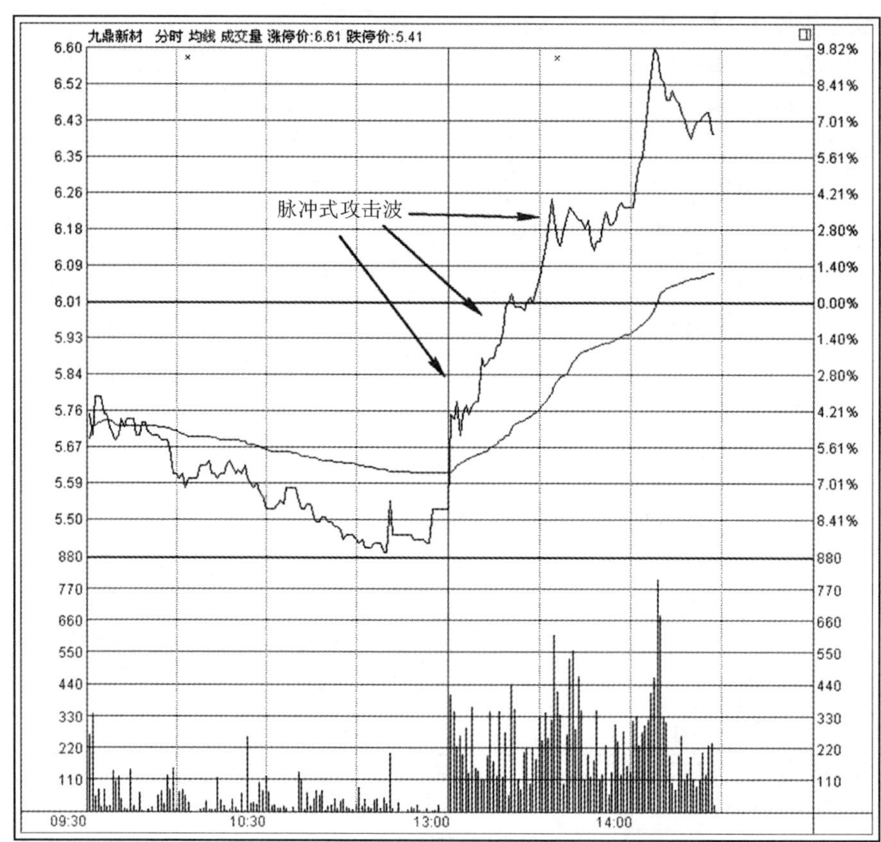

（图 202）

五、大量与巨型量柱

当天日 K 线图表中的成交量指标是比较直观的力度指标。因为，当天的成交量柱越大，则说明当天交易过程中的成交现量较大，同时也表明了成交十分活跃。尤其是当天的成交量柱是最近几个月以来的最大量，则表明当天大量所体现的力度十分强劲。如图 203 所示。

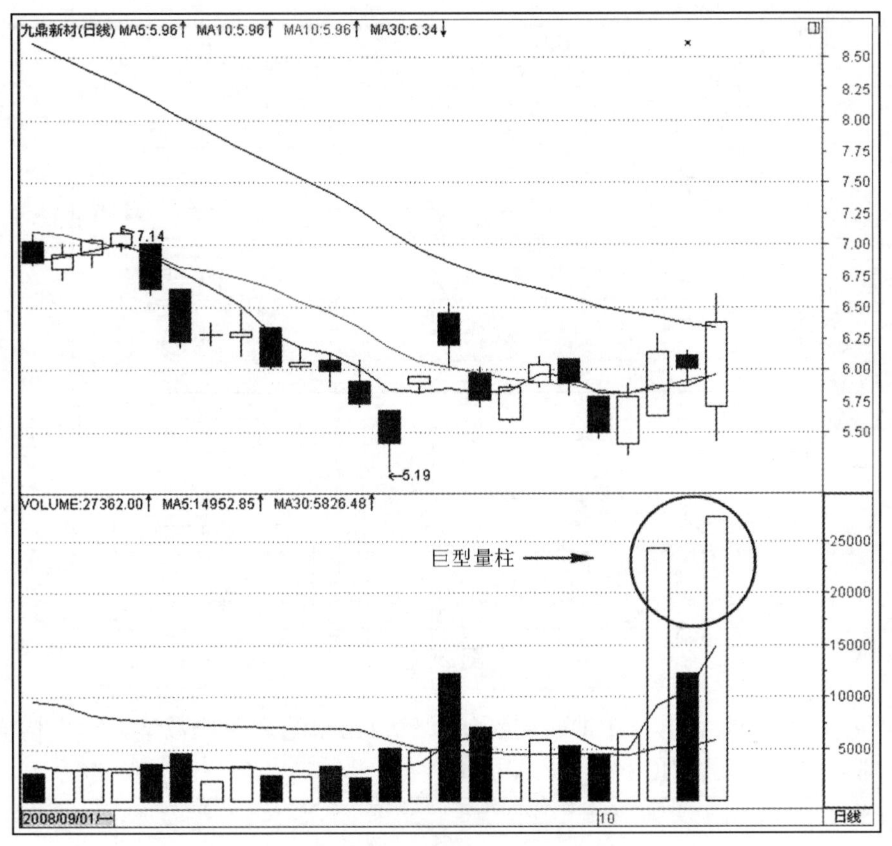

（图 203）

六、大量与多笔大单成交

大量内部即时交易过程中必须要由密集型持续性大单和特大单成交现量构成。在《操盘学》第二章第三节中，我们已经详细学习了“多笔大单成交”。大量形成的当日，其即时交易过程中如果由持续密集型多笔大单所构成，则力度强大。如图 204 所示。

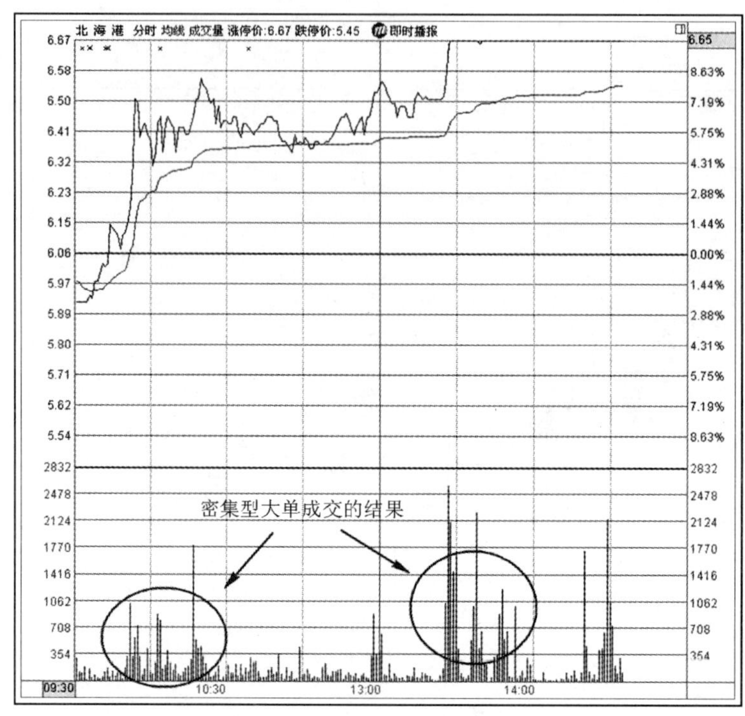

（图 204）

大量形成的当日，其盘中即时交易如果仅仅由单笔大单或数笔大单所构成，则力度一般，甚至虚弱。如图 205 所示。

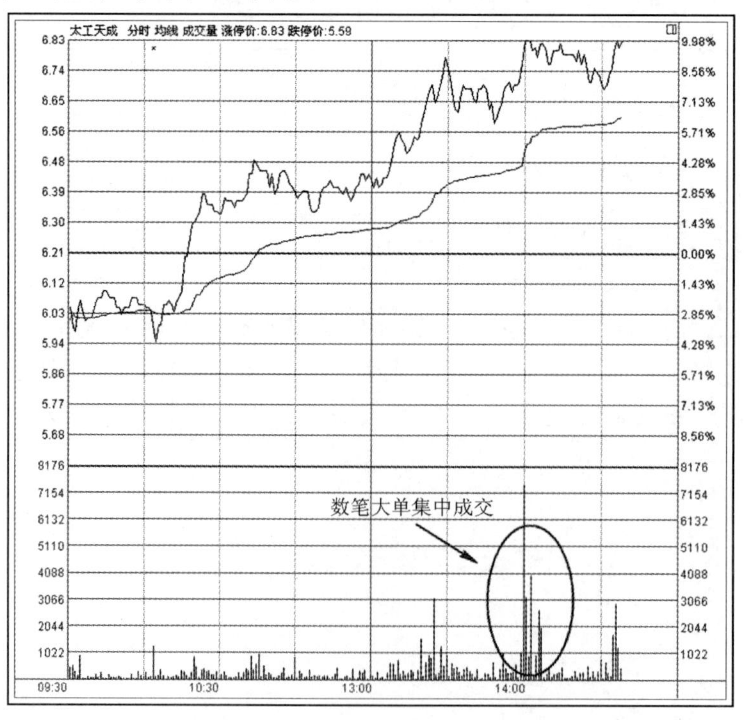

（图 205）

七、大量与大量比

大量比是指股价当天收盘时的最终量比。量比越大，表示当天实际产生的量能就越强，也同时证明了当天的攻击力度较强。很多时候，股价早盘开盘时的量比较大，但至收盘时，全天量比已经大大减少，这说明早盘股价是由主力巨量对敲所致，而全天并未真正投入实力操盘。如果收盘时量比仍然较大，甚至超过3倍以上，则说明主力当天投入巨资操盘，而当天大量所体现的攻击力度则极强。如图206所示。

600529 山东药玻			
卖⑤	7.55	69	
卖④	7.54	203	
卖③	7.53	164	+30
卖②	7.52	482	+62
卖①	7.50	37	+26
买①	7.49	4	-9
买②	7.48	72	+15
买③	7.47	272	+24
买④	7.46	84	+2
买⑤	7.45	61	+19
现价	7.52	今开	6.96
涨跌	0.32	最高	7.75
涨幅	4.44%	最低	6.87
振幅	12.22%	金额	7013万
总量	94484	量比	3.59
外盘	47149	内盘	47335

（图206）

至此，本节所介绍的上述七个大量力度标准的参照系数，在临盘实战过程中，应该综合性多方位多角度地灵活运用。如上述参照系数所述，当天大量出现时能够满足参照系数的所有技术特征，则股价当天上涨的力度十分强大，将对短线或中线趋势形成极大的牵引力和促动力，从而能够真正彻底改变股价趋势的运行方向。

第三节 大量买进技术法则

一、激进型买进法则

1. 第二时间段买进。

符合买进的技术特征：

A. 当日股价在早盘第二时间段涨幅达到5%以上。

B. 上涨过程中出现标准的攻击波形。

C. 即时交易出现标准的攻击型量峰。

D. 盘中大单和特大单持续密集性成交。

E. 股价在回调时，没有击穿均价线。

F. 出现同行业或同类题材的热点板块，本身属于热点领涨品种。

买进技巧：

A. 当攻击波出现第二波回调时，可在均价线附近买进。

B. 当攻击波出现第三波回调时，可在均价线附近买进。

如图207所示。

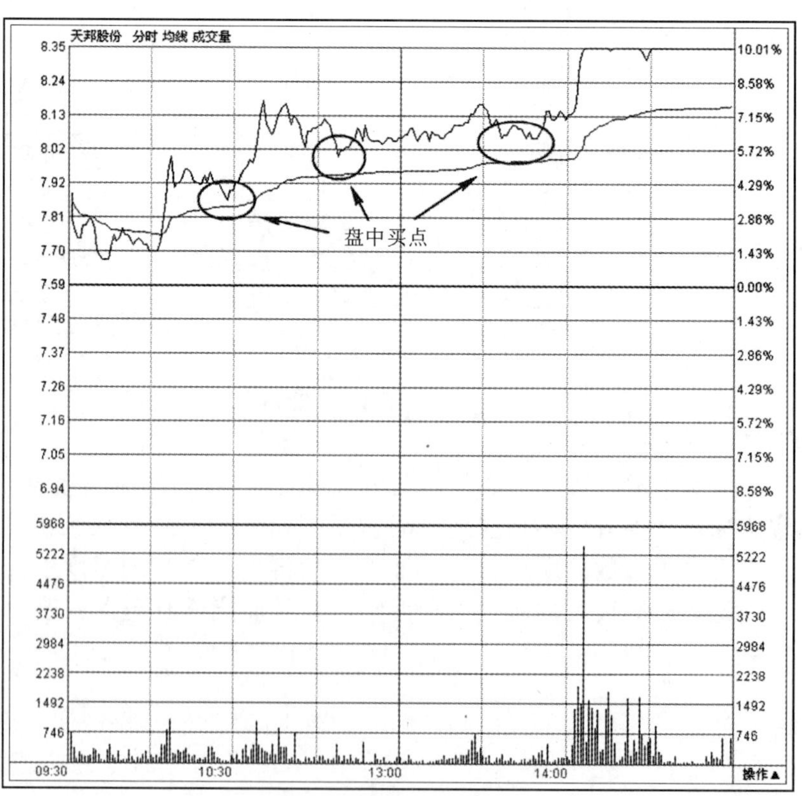

（图207）

买进技术限制：

A. 日 K 线处在股价下降通道中，必须停止买进。

B. 日 K 线处在初次超跌反弹中，必须停止买进。

如图 208 所示。

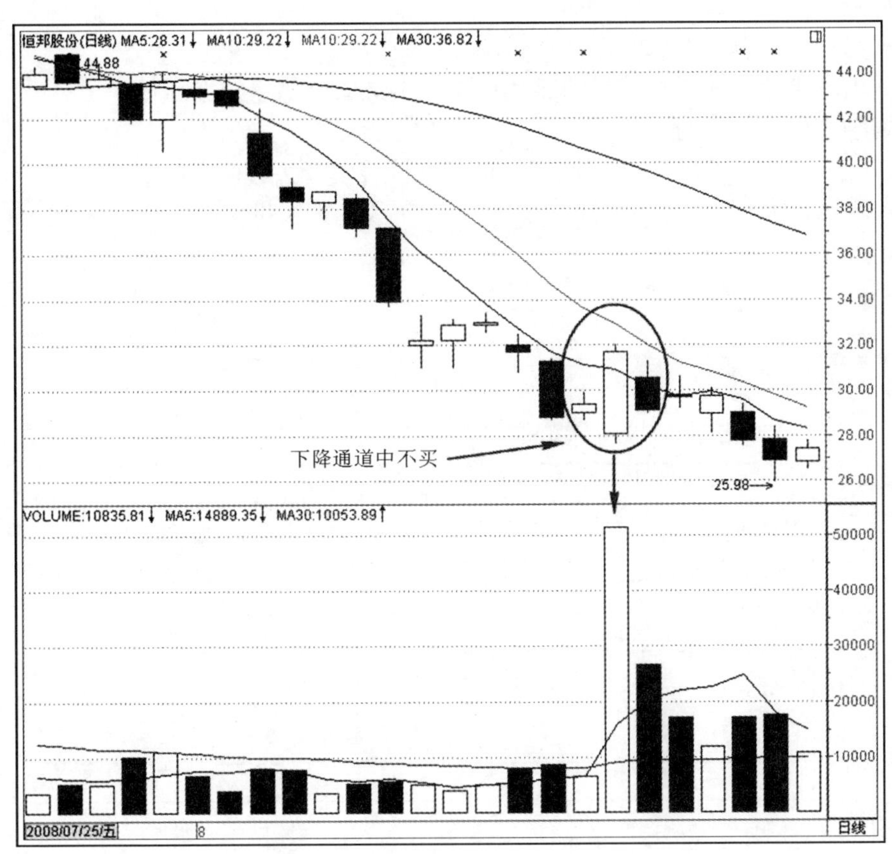

（图 208）

技术注释：

A. 当日盘中第二时间段股价涨幅达到 5％以上，估计当天收盘时的涨幅有可能超过 5％，因而可以买进。当日买进风险不大。

B. 当日盘中股价符合买进的技术特征，说明股价上涨力度较大，结构健康，因而可以买进。当日买进风险相对较小。

C. 盘中在股价回调至均价线区域买进，买进的价位相对较低，当日买进后持仓风险较小。

D. 关于第二时间段的划分标准，请读者参考《道破涨停天机》一书中的标准设置。

2. 第四时间段买进。

符合第四时间段买进的技术特征：

A. 当日股价在盘中第四时间段之后涨幅达到5%以上。

B. 上涨过程中出现标准的攻击波形。

C. 即时交易出现标准的攻击型量峰。

D. 盘中大单和特大单持续密集性成交。

E. 股价在回调时，没有击穿均价线。

F. 出现同行业或同类题材的热点板块，本身属于热点领涨品种。

买进技巧：

A. 当攻击波出现第二波回调时，可在均价线附近买进。

B. 当攻击波出现第三波回调时，可在均价线附近买进。

如图209所示。

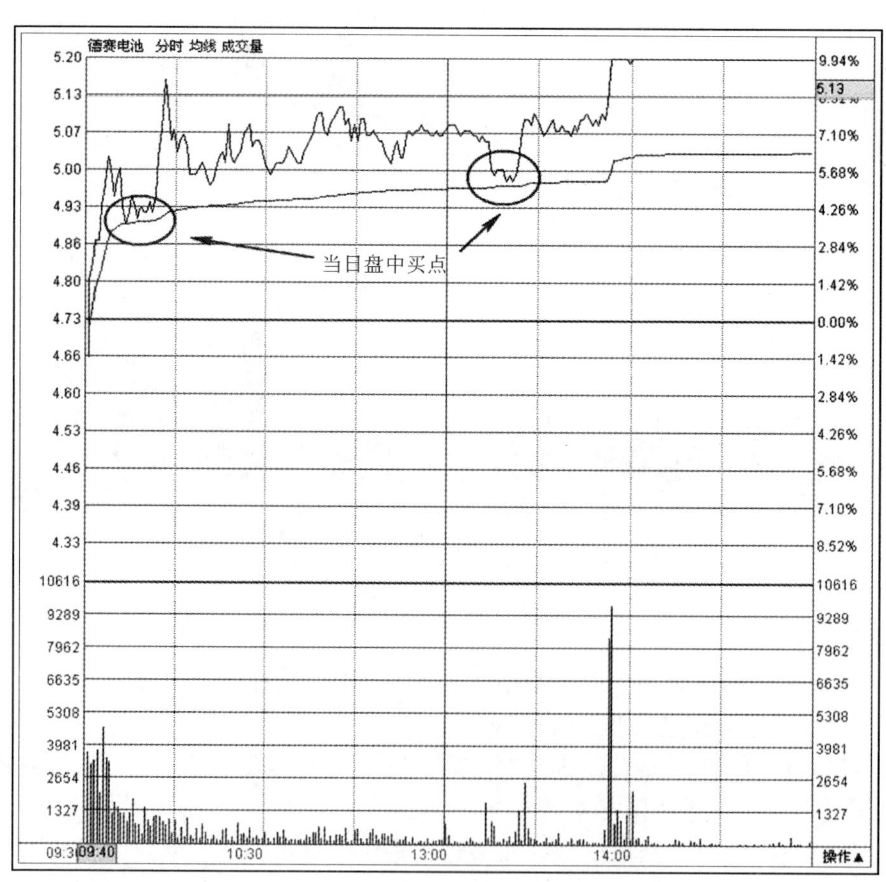

（图209）

买进技术限制：

A. 日K线处在股价下降通道中，必须停止买进。

B. 日K线处在初次超跌反弹中，必须停止买进。

如图210所示。

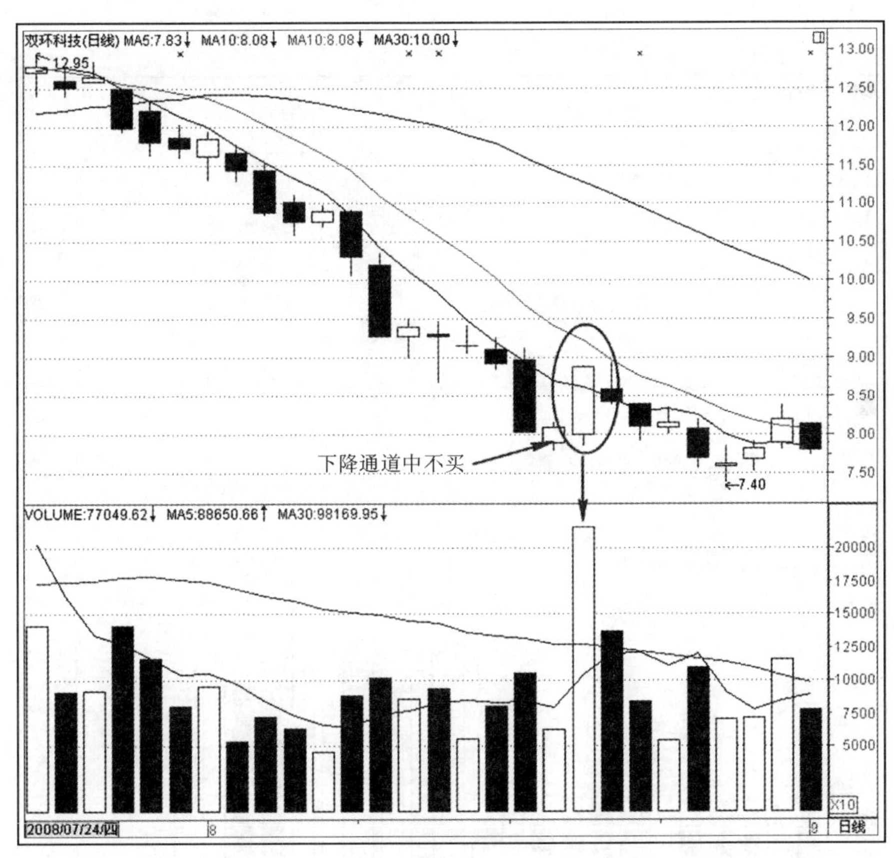

（图210）

买进技术注释：

A. 当日股价第四时间段之后涨幅达到5%以上，估计当天收盘时会大于或等于5%涨幅报收，因而可以买进。当日买进风险不大。

B. 当日股价符合买进的技术特征，说明股价上涨力度较大，结构健康，因而可以买进。当日买进持仓风险相对较小。

C. 在股价回调至均价线区域买进，买进的价位相对较低，当日买进后持仓风险较小。

D. 关于第四时间段的划分标准，请读者参考《道破涨停天机》一书中的标准设置。

二、激进法则的加码补仓与止损策略

1. 两天加码法则。

单日大量出现之后，股价连续两天收盘于大量当天的收盘价之上，则说明主力操盘力度加大，可于第三天开盘时以集合竞价加码。如图 211 所示。

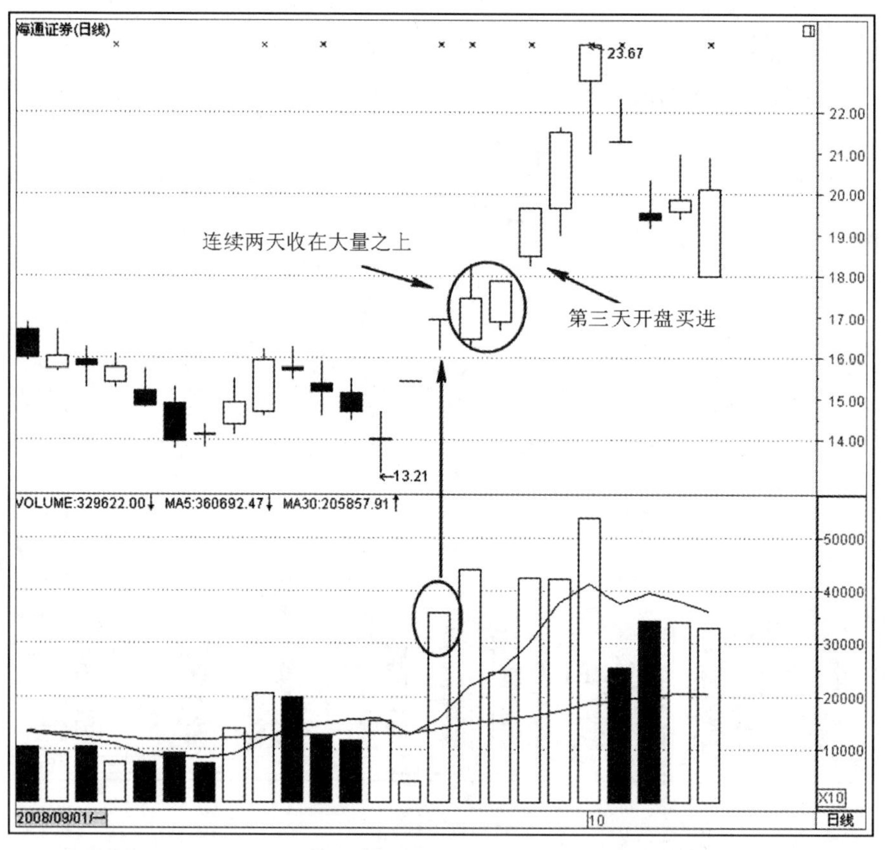

（图 211）

2. 持续大量加码法则。

单日大量出现之后，股价震荡盘升，其后连续两天均持续放量，成交量大于或等于首日大量，则说明股性已经被充分激活，主力持续投入资金操盘。因此，可于第三天盘中任何低点实施加码。如图 212 所示。

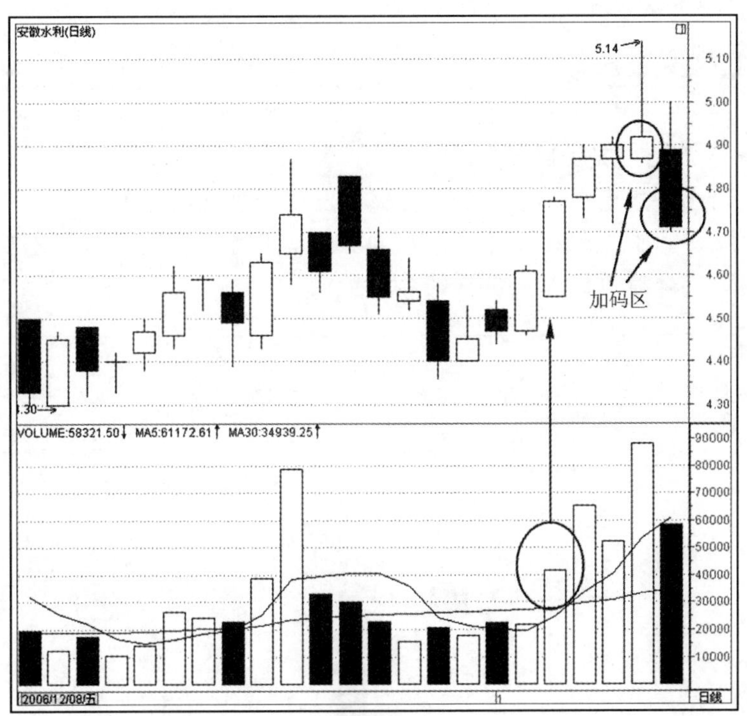

（图 212）

3. 两天止损法则。

单日大量出现之后，股价次日下跌，并连续两天收盘于大量当天的开盘价之下，致使大量当日买进持仓套牢，则说明主力已经放弃操盘，股价后续下跌风险较大。因此，可于第三天开盘时以集合竞价止损卖出。如图 213 所示。

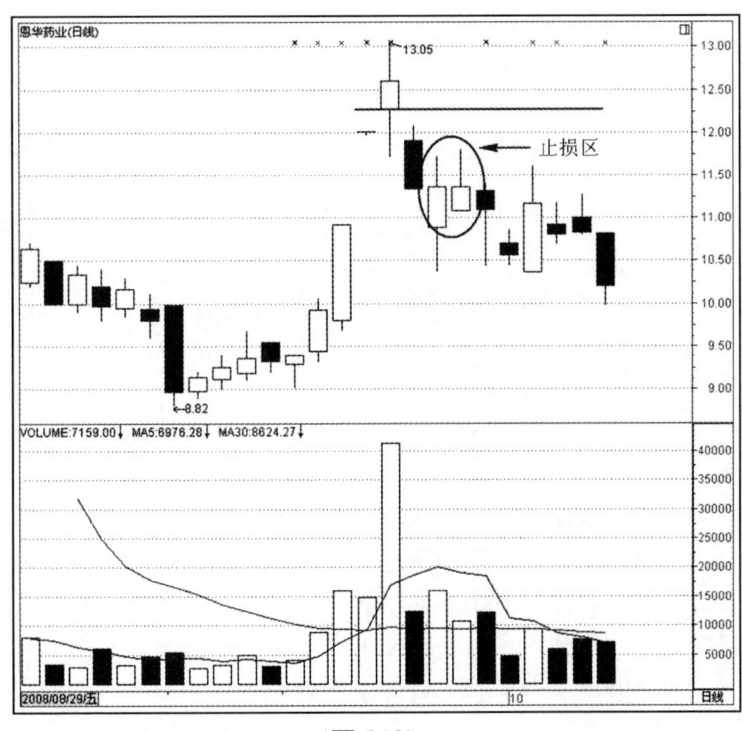

（图 213）

三、稳健型买进法则

1. 大量上方第三天买进。

单日大量出现之后，为防止股价在次日出现变盘现象，因此，可以等待股价走稳时再考虑买进。临盘观察股价如连续两天收盘于首日大量收盘价之上，则应在第三天开盘时以集合竞价买入。如图 214 所示。

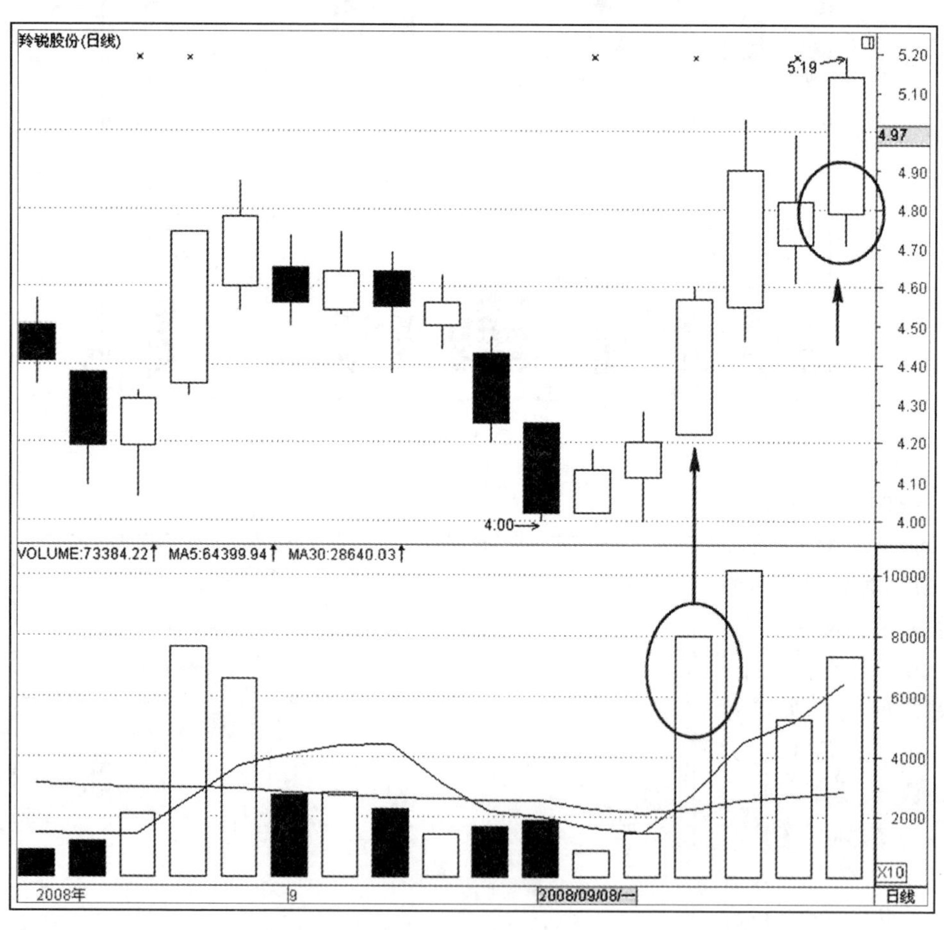

（图 214）

2. 大量上方回调第三天买进。

单日大量出现之后，往往会持续放量并产生一轮小波段的上涨行情。但这轮上涨行情大多数情况下属于主力发动行情的初级阶段，必然会在小幅上涨三天或五天之后展开回调洗盘。因此，可在观察股价已经形成明确上升通道的情况下，临盘于股价回调的第三天在盘中遇低点买进，则容易把握住股价的主升段行情。如图 215 所示。

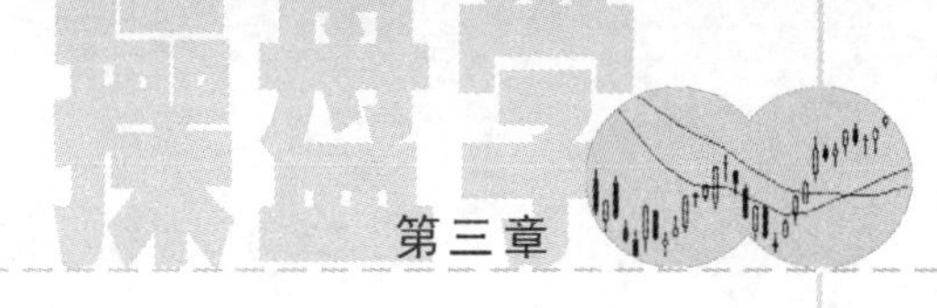

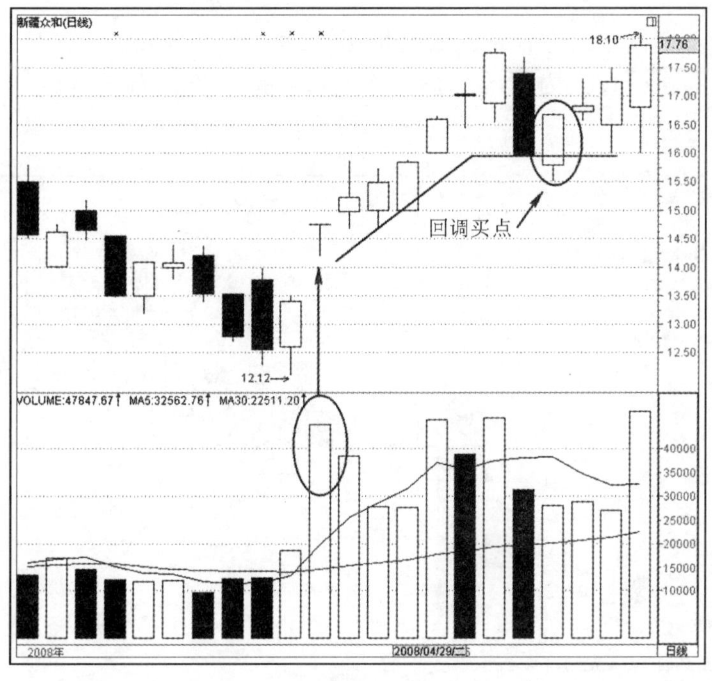

（图 215）

四、稳健法则的加码补仓与止损策略

1. 阴线加码。

股价在向上继续攻击过程中，通常会于上涨的第四天或第五天出现回调收阴特征。如当天成交量大幅萎缩，则说明仅仅是回调洗盘，临盘可在收盘时实施加码。如图 216 所示。

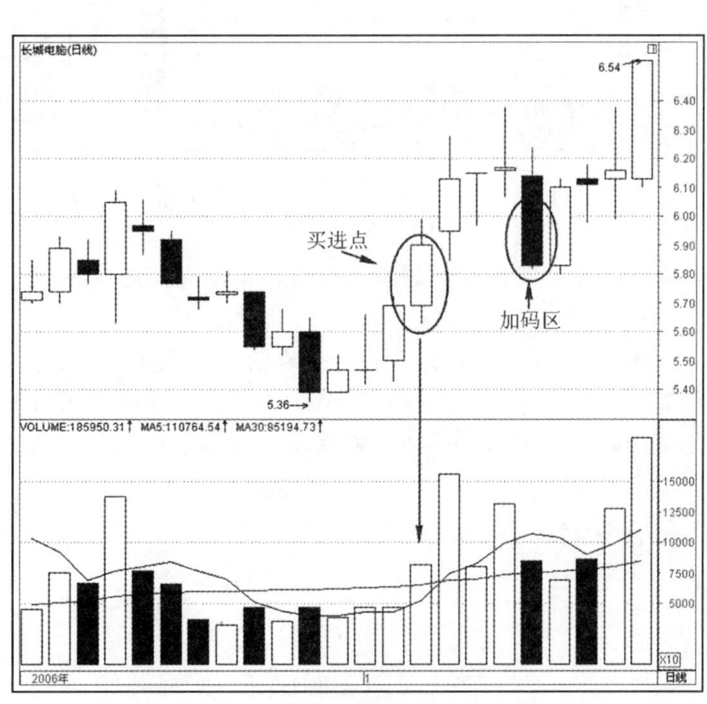

（图 216）

全国证券职业操盘手实战训练通用教材

2. 操盘线加码。

股价在向上继续攻击过程中，成交量会持续放大。当成交量放出上涨以来的最大量时，主力会实施较大力度的洗盘动作。可等待股价回调至操盘线时实施加码。如图 217 所示。

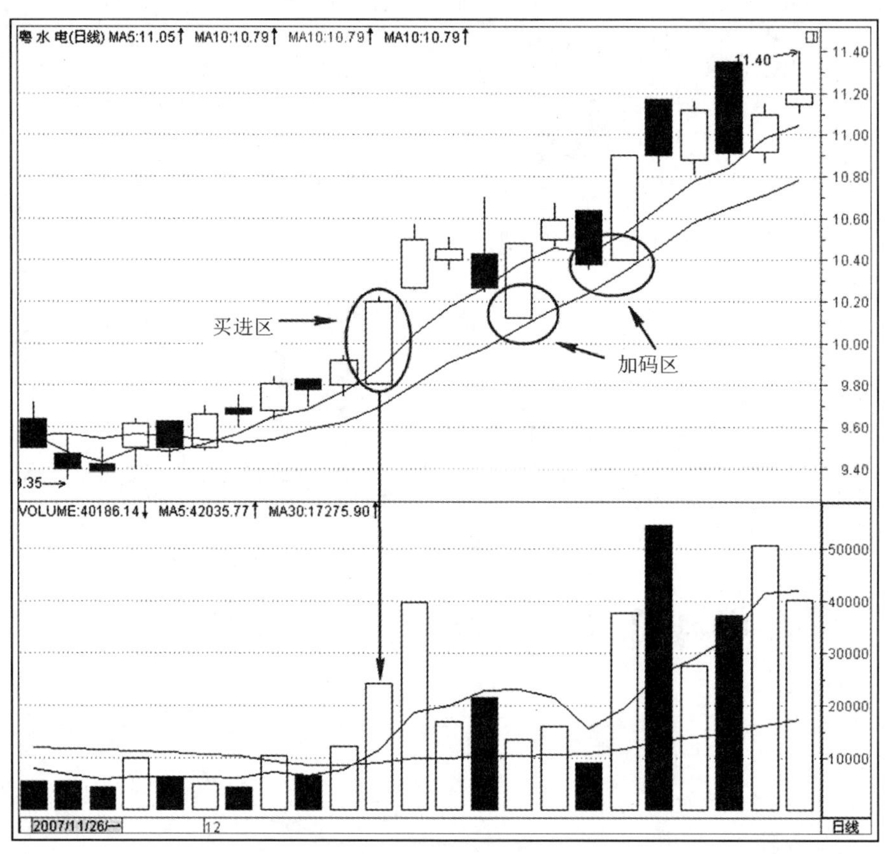

（图 217）

备注：关于操盘线的技术特征，请参考《道破短线天机》，其中有详细介绍。

3. 补仓与止损策略。

A. 头部大量止损。大量出现在阶段性涨幅之后的头部，如买进之后，遇次日股价展开下跌，导致昨日持仓套牢。如果股价连续两天收盘于头部大量当天的开盘价之下，则说明主力已经在出货杀跌，后续下跌风险较大。因此，可于第三天开盘时以集合竞价止损卖出。如图 218 所示。

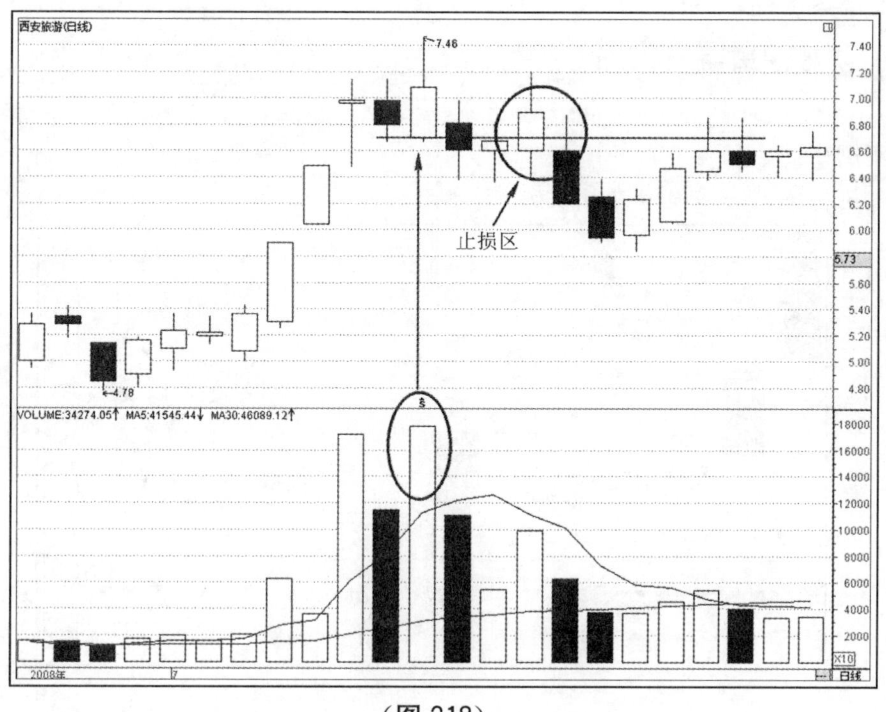

（图 218）

B. 操盘线止损。股价涨幅较小的情况下，如买进之后，遇次日股价展开下跌，导致昨日持仓套牢。如果股价放量击穿操盘线并连续两天收盘在此支撑之下，说明股价还将下跌。临盘应实施止损。如图 219 所示。

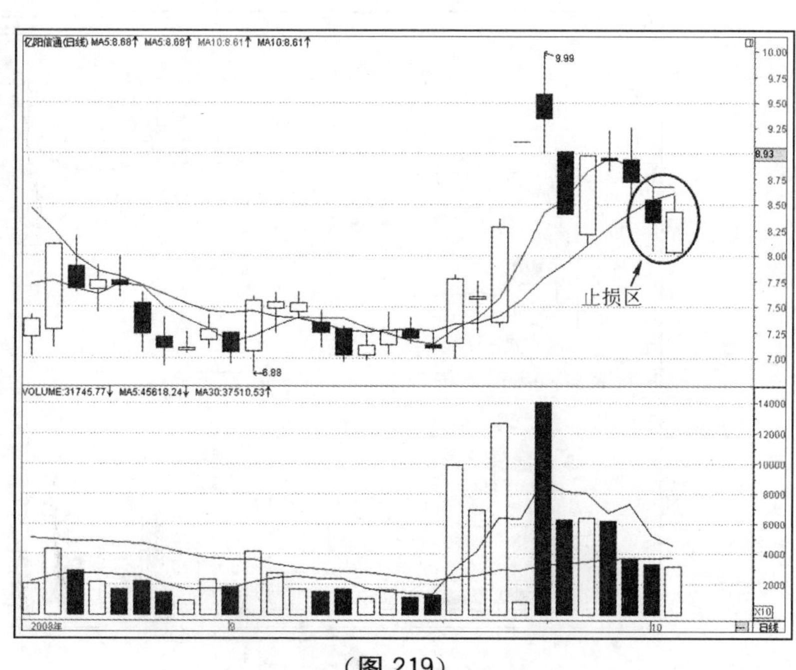

（图 219）

五、实战图谱演示

案例一：

激进型买进：002070 众和股份

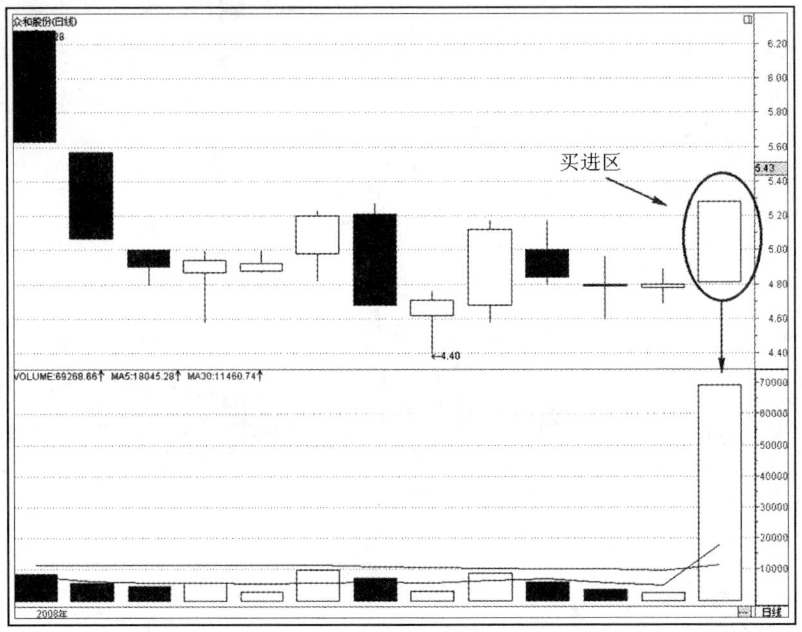

（图 220）

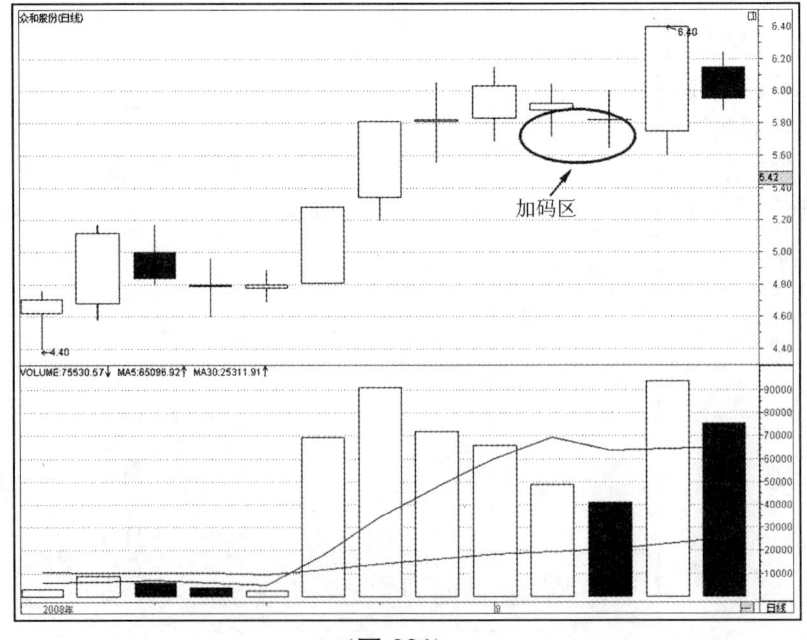

（图 221）

案例二：

激进型买进：600159 大龙地产

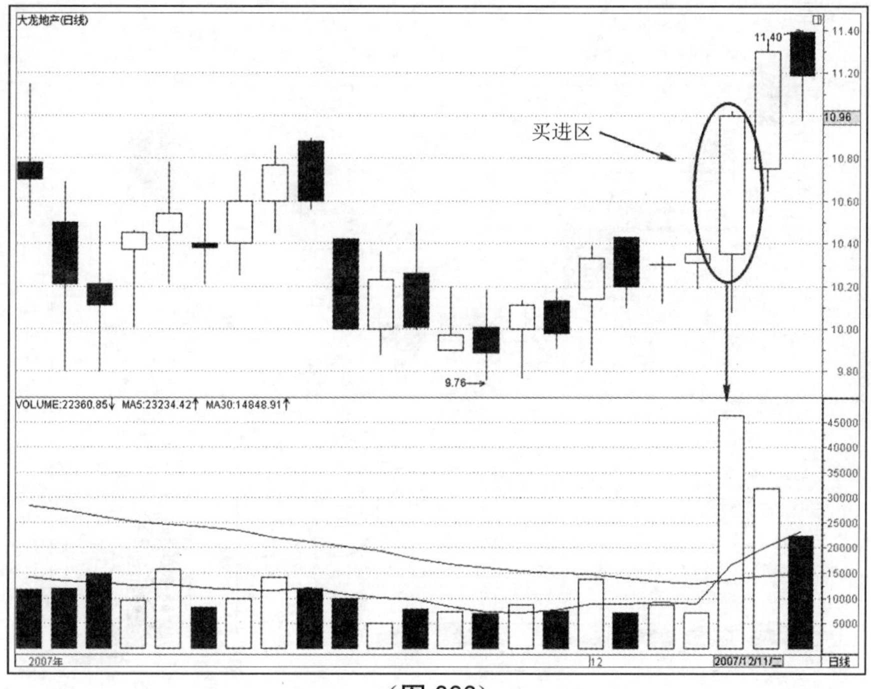

（图 222）

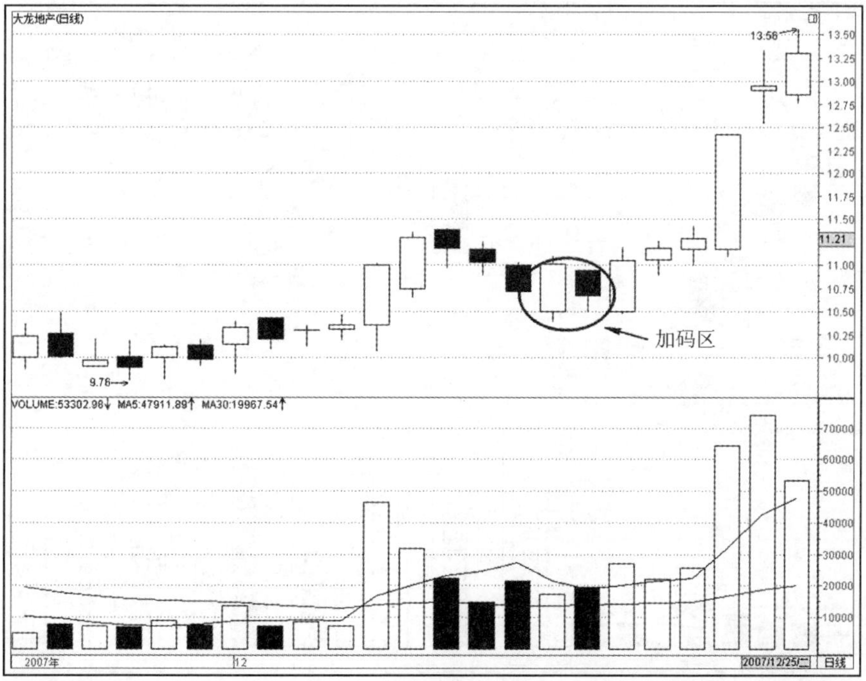

（图 223）

案例三：

稳健型买进：600599 熊猫烟花

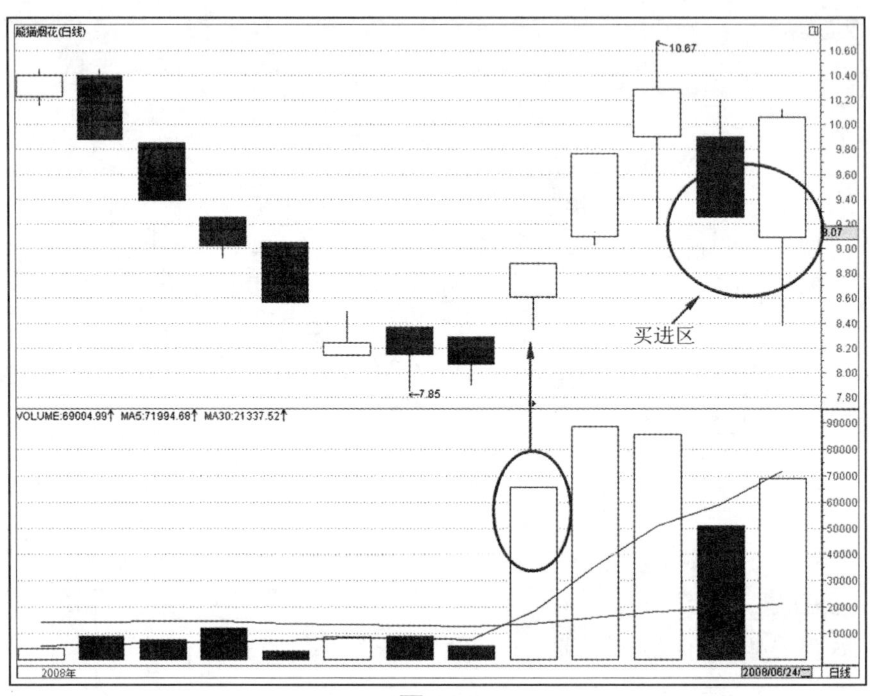

（图 224）

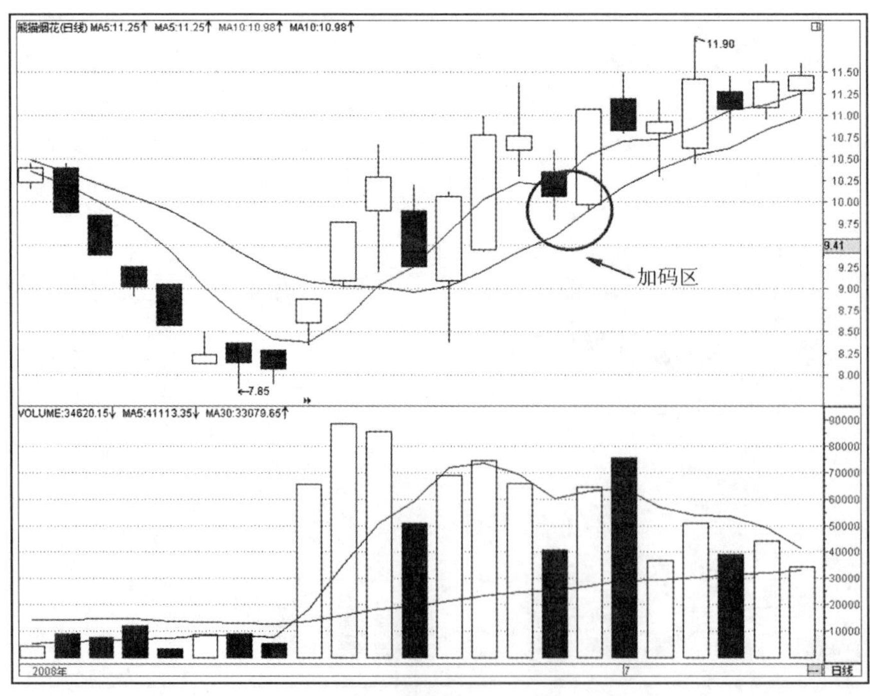

（图 225）

案例四：

稳健型买进：600396 金山股份

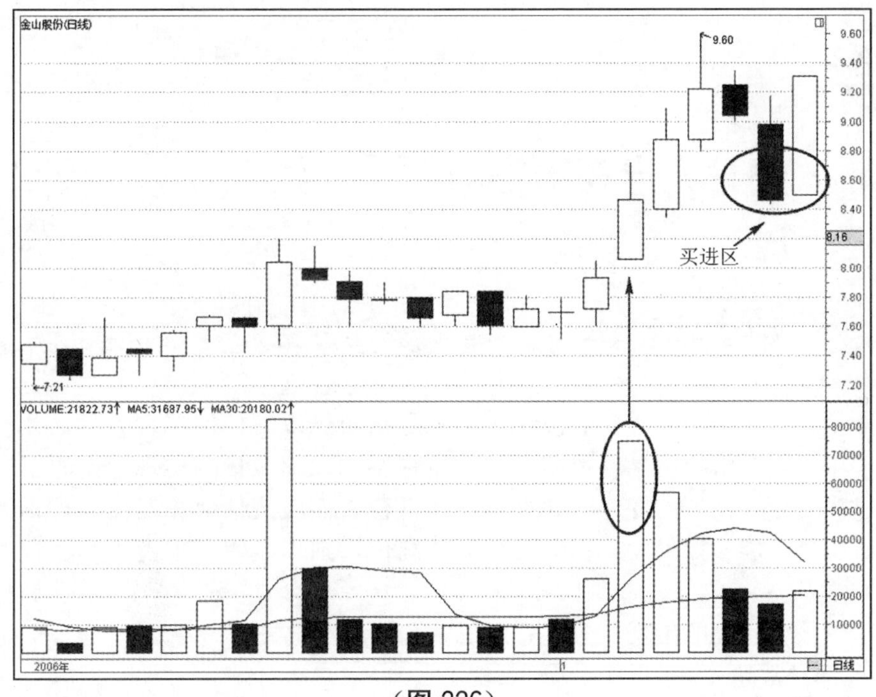

（图 226）

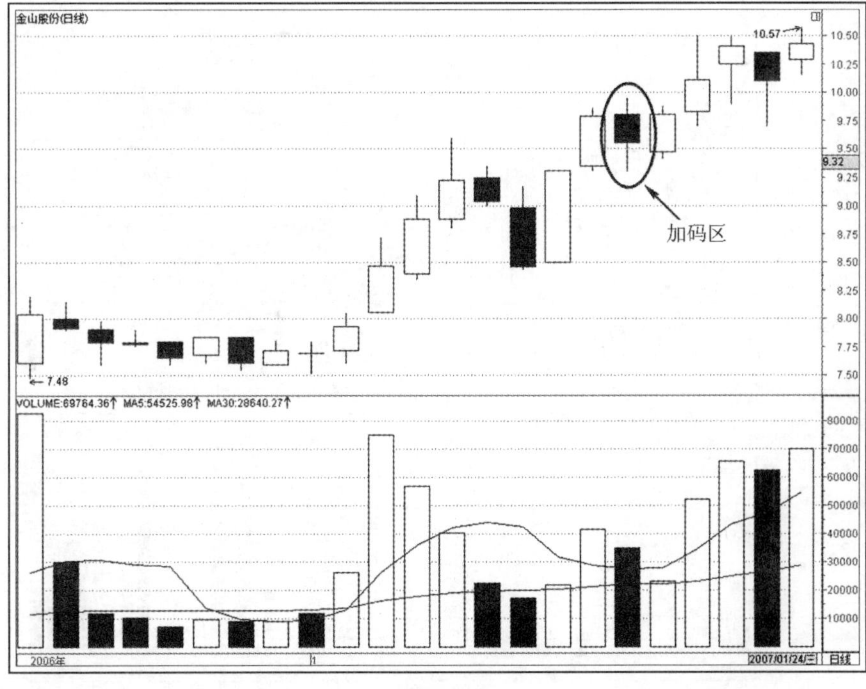

（图 227）

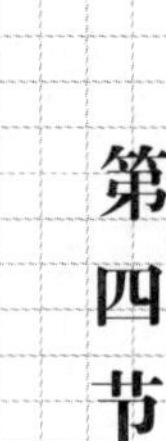

第四节 大量卖出技术法则

一、日K线超大量卖出技巧

超大量一词源于“巨量”的说法，意思是指超过以往任何单日大量。体现在日K线图表中，则是清晰可见一根超大型的量柱结构。超大量的出现，说明了资金量在盘中进出发生了剧烈的变化，如果出现在低位，而股价估值相对偏高，则说明主力资金有出逃可能。如果发生在涨幅较大的高位，则更表明了主力机构在盘中疯狂出货。

超大量技术特征的出现，分别有以下两个典型卖出技巧：

1. 底部异常超大量卖出。

股价经过一轮下跌之后，进入阶段性低位并横盘整理，此时股价虽然在低位，但股价仍然与上市公司价值不符。如当日突然出现单日大量，尤其是换手率达到15%～20%以上，这是属于异常放大量现象，则说明主力资金有出逃的可能。临盘应利用股价剧烈震荡的高点及时卖出。如图228所示。

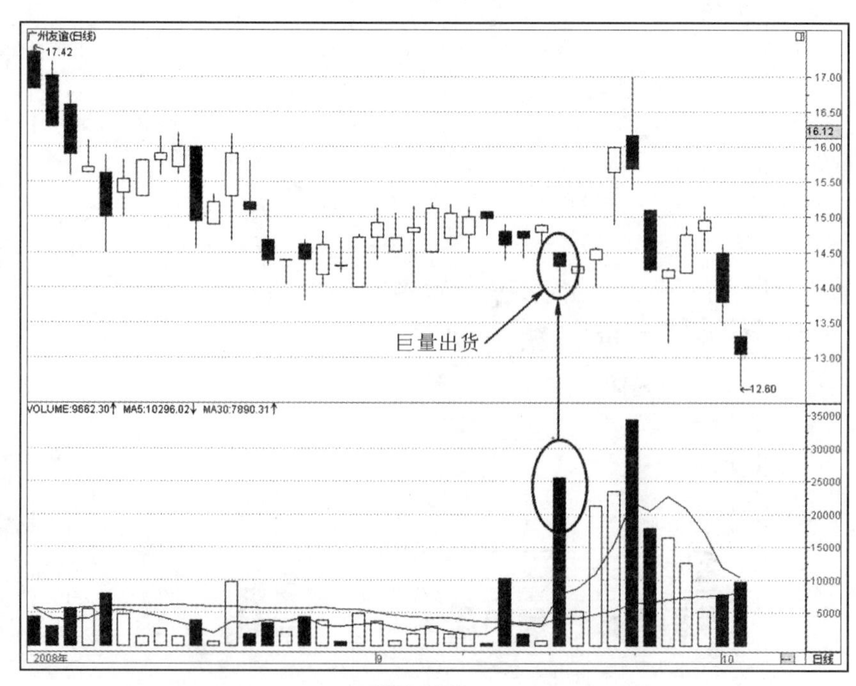

（图228）

2. 波段高点超大量卖出

股价经过一轮上涨之后，当涨幅超过20%以上时，进入小周期或大周期波段性高点。此时，股价在盘中攻击乏力，并在当日出现超大量，尤其是换手率达到15%~20%以上，这种情况说明放量滞涨，主力在盘中利用震荡冲高走势出货。临盘应在收盘前寻高点果断卖出。如图229所示。

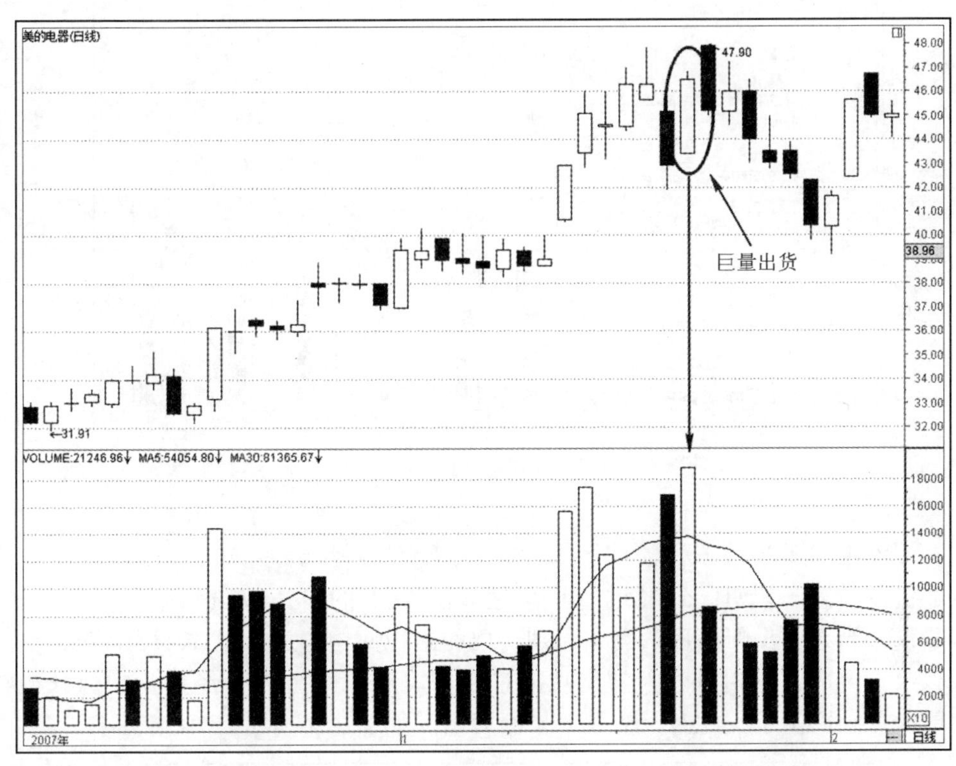

（图229）

二、日K线背离量卖出技巧

背离量是指量与价在交易时发生不对称关系，如价升量减、价减量增等，就是典型的背离量特征。在临盘实战中，背离量有多种表达方式，日K线的背离量卖出技巧如下：

1. 股价创新高收带长上影阳K线，但成交量锐减。

股价创新高，说明已经经过一轮波段涨幅，而这轮涨幅从突破操盘线时的起涨点算起至少也会达到20%以上，在这种情况下，股价于当天创出新高后，盘中受到卖压而出现回落。因此，当天的K线以带长上影线阳线报收。但成交量相对昨天已经出现明显减小萎缩，这说明主力已经在盘中抛货，股价即将见顶回落了。此时，应及时果断卖出。如图230所示。

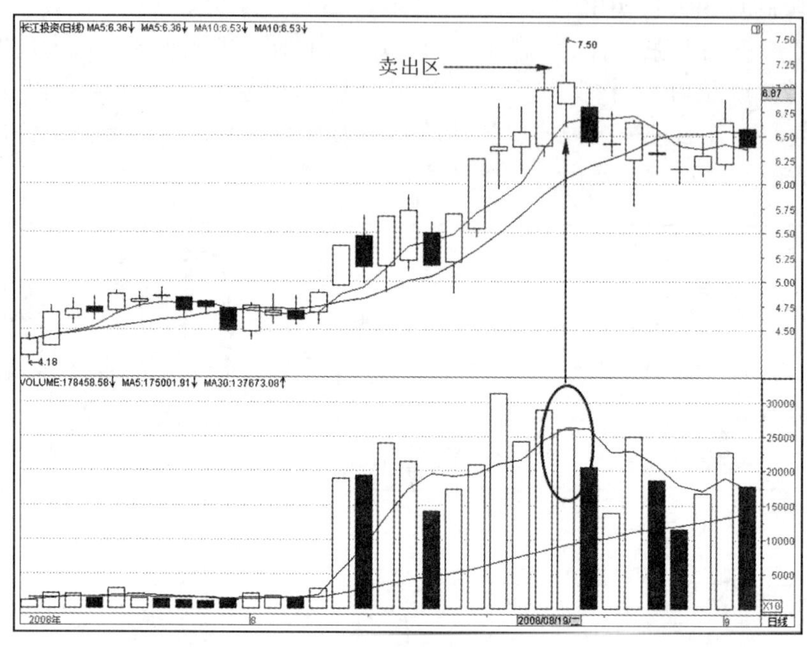

（图 230）

2. 股价创新高收带长上影线阴 K 线，但成交量暴增。

股价创新高，说明已经经过一轮高达 20%以上的单边波段涨幅，在这种情况下，股价于当天创出新高后，盘中受到卖压而出现回落，当天的 K 线以带长上影线阴线报收。但成交量相对昨天却出现大量剧增，这说明主力已经在盘中疯狂抛货，股价已经见顶回落了。此时，应及时果断卖出。如图 231 所示。

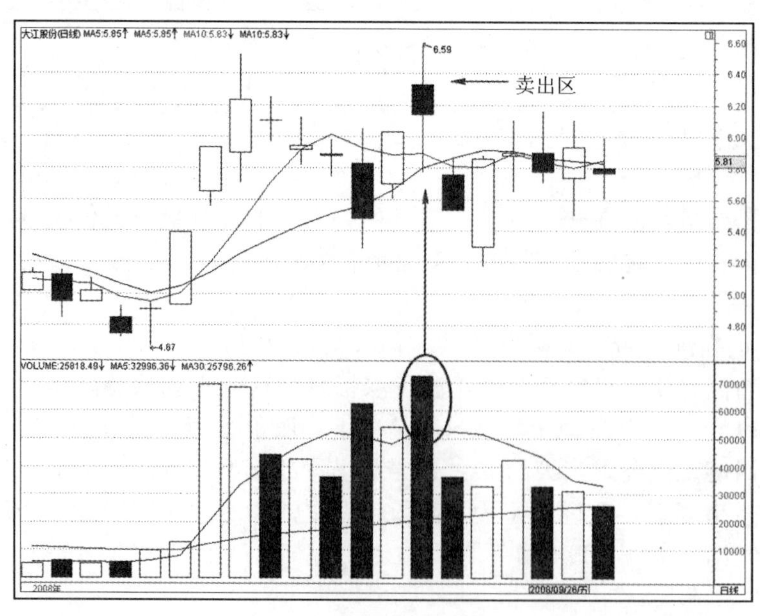

（图 231）

3. 股价创新高收小十字星K线，但成交量暴增。

股价于当天创出新高后，盘中受到卖压而出现回落。由于跟风买进的投资者相对积极，盘中产生窄幅震荡整理，因此，当天的K线以带长上下影线的十字星线报收。但成交量相对昨天却出现明显放大现象，这说明主力已经在盘中反复震荡出货，股价即将见顶回落了。此时，应及时果断卖出。如图232所示。

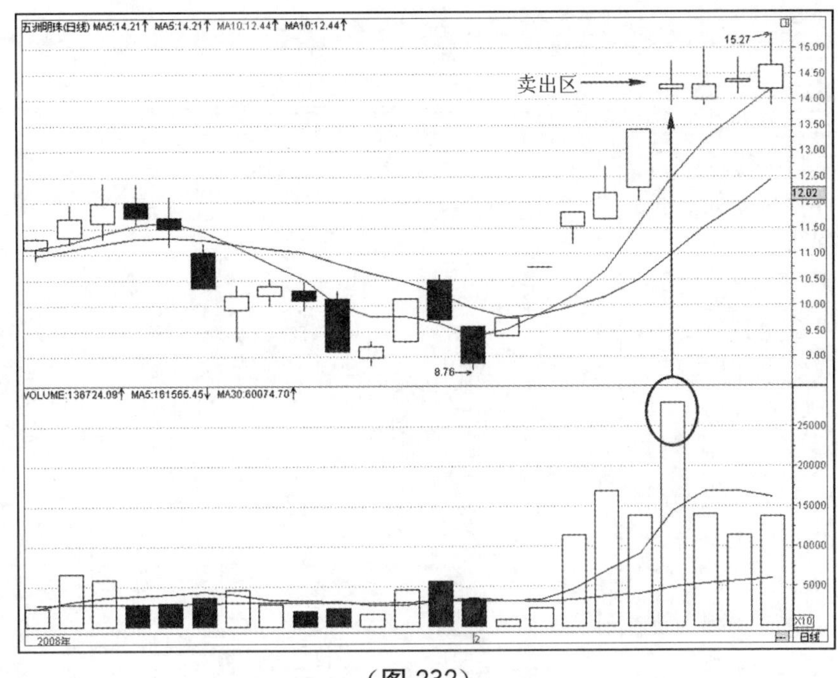

（图232）

4. 股价创新高收大阳K线，但成交量锐减。

股价于当天反复震荡盘升创出新高，并收盘于最高价附近，当天的K线以大阳线报收。但成交量相对昨天已经出现明显减小萎缩，这说明当天的上涨主要由主力在盘中对敲完成，而实际情况却是主力已经在盘中悄悄抛货，股价攻击乏力，即将见顶回落了。此时，应于次日及时果断卖出。如图233所示。

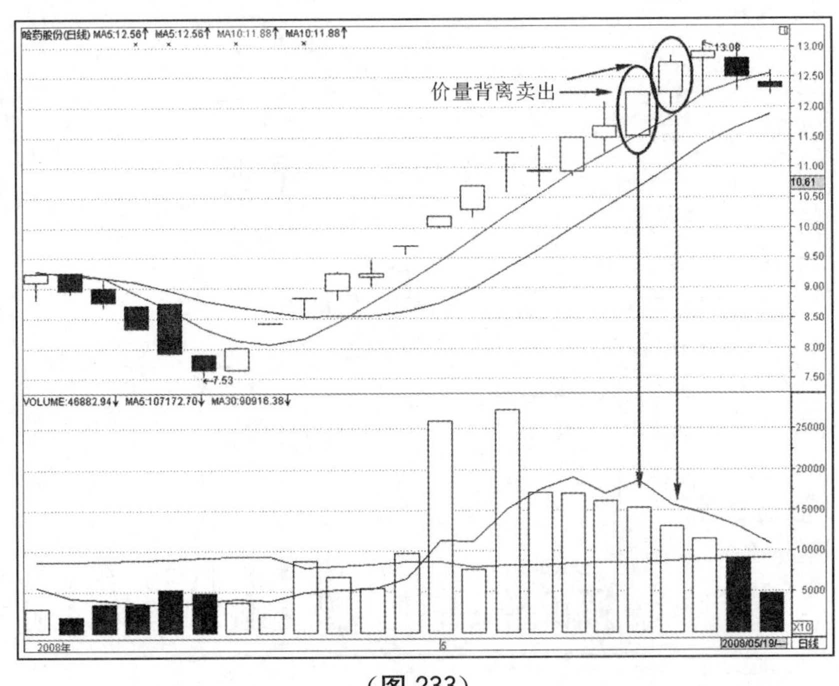

（图233）

三、分时K线超大量卖出技巧

分时K线主要是以60分钟技术系统为依据来展开操作，由于60分钟技术系统提前日K线四个小时，因而，在临盘短线操作过程中，较易卖在理想的高价区。

60分钟股价经过一轮上涨之后，当涨幅超过20%以上时，进入小周期或大周期波段性高点。此时，股价在盘中攻击乏力，并在盘中某个小时出现超大量，反映在K线图表中，出现巨型量柱，这种暴大量的结果，将直接导致股价阶段性见顶。也是主力在盘中利用震荡冲高阶段性出货。临盘应在第二根K线开盘后寻高点果断卖出。如图234、图235：

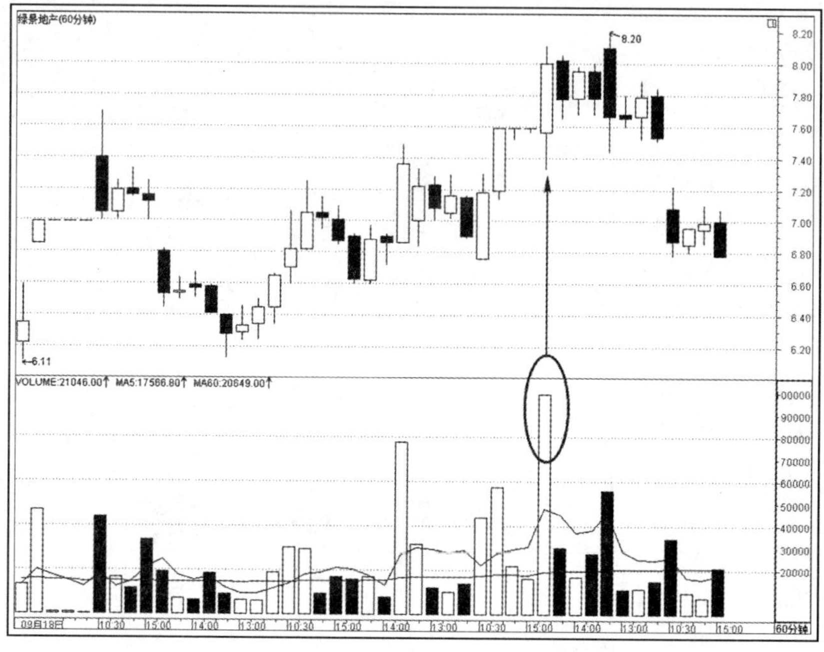

（图234）

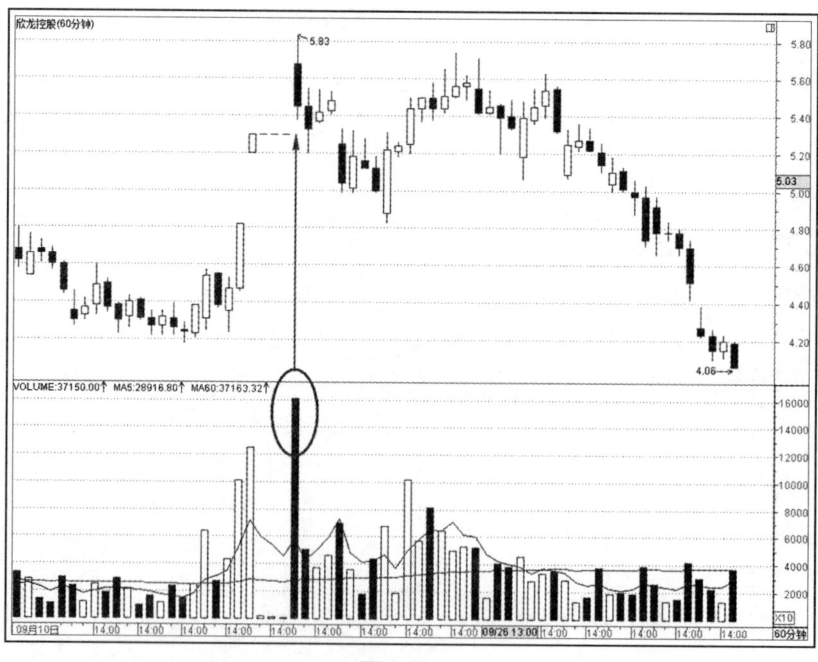

（图235）

四、实战图谱演示

案例一：

激进型买卖：002124 天邦股份

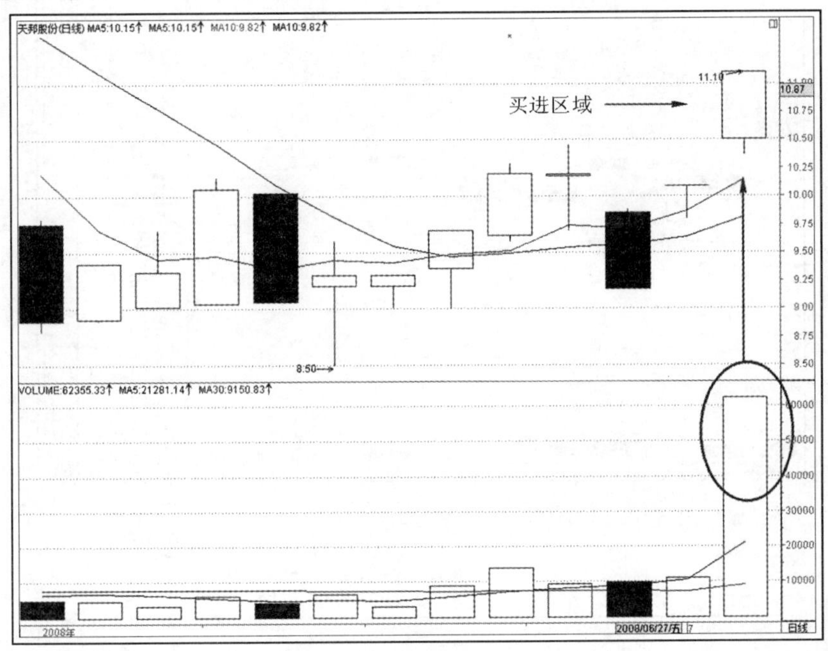

（图 236）

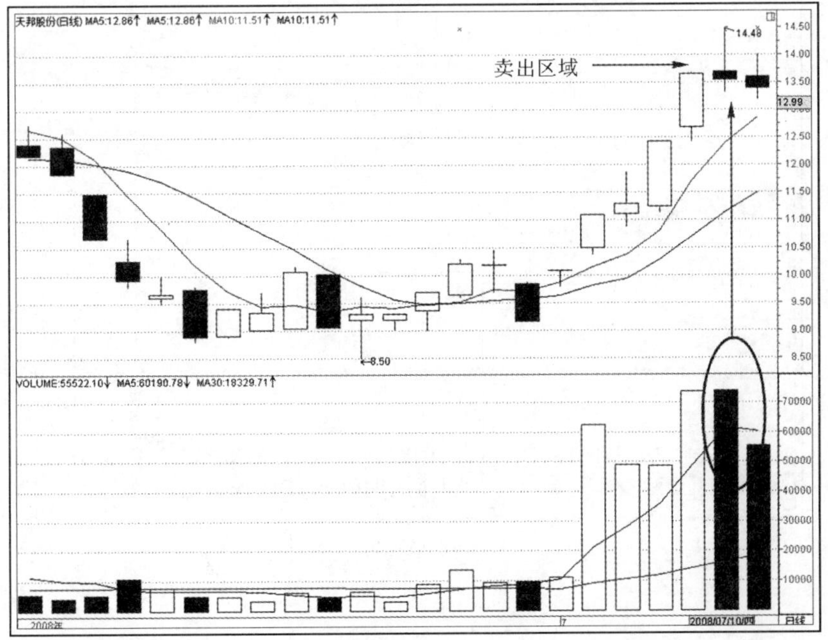

（图 237）

案例二：

激进型买卖：000045 深纺织 A

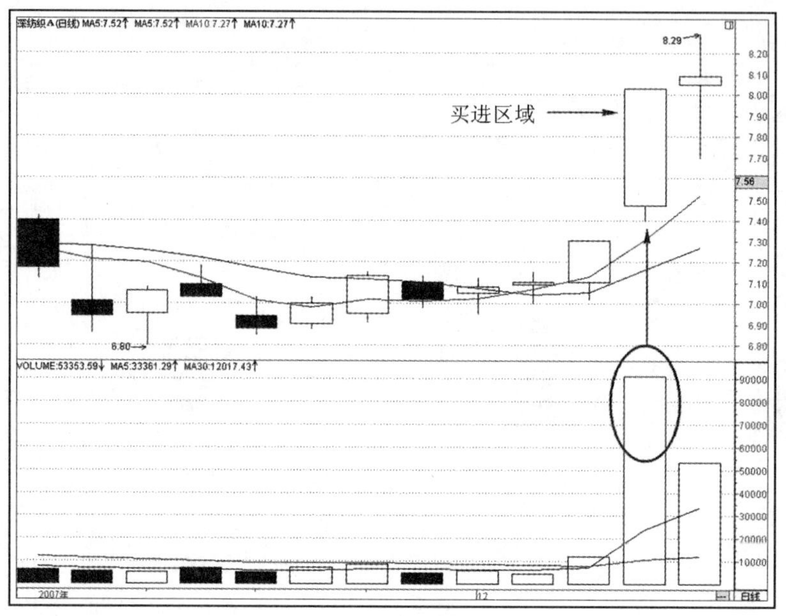

（图 238）

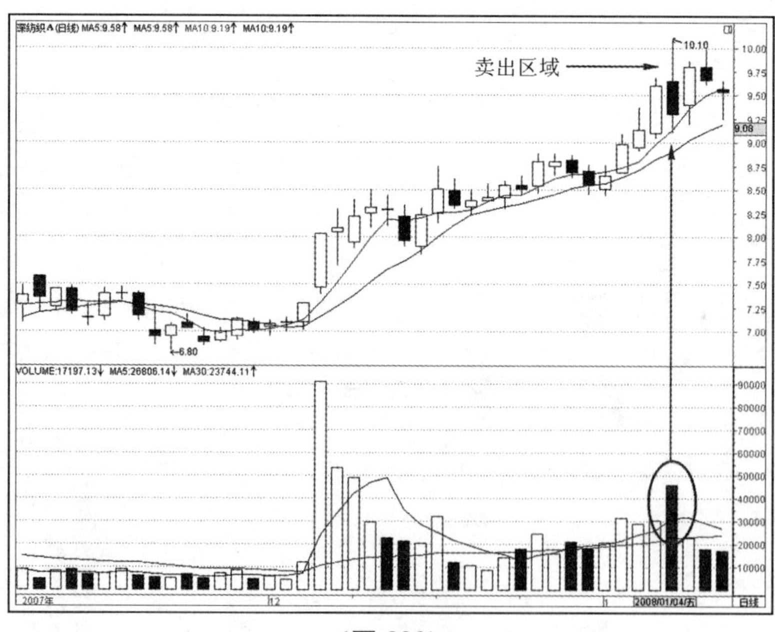

（图 239）

案例三：

稳健型买卖：000650 仁和药业

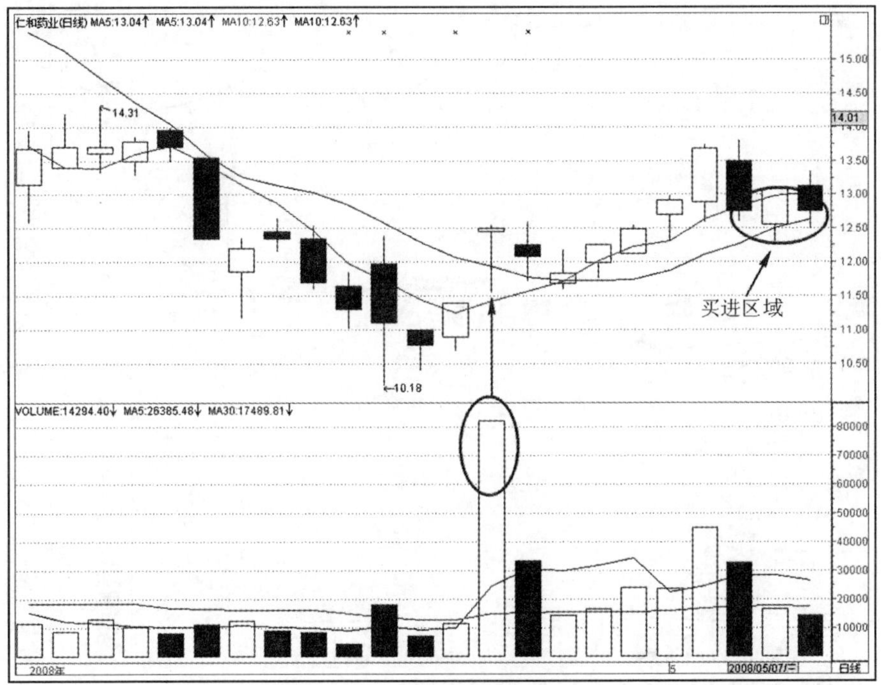

（图 240）

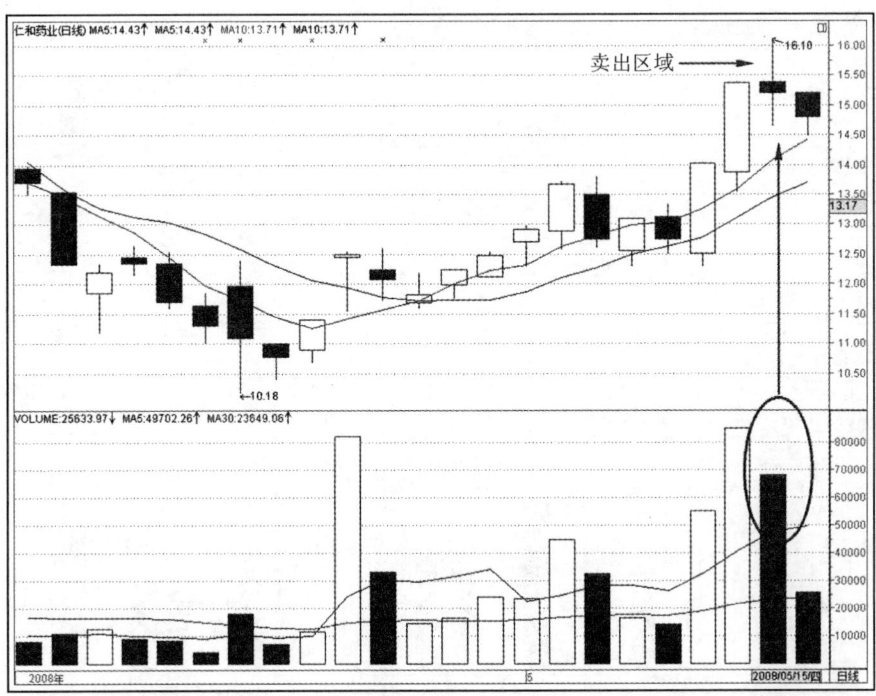

（图 241）

案例四：

稳健型买卖：600298 安琪酵母

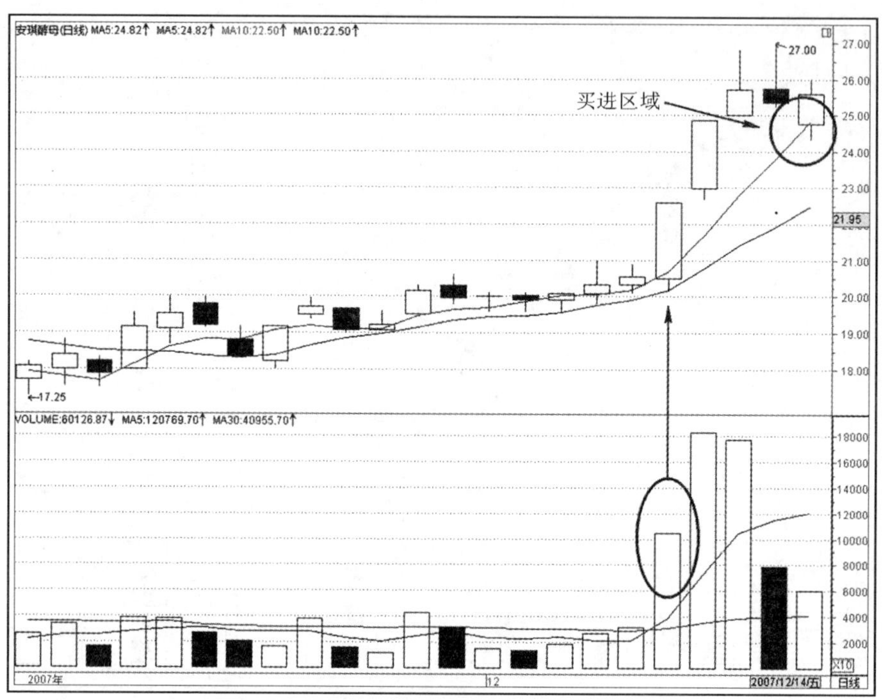

（图 242）

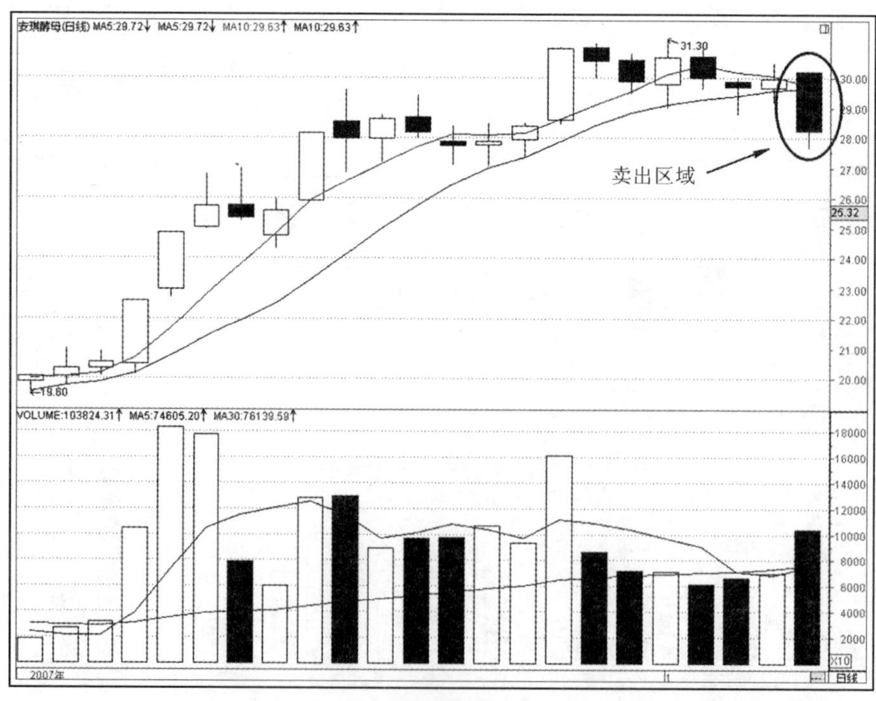

（图 243）

第五节 大量交易的误区与风险规避

一、真假大量的识别

真假大量的识别主要通过对大量内在结构进行本质性区别判断。单纯分析日K线图表，一般投资者是较难分辨大量的真假强弱，因此，我们必须要透过现象看本质。而以大量内在结构的构成状态，通过以大量力度构成的标准来进行分析，则非常容易识别。

标准的大量必须符合第二节的力度构成特点。
而虚假大量则不会具备标准的力度特点。
这是辨别真假大量的核心要点！

虚假大量形成的特点有以下两点：

1. 成交量较易形成于早盘第一时间段。

2. 盘中或者由大单或特大单迅速集中对敲所致。

如图244所示。

（图244）

大多数情况下，虚假大量一般产生于单日大量技术特征之中，其形成当天的盘中即时交易特征主要以脉冲波或冲击波为主，较少有攻击波。如图245所示。

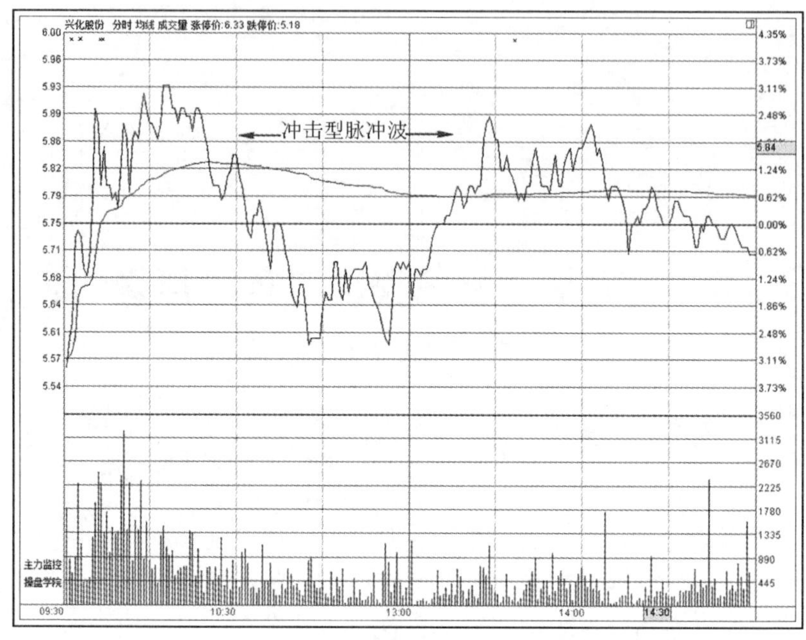

（图 245）

虚假大量容易形成于股价阶段性底部，但股价估值水平仍然偏高。主力为了出货，故意在底部出现放大量反弹的技术形态，而实质则是诱多陷阱。如图246所示。

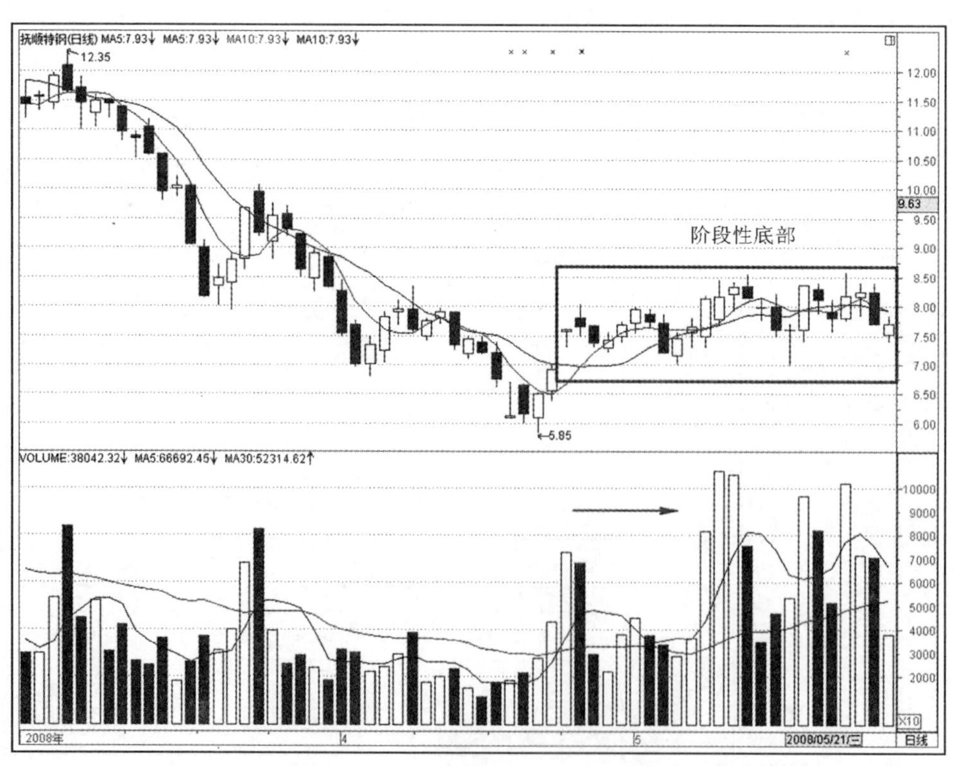

（图 246）

虚假大量还容易形成于股价波段涨幅达到20%以上，在遭遇重要阻力位，如向上突破决策线或趋势线时。因为短线涨幅已大，股价向上突破这一重要阻力已经属于强弩之末，主力必须通过阶段性出货展开回调动作，以降低持仓成本。如图247所示。

（图247）

二、大量买入的止损位

1. 股价向下回调击穿大量当日K线最低价止损。

当股价在回调中击穿大量当日K线的最低价时，表示大量所形成的最后支撑位失守，临盘出局避险则是上策，以回避未知的风险。如图248所示。

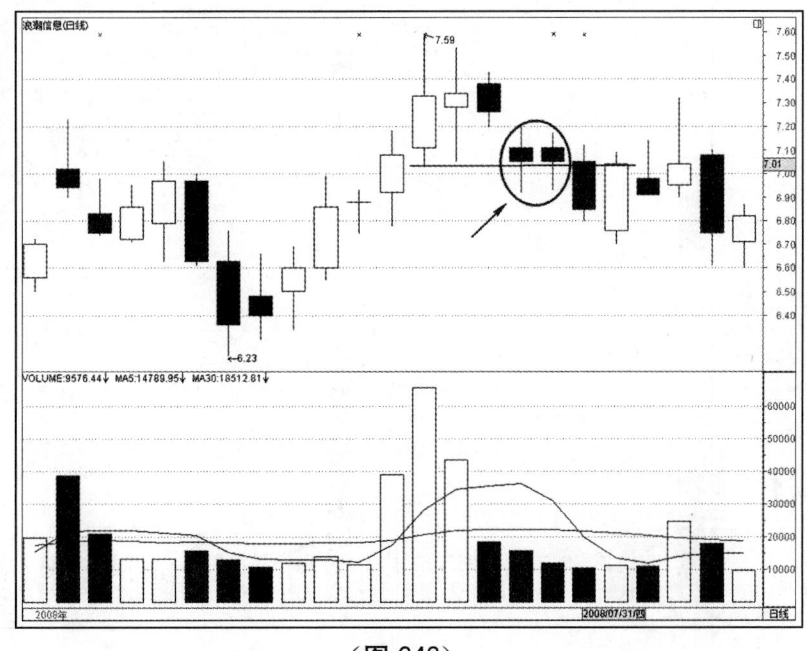

（图248）

2. 股价回调击穿大量当日K线最低价两天内不拉升止损。

稳健的投资者可以在股价回调击穿大量当日K线的最低价后，临盘仍应观察股价是否在两天内的收盘变化。这种策略主要是应对凶狠洗盘的主力。有些主力可能会以退为进，故意击穿大量当日的最低价以达到恐吓跟风盘的目的。如图249所示。

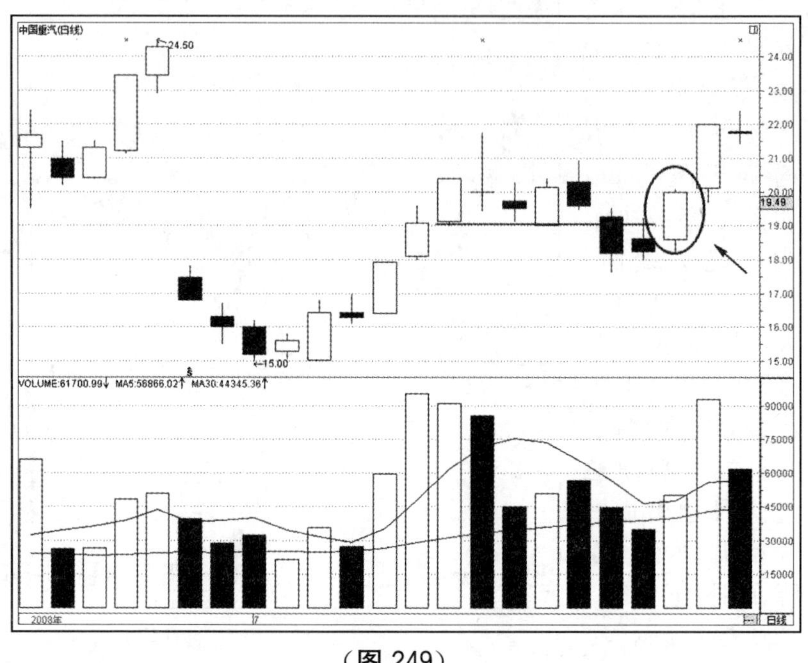

（图249）

但如果股价击穿大量当日K线的最低价后，在两天内不能展开拉升，则说明该股已经彻底丧失拉升动能，因此应及时止损出局。如图250所示。

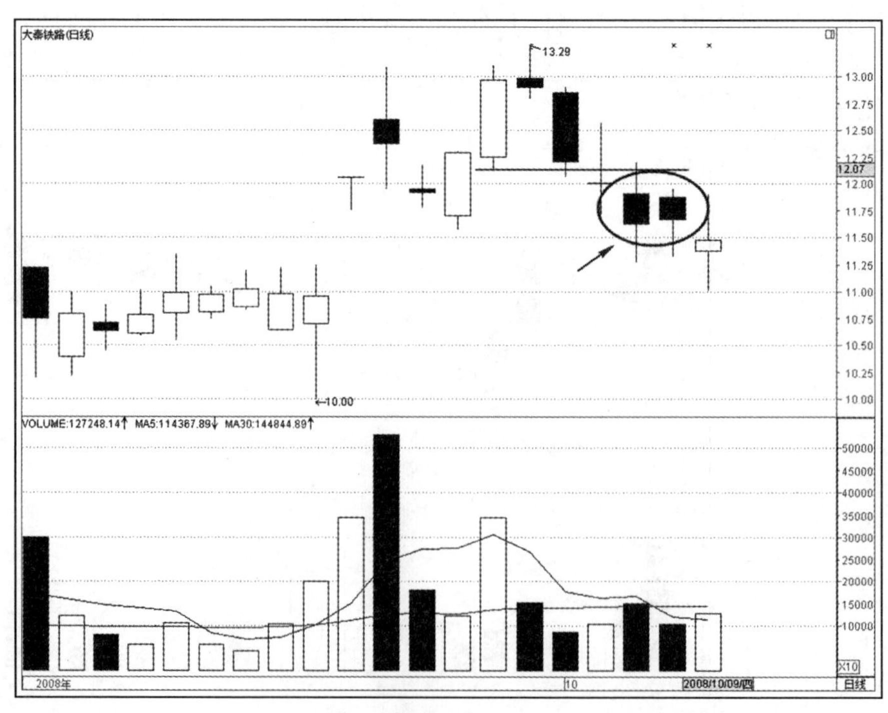

（图250）

三、大量滞涨与主力操盘行为分析

大量滞涨现象通常较易发生在股价筑底阶段、股价盘头阶段和股价下降通道中的反弹阶段。通过股价的阶段趋势特征，我们可以判断分析主力操盘行为与基本意图。

1. 股价在底部阶段。

出现股价放大量滞涨，通常只是不同主力之间的换仓。如老主力以出货为主，而新主力则以建仓为主。大量滞涨之后，通常会引发股价破位性下跌。但股价跌幅不会太大，后续趋势仍然以反复震荡整理筑底为主。如图 251 所示。

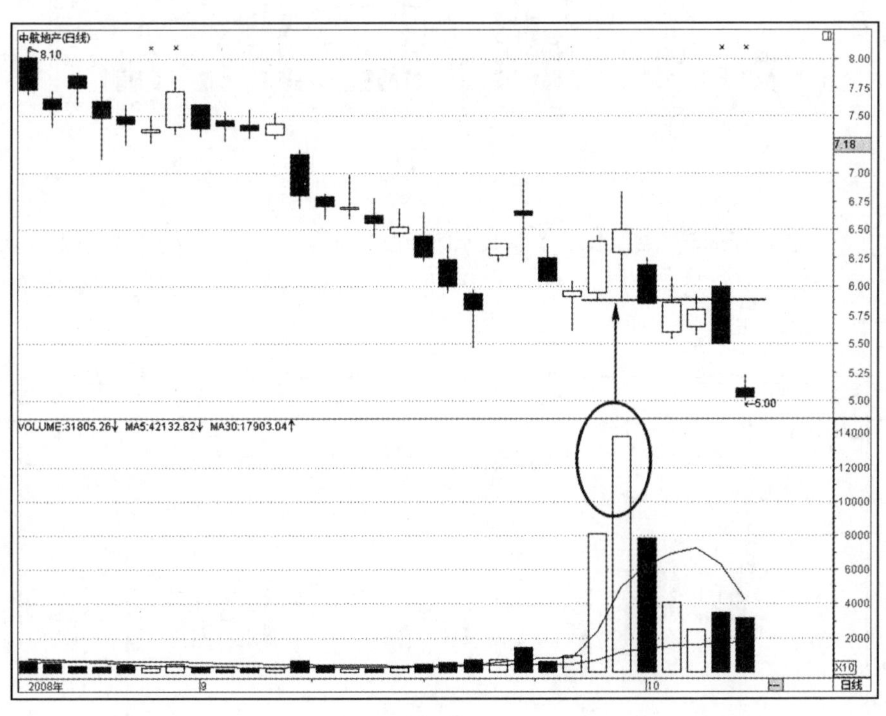

（图 251）

2. 股价在头部阶段。

出现大量滞涨，通常只是主力为了完成波段盈利目标，在盘中持续出货所致。因此，主力的意图并非真正要展开一轮波段性上涨，而仅仅在于通过反复滚动操盘，持续出货进一步扩大盈利。如图 252 所示。

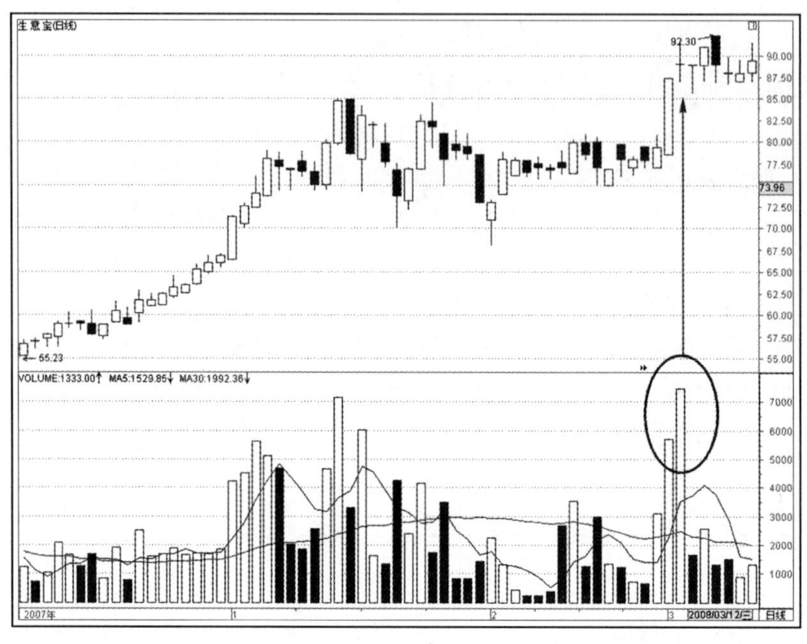

（图 252）

3. 股价在下降通道中。出现大量反弹滞涨，通常由于主力利用股价趋势反弹的短线行情，于盘中作最后的出货动作。因此，当大量滞涨时，就是短线反弹即将结束的重要特征。如图 253 所示。

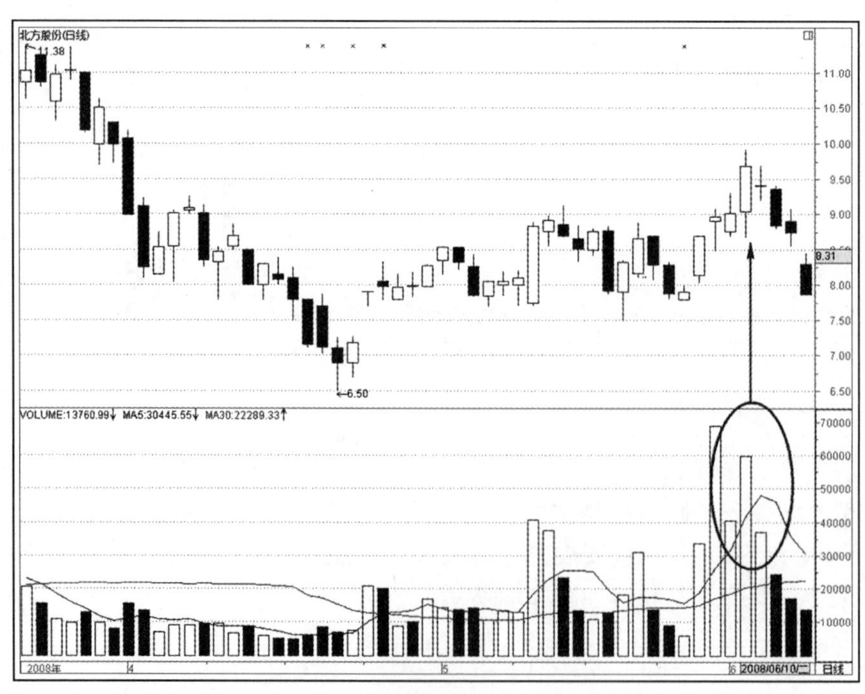

（图 253）

四、大量交易系统的风险规避原则

大量形成当天所处的阶段位置是否符合交易要求，是临盘作出操盘决策的前提条件。因此，在计划进入市场展开操作时，首先要准确判断大量是否符合以下阶段特征。

1. 大量形成当日在底部向上突破操盘线，以及股价沿着攻击线和操盘线展开波段上升趋势中，则具有巨大的中短线实战操作价值。如图 254、图 255 所示。

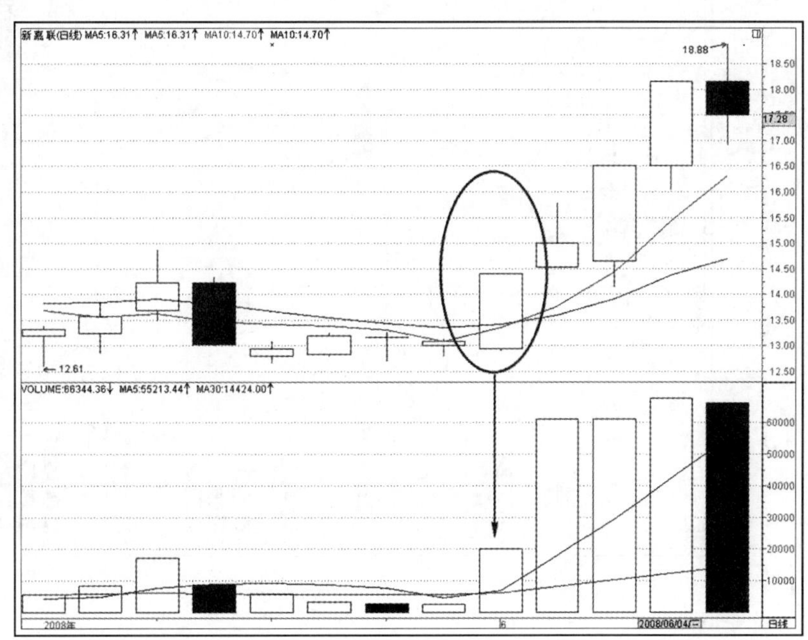

（图 254）

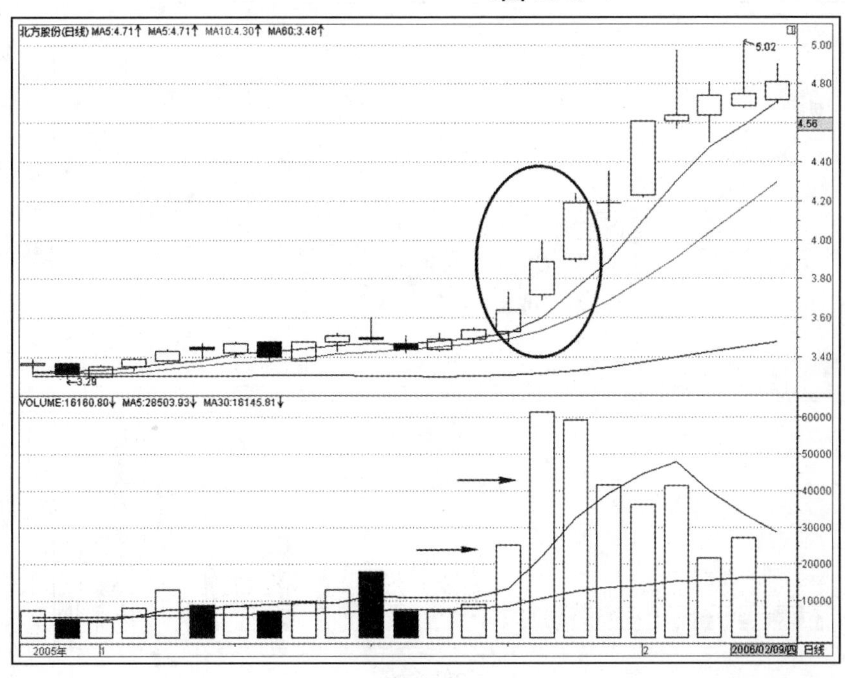

（图 255）

2. 大量形成当日，股价进入阶段性头部中，或股价处于阶段性底部中，股价估值相对呈现高价特征，因此，临盘仅具备短线操作价值。如图 256、图 257 所示。

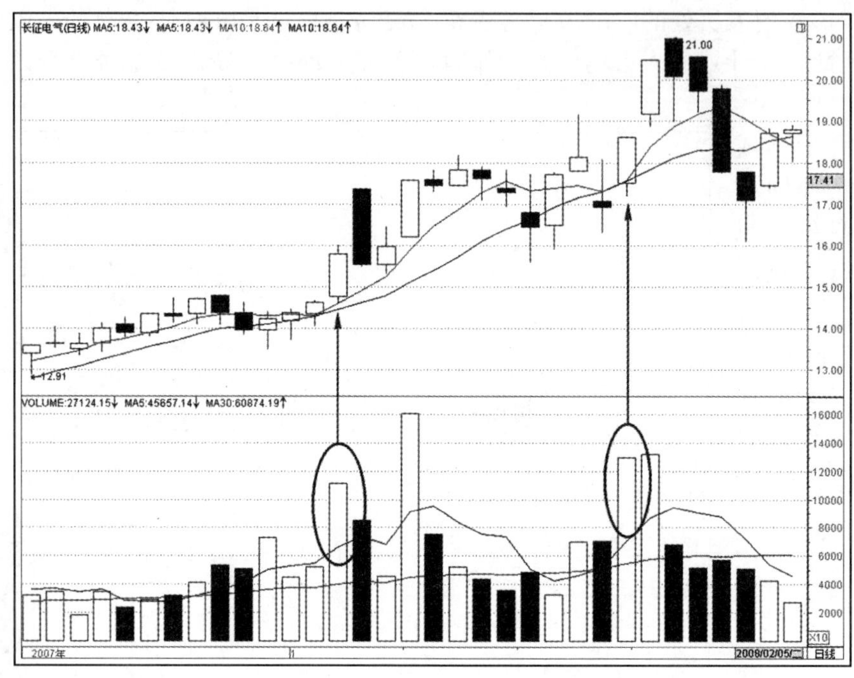

（图 256）

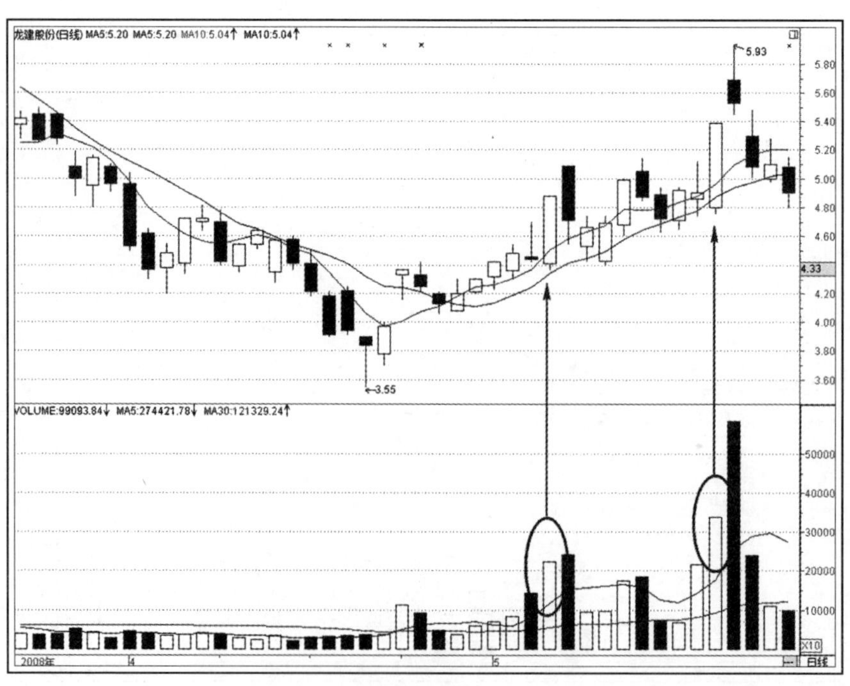

（图 257）

3. 大量形成当日，正处于其股价趋势下降过程中超跌反弹状态，其临盘操作的短中线风险性均较大。如图 258 所示。

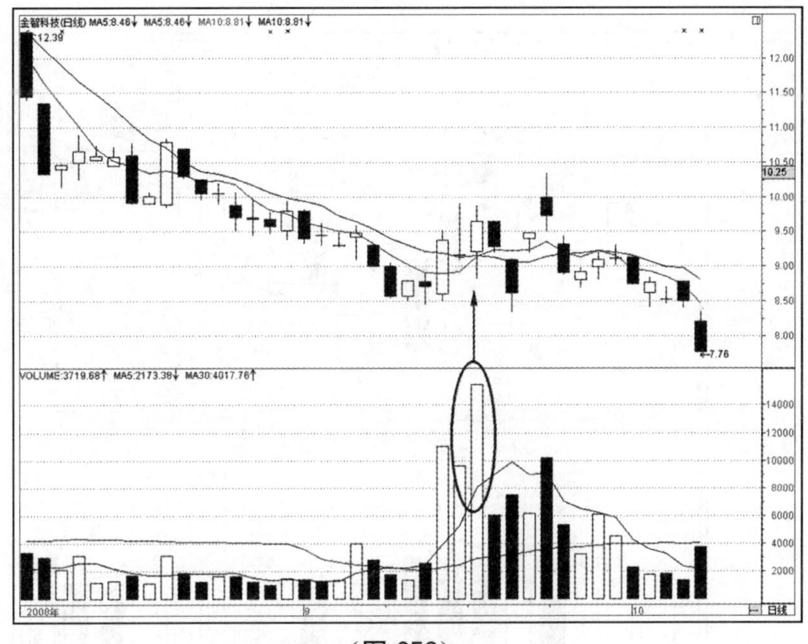

（图 258）

五、实战图谱演示

案例一：

短线风险控制：002069 獐子岛

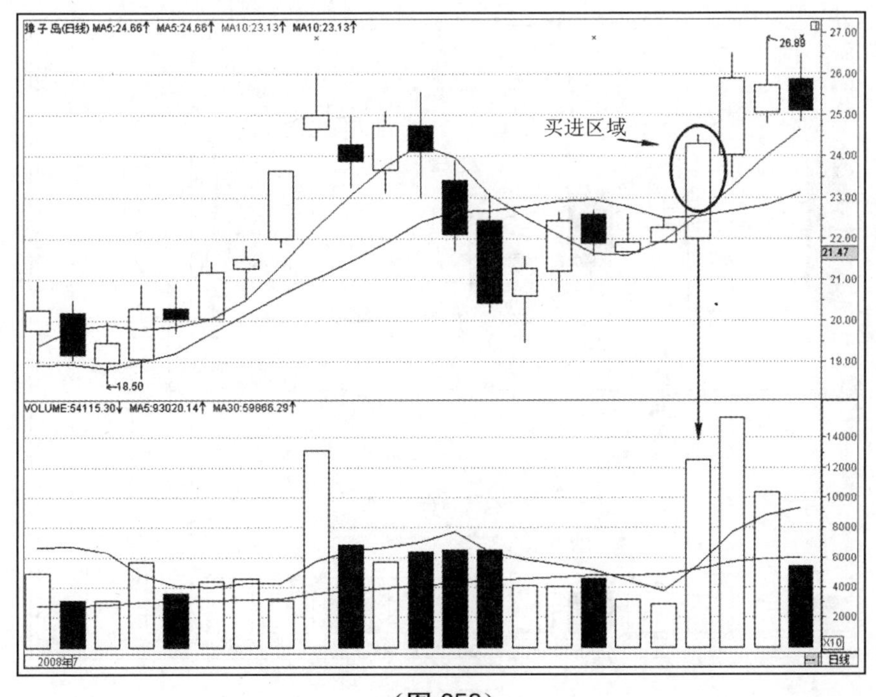

（图 259）

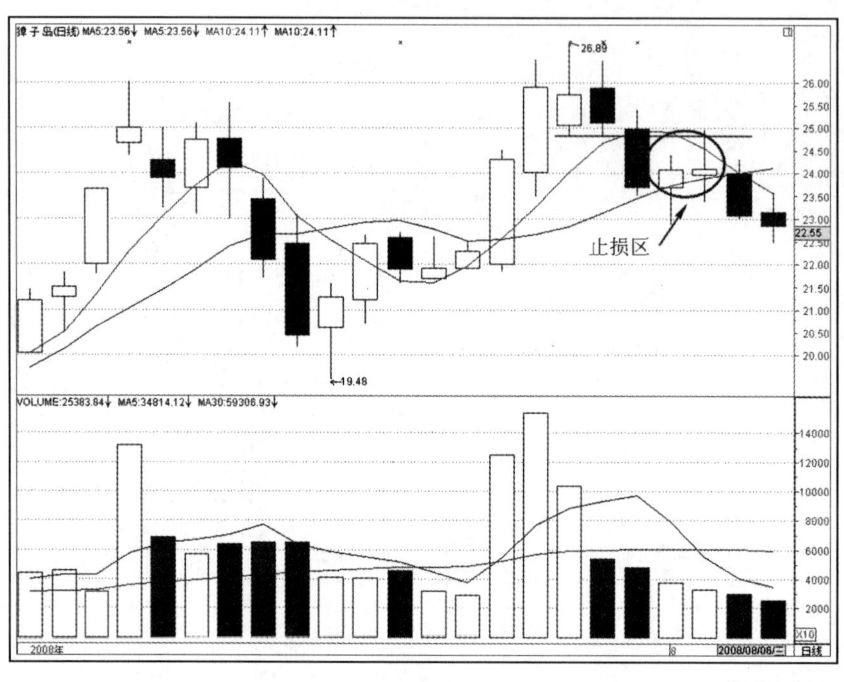

（图 260）

案例二：

短线风险控制：000995 皇台酒业

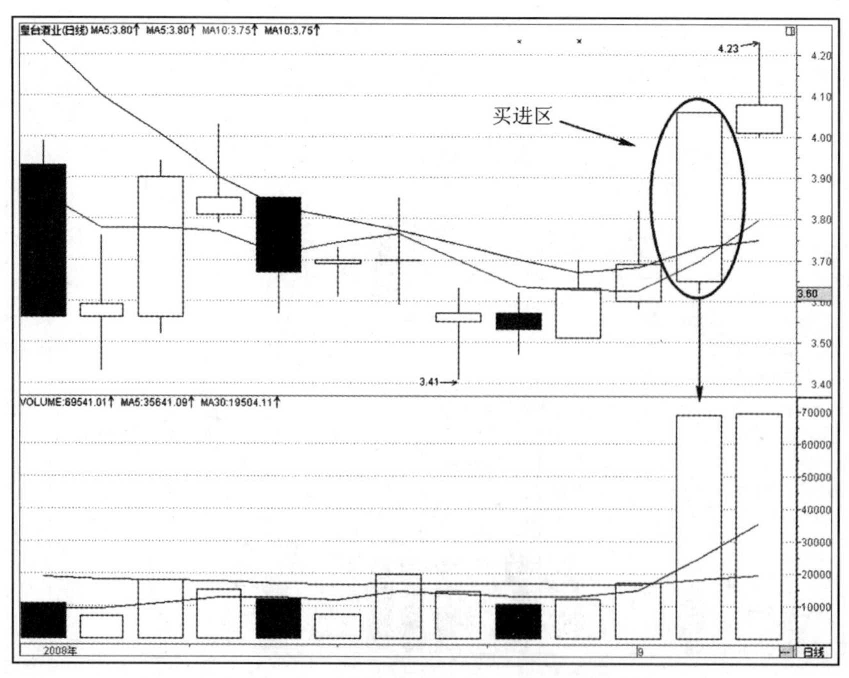

（图 261）

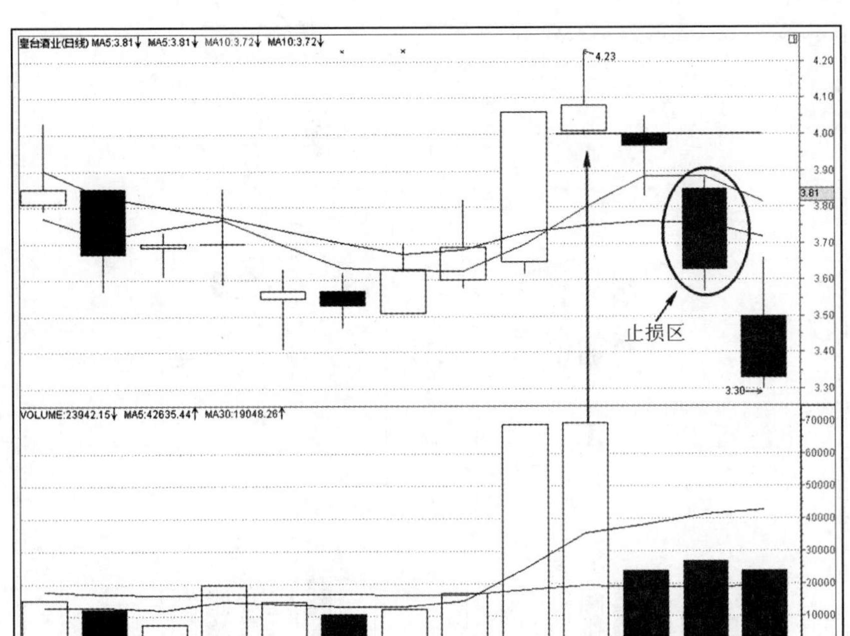

（图 262）

案例三：

短线风险控制：601001 大同煤业

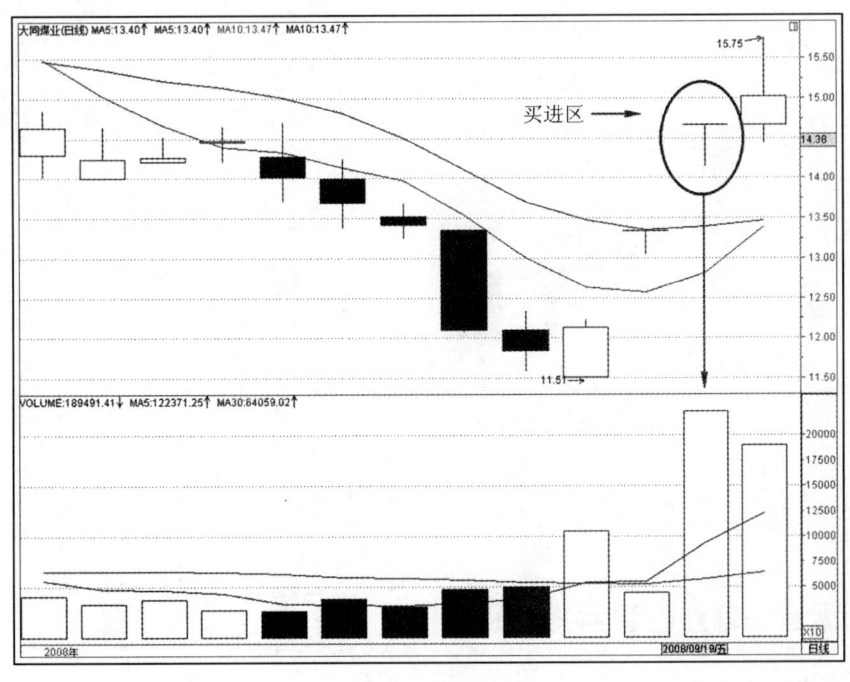

（图 263）

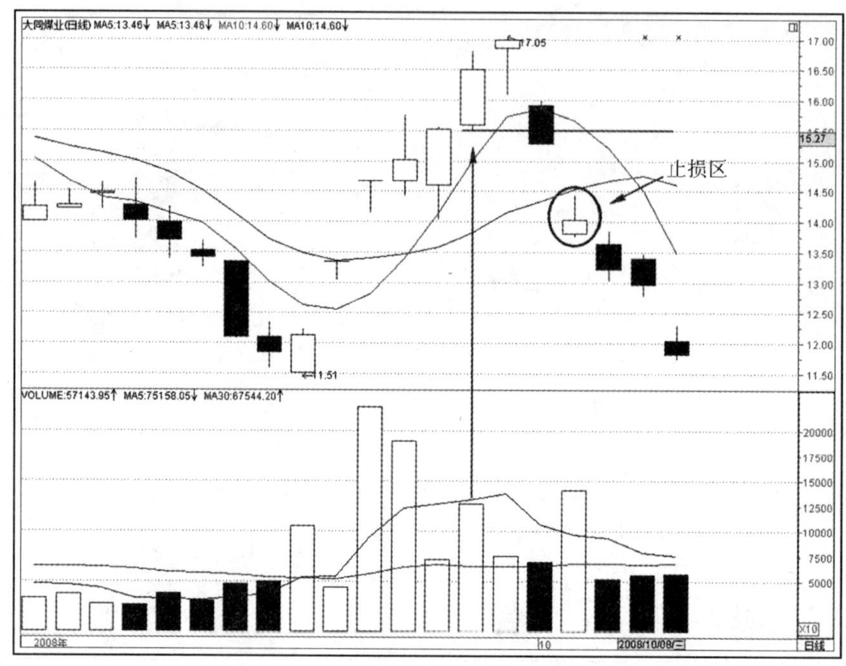

（图 264）

案例四：

短线风险控制：600595 中孚实业

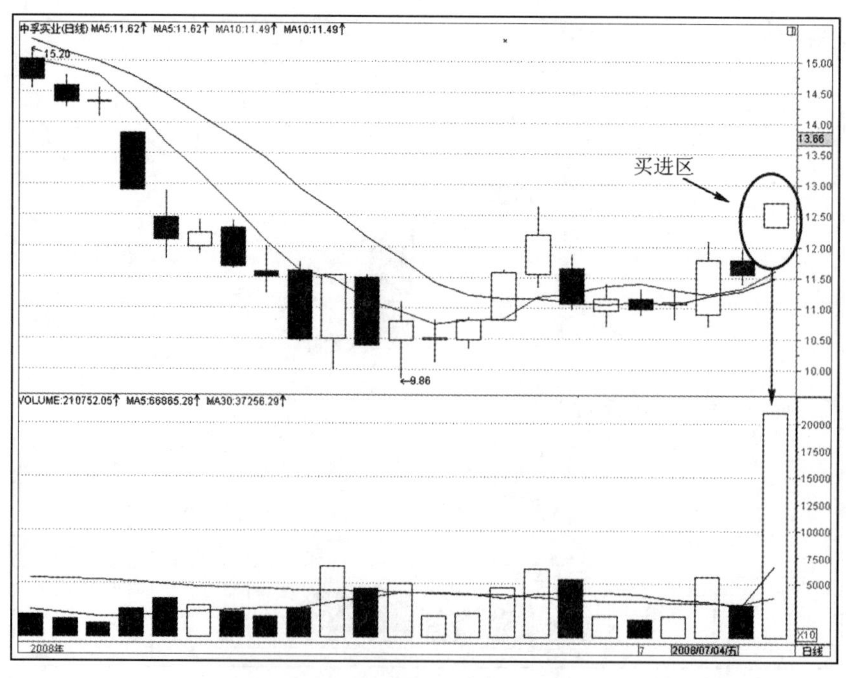

（图 265）

中孚实业(日线) MA5:13.00↓ MA5:13.00↓ MA10:12.85↑ MA10:12.85↑
卖出区
14.65
止损区
9.86
VOLUME:42755.03↓ MA5:73930.34↓ MA30:57345.43↑
2008年
2008/07/15/二
日线

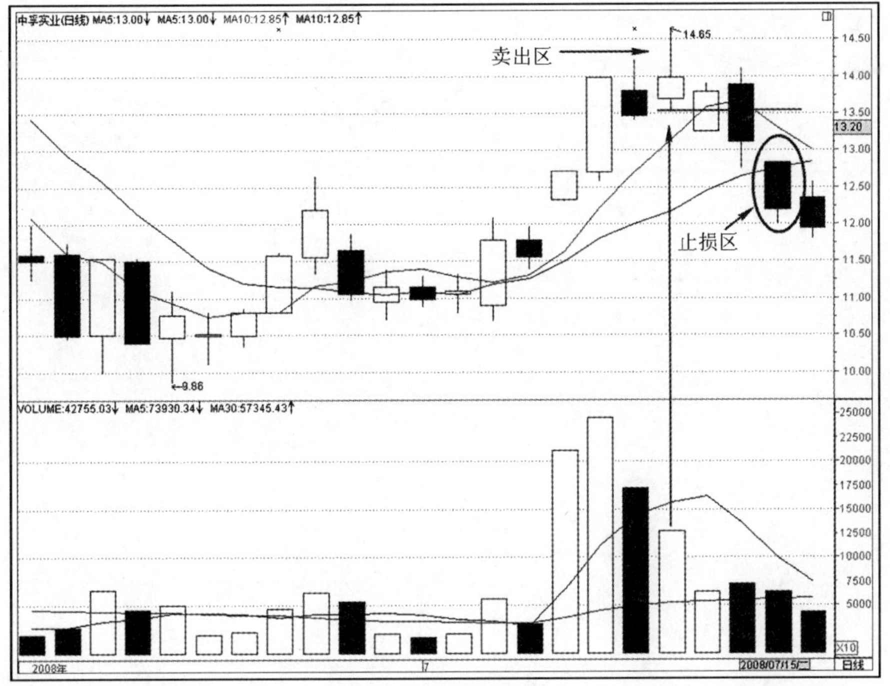

（图 266）

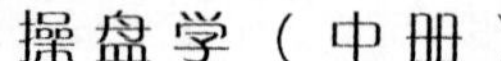

第四章

交易系统的优化

本章学习目标

1. MACD 指标对各交易系统的优化技术特征。
2. KDJ 指标对各交易系统的优化技术特征。
3. MTM 指标对各交易系统的优化技术特征。
4. CR 指标对各交易系统的优化技术特征。
5. DMI 指标对各交易系统的优化技术特征。
6. VOL 量能指标对各交易系统的优化技术特征。

第一节 MACD优化解码

一、名词解释：指数平滑异同移动平均指标MACD

MACD是属于均线类型的趋向技术指标，全称为指数平滑异同移动平均指标。主要基于均线的构造原理，对股票的收盘价求出算术平均值进行平滑处理之后得出的一种趋向指标。如图267所示。

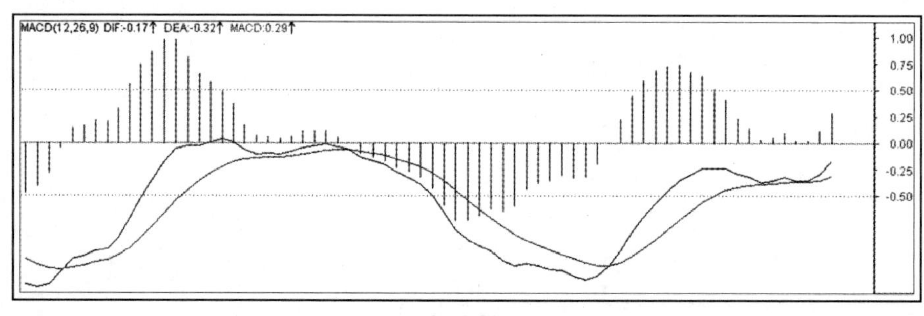

（图267）

在计算过程中，运用短期移动平均线和长期移动平均线聚合与分离的征兆，进行双重平滑运算而产生的结果。因此，在运用过程中，通常利用MACD指标的EMA、DIF和MACD这三个数值之间的关系来进行分析判断。临盘并可利用DIF和MACD值之间的交叉，以及红绿两种颜色的柱状图来分析研判行情，并预测股价中短期发展趋势。如图268所示。

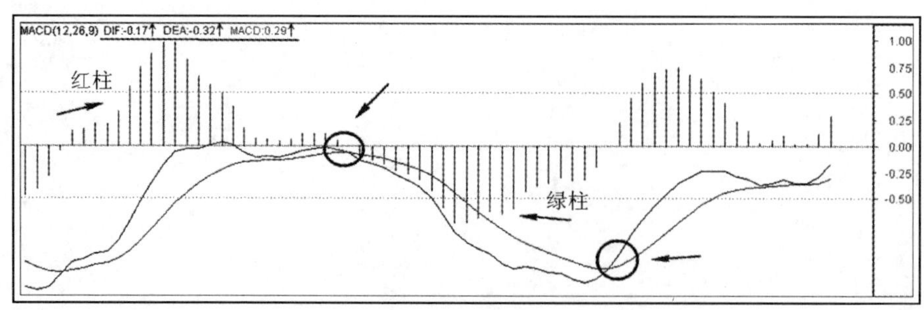

（图268）

二、MACD 在操盘实战中的作用

1. MACD 指标值的变动范围。

MACD 指标值主要围绕其中间线 0 轴值进行上下波动，然而实际状态却是，理论上 MACD 向上突破 0 轴值之后可以达到正无穷大，而向下击穿 0 轴值之后，则可以达到负无穷大。在常规状态下，MACD 指标值的变动范围一般在＋5 和－5 之间波动。如图 269、图 270、图 271 所示。

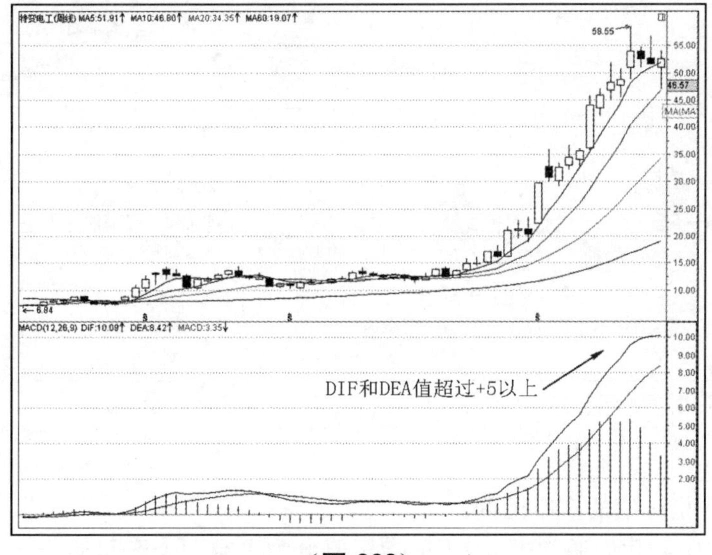

（图 269）

（图 270）

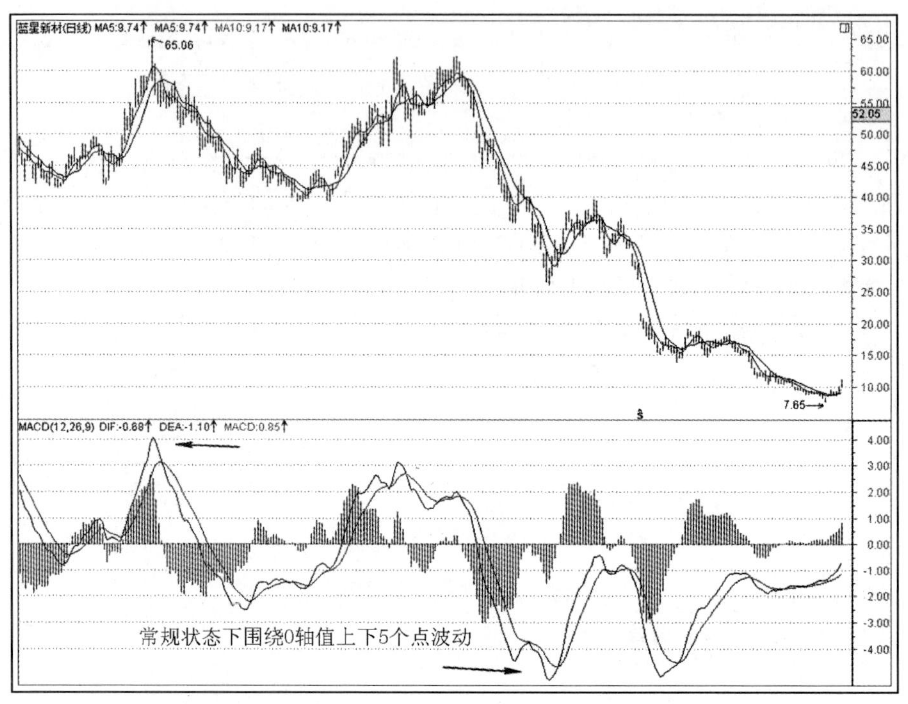

（图 271）

2. MACD 指标值的多空区间。

临盘实战中，我们通常把 MACD 指标值分为多空两个区间部分，在 0 轴值之上区域为多头空间，而 0 轴值之下的区域则为空头空间。如图 272 所示。

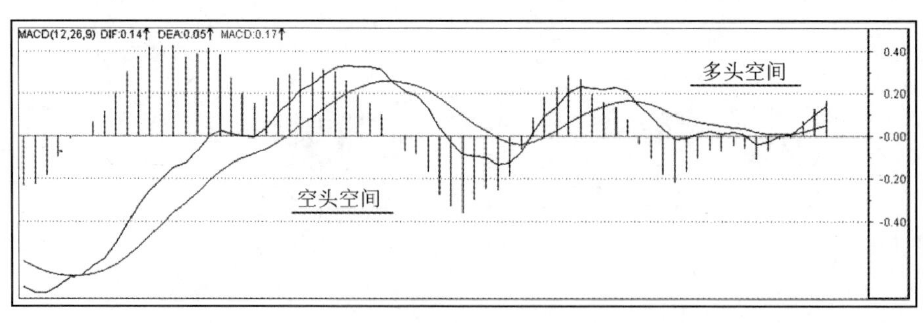

（图 272）

3. MACD 指标值的曲线结构。

MACD 指标值的曲线由两个数值构成，即两条平滑移动的平均线，表现在图表上，这两个数值所形成的曲线分别是 DIF 曲线和 DEA 曲线。如图 273 所示。

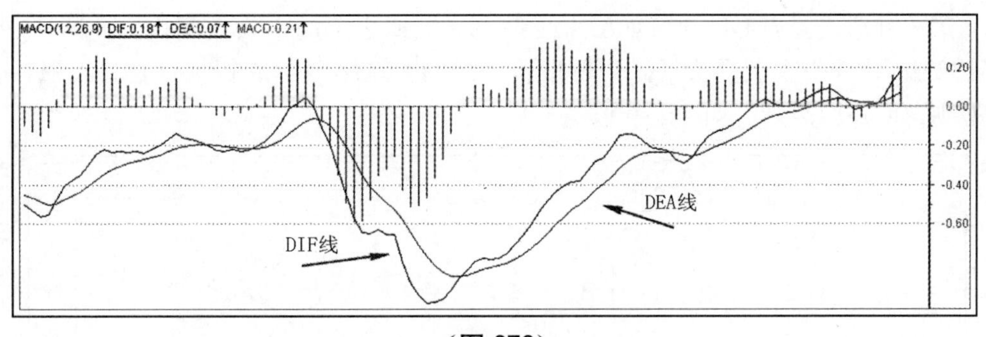

（图 273）

4. MACD 指标值的柱状线结构。

MACD 指标值的柱状线也叫 MACD 线，分别位于 0 轴值的多头空间和空头空间内。当 MACD 数值大于 0 时，柱状线会向 0 轴值上方递增，表现在交易软件中，则显示为红色。同样，当 MACD 数值小于 0 时，柱状线会向 0 轴值下方延伸，表现在交易软件中，则显示为绿色。如图 274 所示。

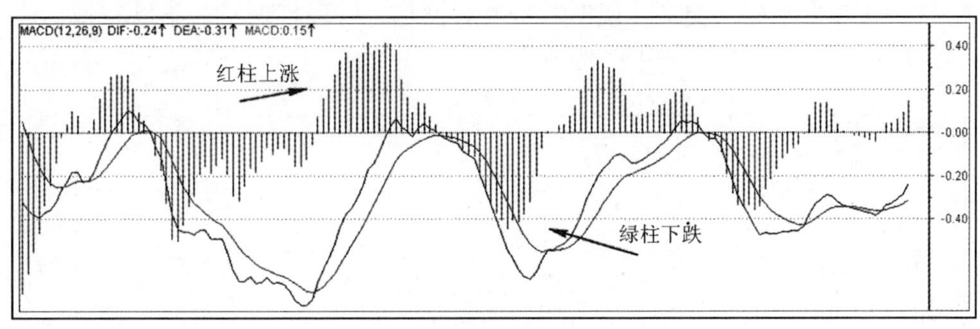

（图 274）

5. DIF 和 DEA 曲线的交叉：

A. 黄金交叉的两种形式：

第一种形式。当 DIF 和 DEA 曲线都在 0 轴值之上的多头空间内，此时，DIF 向上突破 DEA 发生黄金交叉，说明股价已经展开强势上涨，临盘必须及时买进或加码。如图 275 所示。

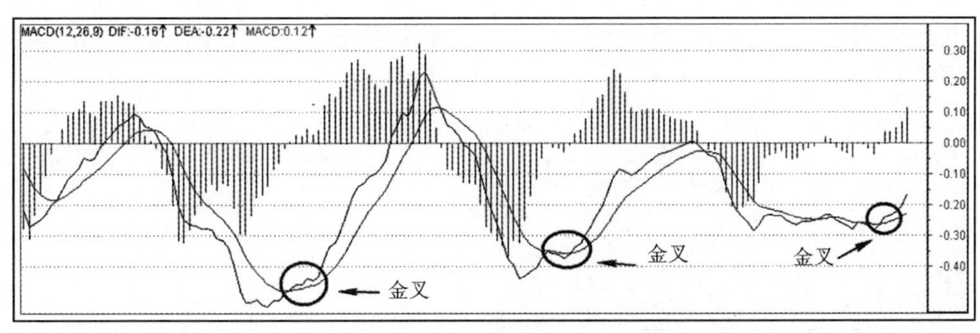

（图 275）

第二种形式。当 DIF 和 DEA 曲线都在 0 轴值之下的空头空间内，此时，DIF 向上突破 DEA 发生黄金交叉，说明股价已经结束调整或下跌行情，趋势转强，临盘必须及时抄底买进。如图 276 所示。

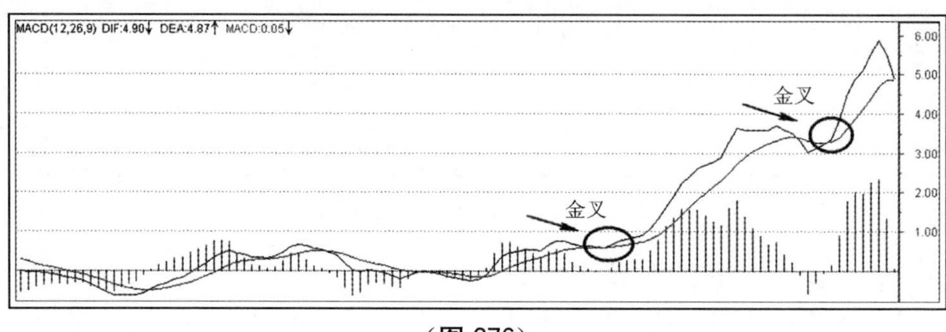

（图 276）

B. 死亡交叉的两种形式：

第一种形式。当 DIF 和 DEA 曲线都在 0 轴值之上的多头空间内，此时，DIF 向下击穿 DEA 发生死亡交叉，说明股价涨势已尽，阶段性调整或下跌行情即将展开，临盘应考虑及时卖出。如图 277 所示。

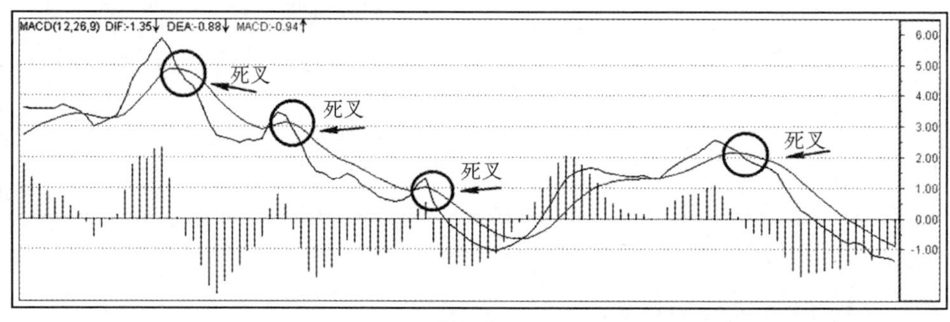

（图 277）

第二种形式。当 DIF 和 DEA 曲线都在 0 轴值之下的空头空间内，此时，DIF 向下击穿 DEA 发生死亡交叉，说明股价趋势极弱，将会再次展开下跌探底行情走势，临盘应考虑及时卖出。如图 278 所示。

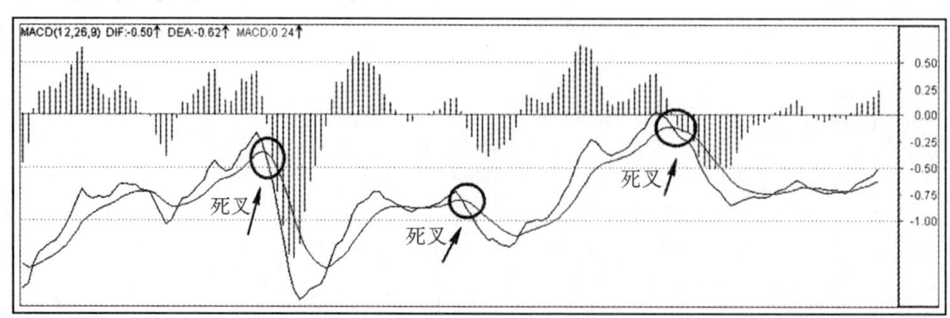

（图 278）

特别提醒：在临盘实战运用过程中，当 MACD 指标形成黄金交叉或死亡交叉时，如果与对应的交易系统发生共振，则产生的交易信号极为强烈，对买进和卖出的实战决策指导具有巨大的应用价值。

例 1，MACD 与均线系统发生金叉共振，催生一轮波段行情，买进信号强烈。如图 279 所示。

（图 279）

例 2，MACD 与大量系统中均量线发生金叉共振，催生一轮波段行情，买进信号强烈。如图 280 所示。

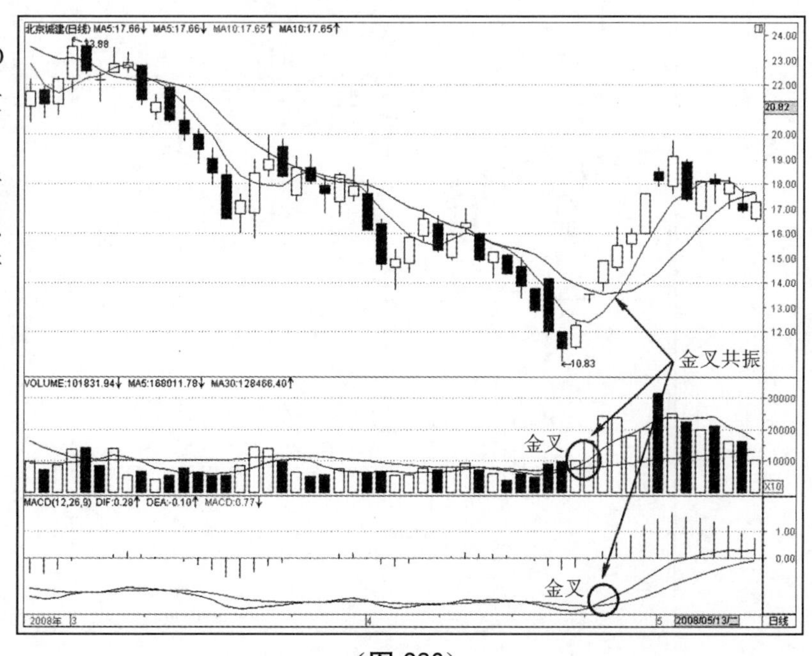

（图 280）

6. MACD 柱状线变化形态分析：

A. 红绿颜色的变化趋势。当绿色的 MACD 柱状线开始萎缩，表明空头趋势逐步减弱。而当绿色线消失之时，红色 MACD 柱状线形成，则表明多头趋势已经产生，股价走势将由弱转强，行情向多头方向发展。如图 281 所示。

（图 281）

同理，当红色的 MACD 柱状线开始萎缩，表明多头趋势逐步减弱。而当红色线消失之时，绿色 MACD 柱状线形成，则表明空头趋势已经产生，股价走势将由强转弱，行情向空头方向发展。如图 282 所示。

（图 282）

B. 柱状值长度的强弱趋势。MACD 柱状线也可以称之为能量线，其柱状线条长度的大小同时也决定了股价的强弱。当红色柱状线快速向上延伸放大之时，说明股价上涨能量正在集中释放过程之中，经过快速释放后，能量将由强转弱，而股价也会即将见顶回落。如图 283 所示。

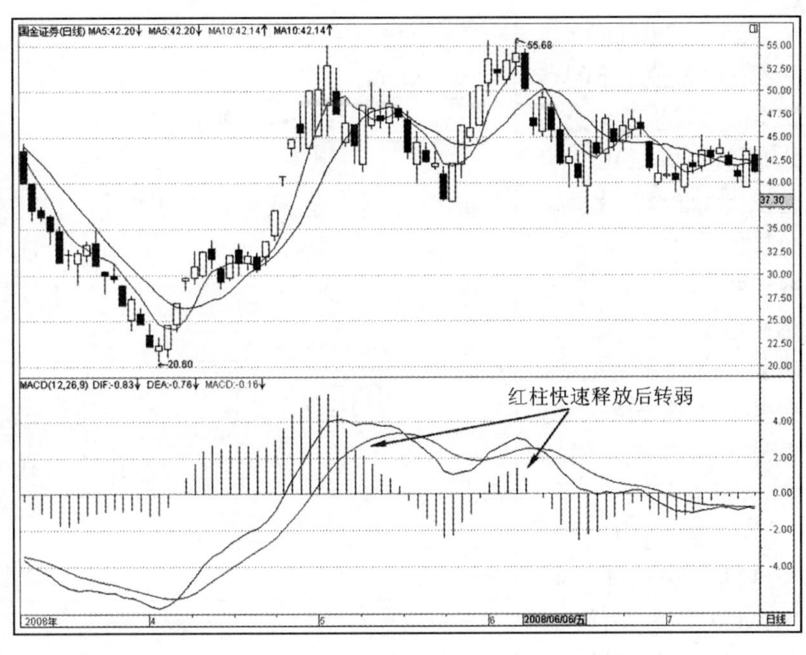

（图 283）

同理，当绿色柱状线快速向下延伸放大之时，说明股价下跌能量也正处于集中释放过程之中，经过快速释放后，能量将由弱转强，而股价也会即将见底回升。如图 284 所示。

（图 284）

当 DIF 和 DEA 曲线都在 0 轴值之下的空头空间内发生黄金交叉之后运行，MACD 绿色柱状线已经转化为红色柱状线，但红色柱状线长度较小，并未出现迅速延伸放大状态，此时股价虽然止跌反弹，但多头力量仍然较弱，上涨力度较差。如图 285 所示。

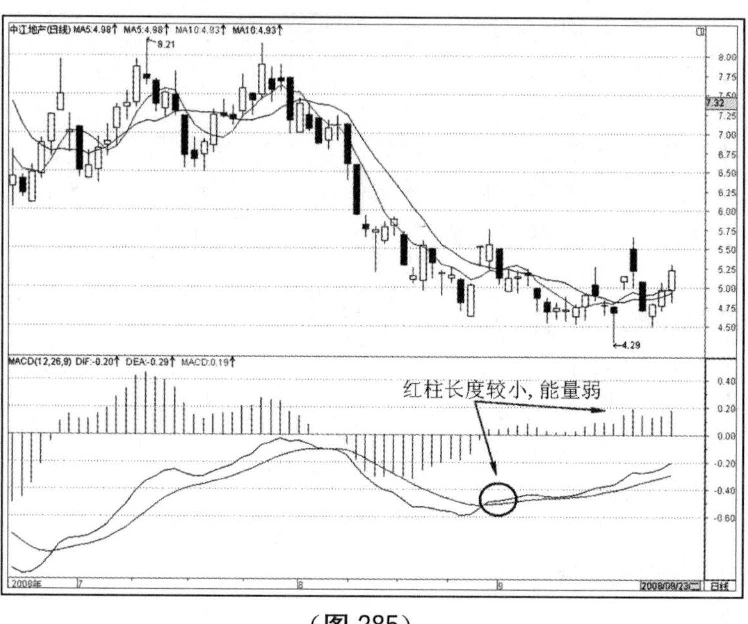

（图 285）

C. MACD 柱状值长度的背离趋势。利用 MACD 柱状线的阶段性长度对照，可以观察其指标的背离特征，从而提前预测股价的强弱趋势转换。当红色柱状线快速向上延伸放大之后经过至少两个以上波峰状形态的变化，股价在此过程中，出现小周期性波段性上涨特征。上涨能量经过快速释放后，第二个或第三个柱状线波峰明显低于第一个柱状线波峰，而股价却已经创出前一波新高，此时，顶背离技术特征已经形成，MACD 柱状能量将由强转弱，而股价也会即将见顶回落。如图 286 所示。

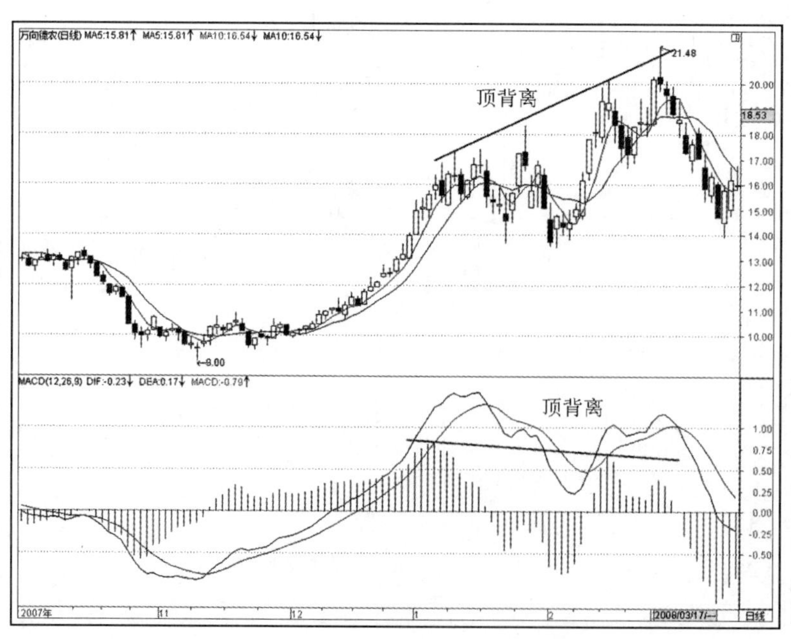

（图 286）

同理，当绿色柱状线快速向下延伸放大之后经过至少两个以上波峰状形态的变化，股价在此过程中，出现小周期性波段性下跌特征。下跌能量经过快速释放后，第二个或第三个柱状线波峰明显低于第一个柱状线波峰，而股价却已经创出前一波新低，此时，底背离技术特征已经形成，MACD 柱状能量将由弱转强，而股价也会即将见底回升。如图 287 所示。

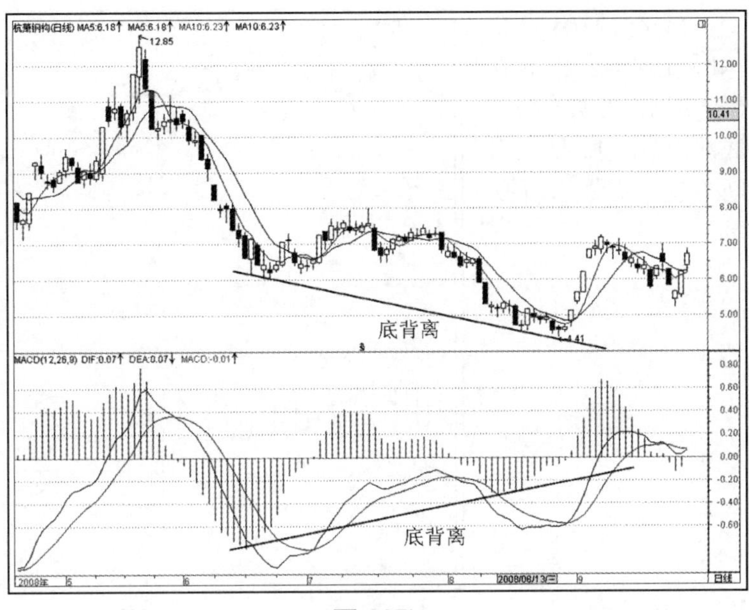

（图 287）

特别提醒：在临盘实际运用过程中，MACD 柱状值背离技术特征往往提前于 DIF 和 DEA 之间的“黄金交叉”与“死亡交叉”，因而，能够较好地提前作出买进和卖出决策。

例 1，MACD 柱状值与股价发生顶背离，股价趋势转弱，头部出现，临盘应果断卖出。如图 288 所示。

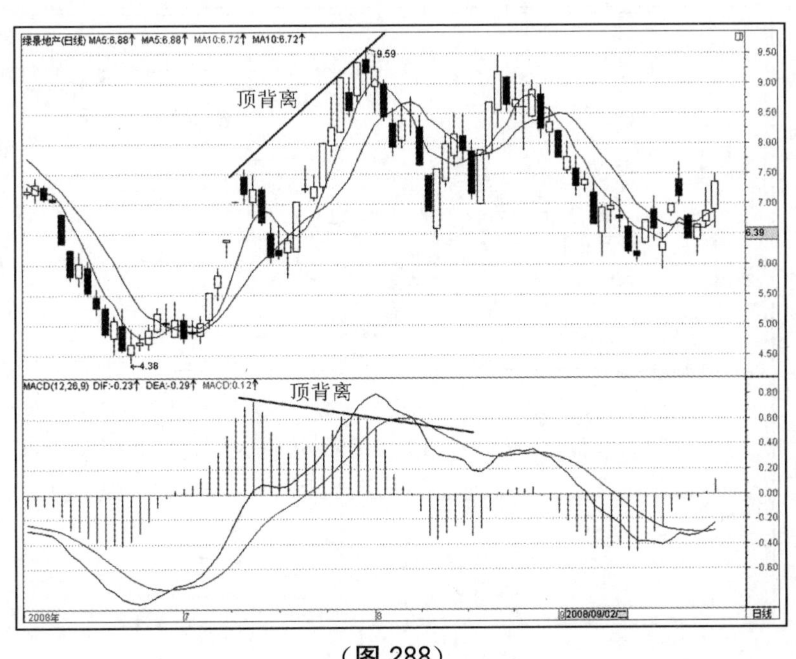

（图 288）

例 2，MACD 柱状值与股价发生底背离，股价趋势转强，底部出现，临盘应果断买进。如图 289 所示。

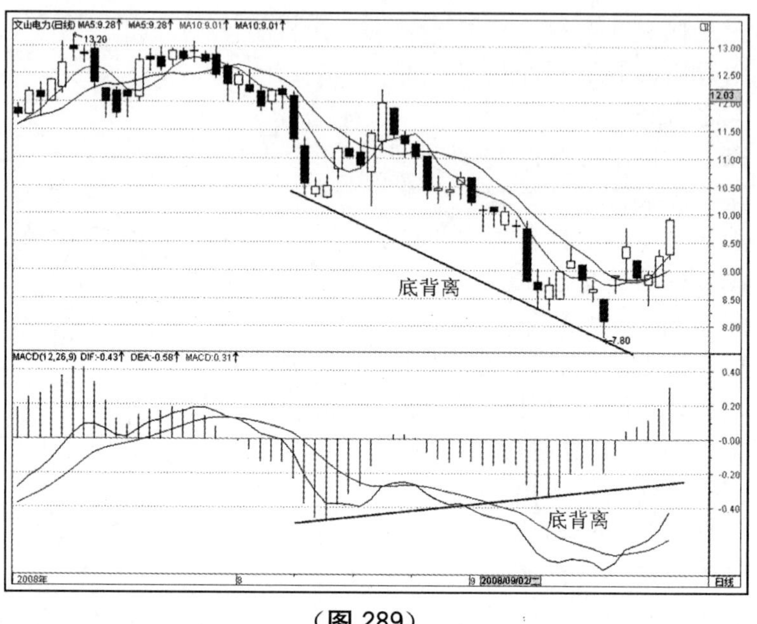

（图 289）

三、MACD 对大阳交易系统的优化

1. 大阳交易系统有效信号的三种 MACD 技术参数：

大阳出现的当日或次日，DIF 和 DEA 线在 0 轴值之下的空头空间已经形成金叉，大阳交易信号强烈有效。如图 290 所示。

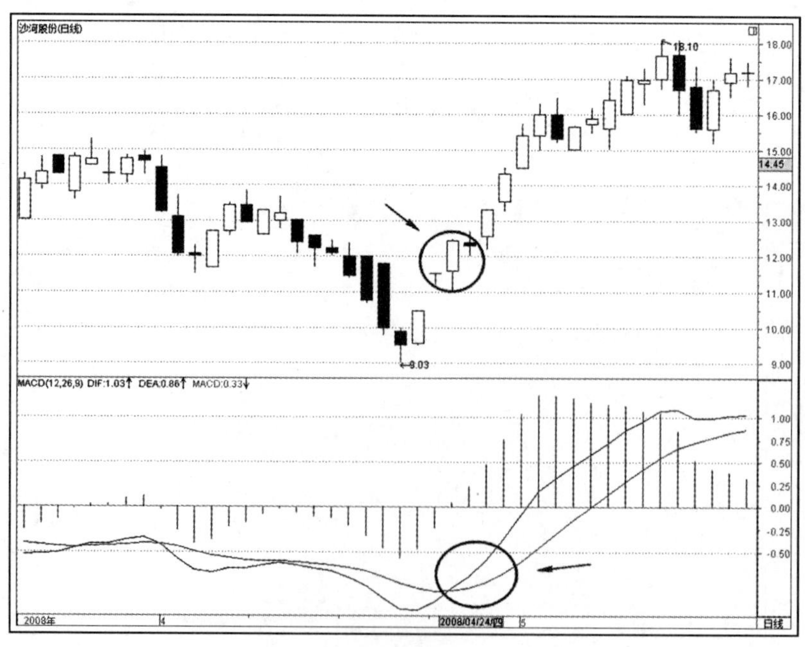

（图 290）

大阳出现的当日或次日，DIF 和 DEA 线在 0 轴值之上的多头空间再度形成金叉，大阳交易信号强烈有效。如图 291 所示。

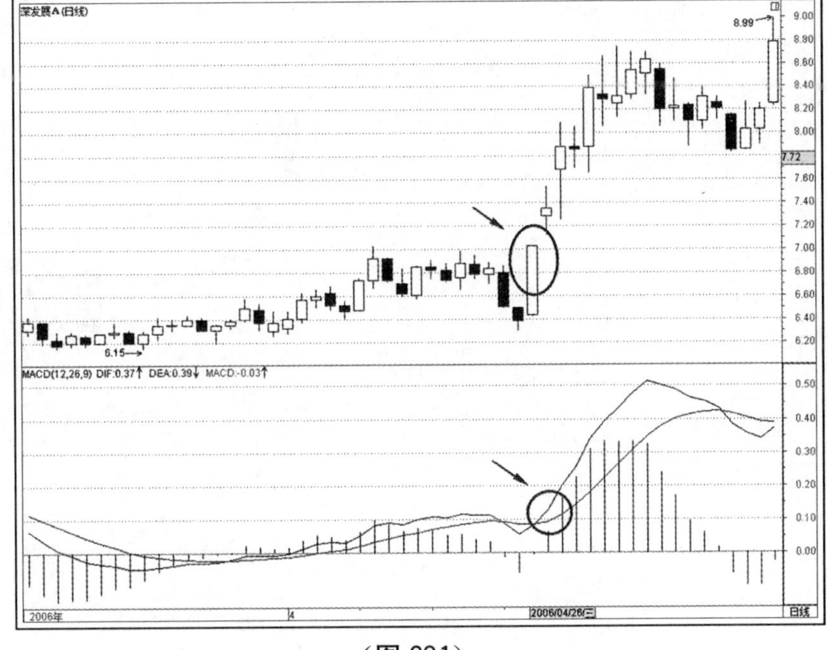

（图 291）

大阳出现的当日或次日，MACD 柱状能量线从 0 轴值之下的空头空间向 0 轴值之上的多头空间延伸，绿色柱状线逐步萎缩消失并转化为红色柱状线，大阳交易信号强烈有效。如图 292 所示。

（图 292）

2. 大阳交易系统失效信号的四种 MACD 技术参数：

大阳出现的当日，DIF 和 DEA 线在 0 轴值之下的空头空间运行，但并未形成金叉，大阳交易信号失效。如图 293 所示。

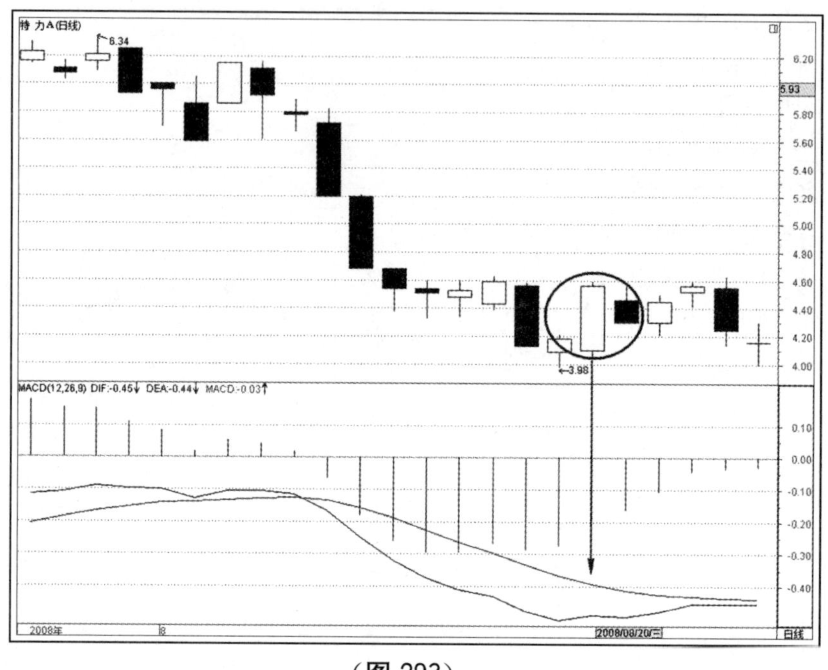

（图 293）

大阳出现的当日，DIF 和 DEA 线在 0 轴值之上的多头空间或 0 轴值之下的空头空间已经向下形成死叉，大阳交易信号失效。如图 294 所示。

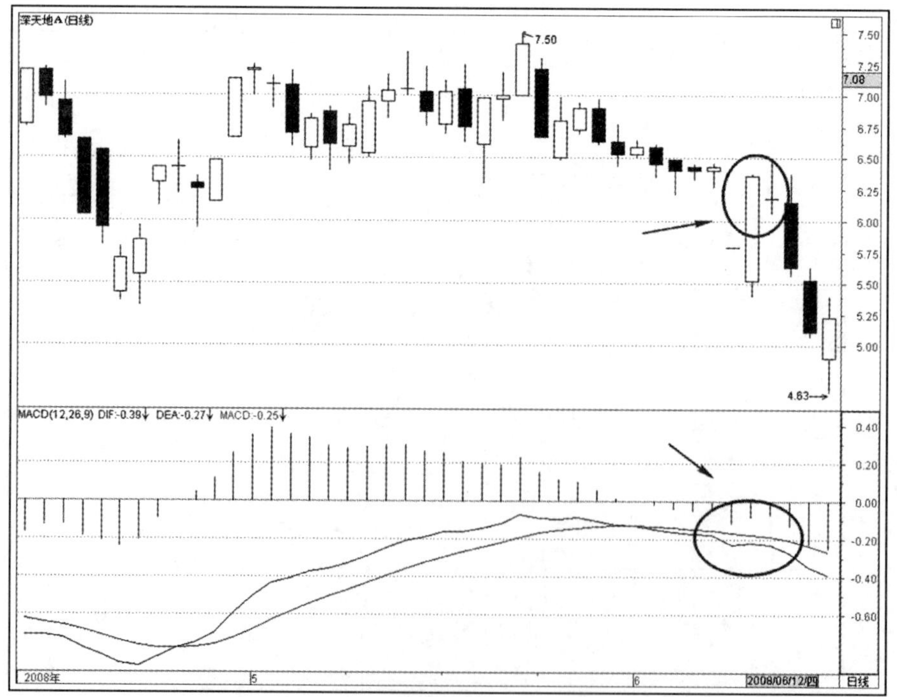

（图 294）

大阳出现的当日，MACD 柱状能量线处在 0 轴值之下的空头空间内，绿色柱状线逐步萎缩但并未消失，也没有转化为红色柱状线，大阳交易信号失效。如图 295 所示。

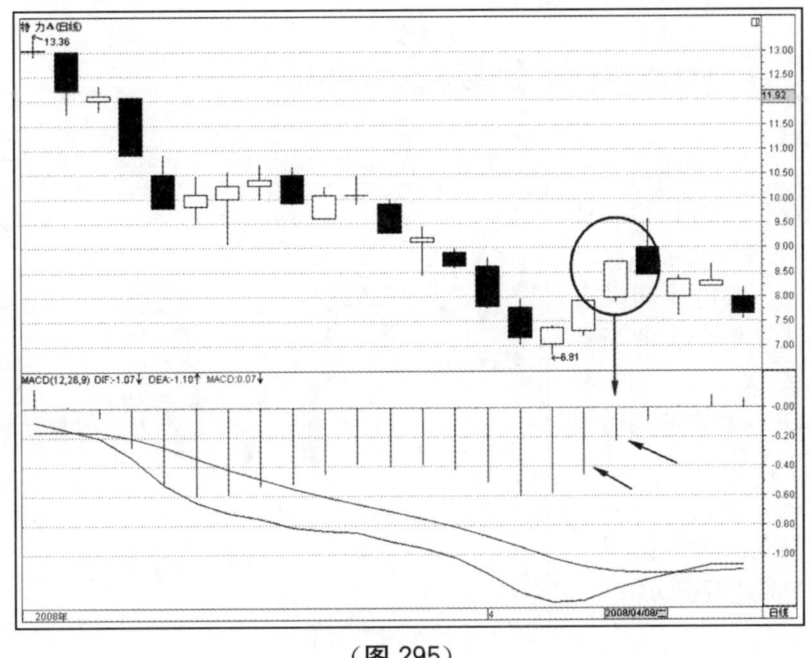

（图 295）

大阳出现的当日，MACD 柱状能量线处在 0 轴值之上的多头空间内并逐步向 0 轴值之下的空头空间延伸，红色柱状线逐步萎缩但并未消失，尚未转化为绿色柱状线，大阳交易信号失效。如图 296 所示。

（图 296）

四、MACD 对均线交易系统的优化

1. 均线交易系统有效信号的八种 MACD 技术参数

攻击线和操盘线发生金叉的当日或次日，DIF 和 DEA 线在 0 轴值之下的空头空间已经形成金叉，均线交易信号强烈有效。如图 297 所示。

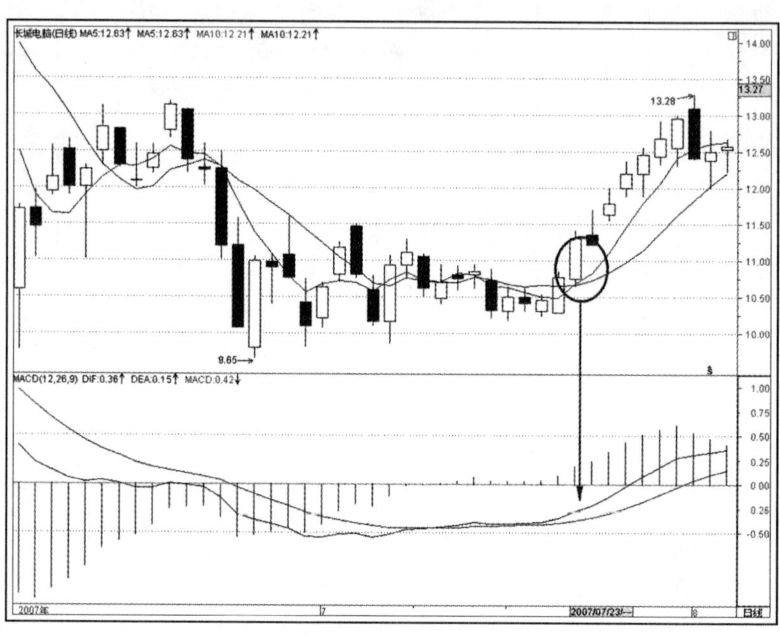

（图 297）

攻击线和操盘线发生金叉的当日或次日，DIF 和 DEA 线在 0 轴值之上的多头空间再度形成金叉，均线交易信号强烈有效。如图 298 所示。

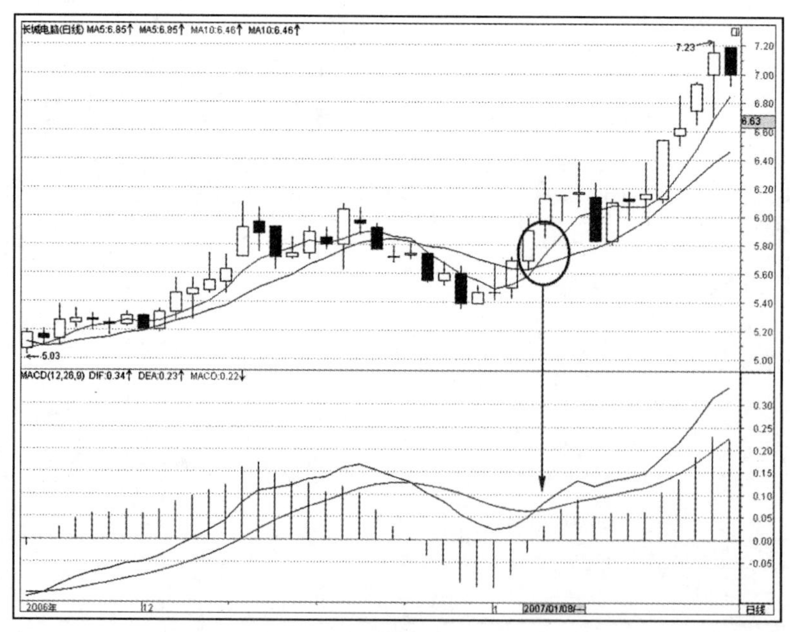

（图 298）

攻击线和操盘线发生金叉的当日或次日，MACD柱状能量线从0轴值之下的空头空间向0轴值之上的多头空间延伸，绿色柱状线逐步萎缩消失并转化为红色柱状线，均线交易信号强烈有效。如图299所示。

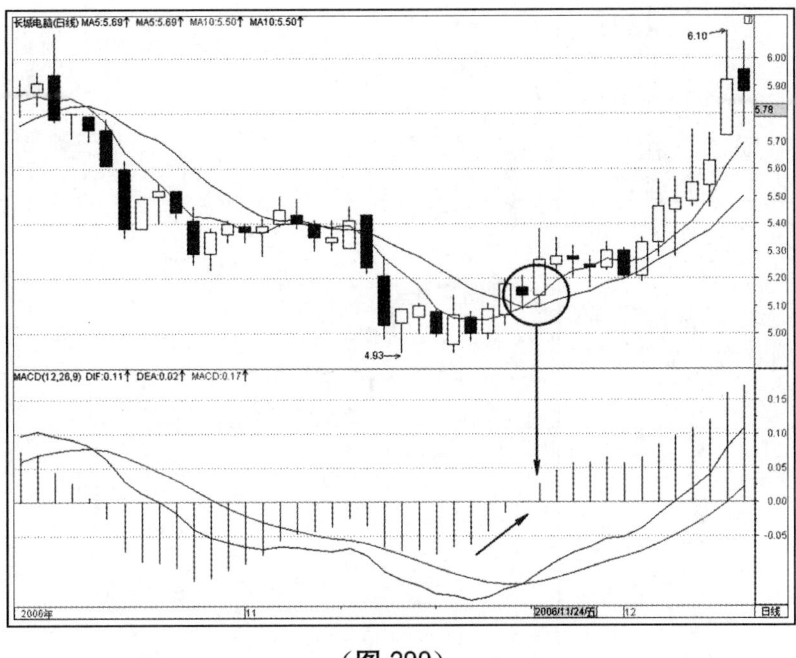

（图299）

攻击线走平的当日或次日，DIF和DEA线在0轴值之上的多头空间形成死叉，此时应短线卖出，均线交易信号强烈有效。如图300所示。

（图300）

攻击线和操盘线发生死叉的当日或次日，DIF 和 DEA 线在 0 轴值之上的多头空间形成死叉，此时应中线卖出，均线交易信号强烈有效。如图 301 所示。

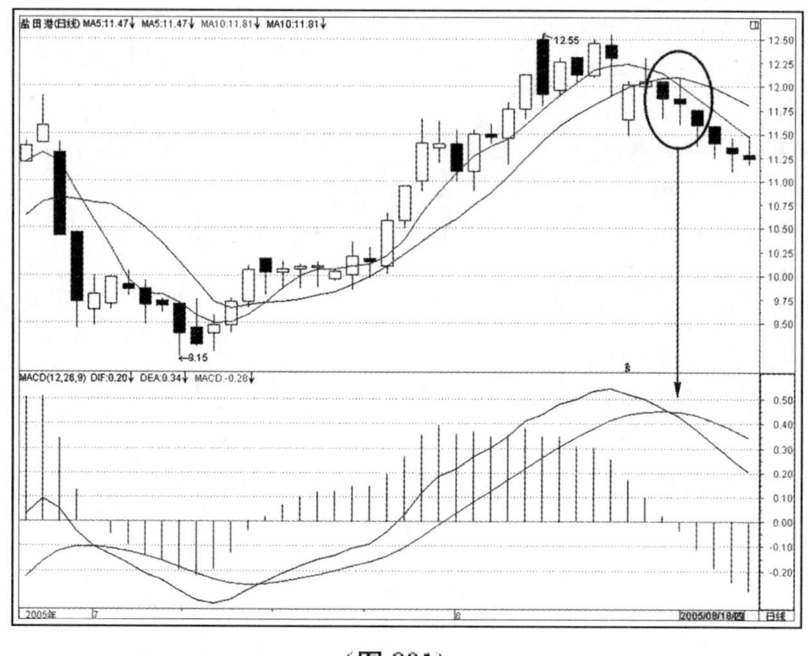

（图 301）

攻击线走平的当日或次日，MACD 柱状能量线从 0 轴值之上的多头空间向 0 轴值之下的空头空间延伸，红色柱状线逐步萎缩但并未消失，尚未转化为绿色柱状线，此时应短线卖出，均线交易信号强烈有效。如图 302 所示。

（图 302）

攻击线拐头向下的当日或次日，MACD 柱状能量线从 0 轴值之上的多头空间向 0 轴值之下的空头空间延伸，红色柱状线逐步萎缩消失，并转化为绿色柱状线，此时应短线卖出，均线交易信号强烈有效。如图 303 所示。

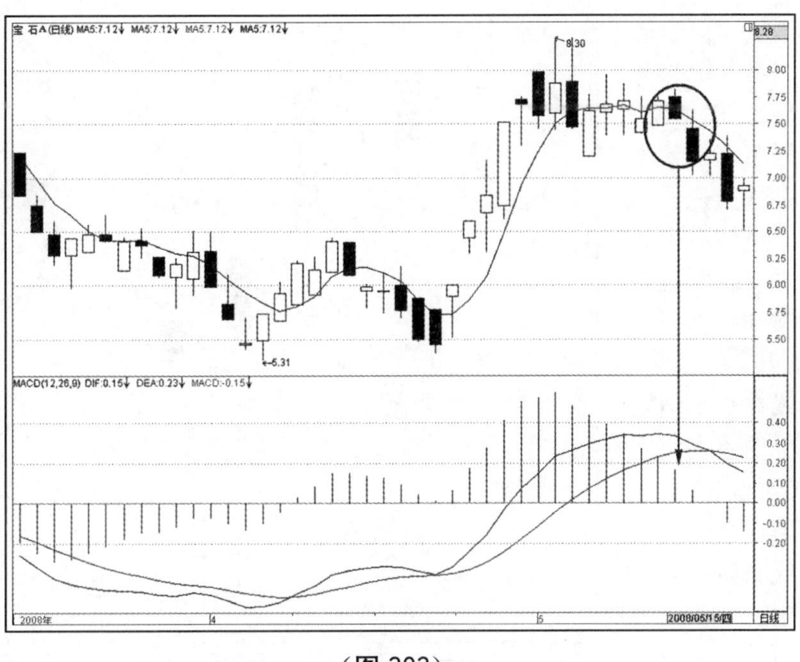

（图 303）

攻击线和操盘线发生死叉的当日或次日，MACD 柱状能量线从 0 轴值之上的多头空间向 0 轴值之下的空头空间延伸，红色柱状线逐步萎缩消失，并转化为绿色柱状线，此时应中线卖出，均线交易信号强烈有效。如图 304 所示。

（图 304）

2. 均线交易系统失效信号的四种 MACD 技术参数：

攻击线和操盘线发生金叉的当日，DIF 和 DEA 线在 0 轴值之上的空头空间运行，但并未形成金叉，均线交易信号失效。如图 305 所示。

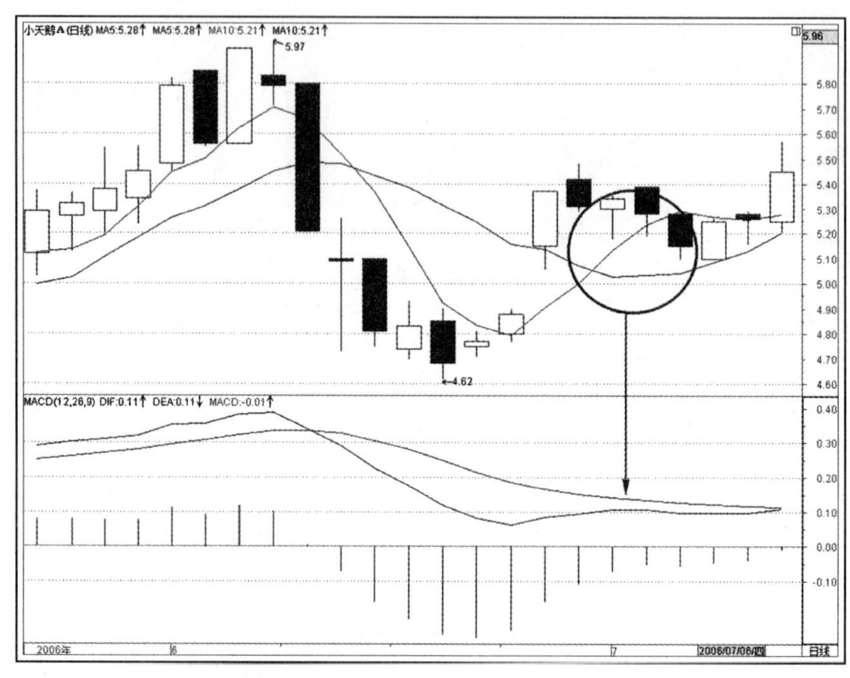

（图 305）

攻击线和操盘线发生金叉的当日，DIF 和 DEA 线在 0 轴值之上的多头空间已经向下形成死叉，均线交易信号失效。如图 306 所示。

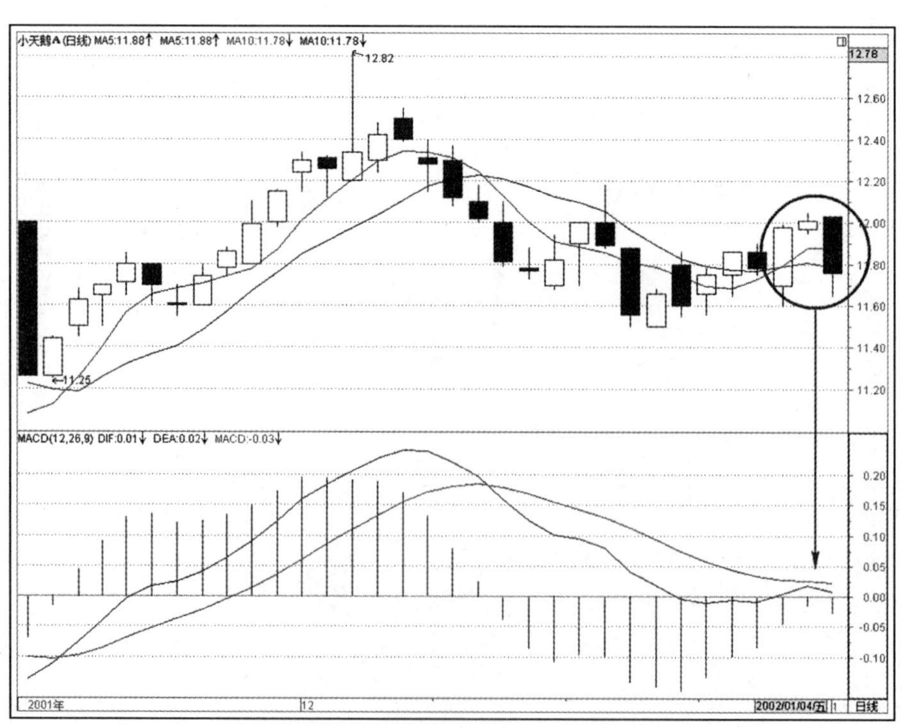

（图 306）

攻击线和操盘线发生金叉的当日，MACD 柱状能量线处在 0 轴值之下的空头空间内，绿色柱状线逐步萎缩但并未消失，也没有转化为红色柱状线，均线交易信号失效。如图 307 所示。

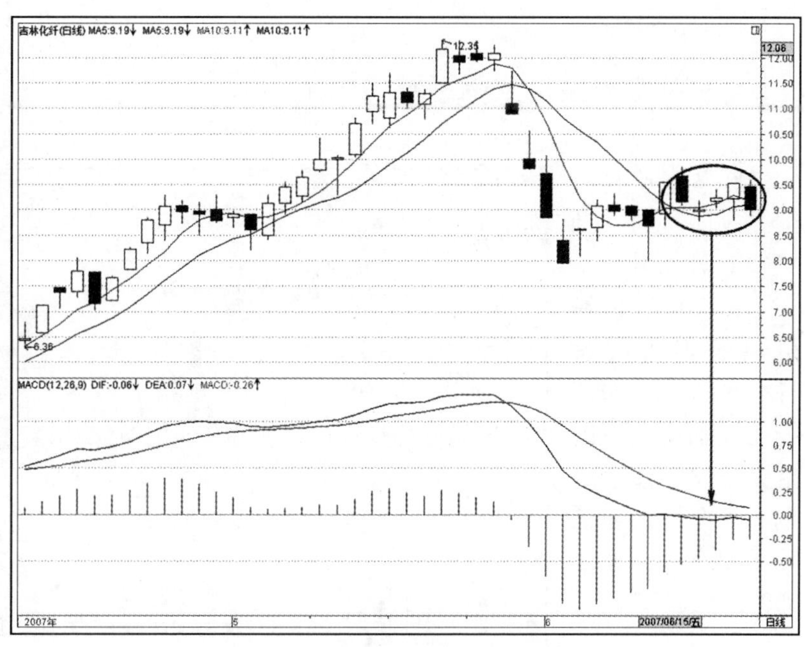

（图 307）

攻击线和操盘线发生金叉的当日，MACD 柱状能量线处在 0 轴值之上的多头空间内并逐步向 0 轴值之下的空头空间延伸，红色柱状线逐步萎缩但并未消失，尚未转化为绿色柱状线，均线交易信号失效。如图 308 所示。

（图 308）

五、MACD 对量能交易系统的优化

1. 大量交易系统有效信号的三种 MACD 技术参数：

大量带阳 K 线出现的当日或次日，DIF 和 DEA 线在 0 轴值之下的空头空间已经形成金叉，大量交易信号强烈有效。如图 309 所示。

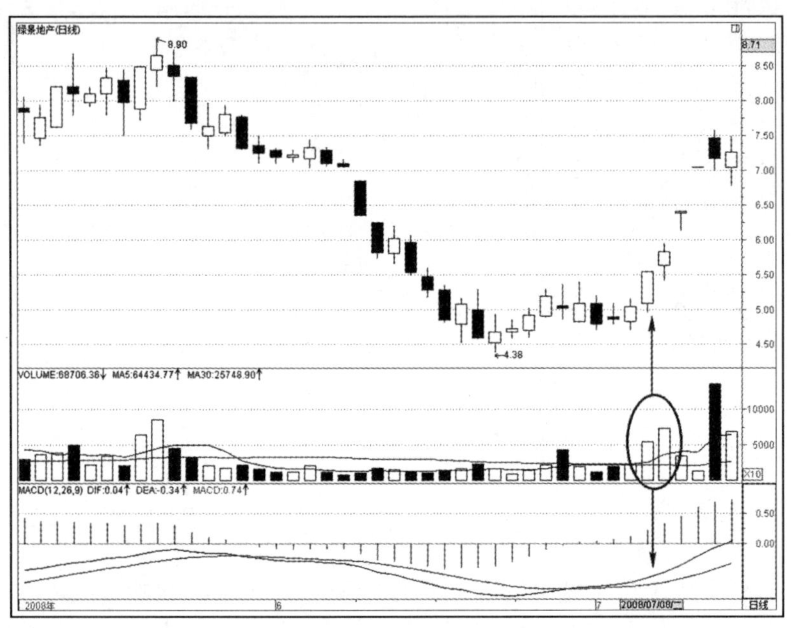

（图 309）

大量带阳 K 线出现的当日或次日，DIF 和 DEA 线在 0 轴值之上的多头空间再度形成金叉，大量交易信号强烈有效。如图 310 所示。

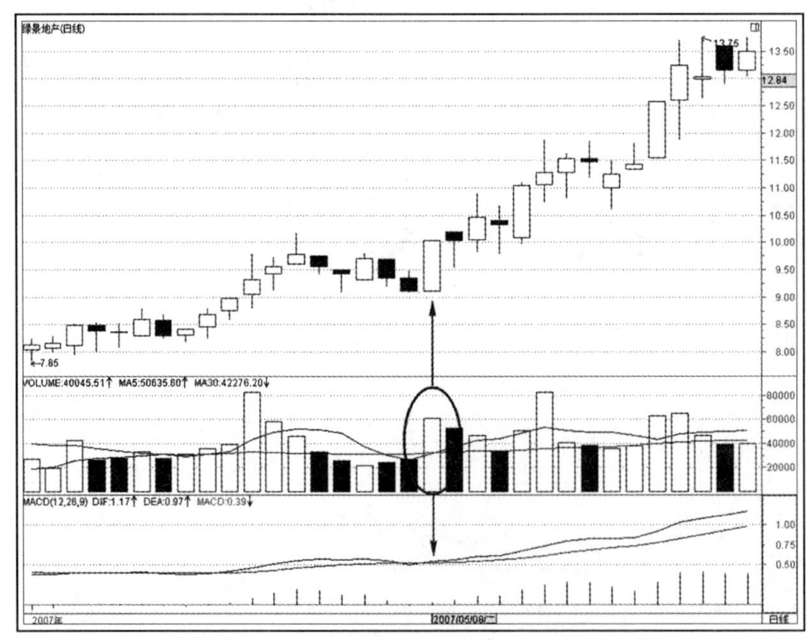

（图 310）

大量带阳K线出现的当日或次日，MACD柱状能量线从0轴值之下的空头空间向0轴值之上的多头空间延伸，绿色柱状线逐步萎缩消失并转化为红色柱状线，大量交易信号强烈有效。如图311所示。

（图311）

2. 大量交易系统失效信号的四种MACD技术参数：

大量带阳K线出现的当日，DIF和DEA线在0轴值之下的空头空间运行，但并未形成金叉，大量交易信号失效。如图312所示。

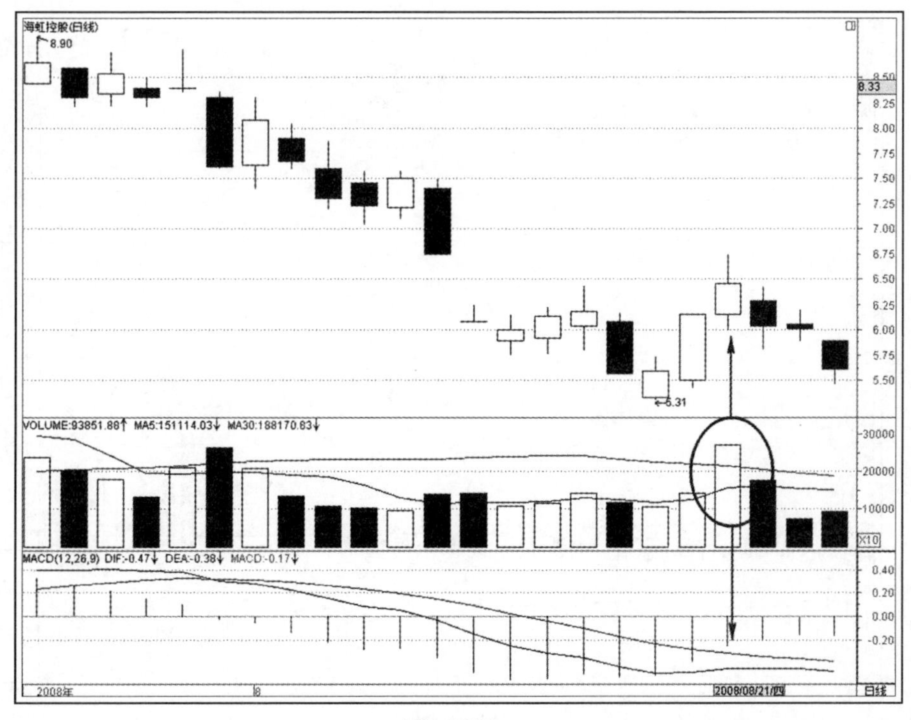

（图312）

大量带阳K线出现的当日，DIF和DEA线在0轴值之上的多头空间已经向下形成死叉，大量交易信号失效。如图313所示。

（图313）

大量带阳K线出现的当日，MACD柱状能量线处在0轴值之下的空头空间内，绿色柱状线逐步萎缩但并未消失，也没有转化为红色柱状线，大量交易信号失效。如图314所示。

（图314）

大量带阳 K 线出现的当日，MACD 柱状能量线处在 0 轴值之上的多头空间内并逐步向 0 轴值之下的空头空间延伸，红色柱状线逐步萎缩但并未消失，尚未转化为绿色柱状线，大量交易信号失效。如图 315 所示。

（图 315）

第二节 KDJ 优化解码

一、名词解释：随机指标 KDJ

KDJ 也叫随机指标。主要根据统计学的原理，通过以特定周期（9 日）的最高价、最低价及收盘价为基本数据进行计算，得出其中的 K 值、D 值和 J 值。并分别在指标的坐标上形成一个完整的、能反映价格波动趋势平滑移动曲线，这就是 KDJ 指标。

KDJ 指标主要利用价格的真实波幅来反映价格走势的强弱和超买超卖现象，在价格尚未上升或下降之前发出买卖信号的一种技术工具。它在设计过程中主要是研究最高价、最低价和收盘价之间的关系，同时也融合了动量指标、强弱指标和移动平均线的一些优点。因此，能够比较迅速、快捷、直观地研判行情。如图 316 所示。

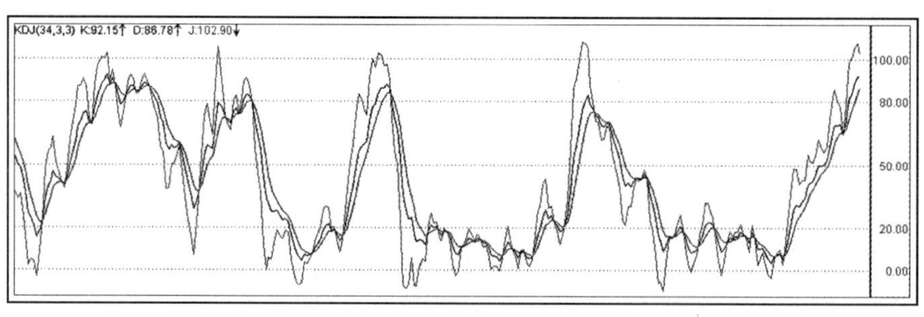

（图 316）

以 9 日为周期的 KDJ 线为例。首先必须计算出最近 9 日的 RSV 值，即未成熟随机值，计算公式为：

9 日 RSV=（C−L9）÷（H9−L9）×100

式中，C 为第 9 日的收盘价；L9 为 9 日内的最低价；H9 为 9 日内的最高价。

K 值$=\frac{2}{3}\times$前一日 K 值$+\frac{1}{3}\times$当日 RSV

D 值$=\frac{2}{3}\times$前一日 K 值$+\frac{1}{3}\times$当日 RSV

若无前一日 K 值与 D 值，则可以分别用 50 代替。

J 值=3D−2K

实际运用过程中，J 值的实质是反映 K 值和 D 值的乖离程度，从而领先 KD 值找出股价的阶段性头部或底部。应用中，J 值范围向上可超过 100 指标值，向下可击穿 0 指标值而进入负值区。如图 317 所示。

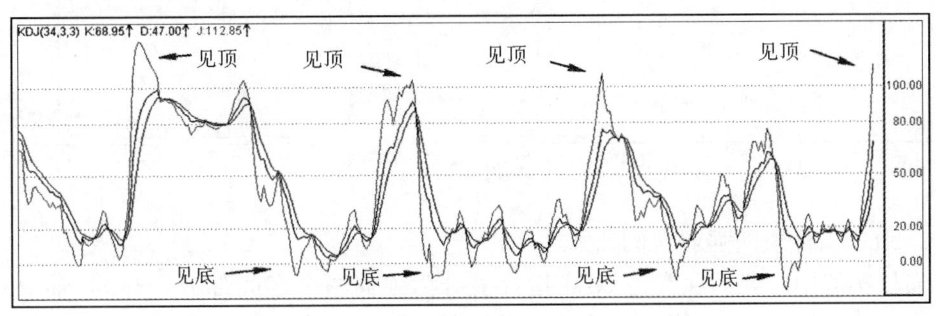

（图 317）

二、KDJ 在操盘实战中的作用

1. KDJ 指标值的变动范围。

KDJ 指标值主要 0～100 之间进行上下波动，然而实际状态却是，在上涨过程中，KDJ 向上可以突破 100 指标值，而在下跌过程中，向下则可以击穿 0 指标值进入负值区。在常规状态下，KDJ 指标值的变动范围一般在 0～100 之间波动。如图 318、图 319、图 320 所示。

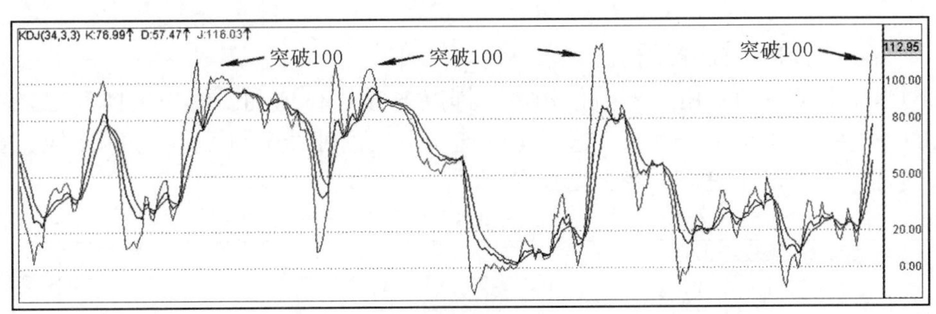

（图 318）

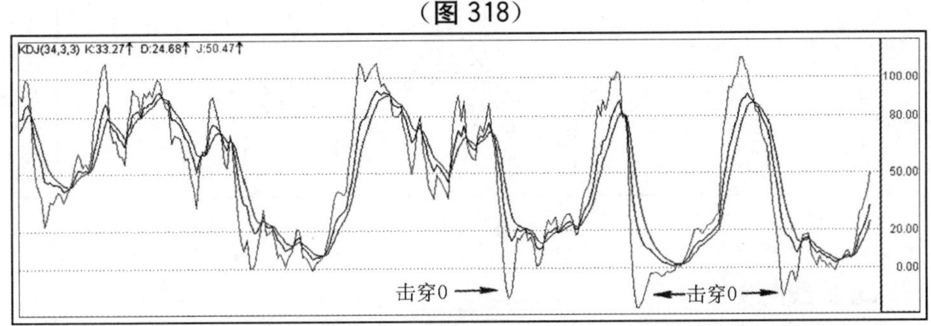

（图 319）

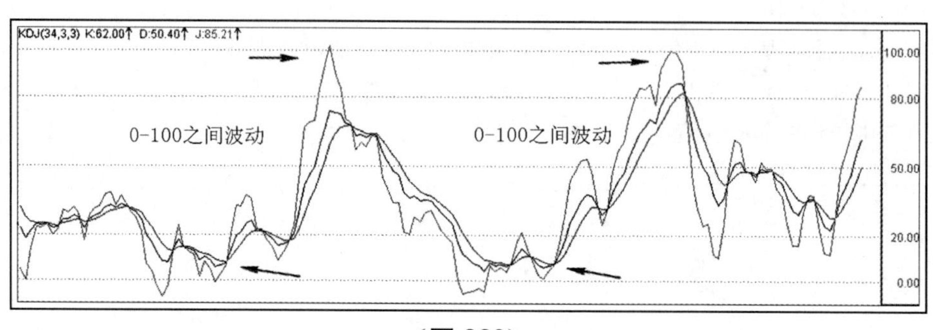

（图 320）

2. KDJ 指标值的强弱区间。

临盘实战中，我们通常把 KDJ 指标值分为强弱两个区间部分，在 50 轴值之上区域为强势区，而 50 轴值之下的区域则为弱势区。如图 321 所示。

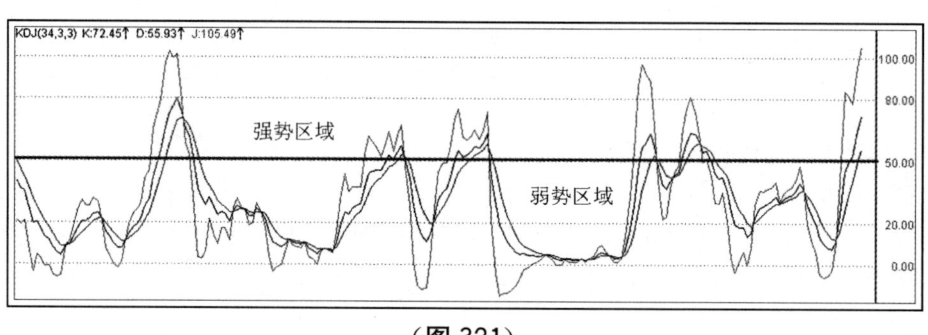

（图 321）

3. KDJ 指标值的曲线结构。

KDJ 指标值的曲线由三个数值构成，即以 K 值、D 值和 J 值为主体的三条平滑移动的平均线，表现在图表上，这三个数值所形成的曲线分别是白色的 K 线、黄色的 D 线和紫红色的 J 线。如图 322 所示。

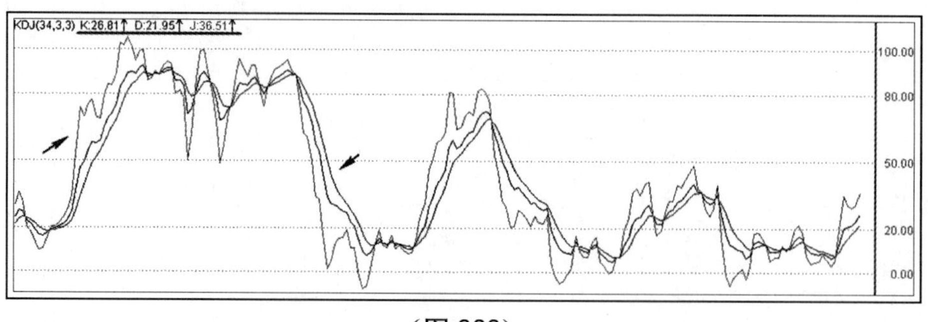

（图 322）

4. KDJ 曲线的交叉：

A. 黄金交叉的两种形式：

第一种形式。当 KDJ 曲线都在 50 轴值之上的强势区域内，此时，K 值和 J 值同时向上突破 D 值发生黄金交叉，说明股价已经展开强势上涨，临盘必须及时买进或加码。如图 323 所示。

（图 323）

第二种形式。当 KDJ 曲线都在 50 轴值之下的弱势区域内，此时，K 值和 J 值同时向上突破 D 值发生黄金交叉，说明股价已经结束调整或下跌行情，趋势转强，临盘必须及时抄底买进。如图 324 所示。

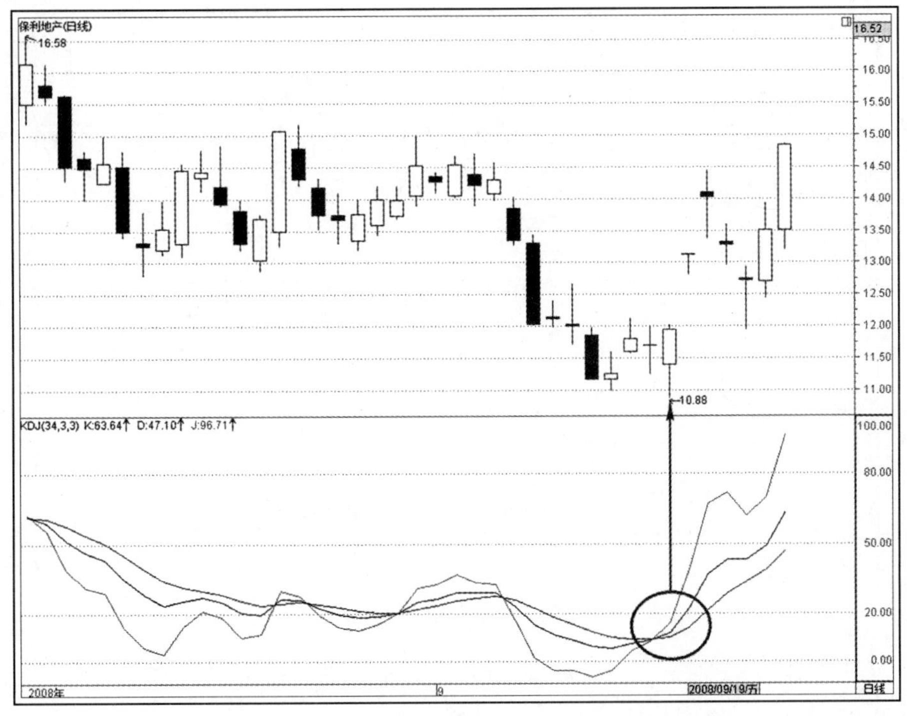

（图 324）

B. 死亡交叉的两种形式：

第一种形式。当 KDJ 曲线都在 50 轴值之上的强势区域内，此时，K 值和 J 值同时向下击穿 D 值发生死亡交叉，说明股价已经见顶回落并展开阶段性下跌，临盘应考虑及时卖出。如图 325 所示。

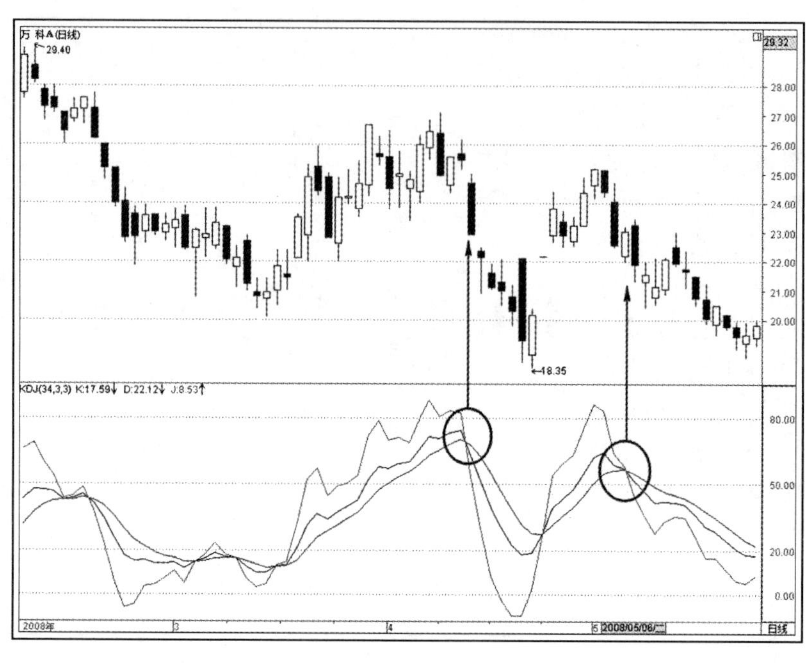

（图 325）

第二种形式。当 KDJ 曲线都在 50 轴值之下的弱势区域内，此时，K 值和 J 值同时向下击穿 D 值发生死亡交叉，说明股价已经结束反弹并继续展开下跌，临盘应考虑及时卖出。如图 326 所示。

（图 326）

特别提醒：在临盘实战运用过程中，当 KDJ 指标形成黄金交叉或死亡交叉时，如果与对应的交易系统发生共振，则产生的交易信号极为强烈，对买进和卖出的实战决策指导具有巨大的应用价值。如下面两个例子所示。

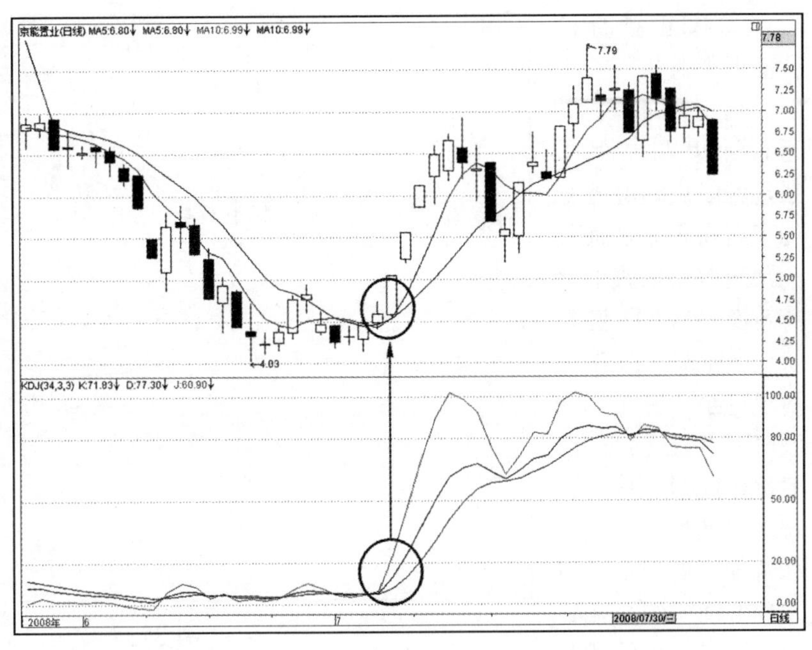

（图 327）

例 1，KDJ 与均线系统发生金叉共振，催生一轮波段行情，买进信号强烈。如图 327 所示。

例 2，KDJ 与大量系统中均量线发生金叉共振，催生一轮波段行情，买进信号强烈。如图 328 所示。

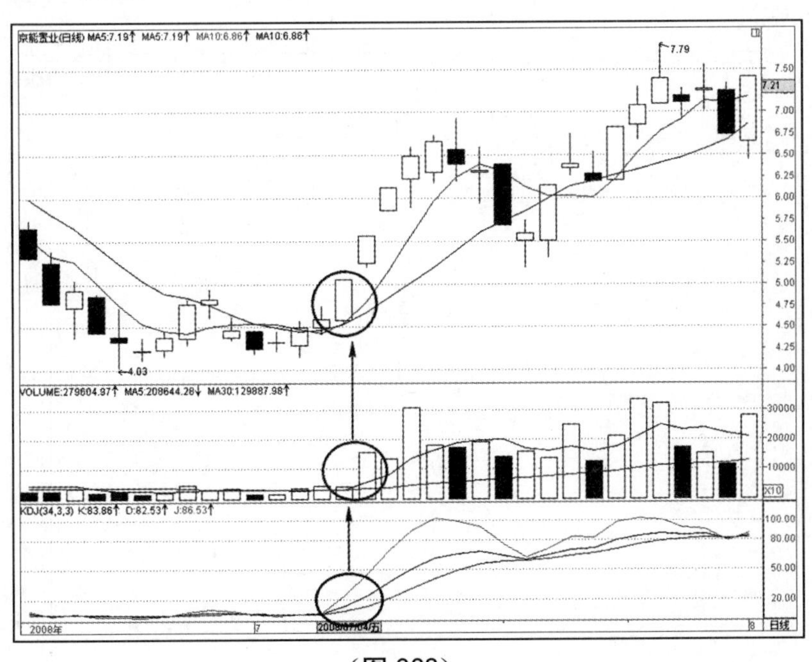

（图 328）

5. KDJ 指标的背离形态分析。

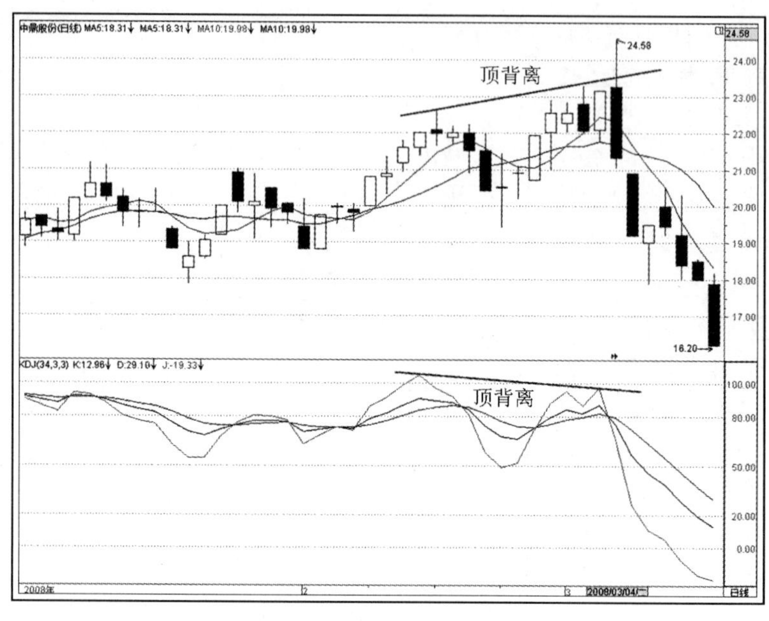

（图 329）

利用 KDJ 指标的运行速度与空间关系，可以观察其指标的背离特征，从而提前预测股价的强弱趋势转换。当 KDJ 指标快速向上延伸发散之后经过至少两个以上波峰状形态的变化，股价在此过程中，出现小周期性波段性上涨特征。此时，临盘发现 KDJ 指标的第二个或第三个波峰明显低于第一个波峰，而股价却已经创出前一波新高，此时，顶背离技术特征已经形成，KDJ 指标趋势将由强转弱，而股价也会即将见顶回落。如图 329 所示。

同理，当 KDJ 指标快速向下延伸发散之后经过至少两个以上波峰状形态的变化，股价在此过程中，出现小周期性波段性下跌特征。此时，临盘发现 KDJ 指标的第二个或第三个波峰明显高于第一个波峰，而股价却已经创出前一波新低，此时，底背离技术特征已经形成，KDJ 指标趋势将由弱转强，而股价也会即将见底回升。如图 330 所示。

（图 330）

特别提醒：在临盘实际运用过程中，KDJ 指标值背离技术特征往往提前于股价转折或均线交叉所发生的信号，因而，能够较好地提前作出买进和卖出决策。如下面两个例子所示。

（图 331）

例 1，KDJ 指标值与股价发生顶背离，股价趋势转弱，头部出现，临盘应果断卖出。如图 331 所示。

例 2，KDJ 指标值与股价发生底背离，股价趋势转强，底部出现，临盘应果断买进。如图 332 所示。

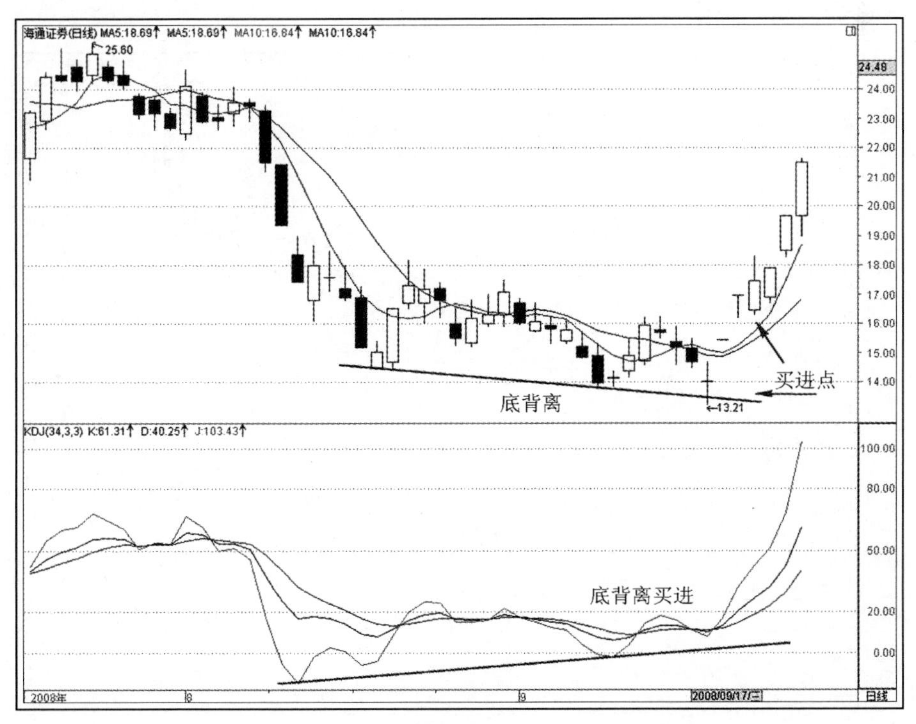

（图 332）

三、KDJ 对大阳交易系统的优化

1. 大阳交易系统有效信号的两种 KDJ 技术参数：

大阳出现的当日或次日，KDJ 线在 50 轴值之下的弱势区域已经形成金叉，大阳交易信号强烈有效。如图 333 所示。

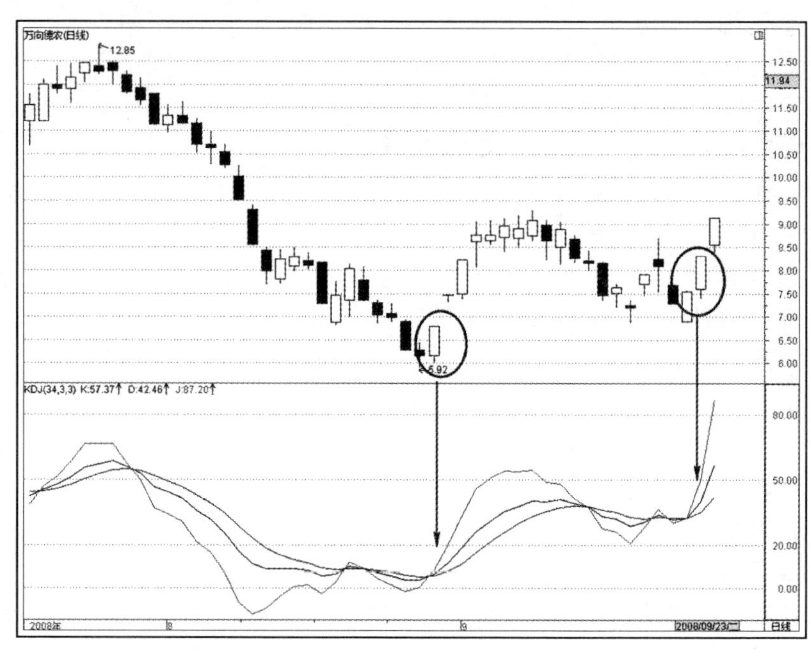

（图 333）

大阳出现的当日或次日，KDJ 线在 50 轴值之上的强势再度形成金叉，大阳交易信号强烈有效。如图 334 所示。

（图 334）

2. 大阳交易系统失效信号的三种 KDJ 技术参数：

大阳出现的当日，KDJ 线在 50 轴值之下的弱势区域运行，但并未形成金叉，股价趋势呈弱势特征，因而大阳交易信号失效。如图 335 所示。

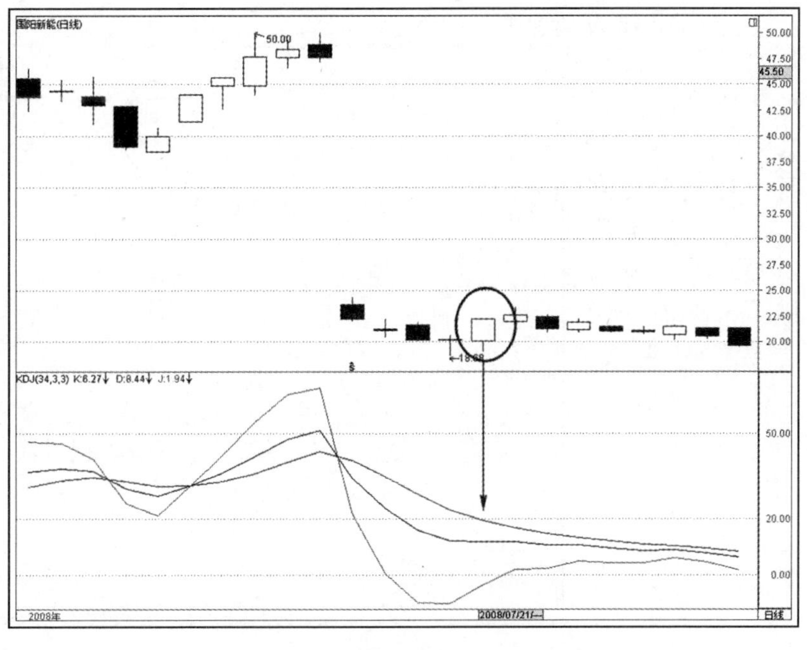

（图 335）

大阳出现的当日，KDJ 线在 50 轴值之上的强势区域已经向下形成死叉，空头趋势已经形成，因而大阳交易信号失效。如图 336 所示。

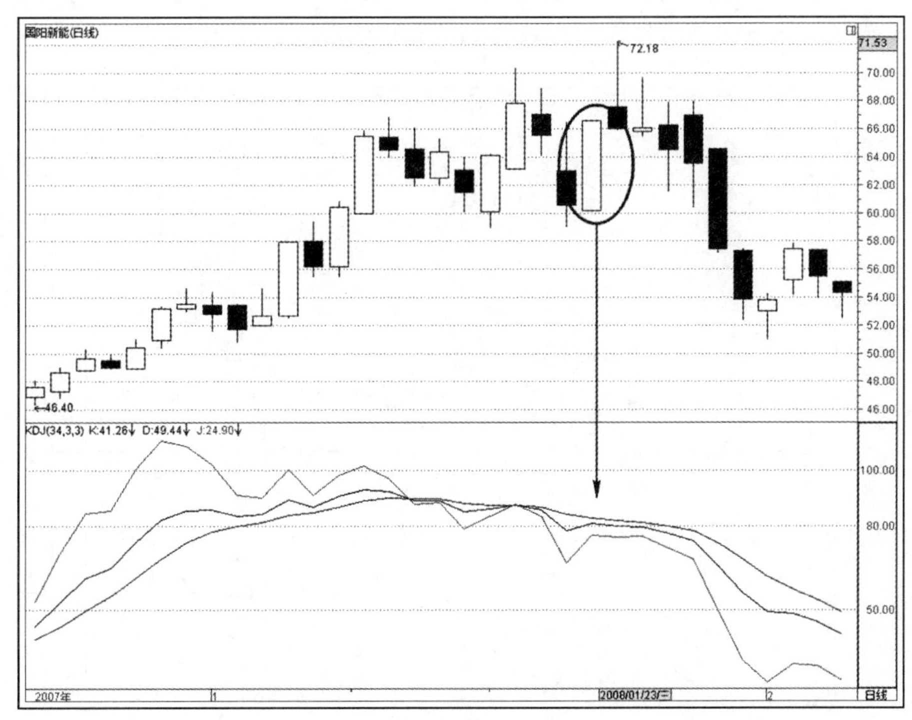

（图 336）

大阳出现的当日，KDJ 线中的 J 值已经进入 100 以上，说明股价上涨空间受到压制，上涨力度有限，操盘价值减少，因而大阳交易信号失效。如图 337 所示。

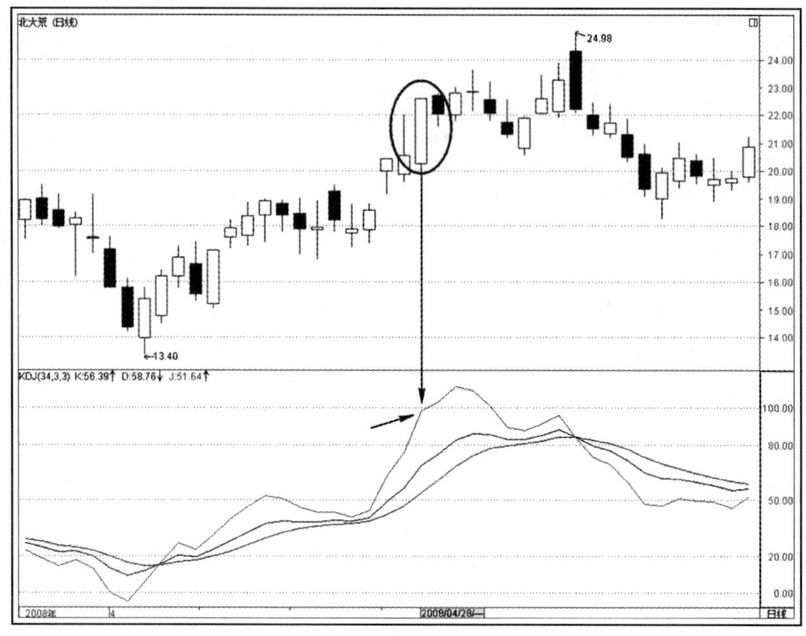

（图 337）

四、KDJ 对均线交易系统的优化

1. 均线交易系统有效信号的五种 KDJ 技术参数：

攻击线和操盘线发生金叉的当日或次日，KDJ 线在 50 轴值之下的弱势区域已经形成金叉，均线交易信号强烈有效。如图 338 所示。

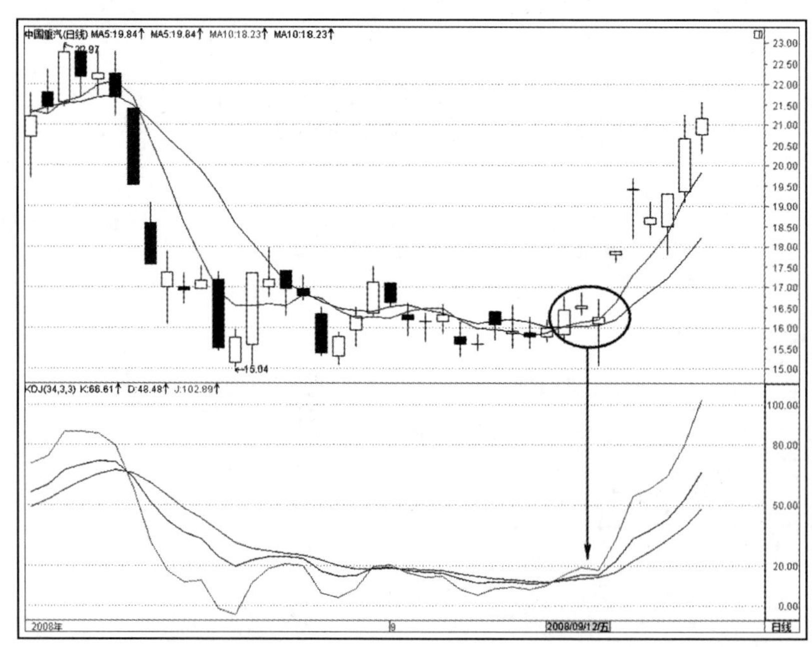

（图 338）

攻击线和操盘线发生金叉的当日或次日，KDJ 线在 50 轴值之上的强势区域再度形成金叉，均线交易信号强烈有效。如图 339 所示。

（图 339）

攻击线走平的当日或次日，KDJ 线在 50 轴值之上的强势区域已经形成死叉，此时应短线卖出，均线交易信号强烈有效。如图 340 所示。

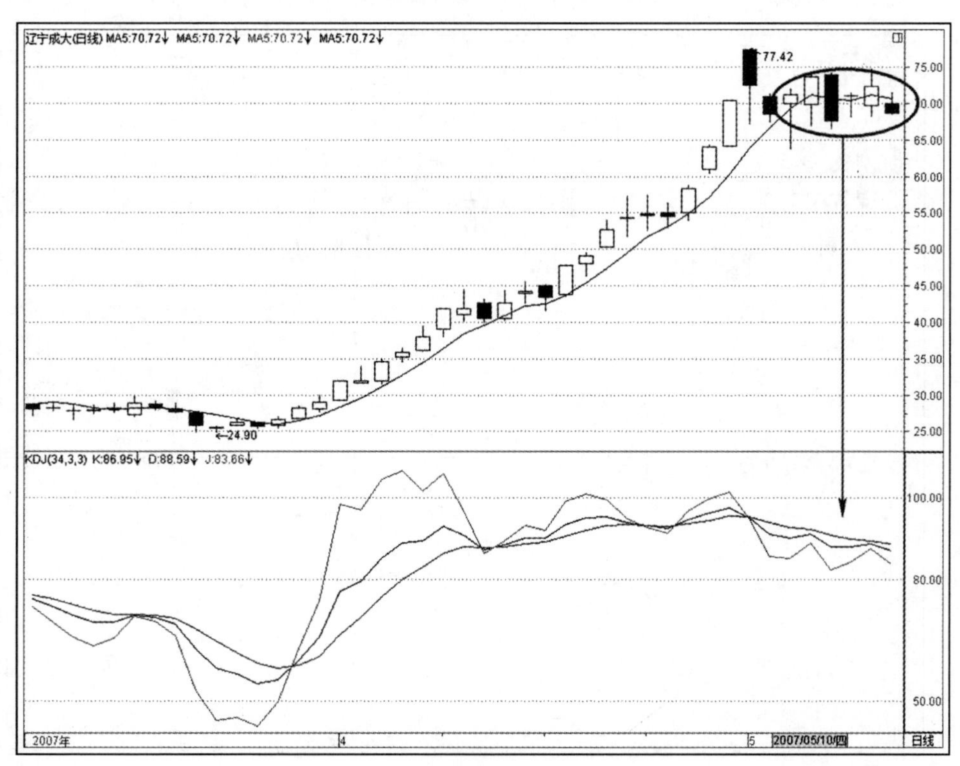

（图 340）

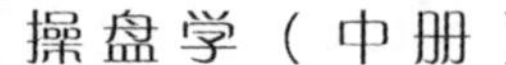

攻击线和操盘线发生死叉的当日或次日，KDJ 线在 50 轴值之上的强势区域形成死叉，此时应中线卖出，均线交易信号强烈有效。如图 341 所示。

（图 341）

攻击线和操盘线发生死叉的当日或次日，KDJ 线在 50 轴值之下的弱势区域形成死叉，此时应中线卖出，均线交易信号强烈有效。如图 342 所示。

（图 342）

2. 均线交易系统失效信号的三种 KDJ 技术参数：

攻击线和操盘线发生金叉的当日或次日，KDJ 线在 50 轴值之下的弱势区域运行，但并未形成金叉，股价还处在弱势状态中运行，均线交易信号失效。如图 343 所示。

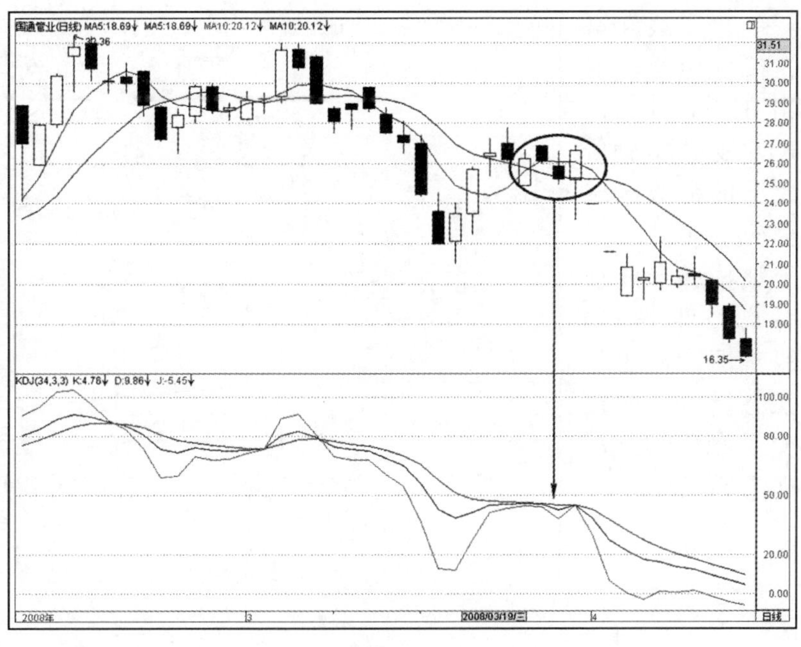

（图 343）

攻击线和操盘线发生金叉的当日或次日，KDJ 线在 50 轴值之上的强势区域已经向下形成死叉，股价弱势状态未变，均线交易信号失效。如图 344 所示。

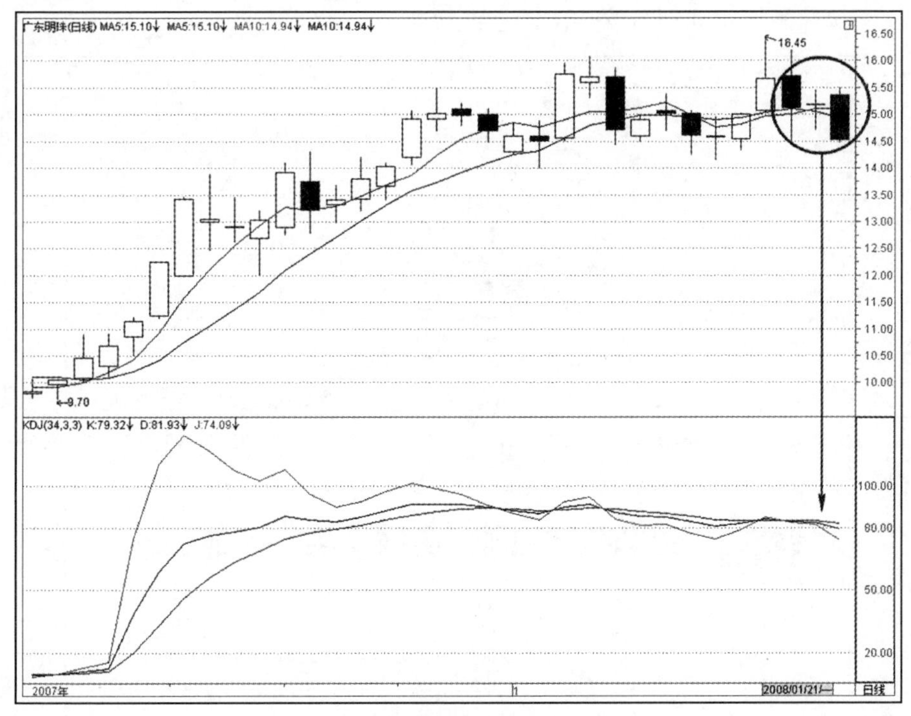

（图 344）

攻击线和操盘线发生金叉的当日或次日，KDJ 线在 50 轴值之上的强势区域已经发生两个以上波峰并形成顶背离技术形态，股价即将向弱势状态转变，均线交易信号失效。如图 345 所示。

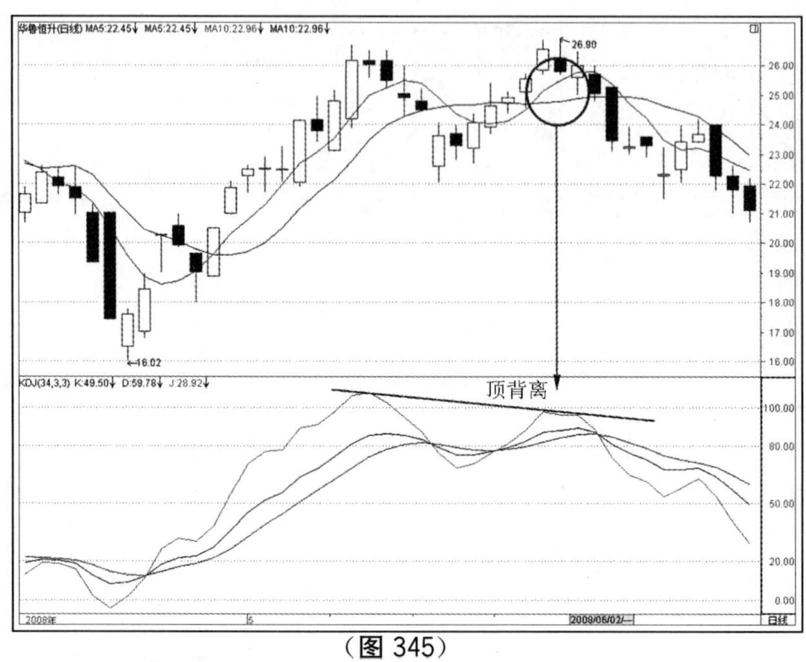

（图 345）

五、KDJ 对量能交易系统的优化

1. 大量交易系统有效信号的两种 KDJ 技术参数：

大量带阳 K 线出现的当日或次日，KDJ 线在 50 轴值之下的弱势区域已经形成金叉，大量交易信号强烈有效。如图 346 所示。

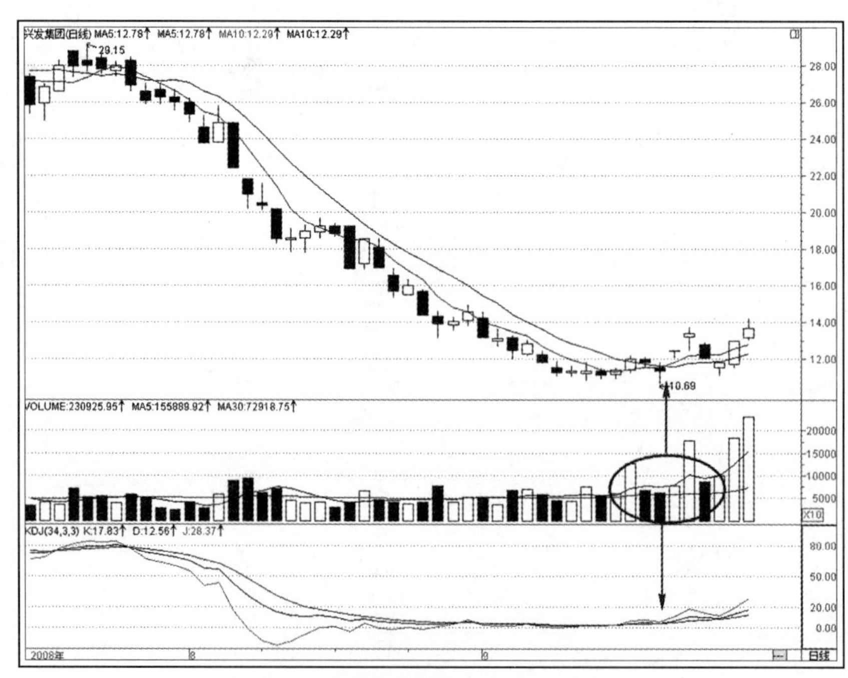

（图 346）

大量带阳K线出现的当日或次日，KDJ线在50轴值之上的强势区域再度形成金叉，大量交易信号强烈有效。如图347所示。

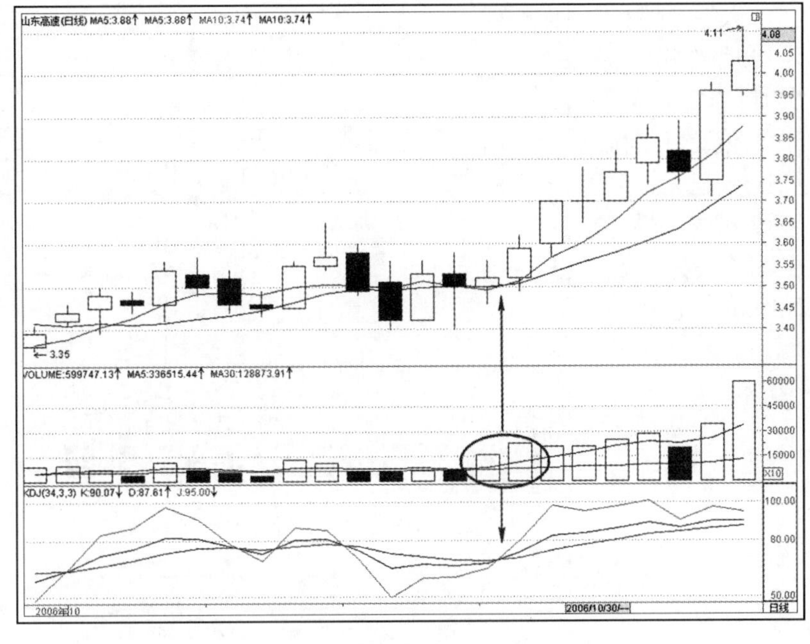

（图347）

2. 大量交易

系统失效信号的三种KDJ技术参数：

大量带阳K线出现的当日或次日，KDJ线在50轴值之下的弱势区域运行，但并未形成金叉，大量交易信号失效。如图348所示。

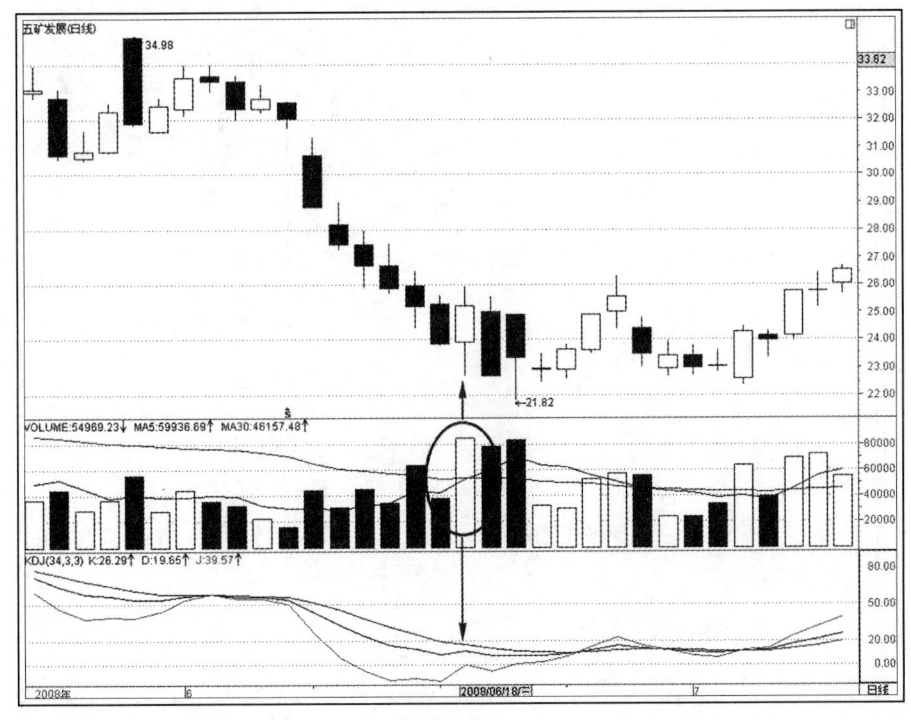

（图348）

大量带阳K线出现的当日或次日，KDJ线在50轴值之上的强势区域已经向下形成死叉，大量交易信号失效。如图349所示。

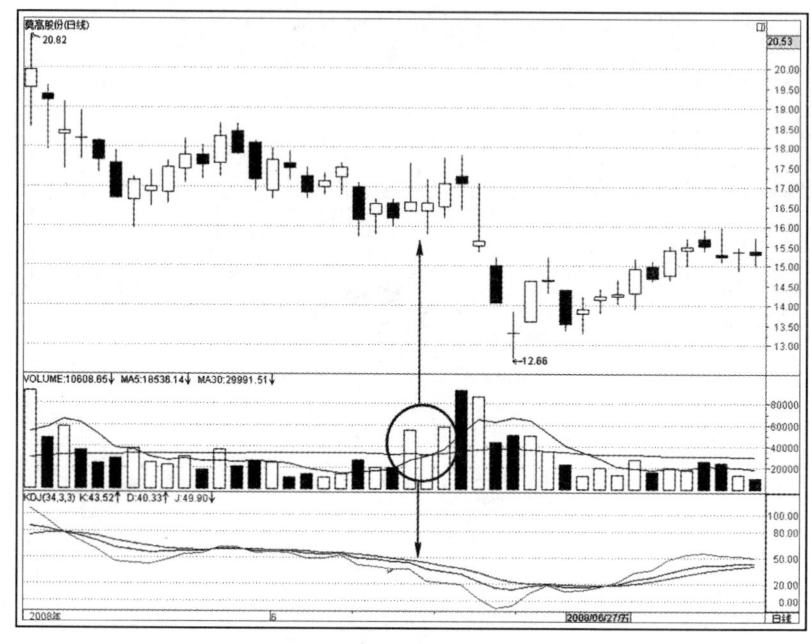

（图349）

大量带阳K线出现的当日或次日，KDJ线在50轴值之上的强势区域已经发生两个以上波峰并形成顶背离技术形态，股价即将向弱势状态转变，大量交易信号失效。如图350所示。

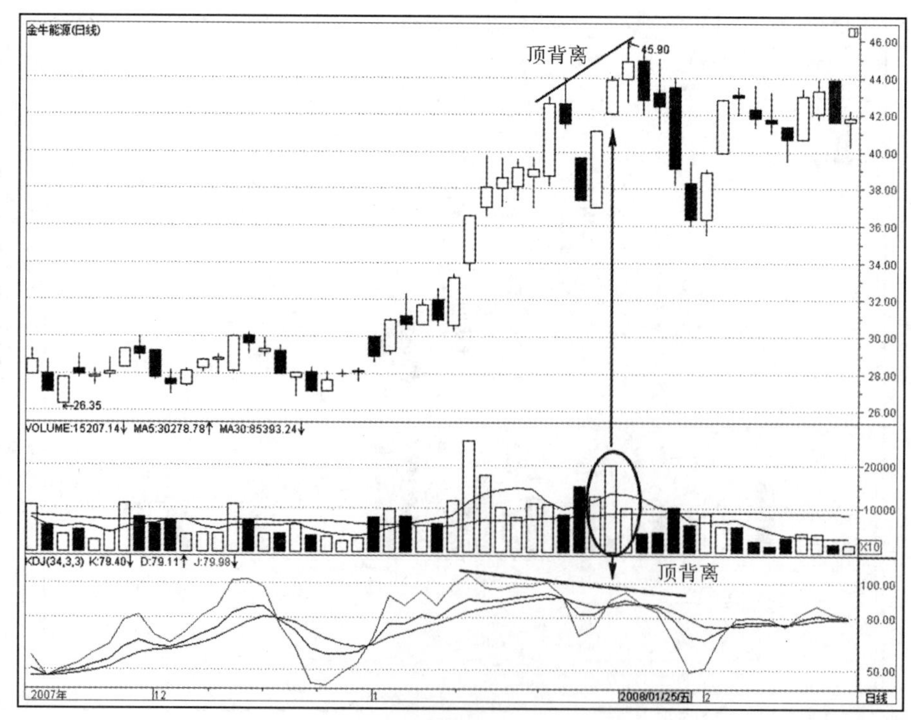

（图350）

第三节 MTM优化解码

一、名词解释：动量指标 MTM

MTM 也叫动量指标，或动力指标。是从股票的恒速原理出发，考察股价的涨跌速度，以股价涨跌速度的变化分析股价趋势的指标。MTM 指标以分析股价波动速度为目的，研究股价在波动过程中各种加速、减速、惯性作用以及股价由静到动或由动转静的现象。同时，MTM 指标基于股价和供需量之间的关系，通过计算股价波动的速度，得出股价进入强势的高峰和转入弱势的低谷等不同讯号。如图 351 所示。

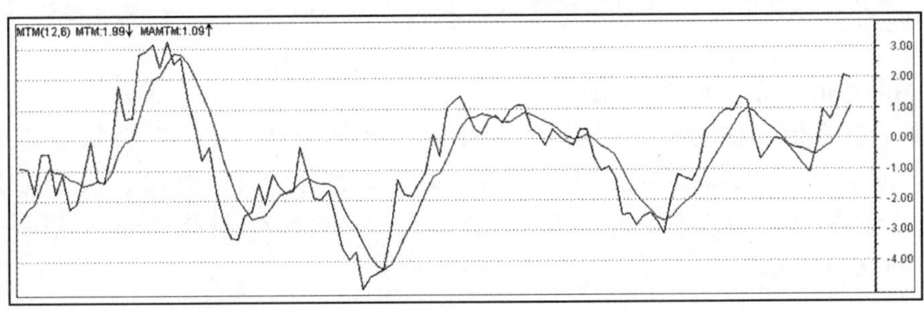

（图 351）

MTM 指标值的计算公式如下：

1. MTM＝当日收盘价－N 日前收盘价
2. MTMMA＝MTM 的 M 日移动平均

其中：

参数 N 常规设置为 12 日，参数 M 常规设置为 6。

在实际应用中，MTM 指标以 0 轴值为中间水平线，通过两条平滑移动的动量线围绕 0 轴值水平线进行波动。常规状态下，动量线在 0 轴值上下波动的延伸范围在±10 以内，极端行情的波动幅度可以达到±100 以上。如图 352、图 353 所示。

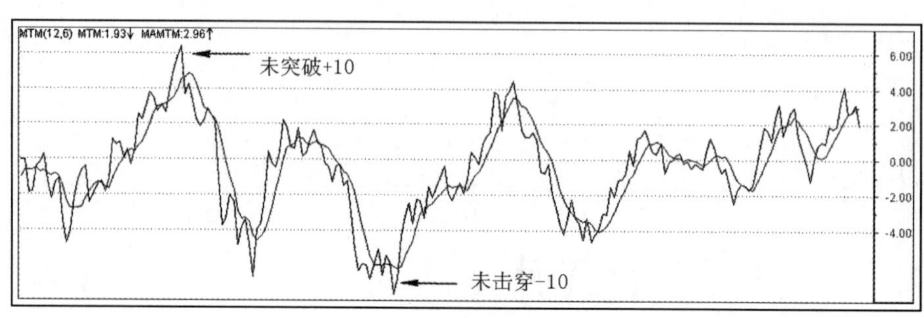

（图 352）

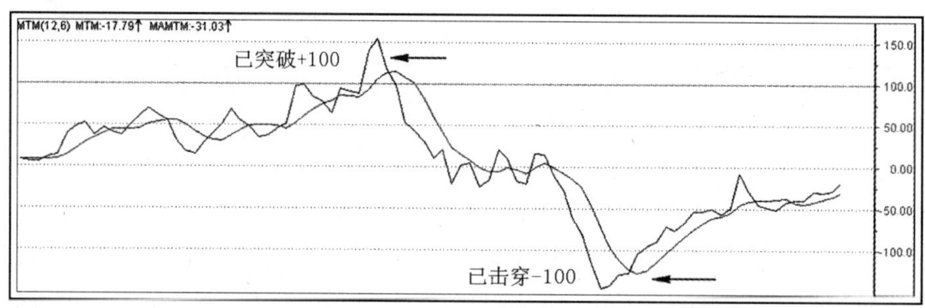

（图 353）

二、MTM 在操盘实战中的作用

1. MTM 指标值的变动范围。

MTM 指标值的动量线主要围绕 0 轴值进行上下波动，然而实际状态却是，在上涨过程中，MTM 动量线向上可以突破＋100 以上指标值，而在下跌过程中，向下则可以击穿－100 以上指标值。在常规状态下，MTM 动量线的变动范围一般在±10 之间波动。如图 354 所示。

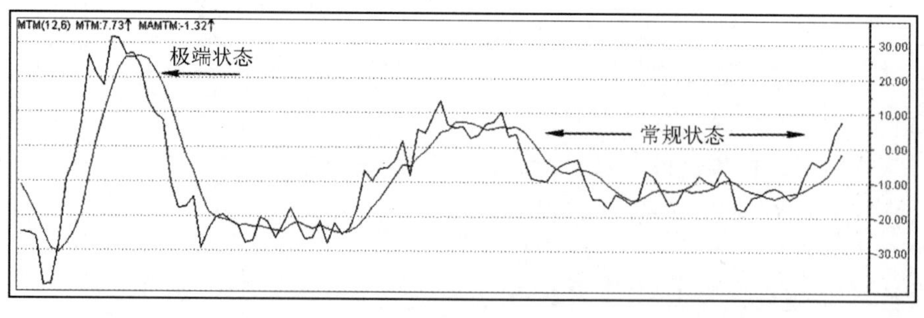

（图 354）

2. MTM 指标值的强弱区间。

临盘实战中，我们通常把 MTM 指标值分为强速区和弱速区两个区间部分，在 0 轴值之上区域为强速区，而 0 轴值之下的区域则为弱速区。如图 355 所示。

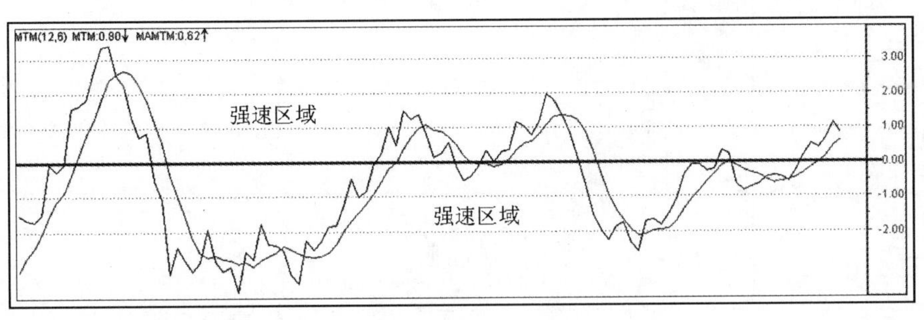

（图 355）

3. MTM 指标值的曲线结构。

MTM 指标值的曲线由两个数值构成，即以 MTM 值和 MAMTM 值为主体的两条平滑移动的动量线，表现在图表上，这两个数值所形成的曲线分别是白色的 MTM 线和黄色的 MAMTM 线。如图 356 所示。

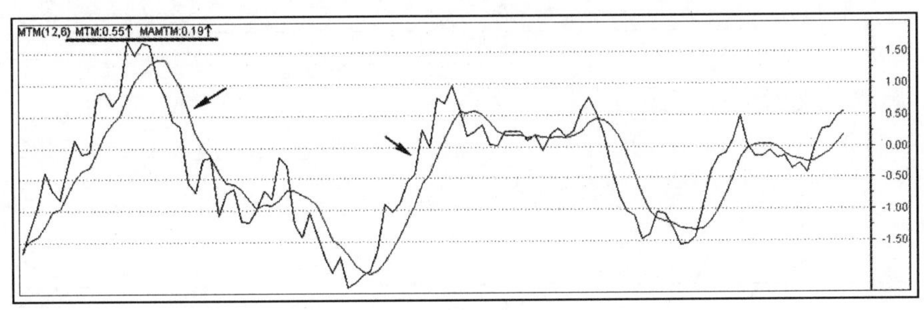

（图 356）

4. MTM 动量线的交叉。

A. 黄金交叉的两种形式：

第一种形式。当 MTM 动量线在 0 轴值之上的强速区域内，此时，MTM 值向上突破 MAMTM 值发生黄金交叉，说明股价已经展开强势加速上涨，临盘必须及时买进或加码。如图 357 所示。

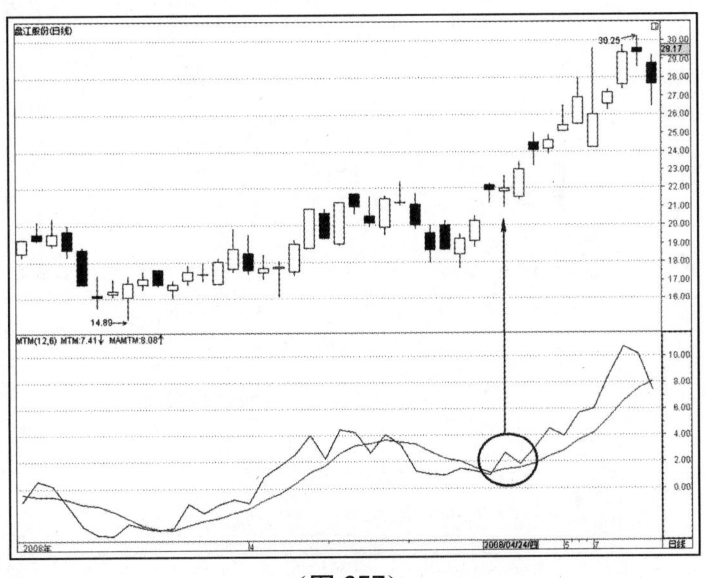

（图 357）

第二种形式。当MTM动量线都在0轴值之下的弱速区域内，此时，MTM值向上突破MAMTM值发生黄金交叉，说明股价已经结束调整或下跌行情，将加速上涨，临盘必须及时抄底买进。如图358所示。

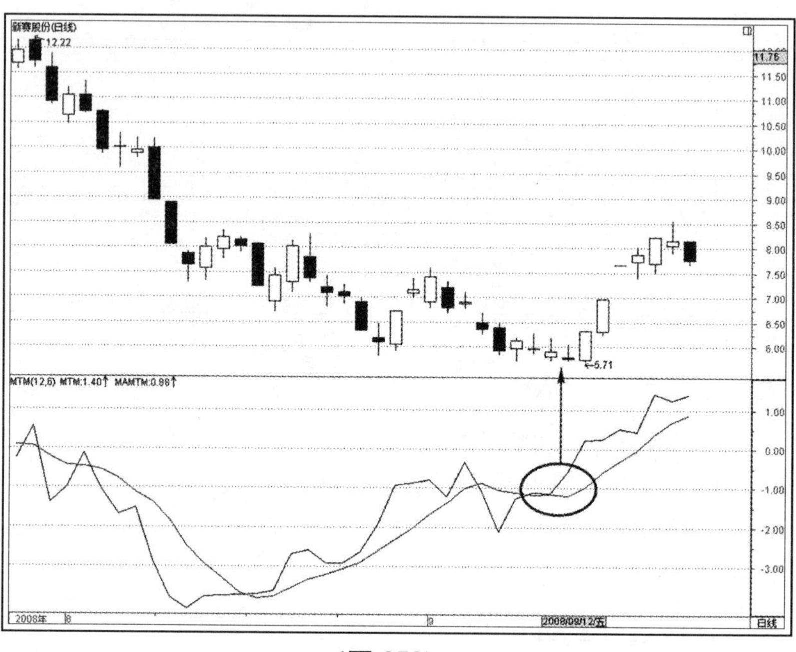

（图358）

B. 死亡交叉的三种形式：

第一种形式。当MTM动量线在0轴值之上的强速区域内，此时，MTM值向下击穿MAMTM值发生第一次死亡交叉，说明股价已经初步见顶回落，临盘应考虑分批卖出。如图359所示。

（图359）

第二种形式。当MTM动量线在0轴值之上的强速区域内，此时，MTM值向下击穿MAMTM值发生第二次死亡交叉，说明股价已经完全见顶并展开阶段性下跌，临盘应及时清仓卖出。如图360所示。

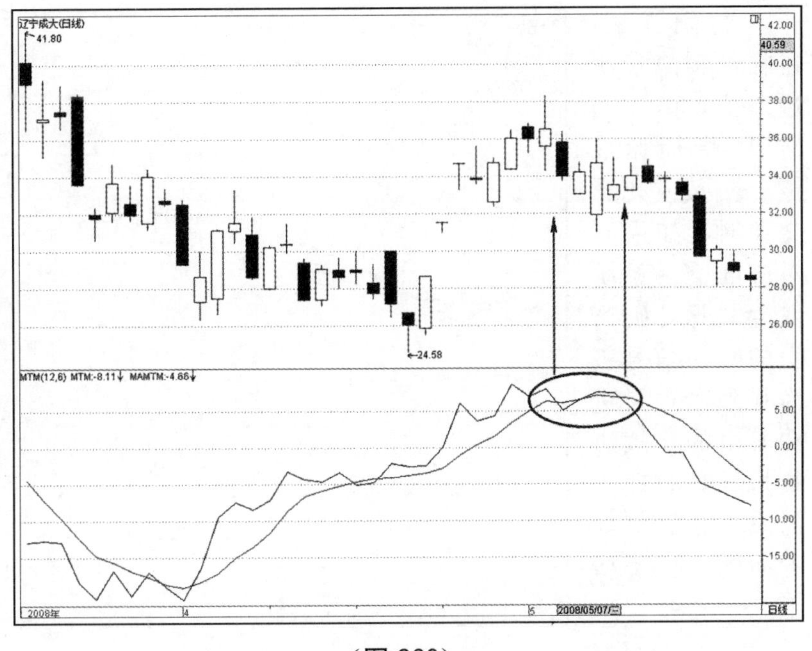

（图 360）

第三种形式。当MTM动量线在0轴值之下的弱速区域内，此时，MTM值向下击穿MAMTM值发生死亡交叉，说明股价已经结束反弹并继续展开下跌，临盘应考虑及时卖出。如图361所示。

（图 361）

特别提醒：在临盘实战运用过程中，当MTM指标形成黄金交叉或死亡交叉时，如果与对应的交易系统发生共振，则产生的交易信号极为强烈，对买进和卖出的实战决策指导具有巨大的应用价值。如下面两个例子所示。

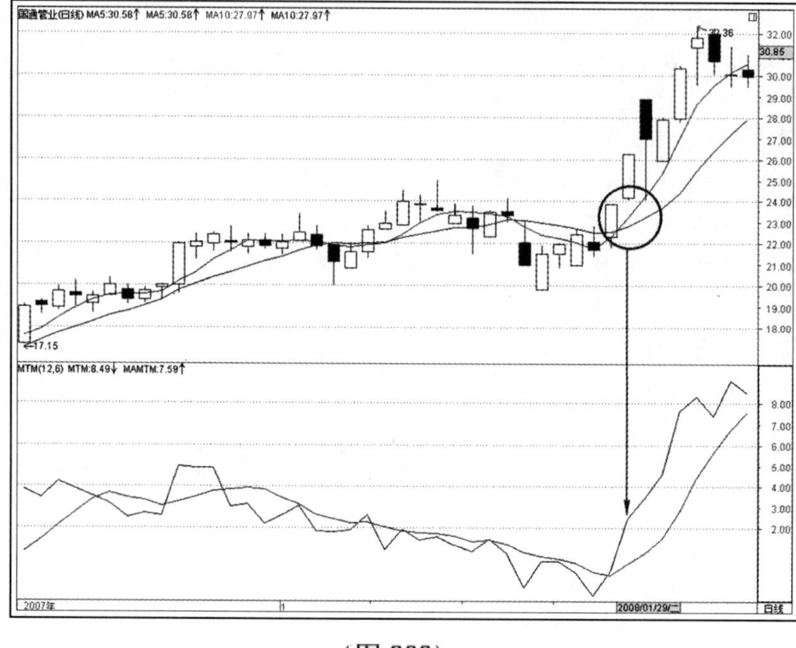

（图 362）

例 1，MTM与均线系统发生金叉共振，催生一轮波段行情，买进信号强烈。如图 362 所示。

例 2，MTM 与大量系统中均量线发生金叉共振，催生一轮波段行情，买进信号强烈。如图 363 所示。

（图 363）

5. MTM动量线的背离形态分析。

利用MTM动量线的运行速度与空间关系，可以观察其指标的背离特征，从而提前预测股价的强弱趋势转换。当MTM动量线向上延伸发散之后经过至少两个以上波峰状形态的变化，股价在此过程中，出现小周期性波段性上涨特征。此时，临盘发现MTM指标的第二个或第三个波峰明显低于第一个波峰，而股价却已经创出前一波新高，此时，顶背离技术特征已经形成，MTM指标趋势将由强转弱，而股价也会即将见顶回落。如图364所示。

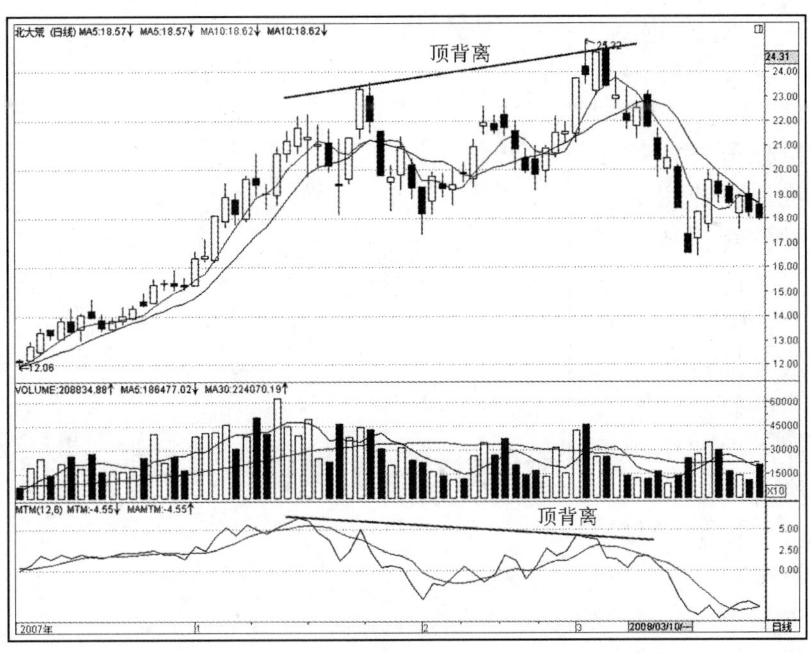

（图364）

同理，当MTM动量线快速向下延伸发散之后经过至少两个以上波峰状形态的变化，股价在此过程中，出现小周期性波段性下跌特征。此时，临盘发现MTM动量线的第二个或第三个波峰明显高于第一个波峰，而股价却已经创出前一波新低，此时，底背离技术特征已经形成，MTM指标趋势将由弱转强，而股价也会即将见底回升。如图365所示。

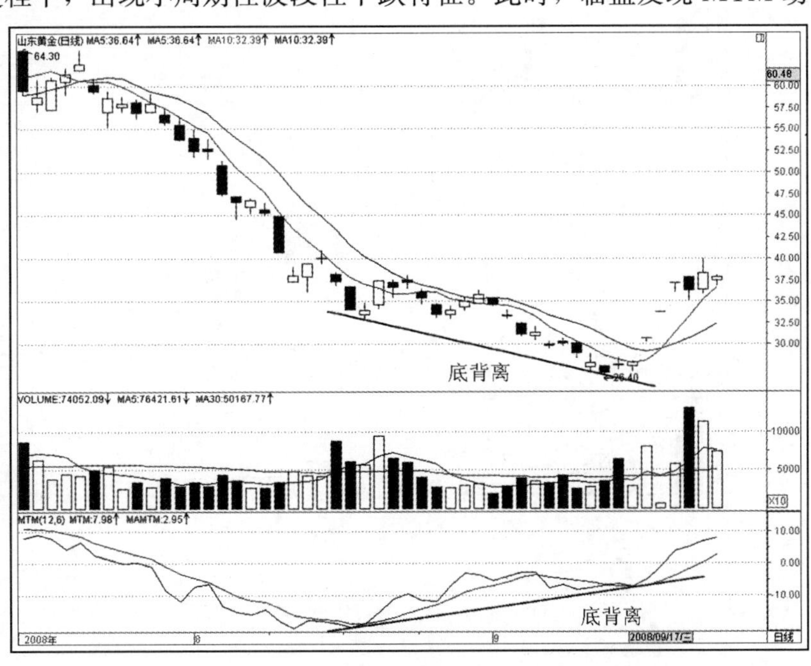

（图365）

特别提醒：在临盘实际运用过程中，MTM指标值背离技术特征往往提前于股价转折或均线交叉所发生的信号，因而，能够较好地提前作出买进和卖出决策。如下面两个例子所示。

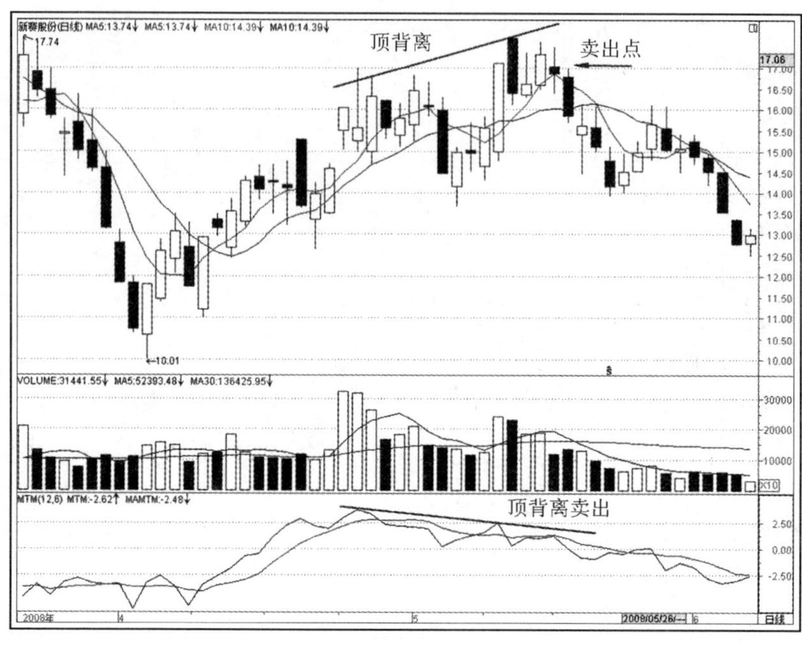

（图 366）

例 1，MTM指标值与股价发生顶背离，股价趋势转弱，头部出现，临盘应果断卖出。如图 366 所示。

例 2，MTM 指标值与股价发生底背离，股价趋势转强，底部出现，临盘应果断买进。如图 367 所示。

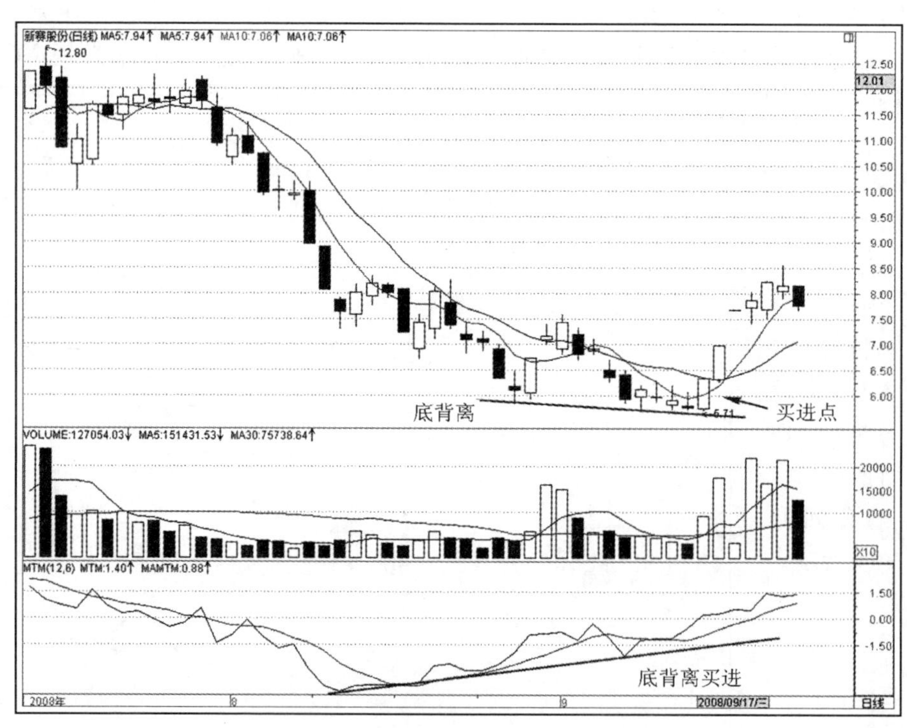

（图 367）

三、MTM 对大阳交易系统的优化

1. 大阳交易系统有效信号的两种 MTM 技术参数：

大阳出现的当日或次日，MTM 动量线在 0 轴值之下的弱速区域已经形成金叉，大阳交易信号强烈有效。如图 368 所示。

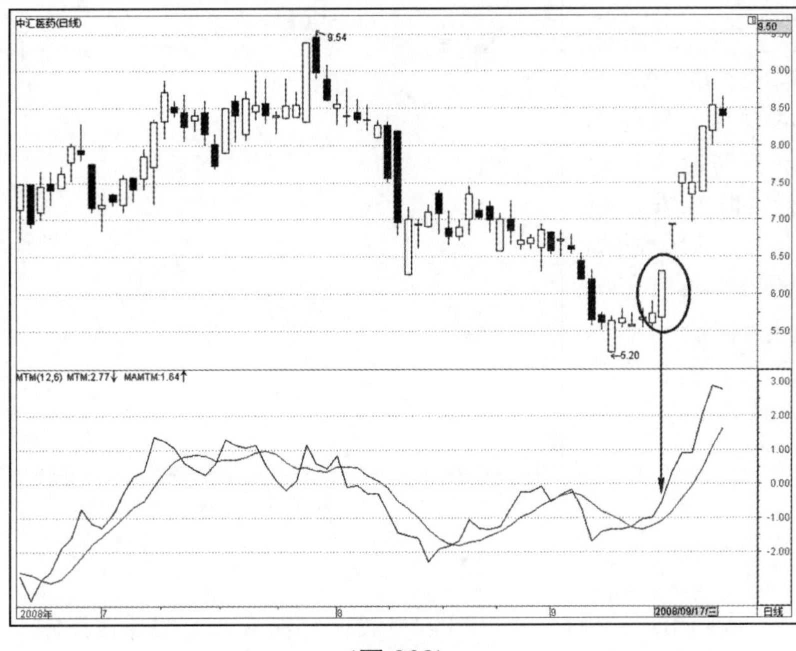

（图 368）

大阳出现的当日或次日，MTM 动量线在 0 轴值之上的强速区域再度形成金叉，大阳交易信号强烈有效。如图 369 所示。

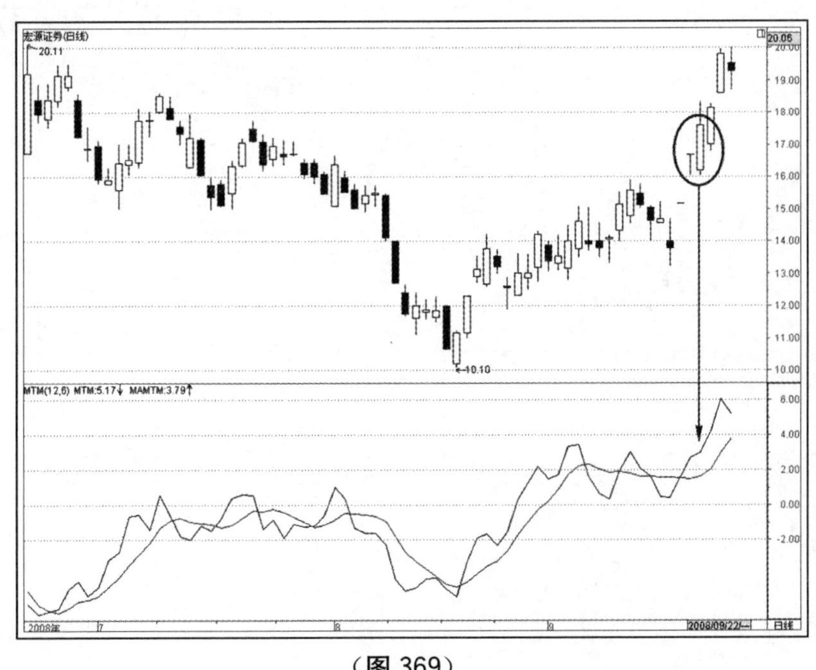

（图 369）

2. 大阳交易系统失效信号的两种 MTM 技术参数：

大阳出现的当日，MTM 动量线在 0 轴值之下的弱速区域运行，但并未形成金叉，股价趋势呈弱势特征，因而大阳交易信号失效。如图 370 所示。

（图 370）

大阳出现的当日，MTM 动量线在 0 轴值之上的强速区域已经向下形成第二次死叉，空头趋势已经形成，因而大阳交易信号失效。如图 371 所示。

（图 371）

四、MTM 对均线交易系统的优化

1. 均线交易系统有效信号的五种 MTM 技术参数：

攻击线和操盘线发生金叉的当日或次日，MTM 动量线在 0 轴值之下的弱速区域已经形成金叉，均线交易信号强烈有效。如图 372 所示。

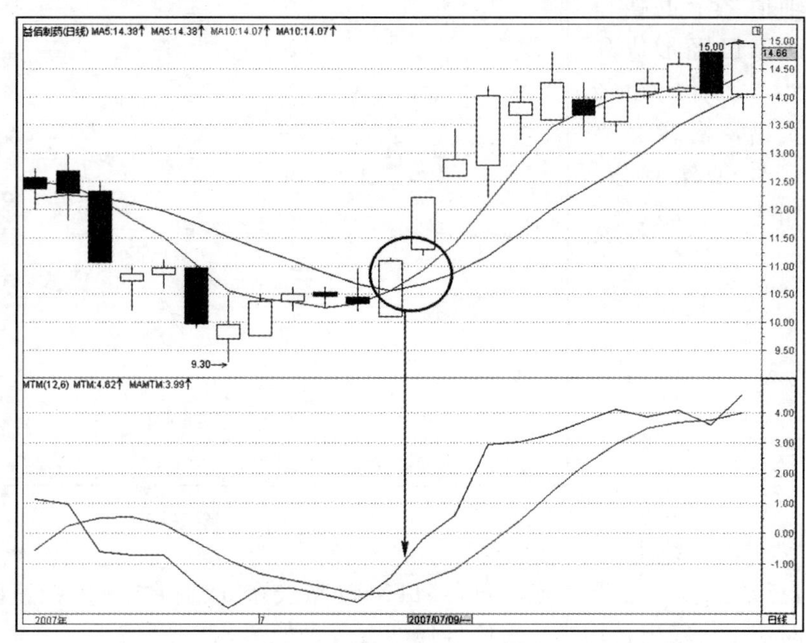

（图 372）

攻击线和操盘线发生金叉的当日或次日，MTM 动量线在 0 轴值之上的强速区域再度形成金叉，均线交易信号强烈有效。如图 373 所示。

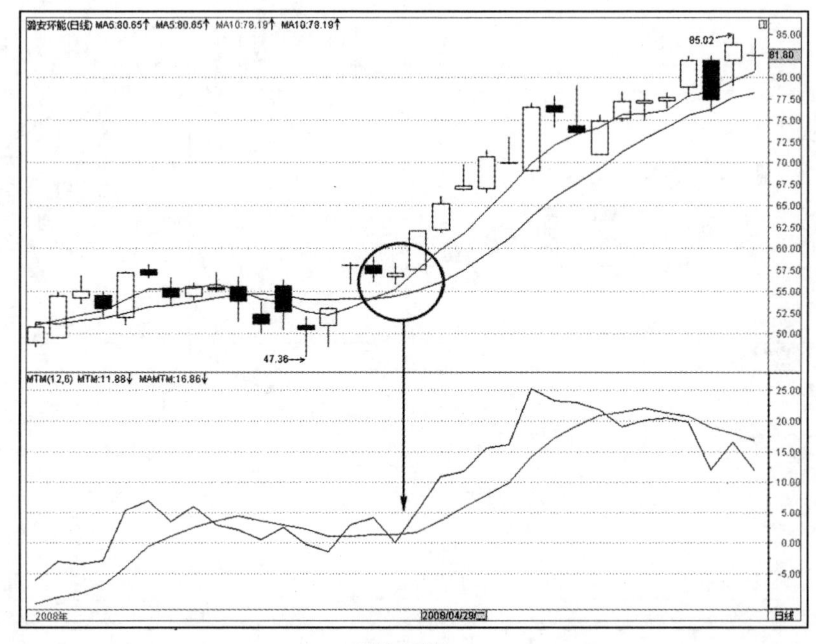

（图 373）

攻击线走平的当日或次日，MTM 动量线在 0 轴值之上的强速区域已经形成死叉，此时应短线卖出，均线交易信号强烈有效。如图 374 所示。

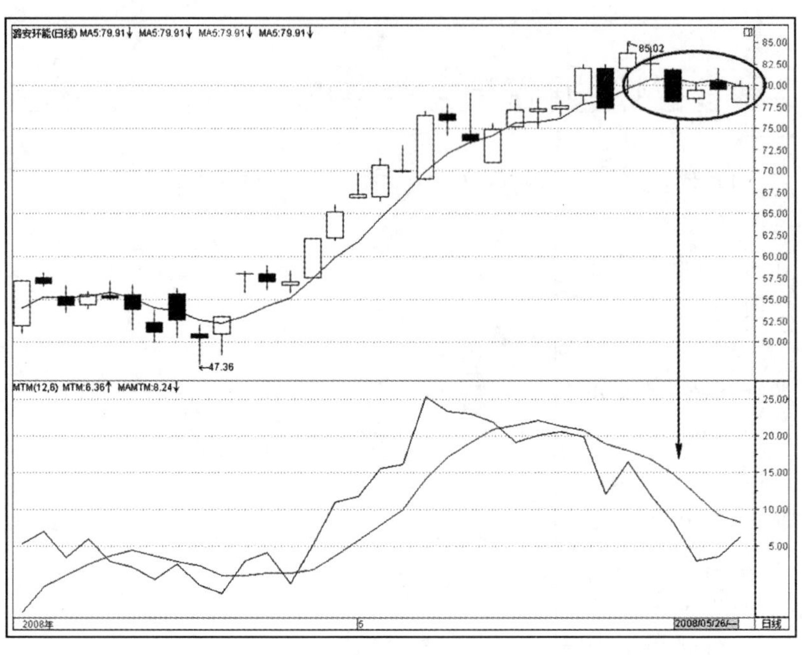

（图 374）

攻击线和操盘线发生死叉的当日或次日，MTM 动量线在 0 轴值之上的强速区域形成死叉，此时应中线卖出，均线交易信号强烈有效。如图 375 所示。

（图 375）

攻击线和操盘线发生死叉的当日或次日，MTM 动量线在 0 轴值之下的弱速区域形成死叉，此时应中线卖出，均线交易信号强烈有效。如图 376 所示。

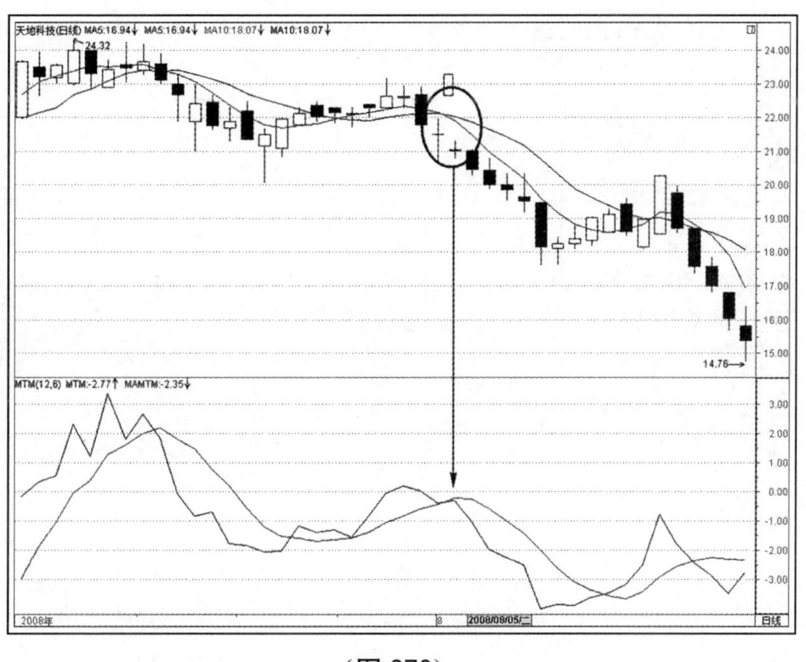

（图 376）

2. 均线交易系统失效信号的三种 MTM 技术参数：

攻击线和操盘线发生金叉的当日或次日，MTM 动量线在 0 轴值之下的弱速区域运行，但并未形成金叉，股价还处在弱势状态中运行，均线交易信号失效。如图 377 所示。

（图 377）

攻击线和操盘线发生金叉的当日或次日，MTM 动量线在 0 轴值之上的强速区域已经向下形成第二次死叉，股价弱势状态仍在继续，均线交易信号失效。如图 378 所示。

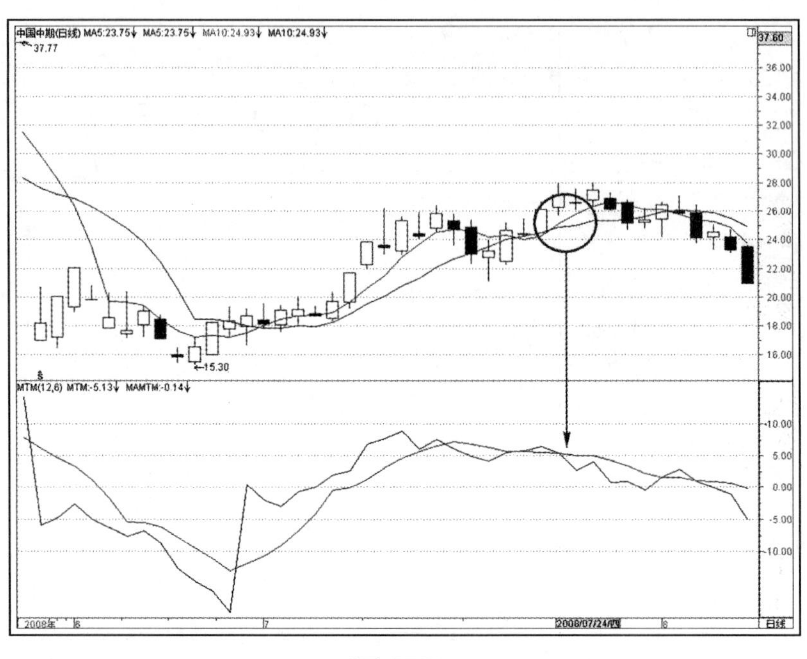

（图 378）

攻击线和操盘线发生金叉的当日或次日，MTM 动量线在 0 轴值之上的强速区域已经发生两个以上波峰并形成顶背离技术形态，股价即将向弱势状态转变，均线交易信号失效。如图 379 所示。

（图 379）

五、MTM 对量能交易系统的优化

1. 大量交易系统有效信号的两种 MTM 技术参数：

大量带阳 K 线出现的当日或次日，MTM 动量线在 0 轴值之下的弱速区域已经形成金叉，大量交易信号强烈有效。如图 380 所示。

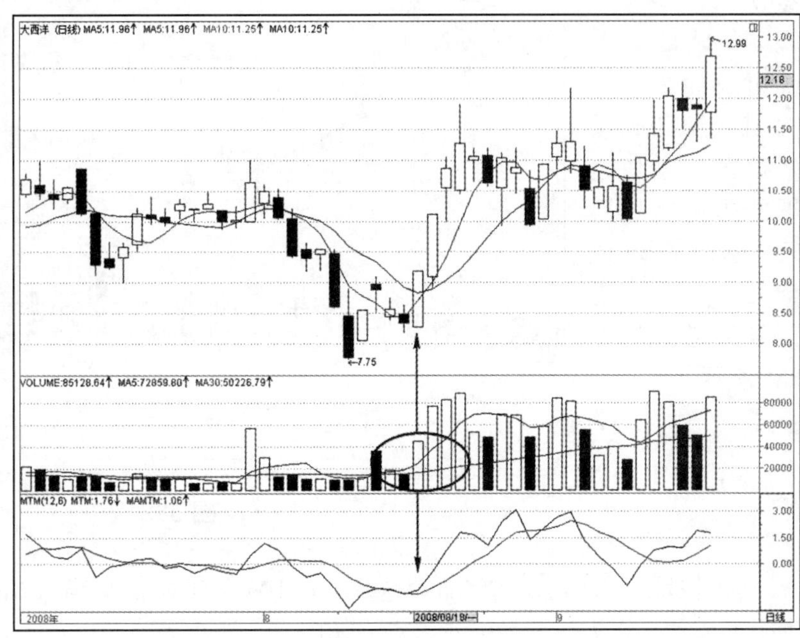

（图 380）

大量带阳 K 线出现的当日或次日，MTM 动量线在 0 轴值之上的强速区域再度形成金叉，大量交易信号强烈有效。如图 381 所示。

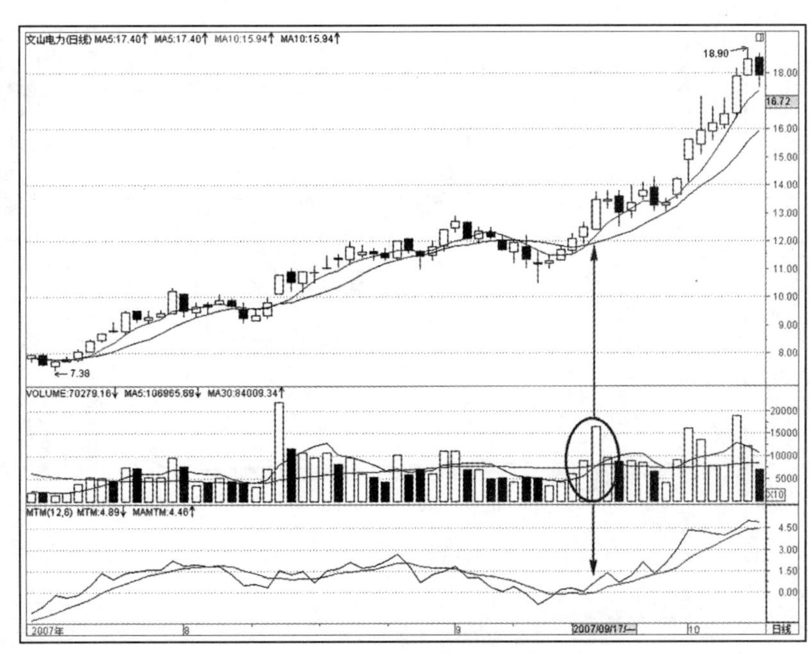

（图 381）

2. 大量交易系统失效信号的三种 MTM 技术参数：

大量带阳 K 线出现的当日或次日，MTM 动量线在 0 轴值之下的弱速区域运行，但并未形成金叉，大量交易信号失效。如图 382 所示。

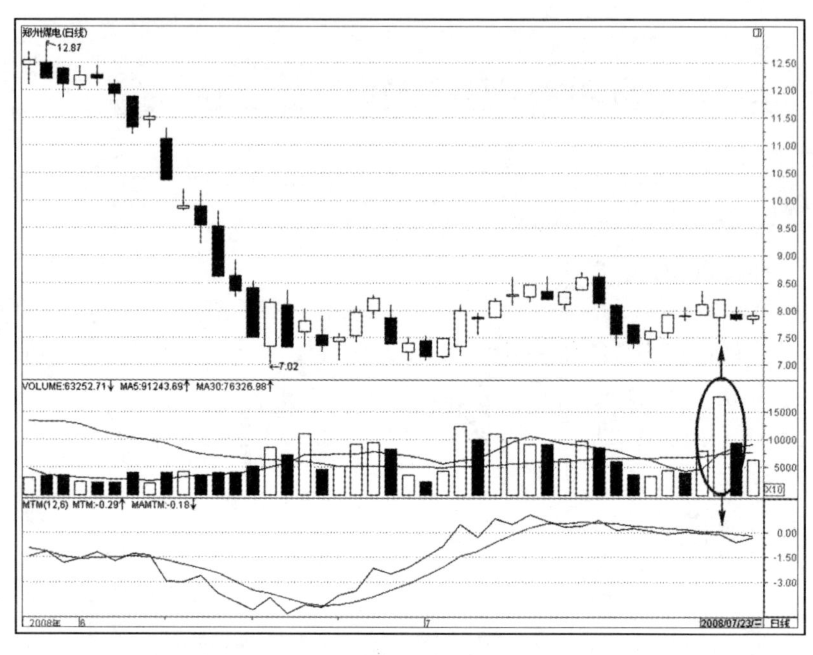

（图 382）

大量带阳 K 线出现的当日或次日，MTM 动量线在 0 轴值之上的强速区域已经向下形成死叉，大量交易信号失效。如图 383 所示。

（图 383）

大量带阳K线出现的当日或次日，MTM动量线在0轴值之上的强速区域已经发生两个以上波峰并形成顶背离技术形态，股价即将向弱势状态转变，大量交易信号失效。如图384所示。

（图384）

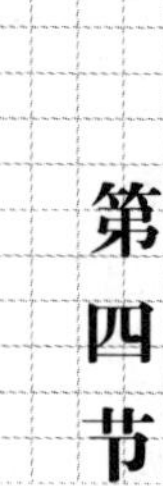

第四节　CR 优化解码

一、名词解释：带状能量指标 CR

CR 的全称为带状能量指标，通常也叫中间意愿指标。CR 指标采用上一个计算周期（如 N 日）的中间价比较当前周期（如 N 日）的最高价、最低价，计算出一段时期内股价的“强弱”，从而测量交易人气的热度、股价动量的潜能，并显示出股价的压力带和支撑带，准确分析预测股价未来的变化趋势。如图 385 所示。

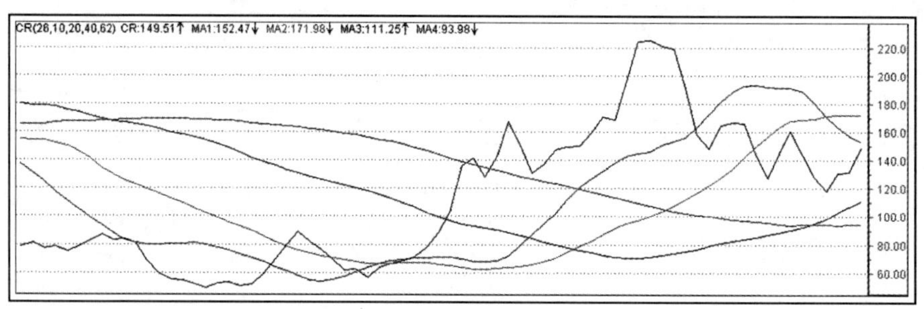

（图 385）

CR 指标的计算公式为：

CR（N 日）＝P1÷P2

式中，P1＝∑（H－YM），表示 N 日以来多方力量的总和。

P2＝∑（YM－L），表示 N 日以来空方力量的总和。

H 表示今日的最高价，L 表示今日的最低价。

YM 表示昨日（上一个交易日）的中间价。

CR 常用中间价计算方法有以下四种：

1. M＝（2C＋H＋L）÷4
2. M＝（C＋H＋L＋O）÷4
3. M＝（C＋H＋L）÷3
4. M＝（H＋L）÷2

式中，C 为收盘价，H 为最高价，L 为最低价，O 为开盘价。

在实际运用过程中，CR 指标研判标准主要集中在 CR 数值的取值范围、CR 指标曲线的形态以及 CR 指标曲线与股价曲线的配合情况等。

二、CR 在操盘实战中的作用

1. CR 指标值的变动范围。

CR 指标值中的 CR 能量线主要围绕 0～500 之间范围内进行上下波动，然而实际状态却是，在上涨过程中，CR 能量线向上可以突破 500 以上指标值，而在下跌过程中，向下则可以击穿 50 以下指标值。在常规状态下，CR 能量线的变动范围一般在 30～300 之间波动。如图 386 所示。

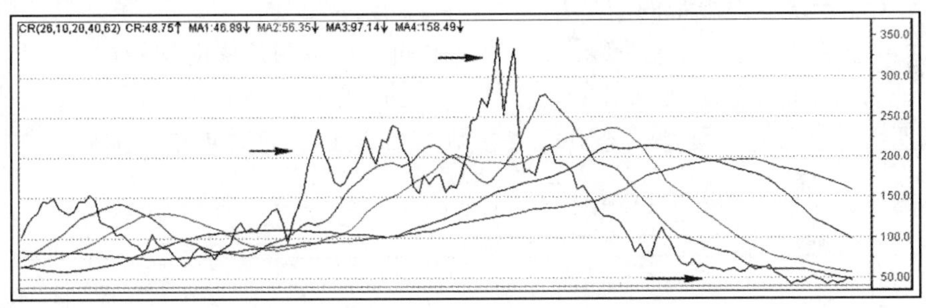

（图 386）

2. CR 指标值的极冷与极热区间。

临盘实战中，我们通常把 CR 指标值分为热区和冷区两个区间部分，在 CR 能量线进入 300 值以上区域为极热区，股价将有见顶的可能。而进入 50 值之下的区域则为极冷区，股价有见底的可能。如图 387 所示。

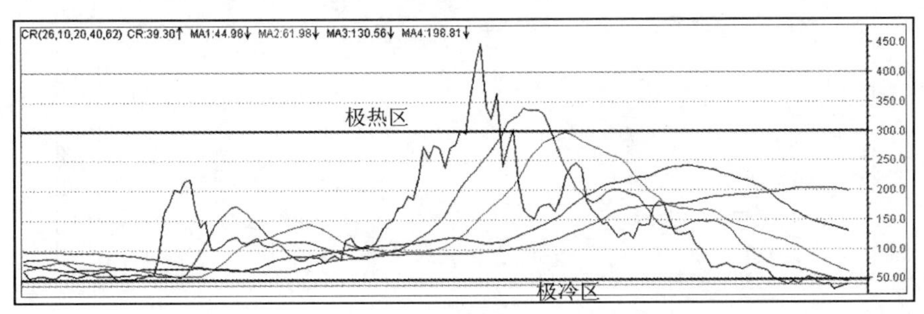

（图 387）

3. CR 指标值的曲线结构。

CR 指标值的曲线由五个数值构成（部分交易软件以四个数值构成），即以 CR 值、MA1、MA2、MA3 和 MA4 值为主体的五条平滑移动的能量线。表现在图表上，以 CR 能量线为主体，其他四条移动均线为辅助体构成“地震带模式”。如图

388 所示。

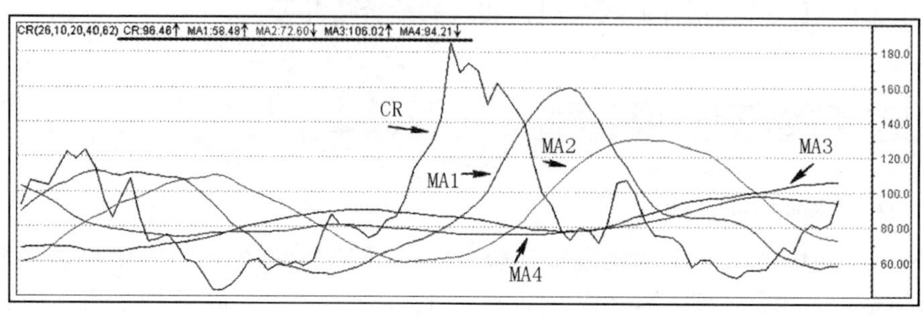

（图 388）

4. CR 能量线和地震带的交叉：

A. 黄金交叉：当 CR 能量线在 50 值之上向上穿越四条移动均线构成的地震带，此时，地震带中的 MA1 线、MA2 线同时向上突破 MA3 和 MA4 线并发生黄金交叉，说明股价已经进入强势状态并加速上涨，临盘必须及时买进或加码。如图 389 所示。

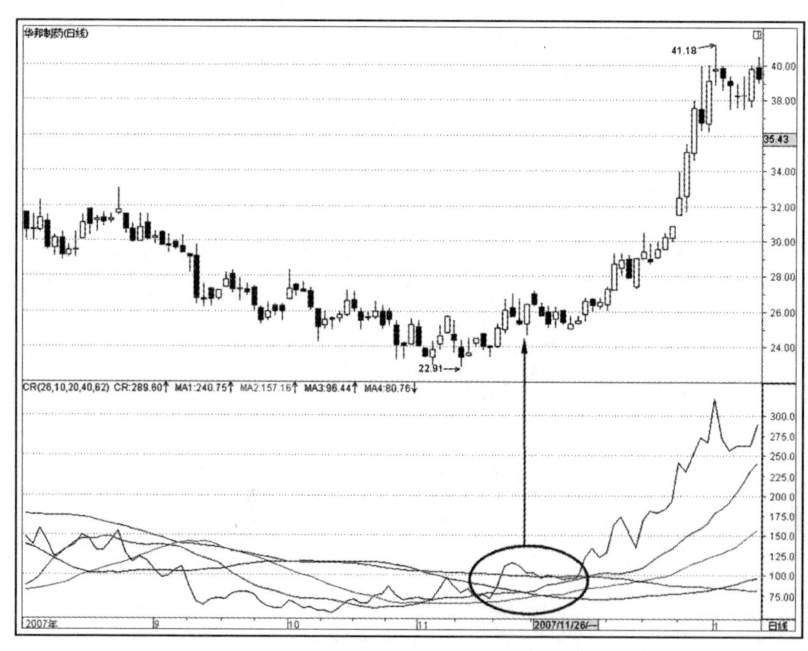

（图 389）

B. 死亡交叉的两种形式：

第一种形式。当 CR 能量线在 100 值之上加速运行后，此时，CR 能量线向下击穿 MA1 线发生第一次死亡交叉，说明股价已经初步见顶回落，临盘应考虑分批卖出。如图 390 所示。

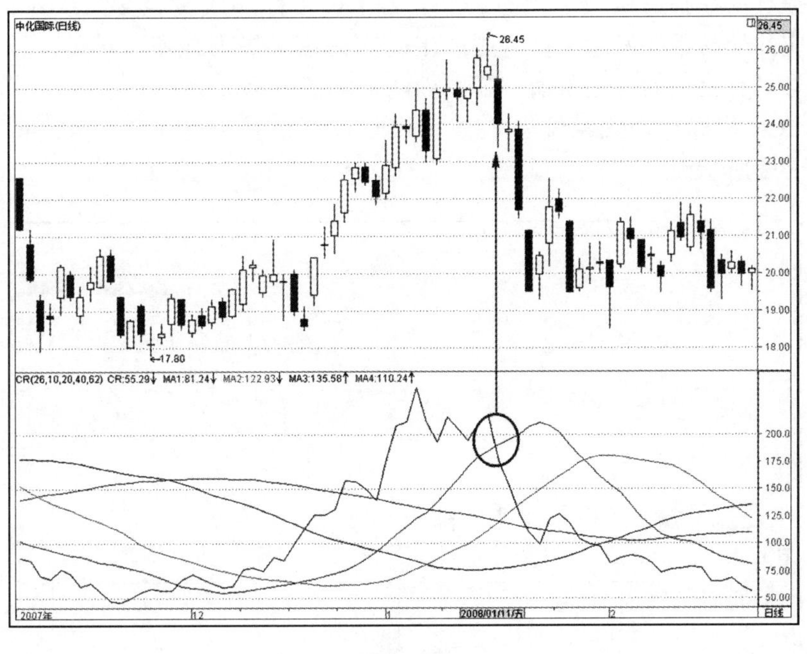

（图 390）

第二种形式。当 CR 能量线经过第一次死亡交叉之后反弹，此时，再次向下击穿四条均线构成的地震带发生第二次死亡交叉，说明股价已经完全见顶并展开阶段性下跌，临盘应及时清仓卖出。如图 391 所示。

（图 391）

特别提醒：在临盘实战运用过程中，当 CR 指标形成黄金交叉或死亡交叉时，如果与对应的交易系统发生共振，则产生的交易信号极为强烈，对买进和卖出的实战决策指导具有巨大的应用价值。如下面两个例子所示。

例 1，CR 指标与均线系统发生金叉共振，将催生一轮波段行情，买进信号强烈。如图 392 所示。

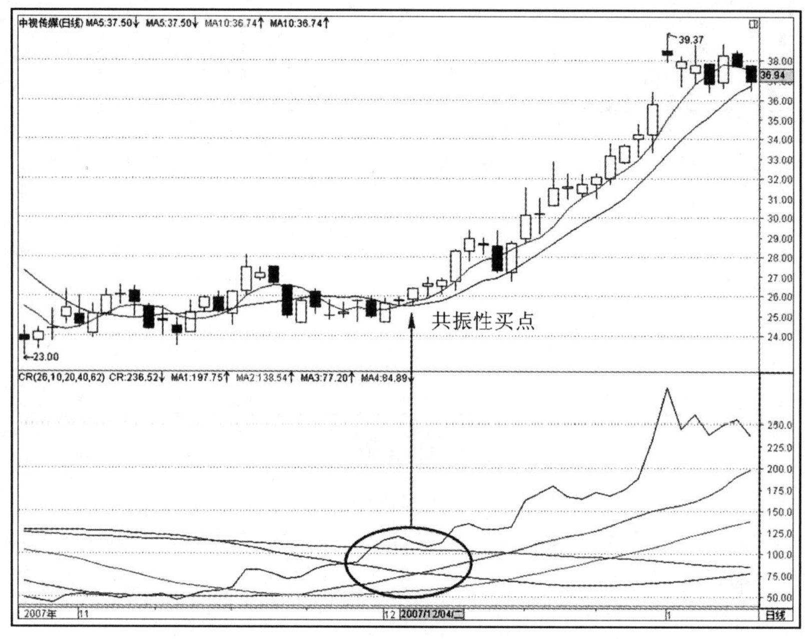

（图 392）

例 2，CR 指标与大量系统中的均量线发生金叉共振，即将催生一轮波段行情，买进信号强烈。如图 393 所示。

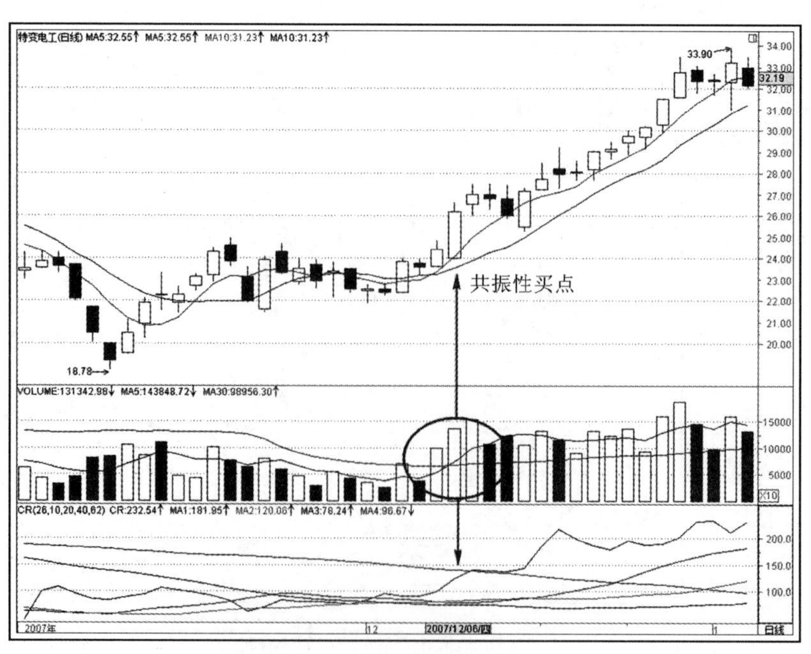

（图 393）

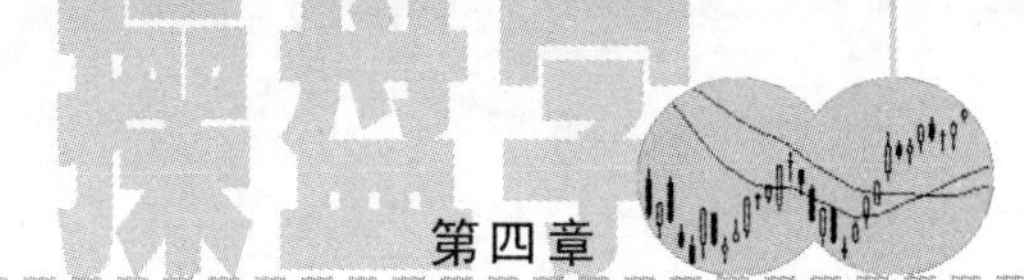

三、CR 对大阳交易系统的优化

1. 大阳交易系统有效信号的两种 CR 技术参数：

大阳出现的当日或次日，CR 能量线在 50 值以上区域已经穿越地震带形成金叉，大阳交易信号强烈有效。如图 394 所示。

（图 394）

大阳出现的当日或次日，CR 能量线在 100 值之上与地震带中的 MA1 线再度形成金叉，大阳交易信号强烈有效。如图 395 所示。

（图 395）

2. 大阳交易系统失效信号的两种 CR 技术参数：

大阳出现的当日，CR 能量线在地震带之下 50 值极冷区域运行，但并未向上穿越地震带，股价趋势呈弱势特征，因而大阳交易信号失效。如图 396 所示。

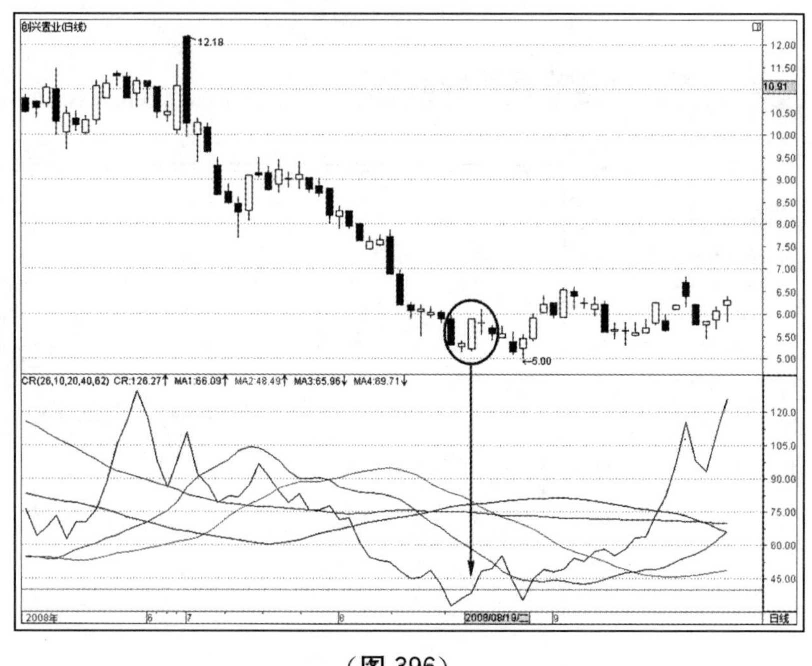

（图 396）

大阳出现的当日，CR 能量线在地震带中 100 值之上的热区域已经向下形成第二次死叉，空头趋势已经形成，因而大阳交易信号失效。如图 397 所示。

（图 397）

四、CR对均线交易系统的优化

1. 均线交易系统有效信号的四种CR技术参数：

攻击线和操盘线发生金叉的当日或次日，CR能量线在50值之上向上穿越地震带区域已经形成金叉，均线交易信号强烈有效。如图398所示。

（图398）

攻击线和操盘线发生金叉的当日或次日，CR能量线在100值之上的热区域再度与MA1线形成金叉，均线交易信号强烈有效。如图399所示。

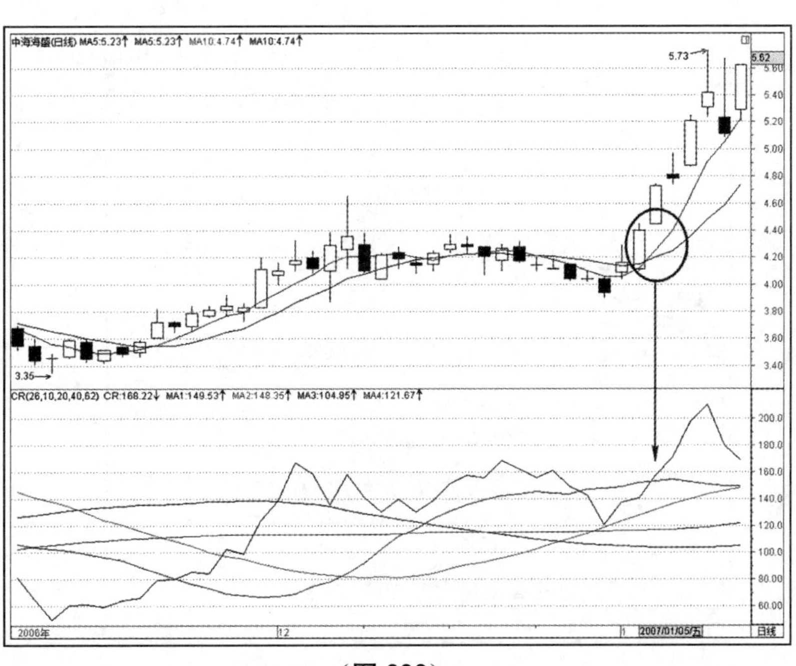

（图399）

攻击线走平的当日或次日，CR能量线在100值之上的热区域已经与MA1线形成死叉，此时应短线卖出，均线交易信号强烈有效。如图400所示。

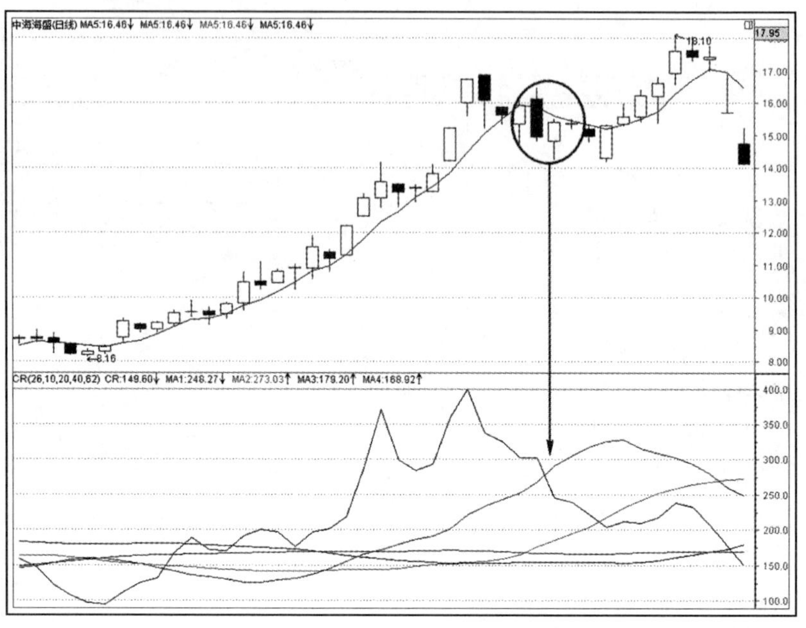

（图 400）

攻击线和操盘线发生死叉的当日或次日，CR能量线在100值之上的热区域分别与MA1、MA2线形成死叉，此时应中线卖出，均线交易信号强烈有效。如图401所示。

（图 401）

2. 均线交易系统失效信号的两种 CR 技术参数：

攻击线和操盘线发生金叉的当日或次日，CR 能量线在地震带之下 50 值的冷区域运行，但并未向上穿越地震带形成金叉，股价还处在弱势状态中运行，均线交易信号失效。如图 402 所示。

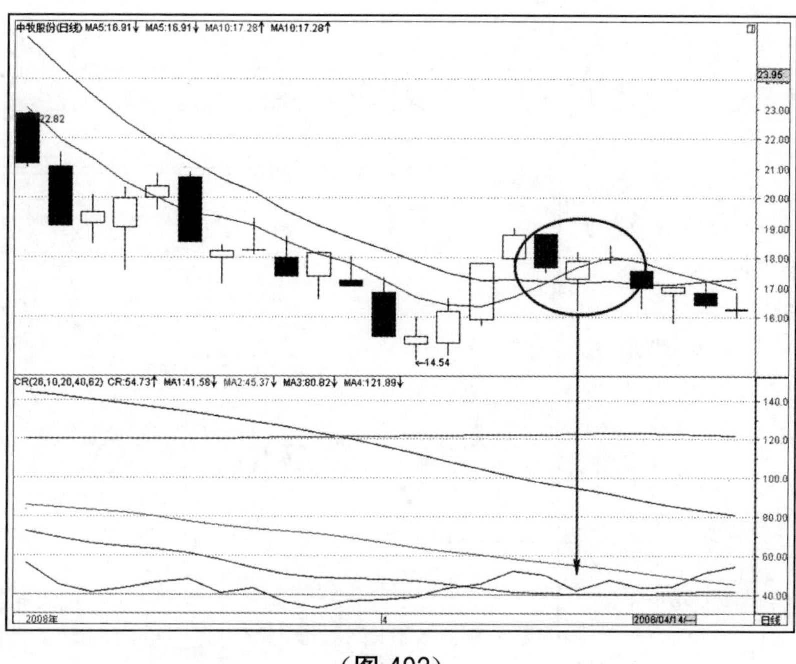

（图 402）

攻击线和操盘线发生金叉的当日或次日，CR 能量线在地震带之上 100 值的热区域已经向下与 MA1 线形成第二次死叉，股价趋势已经转弱，均线交易信号失效。如图 403 所示。

（图 403）

五、CR 对量能交易系统的优化

1. 大量交易系统有效信号的两种 CR 技术参数：

大量带阳 K 线出现的当日或次日，CR 能量线在 50 值之上向上穿越地震带并形成金叉，大量交易信号强烈有效。如图 404 所示。

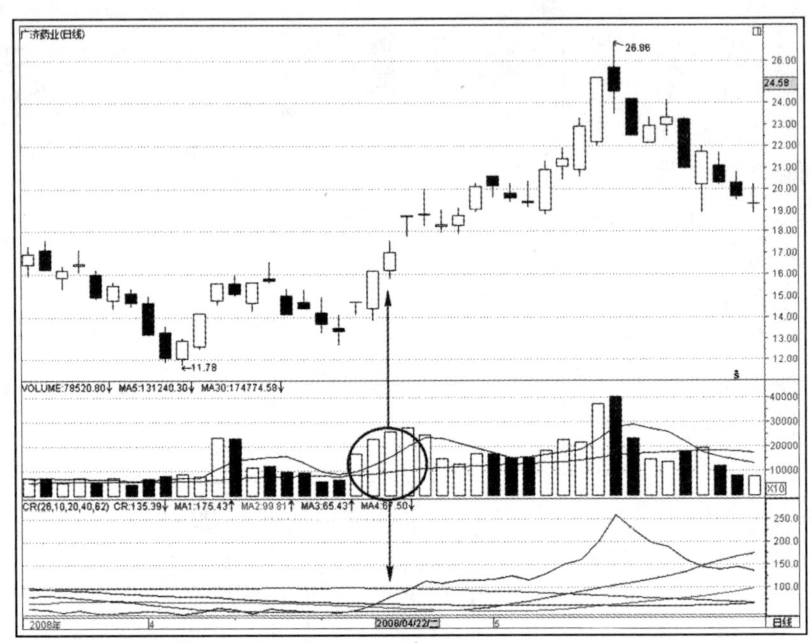

（图 404）

大量带阳 K 线出现的当日或次日，CR 能量线在 100 值之上的热区域再度与 MA1 线形成金叉，大量交易信号强烈有效。如图 405 所示。

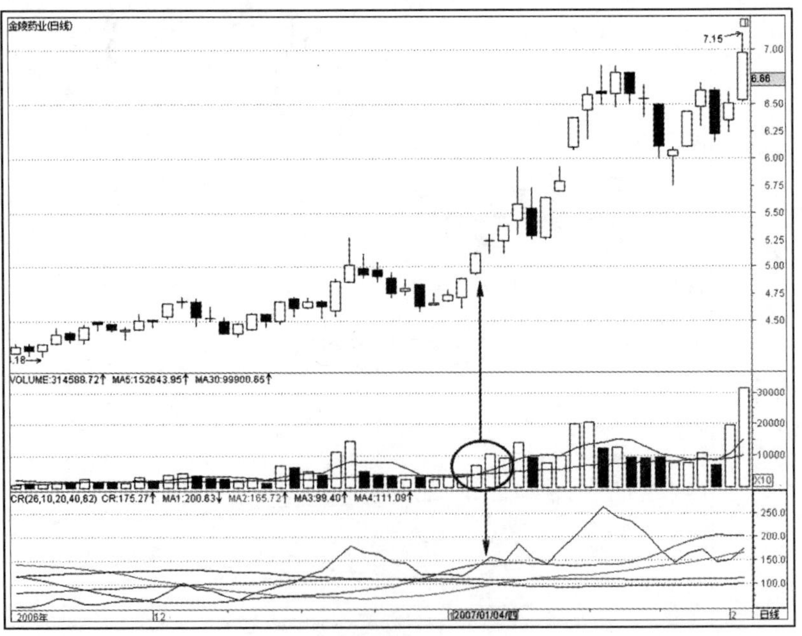

（图 405）

2. 大量交易系统失效信号的三种 CR 技术参数：

大量带阳 K 线出现的当日或次日，CR 能量线在 50 值之下的冷区域运行，但并未向上穿越地震带形成金叉，大量交易信号失效。如图 406 所示。

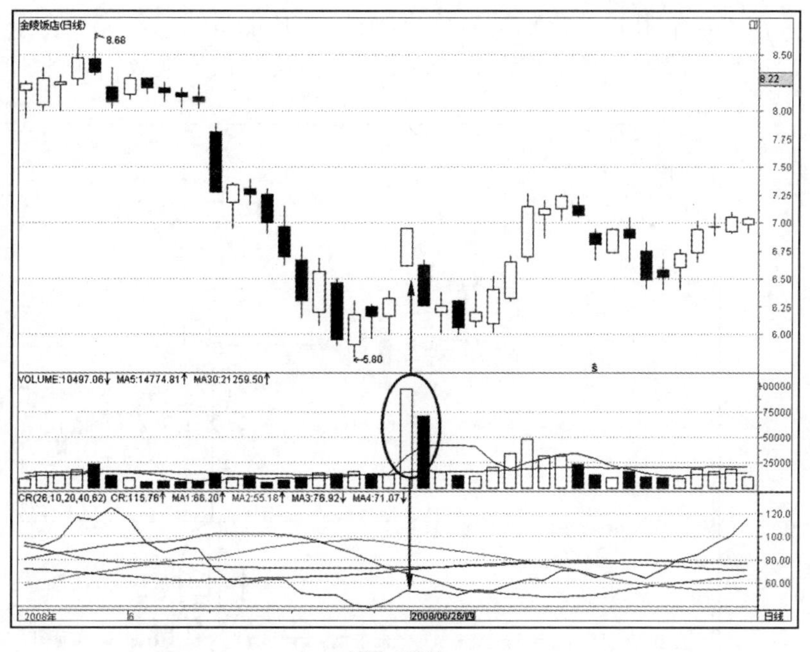

（图 406）

大量带阳 K 线出现的当日或次日，CR 能量线在 100 值之上的热区域与 MA1 线向下形成死叉，大量交易信号失效。如图 407 所示。

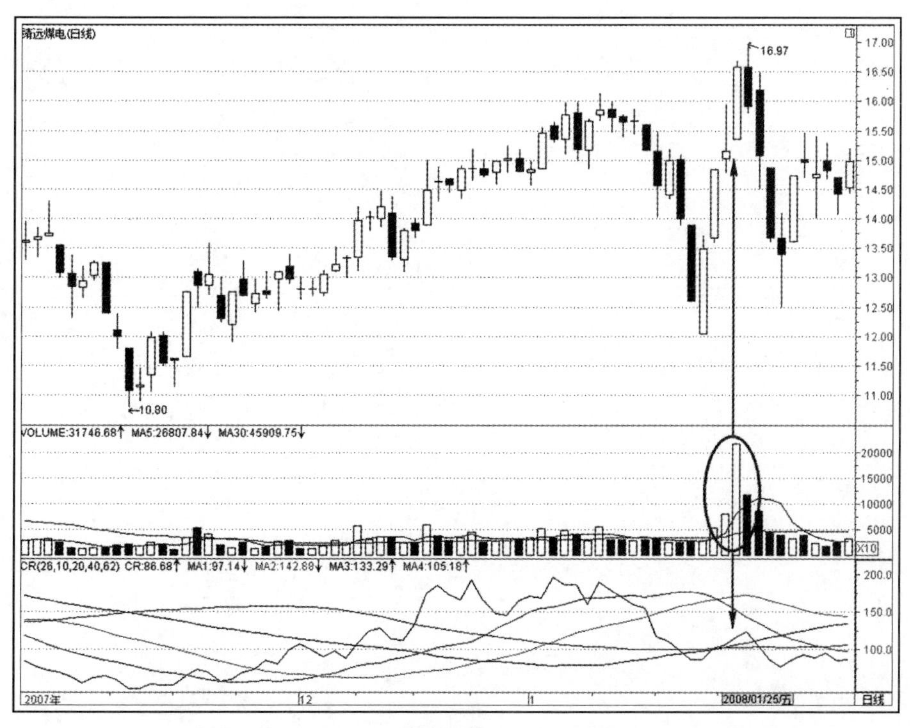

（图 407）

大量带阳 K 线出现的当日或次日，CR 能量线已经完全向下穿越地震带并进入冷区域，股价已经向弱势状态转变，大量交易信号失效。如图 408 所示。

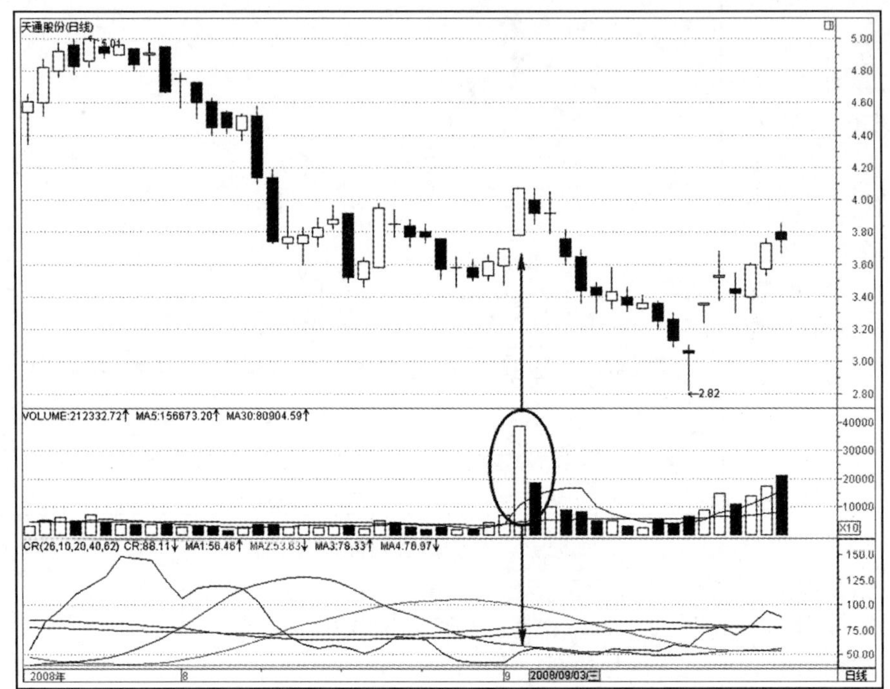

（图 408）

第五节 DMI 优化解码

一、名词解释：趋向指标 DMI

DMI 指标的全称为趋向指标，也叫动向指标。DMI 指标主要是在于寻找股票价格涨跌过程中，股价藉以创新高价或新低价的功能，研判多空力量，进而寻求买卖双方的均衡点及股价在双方互动下波动的循环过程。DMI 指标把每日股价的高低波动的幅度因素计算在内，从而更加准确的反应行情的走势及更好的预测行情未来的发展变化。如图 409 所示。

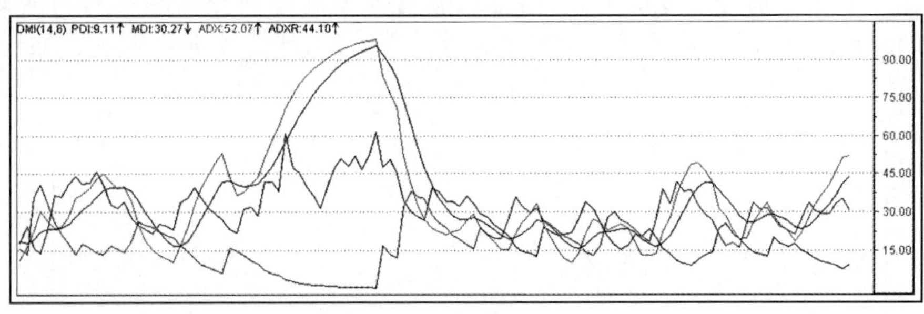

（图 409）

DMI 指标是威尔德大师认为比较有成就和实用的一套技术分析工具，其计算过程比较复杂。和其他技术指标不同的是，DMI 指标的研判动能主要是判别市场的趋势。在实际应用过程中，DMI 指标的研判主要是集中在两个方面，第一个方面是分析上升指标 PDI、下降指标 MDI 和平均动向指标 ADX 以及 ADXR 之间的关系，另一个方面则是对行情的趋势及转势特征的判断。其中，PDI 和 MDI 两条曲线的走势关系是判断能否买卖的信号，ADX 和 ADXR 则是判断未来行情发展趋势的信号。

在钱龙或其他交易软件中，DMI 指标中的 PDI 被设定成＋DI 值，而 MDI 则被设定成－DI 值，其使用原理均是一样的。

二、DMI 在操盘实战中的作用

1. DMI 指标值的变动范围。

DMI 指标值中的 PDI 和 MDI 趋向线主要围绕 0－100 之间范围内进行上下波动。在常规状态下，PDI 和 MDI 趋向线的变动范围一般在 10－80 之间波动。如图 410 所示。

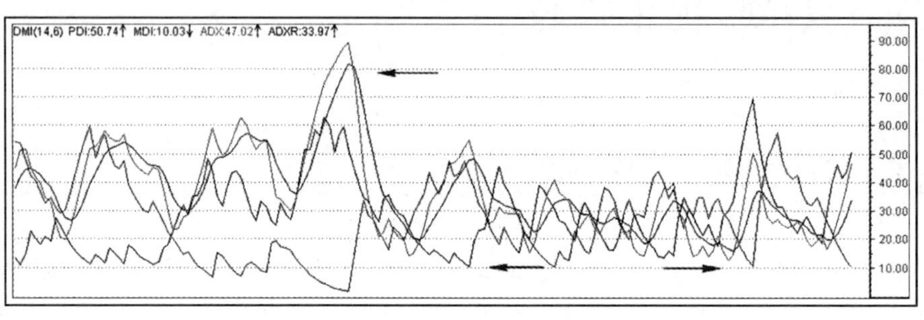

（图 410）

2. DMI 指标值的强弱区间。

临盘实战中，我们通常把 DMI 指标值分为强势区和弱势区两个区间部分，在 PDI 趋向线进入 50 值以上区域为强势区，股价将会出现持续加速上涨。而进入 50 值之下的区域则为弱势区，股价则会持续震荡盘跌。如图 411 所示。

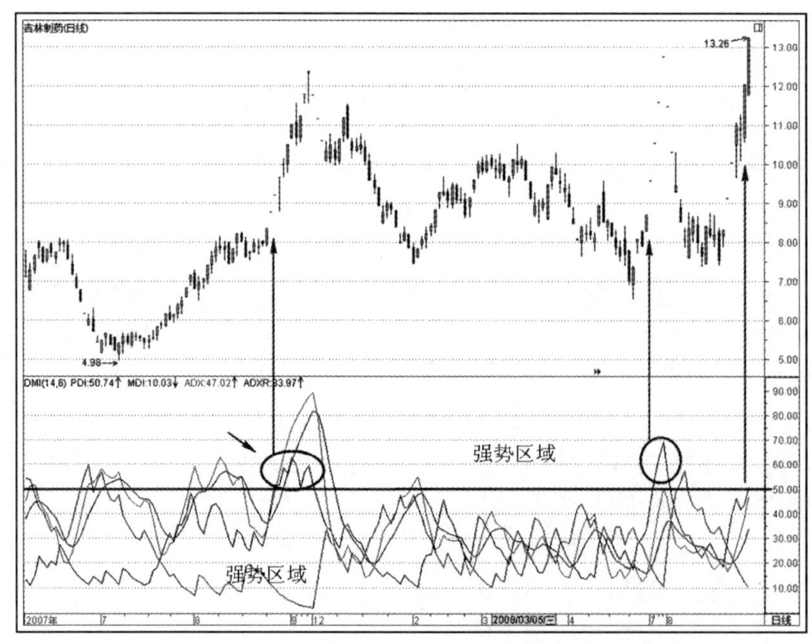

（图 411）

当MDI趋向线进入50值以上强势区，股价将会出现持续震荡下跌。而进入50值之下的弱势区，股价则会持续上涨。如图412所示。

（图412）

3. DMI指标值的曲线结构。

在通达信交易软件中，DMI指标值的曲线由四个数值构成（部分交易软件以三个数值构成），即以PDI值、MDI值、ADX值和ADXR值为主体的四条平滑移动的趋向线。表现在图表上，以PDI和MDI线为主体，而ADX和ADXR移动线作为辅助体构成“温度模式”。当PDI趋向线突破50值之上，ADX和ADXR温度线则迅速辅助上升，当ADX和ADXR温度线进入70值以上时，股价将会见顶回落。如图413所示。

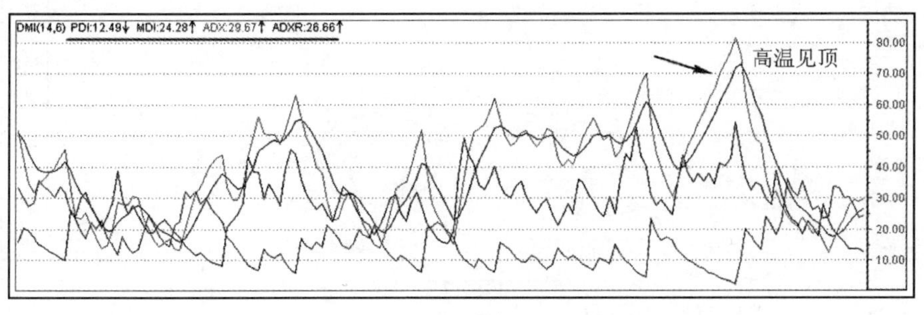

（图413）

同理，当 MDI 趋向线突破 50 值之上，ADX 和 ADXR 温度线则迅速辅助上升，当 ADX 和 ADXR 温度线进入 70 值以上时，股价将会见顶回落。如图 414 所示。

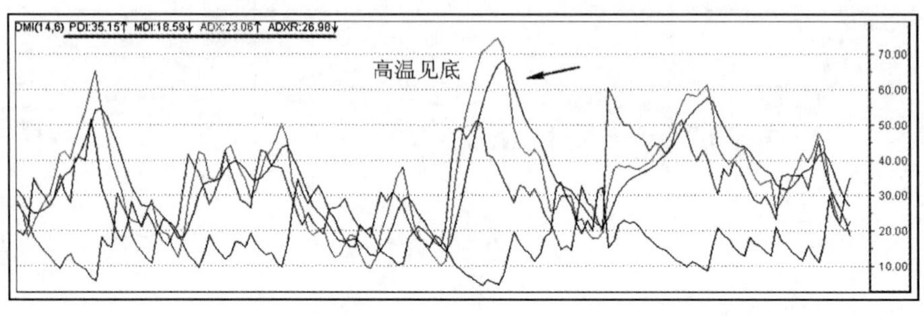

（图 414）

由 ADX 和 ADXR 趋向线所承担的“温度模式”，可以帮助投资者提前预知股价的强弱转势信号，提前作出正确的操盘决策。

4. PDI 趋向线和 MDI 趋向线的交叉：

A. 黄金交叉。当 PDI 趋向线在 50 值之下向上穿越 MDI 趋向线，此时，ADX 和 ADXR 温度线同时向上突破 MDI 趋向线并发生黄金交叉，说明股价开始进入强势状态，多头行情已经展开，临盘必须及时买进。如图 415 所示。

（图 415）

B. 死亡交叉。当 PDI 趋向线在 50 值之上加速运行后，ADX 和 ADXR 温度线已经进入 70 值以上的高温区，此时，PDI 趋向线向下拐头，而 MDI 趋向线向上拐头，当两条趋向线发生死亡交叉，说明股价已经初步见顶回落，临盘应考虑分批卖出。如图 416 所示。

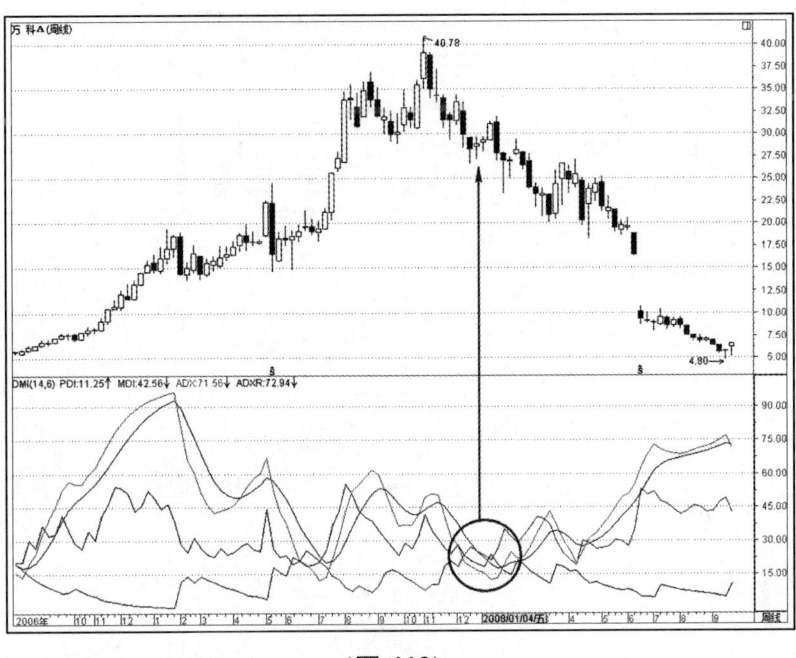

（图 416）

特别提醒：在临盘实战运用过程中，当 MDI 指标形成黄金交叉或死亡交叉时，如果与对应的交易系统发生共振，则产生的交易信号极为强烈，对买进和卖出的实战决策指导具有巨大的应用价值。如下面两个例子所示。

例 1，MDI 指标与均线系统发生金叉共振，将催生一轮波段行情，买进信号强烈。如图 417 所示。

（图 417）

例 2，MDI 指标与大量系统中的均量线发生金叉共振，即将催生一轮波段行情，买进信号强烈。如图 418 所示。

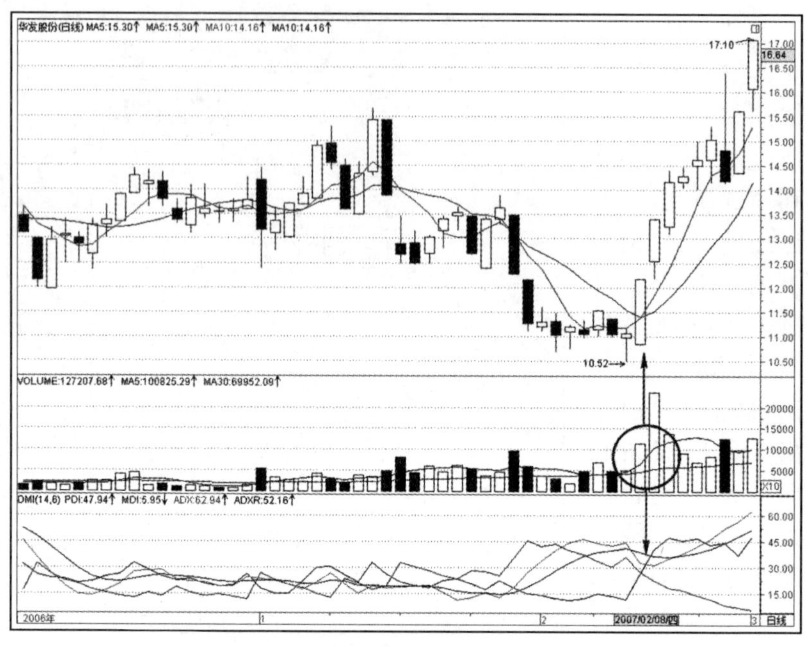

（图 418）

三、DMI 对大阳交易系统的优化

1. 大阳交易系统有效信号的 DMI 技术参数：

大阳出现的当日或次日，PDI 趋向线在 50 值以下区域已经拐头向上穿越 MDI 趋向线并形成金叉，此时，ADX 和 ADXR 温度线也已经向上穿越 MDI 趋向线，大阳交易信号强烈有效。如图 419 所示。

（图 419）

2. 大阳交易系统失效信号的两种 MDI 技术参数：

大阳出现的当日，PDI 趋向线在 50 值以下区域运行，而 MDI 趋向线则在 50 值以上区域运行，两线并未形成金叉，此时，ADX 和 ADXR 温度线也辅助 MDI 趋向线在 50 值上方运行，因而大阳交易信号失效。如图 420 所示。

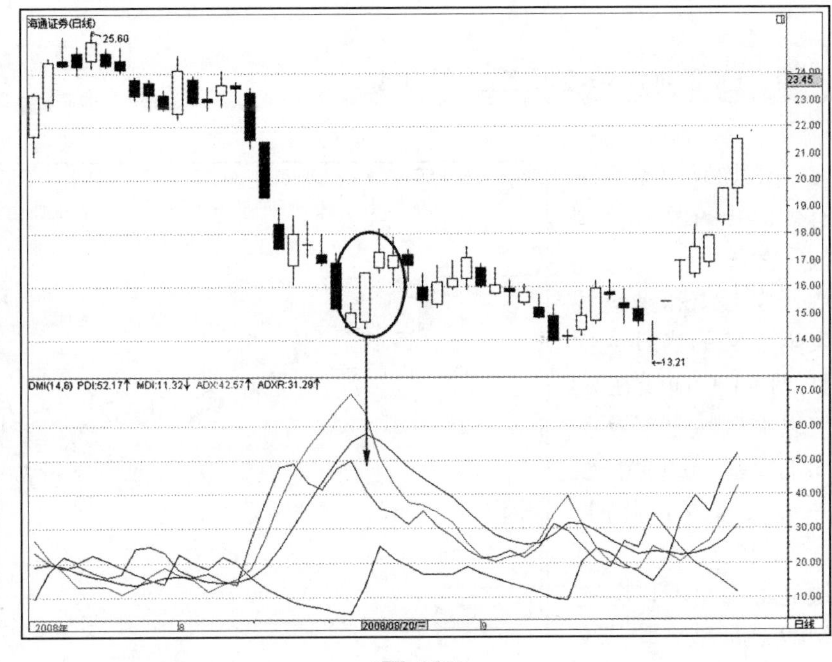

（图 420）

大阳出现的当日，PDI 趋向线与 MDI 趋向线在 50 值以下区域发生金叉，此时，ADX 和 ADXR 温度线却持续向下运行，导致趋势较弱，因而大阳交易信号失效。如图 421 所示。

（图 421）

四、DMI对均线交易系统的优化

1. 均线交易系统有效信号的两种DMI技术参数：

攻击线和操盘线发生金叉的当日或次日，PDI趋向线在50值以下区域已经拐头向上穿越MDI趋向线并形成金叉，此时，ADX和ADXR温度线也已经向上穿越MDI趋向线，均线交易信号强烈有效。如图422所示。

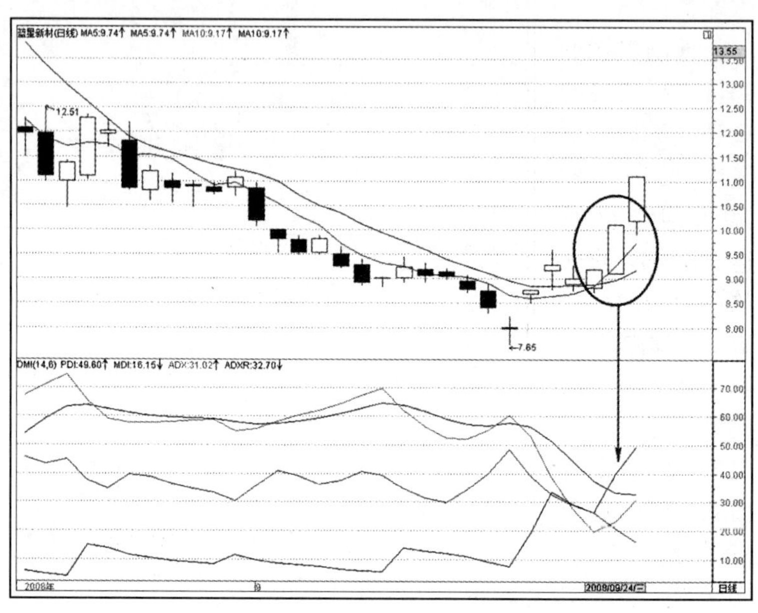

（图422）

攻击线和操盘线发生死叉的当日或次日，MDI趋向线在50值以下区域已经拐头向上穿越PDI趋向线并形成死叉，此时，ADX和ADXR温度线也已经向上穿越PDI趋向线，股价下跌趋势形成，此时应中线卖出，均线交易信号强烈有效。如图423所示。

（图423）

2. 均线交易系统失效信号的两种DMI技术参数：

攻击线和操盘线发生金叉的当日或次日，PDI趋向线在50值以下区域运行，而MDI趋向线则在50值以上区域运行，两线并未形成金叉，此时，ADX和ADXR温度线也辅助MDI趋向线在50值上方运行，股价还处在弱势状态中运行，均线交易信号失效。如图424所示。

（图424）

攻击线和操盘线发生金叉的当日或次日，PDI趋向线与MDI趋向线在50值以下区域发生金叉，此时，ADX和ADXR温度线却持续向下运行，导致趋势较弱，均线交易信号失效。如图425所示。

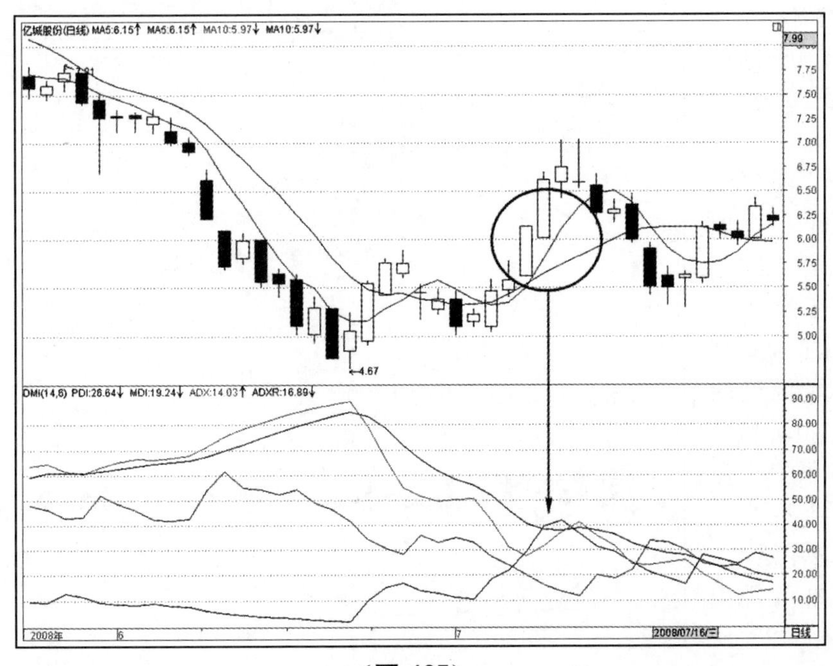

（图425）

五、DMI 对量能交易系统的优化

1. 大量交易系统有效信号的 DMI 技术参数：

大量带阳 K 线出现的当日或次日，PDI 趋向线在 50 值以下区域已经拐头向上穿越 MDI 趋向线并形成金叉，此时，ADX 和 ADXR 温度线也已经向上穿越 MDI 趋向线，大量交易信号强烈有效。如图 426 所示。

（图 426）

2. 大量交易系统失效信号的两种 DMI 技术参数：

大量带阳 K 线出现的当日或次日，PDI 趋向线在 50 值以下区域运行，而 MDI 趋向线则在 50 值以上区域运行，两线并未形成金叉。此时，ADX 和 ADXR 温度线也辅助 MDI 趋向线在 50 值上方运行，股价还处在弱势状态中运行，大量交易信号失效。如图 427 所示。

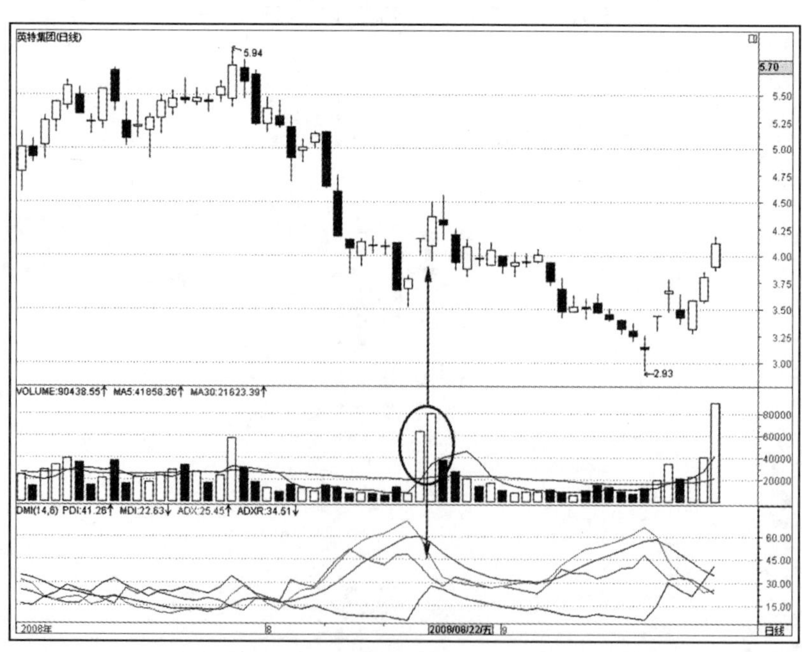

（图 427）

大量带阳K线出现的当日或次日，PDI趋向线与MDI趋向线在50值以下区域发生金叉，此时，ADX和ADXR温度线却持续向下运行，导致趋势较弱，大量交易信号失效。如图428所示。

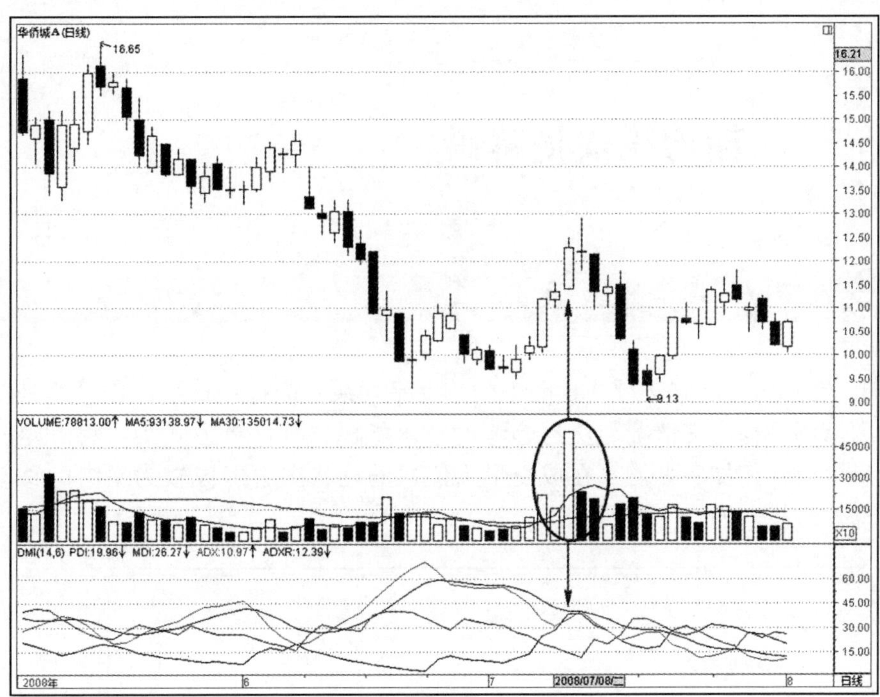

（图428）

第六节 量能均线优化解码

一、名词解释：量能均线 VOL

VOL 量能均线是成交量柱状图中的移动平均线，简称均量线。均量线是反映一段时期内市场平均成交情况与交易趋势的技术指标。其计算方式为，将一定时期内的成交量（值）相加后平均，在成交量（值）的柱状图中形成较为平滑的移动平均曲线，即均量线。如图 429 所示。

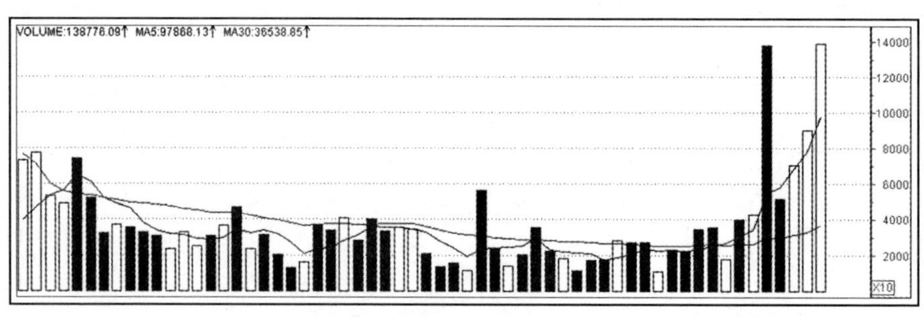

（图 429）

均量线主要反映在一定时期内市场的成交情况，如成交的活跃度，主力进出状态，冷门与热门区别表现等。因而，均量线指标直接显示了市场交投的主要趋向，并对股价变动的趋势起着辅助推动的作用。值得注意的是，均量线指标并不具备移动平均线对股价助涨或助跌的功能。

二、VOL 在操盘实战中的作用

1. VOL 指标值的曲线结构。

在通达信交易软件中，VOL 指标值的曲线由两个数值构成（部分交易软件以三个数值构成），即以 MA1 值和 MA2 值为主体的两条平滑移动的均量线。一般情况下，投资者可以将均量线设定为 5 日和 30 日两个时间长度结构，其中 5 日均量线为短期技术指标，而 30 日均量线为中期技术指标，反映的均是在不同时间周期状态下的交投状态。如图 430 所示。

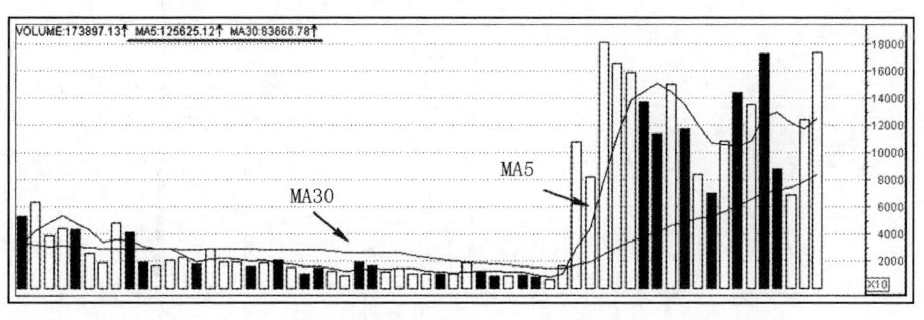

（图 430）

2. MA1 均量线和 MA2 均量线的交叉：

A. 黄金交叉。

当 MA1 均量线向上穿越 MA2 均量线，说明成交量已经放大，如果股价开始止跌上涨，则表明已经进入强势状态，多头行情已经展开，临盘必须及时买进。如图 431 所示。

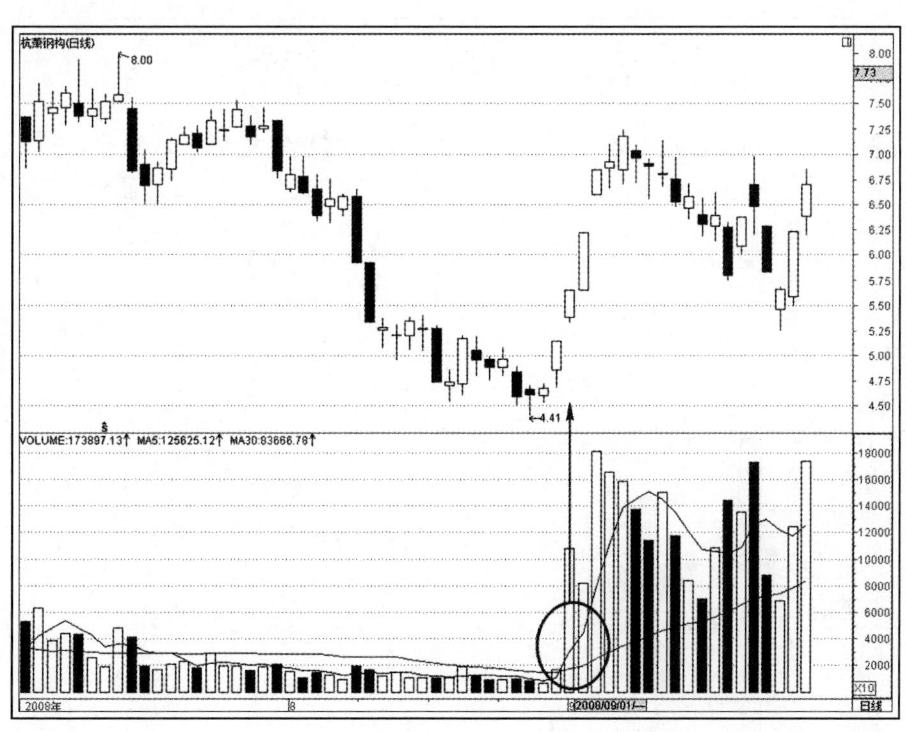

（图 431）

B. 死亡交叉。

当 MA1 均量线向下穿越 MA2 均量线发生死亡交叉，说明成交量已经减小，如果股价已经见顶滞涨，则表明即将展开回落，临盘应考虑分批卖出。如图 432 所示。

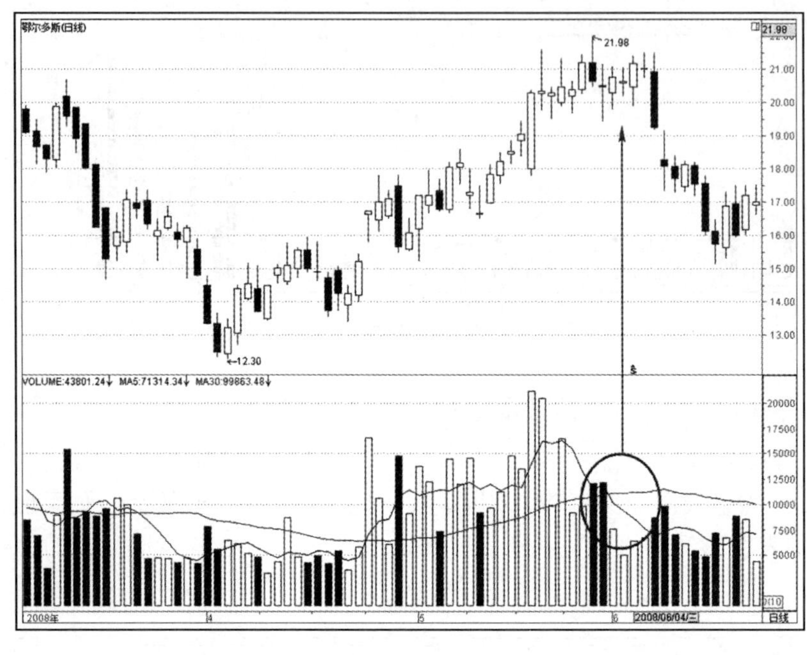

（图 432）

特别提醒：在临盘实战运用过程中，当 VOL 均量线指标形成黄金交叉或死亡交叉时，如果与对应的交易系统发生共振，则产生的交易信号极为强烈，对买进和卖出的实战决策指导具有巨大的应用价值。如下面两个例子所示。

例 1，VOL 指标与均线系统发生金叉共振，将催生一轮波段行情，买进信号强烈。如图 433 所示。

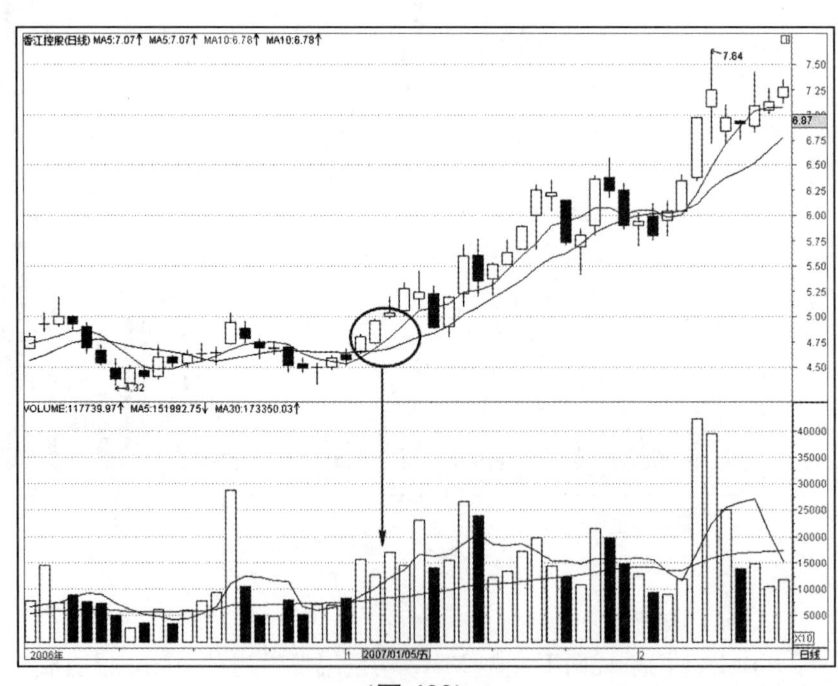

（图 433）

例 2，VOL 指标与 DMI 趋向线发生金叉共振，即将催生一轮波段行情，买进信号强烈。如图 434 所示。

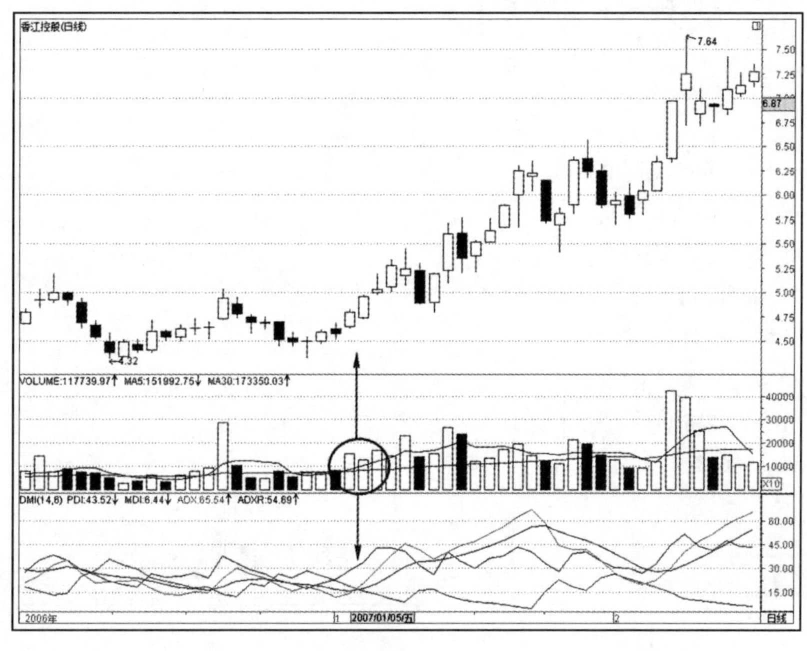

（图 434）

三、VOL 对大阳交易系统的优化

1. 大阳交易系统有效信号的 VOL 技术参数：

大阳出现的当日或次日，MA1 均量线已经拐头向上穿越 MA2 均量线并形成金叉，说明成交量已经持续放大，大阳交易信号强烈有效。如图 435 所示。

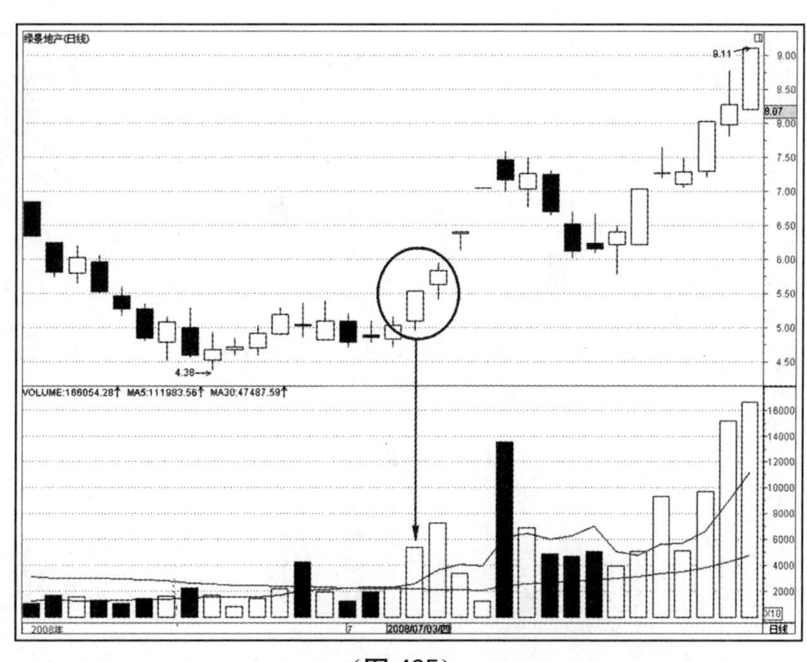

（图 435）

2. 大阳交易系统失效信号的两种 VOL 技术参数：

大阳出现的当日，MA1 均量线与 MA2 均量线并未形成金叉，说明成交量并未持续放大，因而大阳交易信号失效。如图 436 所示。

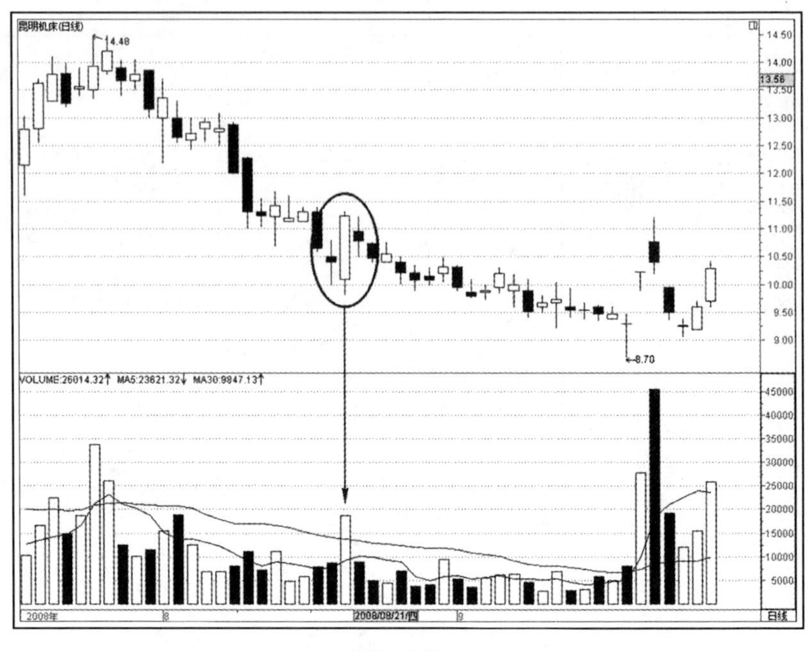

（图 436）

大阳出现的当日，MA1 均量线与 MA2 均量线已经形成死叉向下，说明成交量已经持续，股价趋势转弱，因而大阳交易信号失效。如图 437 所示。

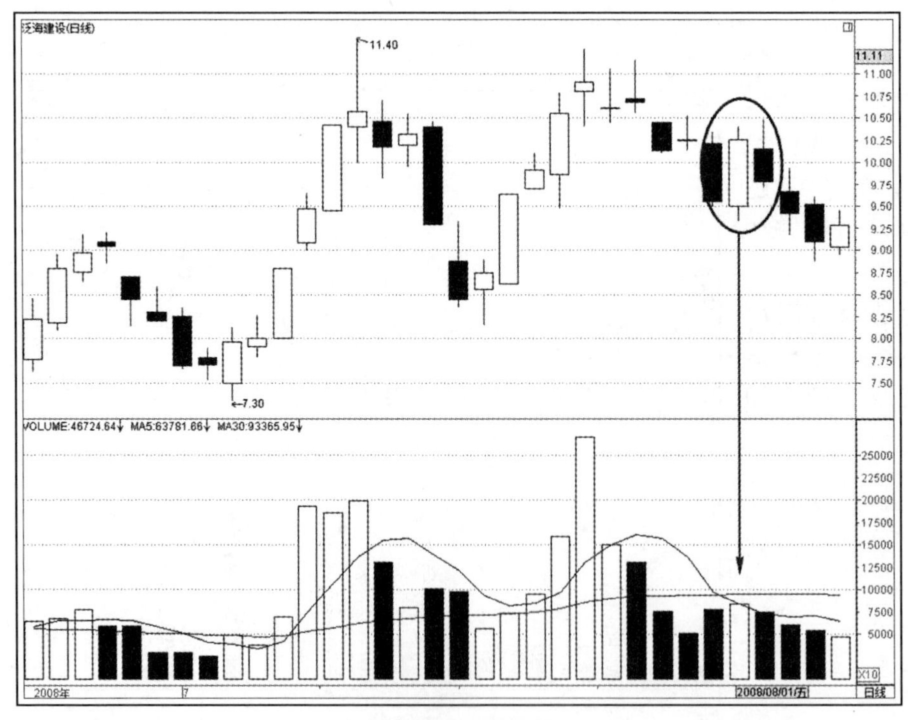

（图 437）

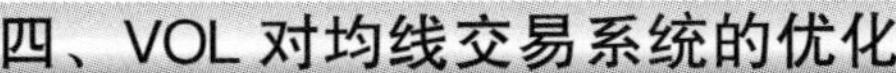

四、VOL 对均线交易系统的优化

1. 均线交易系统有效信号的两种 VOL 技术参数：

攻击线和操盘线发生金叉的当日或次日，MA1 均量线已经拐头向上穿越 MA2 均量线并形成金叉，说明成交量已经持续放大，均线交易信号强烈有效。如图 438 所示。

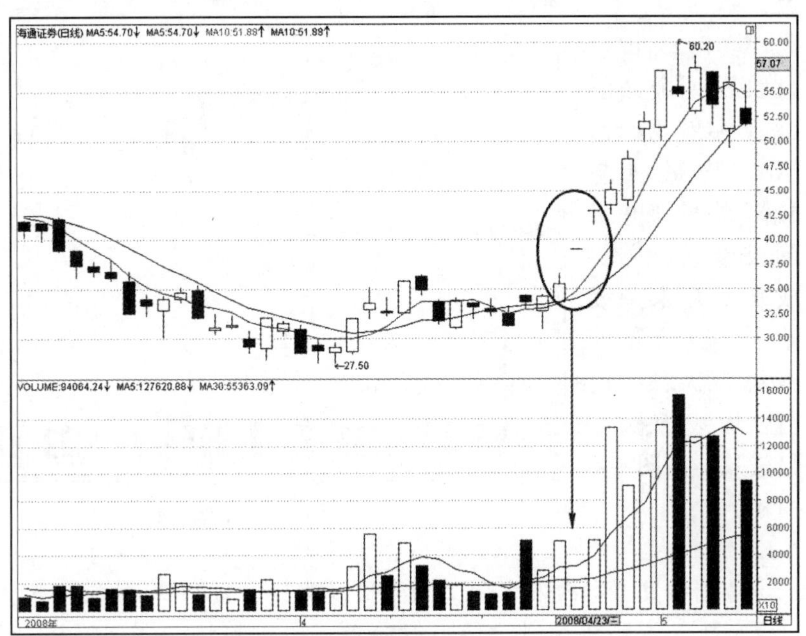

（图 438）

攻击线和操盘线发生死叉的当日或次日，MA1 均量线与 MA2 均量线已经形成死叉向下，说明成交量已经持续减少，股价趋势转弱，此时应中线卖出，均线交易信号强烈有效。如图 439 所示。

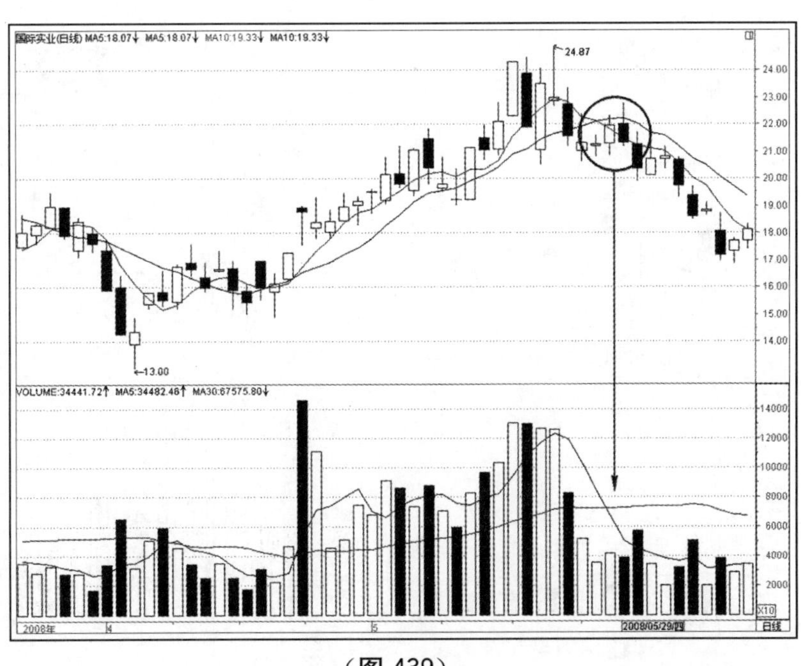

（图 439）

2. 均线交易系统失效信号的两种 VOL 技术参数：

攻击线和操盘线发生金叉的当日或次日，MA1 均量线与 MA2 均量线并未形成金叉，说明成交量并未持续放大，股价还处在弱势状态中运行，均线交易信号失效。如图 440 所示。

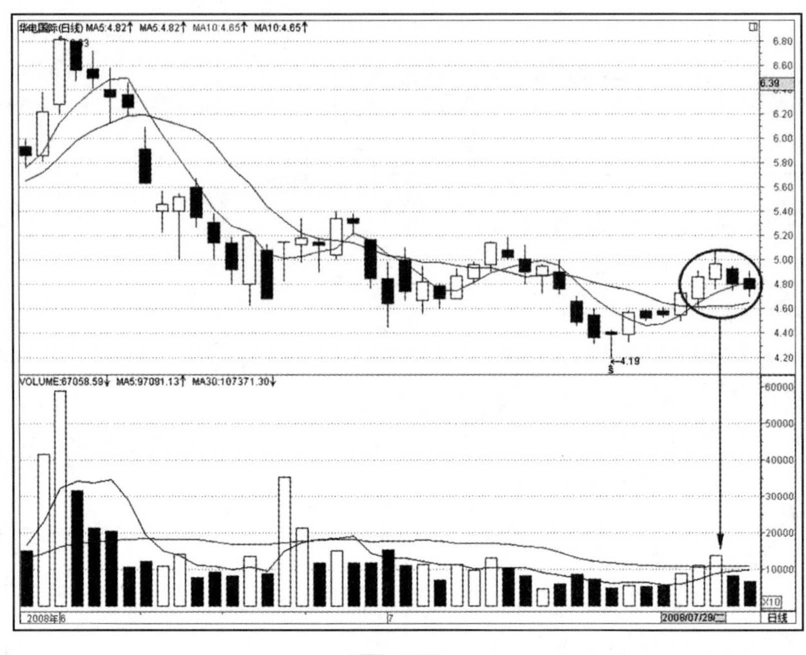

（图 440）

攻击线和操盘线发生金叉的当日或次日，MA1 均量线与 MA2 均量线已经形成死叉向下，说明成交量已经持续降低，股价趋势转弱，均线交易信号失效。如图 441 所示。

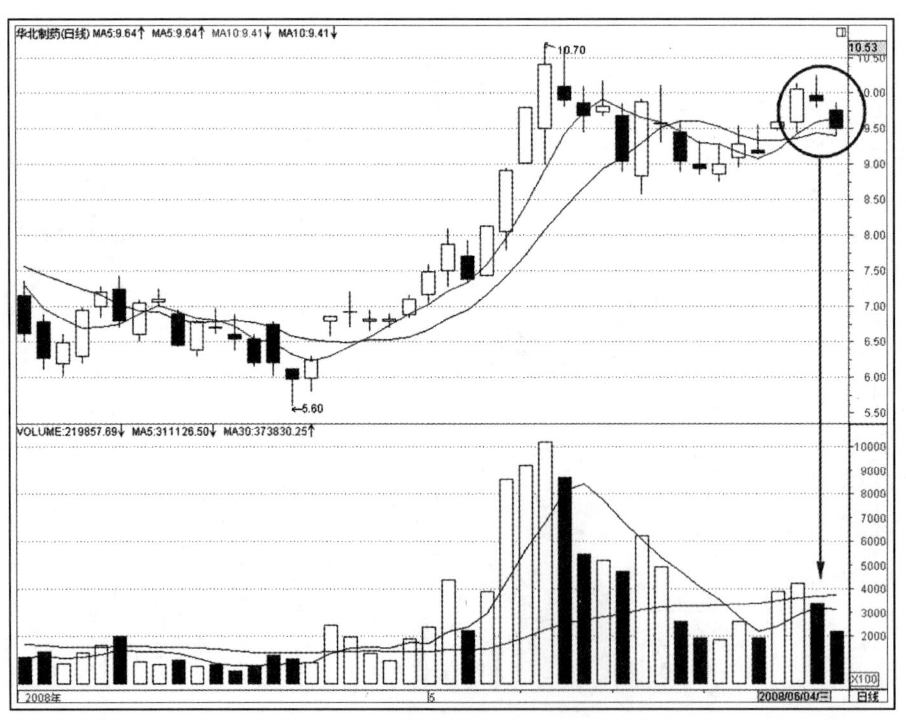

（图 441）

五、VOL 对量能交易系统的优化

1. 大量交易系统有效信号的 VOL 技术参数：

大量带阳 K 线出现的当日或次日，MA1 均量线已经拐头向上穿越 MA2 均量线并形成金叉，说明成交量已经持续放大，大量交易信号强烈有效。如图 442 所示。

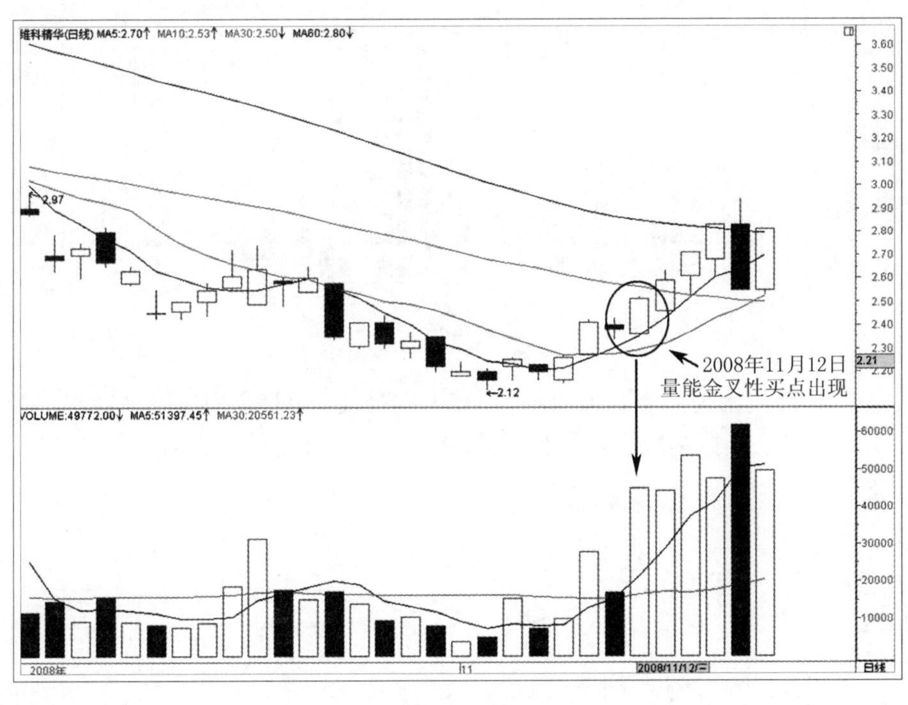

（图 442）

2. 大量交易系统失效信号的两种 VOL 技术参数：

大量带阳 K 线出现的当日或次日，MA1 均量线与 MA2 均量线并未形成金叉，说明成交量并未持续放大，股价还处在弱势状态中运行，大量交易信号失效。如图 443 所示。

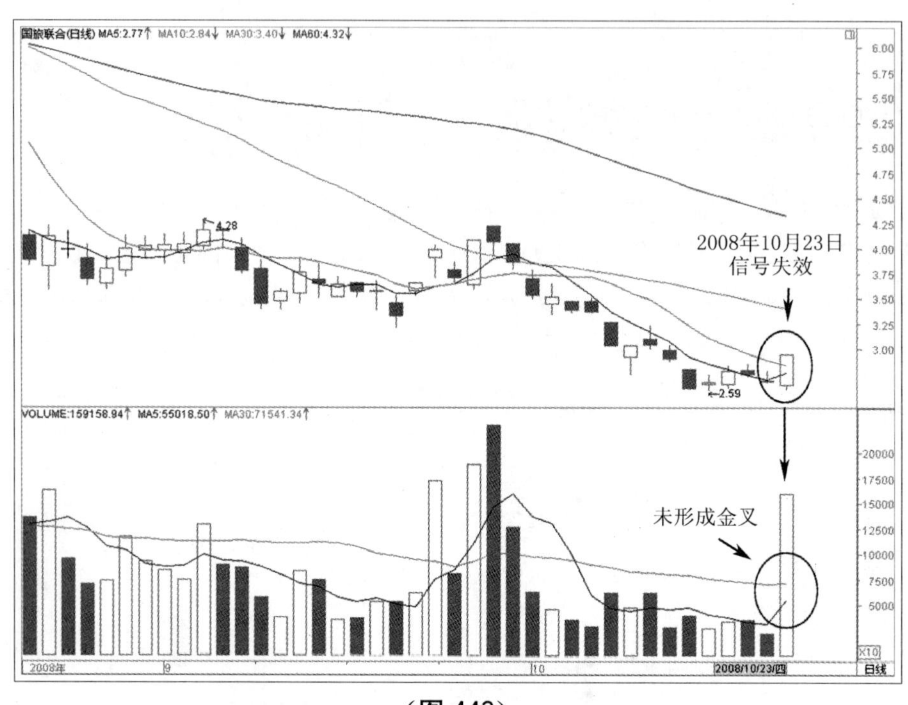

（图 443）

大量带阳 K 线出现的当日或次日，MA1 均量线与 MA2 均量线已经形成死叉向下，说明成交量已经持续减少，股价趋势转弱，大量交易信号失效。如图 444 所示。

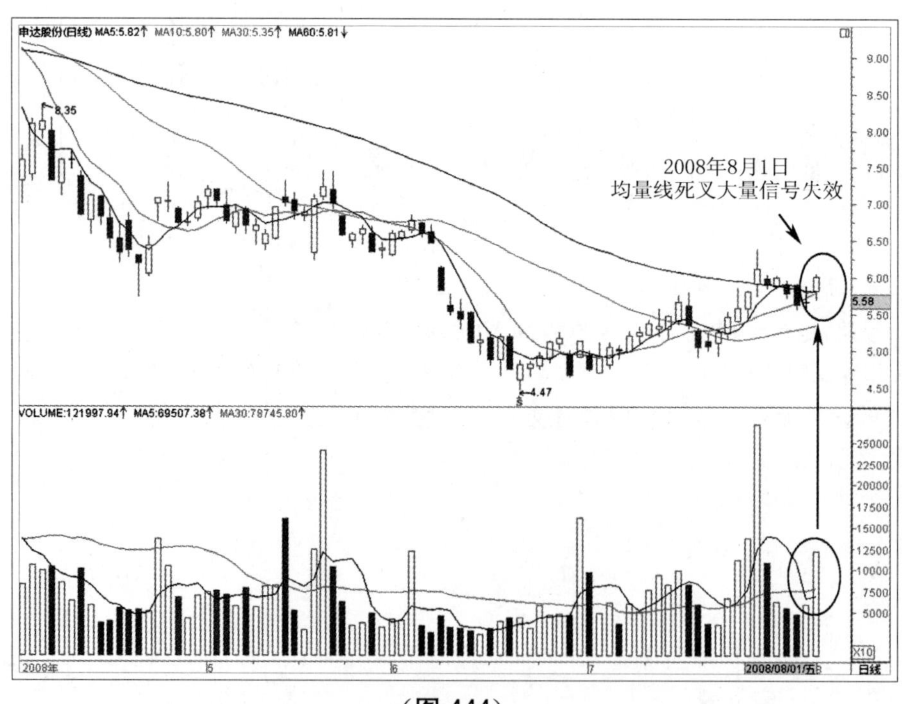

（图 444）

附录

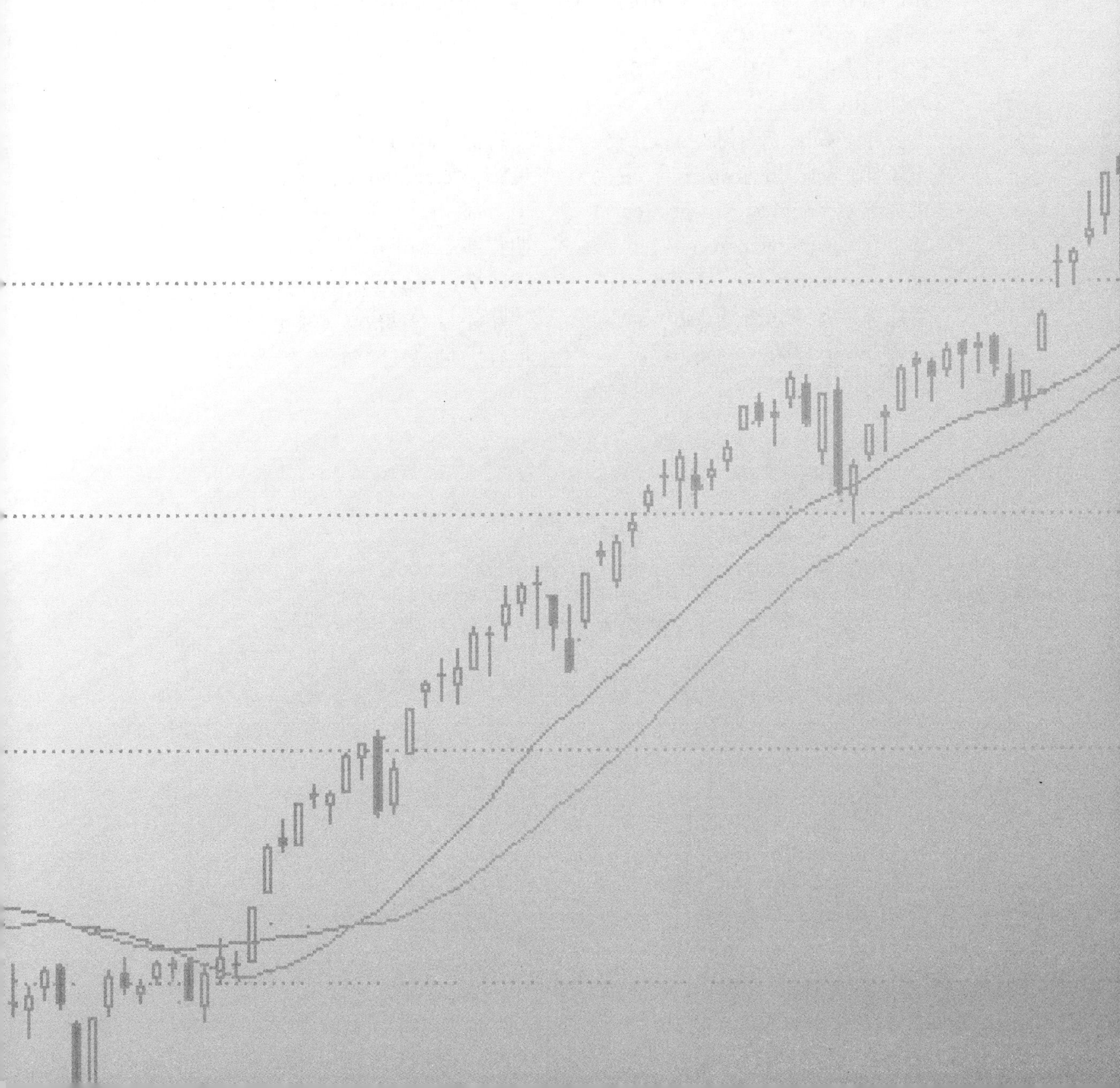

附录 1：中国证券监督管理委员会

地址：中国北京西城区金融大街 19 号富凯大厦

Add：Focus Plaza 19，Jin Rong Street，Xi Cheng District，Beijing，P. R. China

邮编（Zip）：100032

信访投诉电话：010－66210182、66210166

各部门电子邮箱：

办公厅 csrcbgt@csrc. gov. cn	发行部 csrcfxb@csrc. gov. cn
市场部 csrcscb@csrc. gov. cn	风险办 csrcfx@csrc. gov. cn
机构部 csrcjgb@csrc. gov. cn	上市部 csrcssb@csrc. gov. cn
基金部 csrcjjb@csrc. gov. cn	期货部 csrcqhb@csrc. gov. cn
稽查局 csrcjcj@csrc. gov. cn	法律部 csrcflb@csrc. gov. cn
会计部 csrckjb@csrc. gov. cn	国际部 csrcgjb@csrc. gov. cn
协调办 csrcxtb@csrc. gov. cn	信息中心 csrcxxzx@csrc. gov. cn

附录2：全国各省证券监督管理局

北京证监局
地址：北京市西城区金融街33号通泰大厦B座10层
联系电话：010－88088086
上海证监局
地址：上海市建国西路319号
联系电话：021－64719548
天津证监局
地址：天津市和平区大理道98号
联系电话：022－23132235
重庆证监局
地址：重庆市渝中区临江支路2号合景国际大厦27层
联系电话：023－89031960
广东证监局
地址：广州市天河区临江大道3号发展中心大厦15楼
联系电话：020－37853800
辽宁证监局
地址：沈阳市和平区十一纬路12号
联系电话：024－22899980
江苏证监局
地址：南京市中山东路90号华泰证券大厦19层
联系电话：025－84575558
湖北证监局
地址：湖北省武汉市洪山区珞瑜路540号
联系电话：027－87460061
四川证监局
地址：四川省成都市洗面桥街26号
联系电话：028－85541337
陕西证监局
地址：陕西省西安市高新四路1号高科广场2303室

联系电话：029—88361759

河北证监局

地址：河北省石家庄市友谊北大街 71 号

联系电话：0311—83632219

山西证监局

地址：山西省太原市平阳路 101 号国瑞大厦十二、十三、十四层

联系电话：0351—7218177

内蒙古证监局

地址：呼和浩特市赛罕区东风路 8 号农发行大厦十二层

联系电话：0471—4688865

吉林证监局

地址：吉林省长春市解放大路 2518 号　交通大厦 17、18、19 楼

联系电话：0431—85097916

黑龙江证监局

地址：哈尔滨市香坊区珠江路 56 号

联系电话：0451—82357000

浙江证监局

地址：浙江杭州文三路 90 号一号楼三楼、四楼

联系电话：0571—88473333

安徽证监局

地址：安徽省合肥市高新技术产业开发区天波路 6 号

联系电话：0551—5367100

山东证监局

地址：山东省济南市黑虎泉西路 139 号胜利大厦 6 楼

联系电话：0531—86106973

河南证监局

地址：河南省郑州市纬四路东段 19 号广发大厦 7 楼

联系电话：0371—65611760

湖南证监局

地址：长沙市车站北路 459 号证券大厦

联系电话：0731—2194270

江西证监局

办公地址：江西省南昌市湖滨南路 48 号

联系电话：0791—8591697

福建证监局

地址：福州市五四路 119 号嘉信大厦 11 层

联系电话：0591—87828160

广西证监局

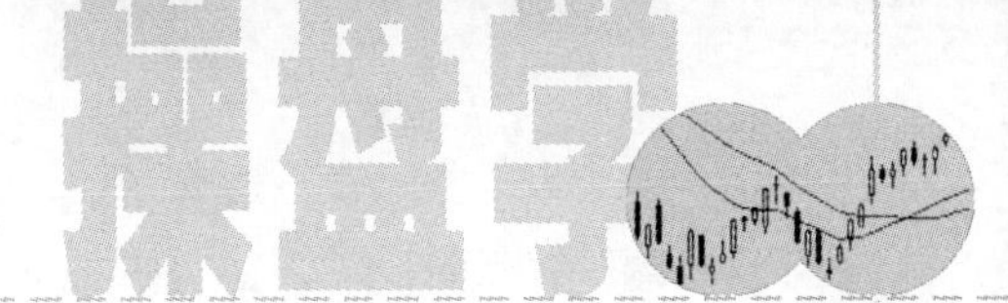

地址：广西南宁市金湖路52—1号东方曼哈顿大厦22层

联系电话：0771—5555736

海南证监局

地址：海南省海口市南宝路36号证券大厦9楼

联系电话：0898—66515262

贵州证临局

地址：贵州省贵阳市中华北路18号银海大厦5楼

联系电话：0851—6904175

云南证监局

地址：昆明市北京路577号

联系电话：0871—5135262

西藏证监局

地址：西藏拉萨市中和国际城滨河广场东6号

联系电话：0891—6873078

甘肃证监局

地址：甘肃省兰州市城关区张掖路87号中广大厦18层

联系电话：0931—8475060

宁夏证监局

地址：银川市兴庆区北京东路379号金源大厦12层

联系电话：0951—8251479

新疆证监局

地址：乌鲁木齐市民主路40号附2号

联系电话：0991—2826731

青海证监局

地址：青海省西宁市南大街75号

联系电话：0971—8213234

附录3：全国证券公司营业部汇总（30－69）

30. 国联证券股份有限公司

注册地：江苏省无锡市县前东街168号
办公地：江苏省无锡市县前东街168号6楼、7楼
邮编（ZIP）：214003　　电子邮箱：glsc@glsc.com.cn
服务电话：0510－82588168　　公司网址：http：//www.glsc.com.cn

1. 国联证券北京宣武门东大街证券营业部　北京市宣武区宣武门东大街24号 0510－82588168
2. 国联证券广州江燕路证券营业部　广东省广州市江燕路192号2楼 0510－82588168
3. 国联证券杭州中山北路证券营业部　浙江省杭州市中山北路290号　0510－82588168
4. 国联证券江阴大桥北路证券营业部　江苏省江阴市澄江镇大桥北路105号四楼 0510－82588618
5. 国联证券南京太平南路证券营业部　江苏省南京市白下区太平南路333号 0510－82588168
6. 国联证券上海漕宝路证券营业部　上海市漕宝路38号　0510－82588168
7. 国联证券上海邯郸路证券营业部　上海市邯郸路98号　0510－82588168
8. 国联证券无锡湖滨路证券营业部　江苏省无锡市湖滨路153号　0510－82588168
9. 国联证券无锡梁溪路证券营业部　江苏省无锡市梁溪路28号　0510－82588168
10. 国联证券无锡人民东路证券营业部　江苏省无锡市人民东路29号 0510－82588168
11. 国联证券无锡五爱北路证券营业部　江苏省无锡市五爱北路60号 82588168
12. 国联证券无锡县前东街证券营业部　江苏省无锡市县前东街8号 0510－82588618

13. 国联证券无锡中山路证券营业部　江苏省无锡市中山路153号　0510—82588618

14. 国联证券宜兴人民南路证券营业部　江苏省宜兴市宜城镇人民南路168号　0510—82588168

15. 国联证券镇江南门大街证券营业部　江苏省镇江市南门大街293号　82588168

31. 国盛证券有限责任公司

注册地：江西省南昌市永叔路15号

办公址：江西省南昌市永叔路15号

邮编（ZIP）：330003　　电子邮箱：zcb@gsstock.com

服务电话：0791—6272572　　公司网址：www.gsstock.com

1. 国盛证券北京知春路证券营业部　北京市海淀区知春路113号银网中心B座18层 010—62657337

2. 国盛证券抚州赣东大道证券营业部　江西省抚州市赣东大道100号　0794—8269210

3. 国盛证券赣州红旗大道赣龙商厦证券营业部　江西省赣州市红旗大道50号　0797—8217798

4. 国盛证券赣州红旗大道物资大楼证券营业部　江西省赣州市红旗大道21号　0797—8127676

5. 国盛证券赣州文清路证券营业部　江西省赣州市文清路78号　0797—8209252

6. 国盛证券吉安阳明西路证券营业部　江西省吉安市吉州区阳明西路20号　0796—8211438

7. 国盛证券景德镇新村东路证券营业部　江西省景德镇市新村东路9栋 0798—8206371

8. 国盛证券九江市孤溪埂证券营业部　江西省九江市庐山南路1号　0792—8110588

9. 国盛证券南昌八一大道证券营业部　江西省南昌市八一大道266号　0791—6232395

10. 国盛证券南昌洪城大市场证券营业部　江西省南昌市洪城大市场B区8号楼2楼 0791—6530931

11. 国盛证券南昌洪都大道证券营业部　江西省南昌市洪都大道248号　0791—8522791

12. 国盛证券南昌物资大楼证券营业部　江西省南昌市八一大道436号　0791—6811304

13. 国盛证券南昌永叔路证券营业部　江西省南昌市永叔路15号　0791—

6287949

14. 国盛证券萍乡市文化路证券营业部　江西省萍乡市跃进中路 167 号　0799—6851108

15. 国盛证券上海天钥桥路证券营业部　上海市天钥桥路 216 号 2—4 层 021—64385560

16. 国盛证券上海西凌家宅路证券营业部　上海市西凌家宅路 133 号　021—53078277

17. 国盛证券上饶赣东北大道营业部　江西省上饶市赣东北大道 36 号　0793—8202279

18. 国盛证券深圳红荔路证券营业部　广东省深圳市红荔路 38 号群星广场 A 座 33 层 0755—83017200

19. 国盛证券天津西园道证券营业部　天津市河西区西园道 12 号 2 楼 022—28362698

20. 国盛证券鹰谭胜利西路证券营业部　江西省鹰潭市胜利西路 6 号　0701—6253920

32. 国泰君安证券股份有限公司

注册地：上海市浦东新区商城路 618 号
办公地：上海市延平路 135 号
邮编（ZIP）：200042　　电子邮箱：office@gtjas. com
服务电话：4008888666　　公司网址：www. gtja. com

1. 国泰君安证券鞍山胜利南路证券营业部　辽宁省鞍山市铁东区胜利南路 68 甲 6 号 4008888666

2. 国泰君安证券北京德外大街证券营业部　北京市西城德外大街 3 号　010—82080999

3. 国泰君安证券北京方庄路证券营业部　北京市丰台区方庄路 1 号　010—67637901

4. 国泰君安证券北京西黄城根证券营业部　北京市西黄城根北街 21 号　010—66112266

5. 国泰君安证券北京知春路证券营业部　北京市海淀区知春路 17 号 010—8231118

6. 国泰君安证券长春市长春大街证券营业部　吉林省长春市长春大街 1531 号　0431—8726678

7. 国泰君安证券长春西安大路证券营业部　吉林省长春市西安大路 1857 号　0431—8599242

8. 国泰君安证券长沙五一东路证券营业部　湖南长沙市五一东路 89 号　0731—4121681

9. 国泰君安证券常德育才路证券营业部　湖南省常德市育才路市工商局办公大楼二、三楼 0736－7237683

10. 国泰君安证券常州广化街证券营业部　江苏省常州市广化街 189 号　0519－6614856

11. 国泰君安证券成都北一环路证券营业部　四川成都市一环路北一段 134 号　028－87668776

12. 国泰君安证券成都建设路证券营业部　四川成都市成华区建设路 2 号 4008888666

13. 国泰君安证券成都顺城大街证券营业部　四川成都市顺城大街 229 号顺城大厦 2.3 楼 4008888666

14. 国泰君安证券大连成义街证券营业部　辽宁大连市沙河口区成义街 6 号 0411－84620363

15. 国泰君安证券东莞体育路证券营业部　广东省东莞市体育路 2 号鸿禧中心 A 座三楼 4008888666

16. 国泰君安证券福州华林路证券营业部　福建福州市华林路 84 号　0591－87435777

17. 国泰君安证券福州五四路营业部　福建省福州市五四路 75 号外贸中心展厅大楼 0591－87435777

18. 国泰君安证券抚州黄巢路证券营业部　江西省抚州市黄巢路 23 号　0794－8265712

19. 国泰君安证券广州东风中路证券营业部　广州市东风中路 313 号 3－6 层 020－83606002

20. 国泰君安证券广州人民中路证券营业部　广东广州人民中路 555 号美国银行中心十六楼 020－81300415

21. 国泰君安证券贵阳中山西路证券营业部　贵州贵阳市中山西路 18 号太平洋大厦 19 楼 0851－5810974

22. 国泰君安证券哈尔滨地段街证券营业部　黑龙江哈尔滨市通达街 90 号 0451－84652437

23. 国泰君安证券哈尔滨通达街证券营业部　黑龙江哈尔滨市南岗区通达街 90 号 4008888666

24. 国泰君安证券哈尔滨西大直街证券营业部　黑龙江省哈尔滨市南岗区西大直街 118 号　0451－86202820

25. 国泰君安证券海口滨海大道证券营业部　海南省海口市滨海大道 23 号华凯大厦一楼 0898－66211080

26. 国泰君安证券海口金龙路证券营业部　海南省海口市金龙路 22 号深发展大厦二楼 0898－68551008

27. 国泰君安证券杭州庆春路证券营业部　浙江省杭州庆春路 26 号　0571－87245858

28. 国泰君安证券合肥长江西路证券营业部　安徽省合肥市长江西路 130 号 0551—2819138

29. 国泰君安证券衡阳雁城路证券营业部　湖南省衡阳市雁城路 1 号　0734—8255833

30. 国泰君安证券呼和浩特西护城河证券营业部　内蒙古呼和浩特市新城区西护城河巷 1 号　0471—6685311

31. 国泰君安证券吉林松江路证券营业部　吉林省吉林市松江路 83 号　0432—4801002

32. 国泰君安证券济南经二路证券营业部　山东省济南市经二路 575 号　0531—87922442

33. 国泰君安证券济南永庆街证券营业部　山东省济南市永庆街 2 号　0531—86124387

34. 国泰君安证券荆州北京中路证券营业部　湖北省荆州市北京中路 263 号 0716—8190777

35. 国泰君安证券九江甘棠路证券营业部　江西省九江市甘棠北路裕华广场 A 栋 0792—8239812

36. 国泰君安证券昆明人民中路证券营业部　云南省昆明人民中路 9—2 号金牛大厦 0871—3107159

37. 国泰君安证券兰州东岗西路证券营业部　甘肃省兰州市东岗西路 703 0931—8889199

38. 国泰君安证券兰州西固中路证券营业部　甘肃省兰州市西固中路 87 号 0931—7586160

39. 国泰君安证券兰州永昌路证券营业部　甘肃省兰州市永昌路 129 号　0931—8436660

40. 国泰君安证券临海巾山中路证券营业部　浙江省临海市巾山中路 59 号 0576—5113365

41. 国泰君安证券临沂沂蒙路证券营业部　山东省临沂市沂蒙路 228 号　0539—8101795

42. 国泰君安证券泸州三星街证券营业部　四川省泸州市三星街口证券大厦 0830—2297548

43. 国泰君安证券南昌象山北路证券营业部　江西省南昌市站前路 129 号 0791—6735055

44. 国泰君安证券南昌站前路营业部　江西省南昌市站前路 109 号 0791—6113093

45. 国泰君安证券南京太平南路证券营业部　江苏省南京市太平南路 371 号 025—84575116

46. 国泰君安证券南京中央路证券营业部　江苏省南京市中央路 32 号　025—83372672

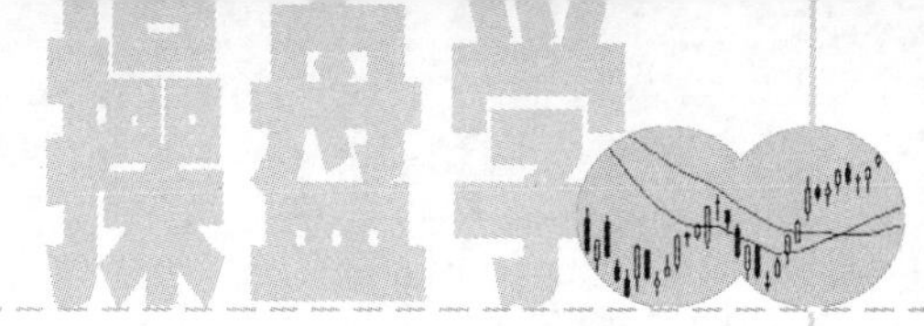

47. 国泰君安证券南宁汇春路证券营业部　广西南宁市汇春路5号三楼 0771－2620032

48. 国泰君安证券宁波彩虹北路证券营业部　浙江省宁波市彩虹北路97号0574－87742919

49. 国泰君安证券齐齐哈尔中环广场证券营业部　齐齐哈尔市龙沙区中环广场31号　0452－8918088

50. 国泰君安证券青岛南京路证券营业部　山东省青岛市南京路122号乙0532－85848600

51. 国泰君安证券衢州柯城证券营业部　浙江衢州市巨化花园证券楼 0570－3067618

52. 国泰君安证券泉州泉秀路证券营业部　福建省泉州市泉秀路农业银行大厦2楼.7楼 4008888666

53. 国泰君安证券汕头金砂路证券营业部　广东省汕头市金砂路46号　0754－8632126

54. 国泰君安证券上海打浦路证券营业部　上海市打浦路92号　021－63056979

55. 国泰君安证券上海福山路证券营业部　上海市福山路450号23.24楼 021－68674666

56. 国泰君安证券上海广东路证券营业部　上海市广东路500号世界贸易大厦24层 021－63620066

57. 国泰君安证券上海虹桥路证券营业部　上海市虹桥路188号2楼 021－64289999

58. 国泰君安证券上海江苏路证券营业部　上海江苏路369号　021－62108888

59. 国泰君安证券上海陆家嘴东路证券营业部　上海市陆家嘴东路161号37楼 021－58829029

60. 国泰君安证券上海牡丹江路证券第二营业部　上海市牡丹江路1528号4楼 021－56786387

61. 国泰君安证券上海牡丹江路证券营业部　上海牡丹江路1188号宝信大厦1.2楼 021－56675001

62. 国泰君安证券上海商城路证券营业部　上海市商城路618号良友大厦二楼 021－58789995

63. 国泰君安证券上海水城路证券营业部　上海市水城路382弄2号　021－62337371

64. 国泰君安证券上海四平路证券营业部　上海市四平路1962号　021－55062308

65. 国泰君安证券上海威海路证券营业部　上海市静安区威海路363号　021－63401356

66. 国泰君安证券上海延平路证券营业部　上海市延平路135号　021－

62580818

67. 国泰君安证券上海杨树浦路证券营业部　上海市杨树浦路 2525 号　021－65199508

68. 国泰君安证券上海宜山路第二证券营业部　上海市宜山路 900 号　021－54235353

69. 国泰君安证券上海制造局路证券营业部　上海市制造局路 405 号　021－63123378

70. 国泰君安证券绍兴中兴中路证券营业部　浙江省绍兴市中兴中路 108 号　0575－5116189

71. 国泰君安证券深圳爱国路证券营业部　深圳市罗湖区爱国路 1001 号万科俊园四楼 0755－25771273

72. 国泰君安证券深圳蔡屋围证券营业部　深圳市蔡屋围新十坊一号　0755－82060009

73. 国泰君安证券福华三路证券营业部　深圳市福华三路国际商会中心大厦 301－305 单元 0755－82095322

74. 国泰君安证券深圳华发路证券营业部　深圳深南中路 2070 号电子科技大厦 C 座十五层 0755－83273880

75. 国泰君安证券深圳人民南路证券营业部　深圳市人民南路天安国际大厦 C 座 18 楼 0755－82293333

76. 国泰君安证券深圳上步中路证券营业部　深圳市上步中路深勘大厦三楼 0755－83755888

77. 国泰君安证券深圳深南中路证券营业部　深圳市深南中路 2008 号华联大厦 19 楼 0755－83667776

78. 国泰君安证券深圳松岗证券营业部　深圳市松岗镇楼岗大道宝利来商业城二楼 0755－27080081

79. 国泰君安证券深圳笋岗路证券营业部　深圳笋岗路 12 号中民时代广场 A 座 9 层 0755－25831500

80. 国泰君安证券深圳桃园路证券营业部　深圳市南头桃园路 171 号发展银行大厦六楼 0755－26572092

81. 国泰君安证券深圳益田路证券营业部　深圳市益田路江苏大厦 A 座 7 楼 0755－25310141

82. 国泰君安证券深圳振华路证券营业部　深圳市华强北路 2001 号深纺大厦十三层 0755－83202339

83. 国泰君安证券沈阳黄河南大街证券营业部　沈阳市皇姑区黄河南大街 48 号 024－86825168

84. 国泰君安证券沈阳热闹路证券营业部　沈阳市沈河区热闹路 22 号　024－86825168

85. 国泰君安证券石家庄建华南大街证券营业部　石家庄建华南大街 161 号

0311－85658988

86. 国泰君安证券石家庄育才街证券营业部　石家庄市育才街285号　0311－85809768

87. 国泰君安证券顺德大良证券营业部　广东省顺德市大良区东乐路2号广德业大厦2楼 4008888666

88. 国泰君安证券太原并州北路证券营业部　山西省太原市并州北路35号 0351－4727036

89. 国泰君安证券天津环湖中路证券营业部　天津市体院北环湖中路华昌大厦A座2—3层 4006518998

90. 国泰君安证券天津六纬路证券营业部　天津市河东区六纬路133号 4006518998

91. 国泰君安证券天津塘沽上海道证券营业部　天津市塘沽区上海道101号 4006518998

92. 国泰君安证券天津新兴路证券营业部　天津市和平区新兴路28号 4006518998

93. 国泰君安证券乌鲁木齐建设路证券营业部　新疆乌鲁木齐市建设路8号 0991－2835838

94. 国泰君安证券无锡人民中路证券营业部　无锡市人民中路97号佳福大厦12层 0510－82709098

95. 国泰君安证券武汉洞庭街证券营业部　武汉市汉口洞庭街48号　027－82805609

96. 国泰君安证券武汉解放大道证券营业部　武汉解放大道606号湖北石油大厦2—3楼 027－83888585

97. 国泰君安证券武汉紫阳东路证券营业部　湖北省武汉市紫阳东路77号 027－87250557

98. 国泰君安证券西安东关正街证券营业部　西安市东关正街129号世贸大厦 029－88304680

99. 国泰君安证券司西安环城南路证券营业部　西安市环城南路112号融汇大厦 029－88304603

100. 国泰君安证券厦门嘉禾路证券营业部　福建省厦门市嘉禾路170号嘉莲大厦2楼 0592－5566826

101. 国泰君安证券司襄樊襄城南街证券营业部　湖北省襄樊市襄城南街1号 0710－3551029

102. 国泰君安证券徐州解放南路证券营业部　江苏省徐州市解放南路108号 0516－83819227

103. 国泰君安证券司宜昌云集路证券营业部　湖北宜昌云集路34号　0717－6741910

104. 国泰君安证券宜昌珍珠路证券营业部　湖北省宜昌市珍珠路78号　0717

—6770928

105. 国泰君安证券司宜春东风大街证券营业部 江西省宜春市东风大街 188 号 0795—3215108

106. 国泰君安证券司鹰潭环城西路证券营业部 江西省鹰潭市交通路 24 号龙华大厦 0701—6210671

107. 国泰君安证券余姚阳明西路证券营业部 浙江省余姚市阳明西路 78 号 0574—62661058

108. 国泰君安证券郑州花园路证券营业部 河南省郑州市花园路 53 号 0371—65949041

109. 国泰君安证券股份有限公重庆棉花街证券营业部 重庆市渝中区棉花街 18 号 023—63788906

110. 国泰君安证券重庆民生路证券营业部 重庆市渝中区民生路 181 号民生大厦 5 楼 023—63708880

111. 国泰君安证券重庆中山三路证券营业部 重庆市渝中区中山三路 168 号 023—63860230

112. 国泰君安证券建设中路证券营业部 湖南省株洲市建设中路 40 号神农公园大门北侧 0734—8255833

113. 国泰君安证券广州黄埔大道证券营业部 广州市黄埔大道西 191 号广信牡丹阁二层 020—87535101

33. 国信证券股份有限公司

注册地：深圳市罗湖区红岭中路国信证券大厦十六层至二十六层
办公地：深圳市罗湖区红岭中路国信证券大厦十六层至二十六层
邮编（ZIP）：518001　　电子邮箱：xzyxzb@guosen. com. cn
服务电话：800—810—8868　　公司网址：guosen. com. cn

1. 国信证券北京亚运村证券营业部 北京朝阳区大屯路科学园南里风林西奥中心 A 座 5 层 010—64836798

2. 国信证券长春解放大路证券营业部 吉林省长春市解放大路 2677 号光大厦 16 层 0431—8400288

3. 国信证券大连花园广场证券营业部 辽宁省大连市西岗区花园广场 2 号 0411—83676742

4. 国信证券佛山市东下路证券营业部 广东省佛山市东下路 69 号 0757—86395999

5. 国信证券广州环市东路证券营业部 广东省广州市环市东路 322 号二层 020—83829216

6. 国信证券广州天河北路证券营业部 广州市天河北路 28 号时代广场 7 楼 020—87668293

7. 国信证券杭州体育场路证券营业部　杭州市体育场路2号京华科影大厦1，4，5楼 0571－85214888

8. 国信证券合肥马鞍山路证券营业部　安徽省合肥市马鞍山中路58号4－5楼 0551－4658822

9. 国信证券惠州承修二路证券营业部　广东省惠阳承修二路16号邮政综合大楼3楼 0752－3367271

10. 国信证券昆明安康路证券营业部　云南省昆明市西山区安康路9号三层 0871－4107768

11. 国信证券南海大沥证券营业部　佛山市南海区大沥镇广佛三岔路口通发大厦三楼 0757－85519333

12. 国信证券南海九江证券营业部　佛山市南海区九江镇儒林东路47号华文楼1－3层 0757－86580311

13. 国信证券南京洪武路证券营业部　南京市洪武路239号新大都大厦四楼 025－85272269

14. 国信证券上海淮海西路证券营业部　上海淮海西路233－239号　021－62813585转813

15. 国信证券深圳泰然九路证券营业部　深圳市福田区深南大道6019号金润大厦8楼 0755－25822666

16. 国信证券深圳振华路证券营业部　深圳市振华路112号　0755－83323112

17. 国信证券无锡梁清路证券营业部　江苏无锡市梁清路2号3楼 0510－85812785

18. 国信证券武汉京汉大道证券营业部　湖北省武汉市京汉大道大公大厦 027－85851373

19. 国信证券烟台西南河路证券营业部　山东省烟台市芝罘区西南河路217号4楼 0535－6631675

20. 国信证券义乌稠州北路证券营业部　浙江省义乌市稠州北路505号 0579－5562316

21. 国信证券肇庆西江北路证券营业部　广东省肇庆市西江北路25号　0758－2809063

22. 国信证券北京呼家楼北街证券营业部　北京市朝阳区呼家楼北街7号楼 010－65065203

23. 国信证券北京三里河路证券营业部　北京市海淀区三里河路13号中国建筑文化中心 010－68357702

24. 国信证券长沙五一大道证券营业部　湖南省长沙市五一大道591号名汇达大厦4楼 0731－2277689

25. 国信证券成都二环路证券营业部　成都市二环北一段213号三楼 028－87627376

26. 国信证券佛山体育路证券营业部　佛山市体育路52号金马商城首层 0757－

83210613

27. 国信证券福州五一中路证券营业部　福州市五一中路 88 号平安大厦 17.18 层 0591－83318180

28. 国信证券司广州东风中路证券营业部　广州市东风中路 318 号嘉业大厦三、五层 020－83630540

29. 国信证券哈尔滨田地街证券营业部　哈尔滨市道里区田地街副 24－6 号田地大厦 0451－84642430

30. 国信证券杭州萧然东路证券营业部　杭州市萧山区萧然东路 2 号国信证券大厦 0571－82891822

31. 国信证券绵阳富乐路证券营业部　四川省绵阳市富乐路 15 号　0816－2245588

32. 国信证券上海北京东路证券营业部　上海市北京东路 668 号东楼 30 楼 021－53082288＊3015

33. 国信证券深圳红荔路证券营业部　深圳市红荔路 38 号群星广场 A 座 33 楼 0755－83748816

34. 国信证券深圳红岭中路证券营业部　深圳市红岭中路 1012 号国信证券大厦 4－10 楼 0755－82130820

35. 国信证券深圳深南中路证券营业部　深圳市深南中路 1099 号商业银行大厦 3－4 楼 0755－25879348

36. 国信证券天津湘江道证券营业部　天津市河西区湘江道 47 号五矿大厦 022－28257447

37. 国信证券西安友谊东路证券营业部　陕西省西安市南关正街 1 号泛美大厦 1－3 层 029－87819878

38. 国信证券珠海翠香路证券营业部　广东省珠海市香洲区翠香路 274 号安平大厦十楼 0756－2126901

34. 国元证券股份有限公司

注册地：安徽省合肥市寿春路 179 号
办公地：安徽省合肥市寿春路 179 号
邮编（ZIP）：230001　　电子邮箱：zhbgs@gyzq.com.cn
服务电话：95578　　公司网址：www.gyzq.com.cn

1. 国元证券安庆人民路证券营业部　安徽省安庆市人民路 238 号　0565－5543669

2. 国元证券蚌埠胜利西路证券营业部　安徽省蚌埠市胜利西路 1 号 0552－2069005

3. 国元证券北京东直门外大街证券部　北京市东直门外大街 46 号天恒大厦 906 室京 010－84608189

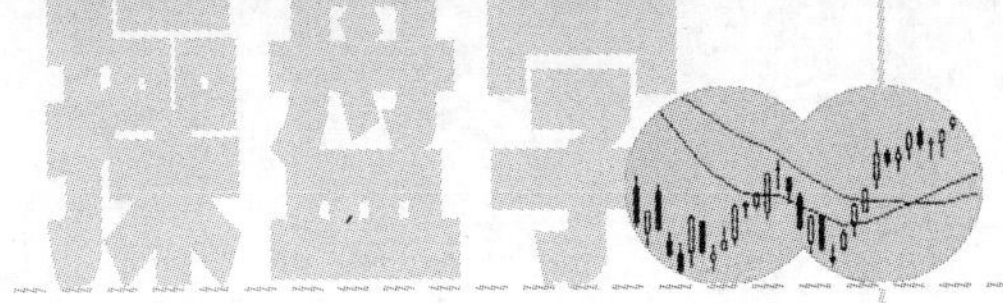

4. 国元证券北京西坝河南路证券营业部　北京市西坝河南路甲1号金泰大厦4楼京 010－64402733

5. 国元证券巢湖健康中路证券营业部　安徽省巢湖健康中路238号徽 0565－2325252

6. 国元证券滁州琅琊东路证券营业部　安徽省滁州琅琊东路58号　0550－3031888

7. 国元证券大连金州证券营业部　辽宁省大连市金州区民政街57号　0411－87821788

8. 国元证券阜阳颖州南路证券营业部　安徽省阜阳颖州南路58号　0558－2266002

9. 国元证券广州江南西路证券营业部　广州江南西路8－10号　020－84232764

10. 国元证券杭州西湖大道证券营业部　杭州市西湖大道193号　0571－87925296

11. 国元证券合肥长江路证券营业部　安徽省合肥长江路514号　0551－2820854

12. 国元证券合肥长江中路证券营业部　安徽省合肥长江中路229号 0551－2630136

13. 国元证券合肥红星路证券营业部　安徽省合肥红星路91号 0551－2622085

14. 国元证券合肥金寨路证券营业部　安徽省合肥金寨路118号 0551－3626911

15. 国元证券合肥九狮桥街证券营业部　安徽省合肥九狮桥街45号　0551－2652196

16. 国元证券合肥庐江路证券营业部　安徽省合肥庐江路123号 0551－2635371

17. 国元证券合肥寿春路第一证券营业部　安徽省合肥寿春路179号　0551－2207188

18. 国元证券合肥宿州路证券营业部　安徽省合肥宿州路20号 0551－2615542

19. 国元证券合肥芜湖路证券营业部　安徽省合肥芜湖路168号同济大厦 0551－2870199

20. 国元证券淮北淮海路证券营业部　安徽省淮北淮海路291号 0561－3887283

21. 国元证券淮南朝阳中路证券营业部　安徽省淮南朝阳中路房开综合培训楼 0554－3644333

22. 国元证券淮南国庆中路证券营业部　安徽省淮南国庆中路339号　0554－3644333

23. 国元证券六安人民路证券营业部　安徽省六安人民路88号 0564－3327632

24. 国元证券马鞍山湖南路证券营业部　安徽省马鞍山湖南路22号　0555－2886980

25. 国元证券青岛辽宁路证券营业部　山东省青岛市辽宁路153号 0532－83908358

26. 国元证券青岛山东路证券营业部　山东省青岛市山东路 177 号 0532－85622443

27. 国元证券青岛四流中路证券营业部　山东省青岛市四流中路 44 号　0532－84619975

28. 国元证券青岛延安路证券营业部　山东省青岛市延安路 83 号 0532－82730342

29. 国元证券青岛源头路 27 号　山东省青岛市源头路 27 号　0532－87899290

30. 国元证券上海东方路证券营业部　上海东方路 738 号裕安大厦 021－58201796

31. 国元证券上海复兴西路证券营业部　上海市复兴西路 268 号 021－52395580

32. 国元证券上海虹桥路证券营业部　上海虹桥路 1720 弄 9 号　021－62706918

33. 国元证券司上海襄阳北路证券营业部　上海市襄阳北路 93 号　021－54041191

34. 国元证券上海斜土路证券营业部　上海市斜土路 500 号　021－63047790

35. 国元证券上海中山北路证券营业部　上海市中山北路 1958 号华源世界广场 021－62052778

36. 国元证券深圳百花二路证券营业部　深圳市百花二路 48 号 0755－83670617

37. 国元证券深圳宝安南路证券营业部　深圳市宝安南路 3083 号蔡屋围发展大厦 0755－82128381

38. 国元证券沈阳松花江街证券营业部　沈阳市皇姑区松花江街 27 号甲 024－62232309

39. 国元证券宿州汴河路证券营业部　安徽省宿州市汴河路 365 号　0557－3022954

40. 国元证券天津浦道证券营业部　天津市河西区浦口道 25 号　022－23112300

41. 国元证券铜陵义安南路证券营业部　安徽省铜陵市义安南路 10 号　0562－2831466

42. 国元证券无锡学前街证券营业部　江苏省无锡市学前街 5 号　0510－83710088

43. 国元证券芜湖北京东路证券营业部　安徽省芜湖北京东路 249 号　0553－3119972

44. 国元证券芜湖黄山西路证券营业部　安徽省芜湖黄山路 2 号　0553－3830012

45. 国元证券芜湖九华山路证券营业部　安徽省芜湖市九华山路 154 号　0553－3941151

46. 国元证券宣城状元北路证券营业部　安徽省宣城市状元北路 7 号徽 0563－2718988

47. 国元证券中山悦来南路证券营业部　广东省中山市悦来南路6号君悦广场2层 0760－8927108

48. 国元证券重庆观音桥步行街证券营业部　重庆市观音桥步行街未来国际大厦裙楼7楼 023－67873678

35. 海通证券股份有限公司

注册地：上海市淮海中路98号

办公地：上海市广东路689号

邮编（ZIP）：200001　　电子邮箱：haitong@htsec. com

服务电话：021－962503　　公司网址：www. htsec. com

1. 海通证券鞍山二道街证券营业部　辽宁省鞍山铁东区二道街90号　0412－2220830

2. 海通证券蚌埠中荣街证券营业部　安徽省蚌埠市中荣街146号天源大厦0552－2050731

3. 海通证券北京光华路证券营业部　北京市朝阳区光华路甲8－1号和乔大厦c座3层 010－65830984

4. 海通证券北京柳芳北里证券营业部　北京市朝阳区左家庄柳芳北里综合楼 010－64620904 010－64

5. 海通证券北京知春路证券营业部　北京市海淀区知春路甲63号卫星大厦七层 95553

6. 海通证券北京中关村南大街证券营业部　北京市海淀区中关村南大街甲56号　010－88027070

7. 海通证券长春大经路证券营业部　长春市大经路550号　0431－8720850

8. 海通证券长江路证券营业部　黑龙江省哈尔滨市南岗区长江路99－5号 95553

9. 海通证券长沙五一大道证券营业部　湖南省长沙市五一大道银华大厦5楼 0731－2240588

10. 海通证券常熟海虞北路证券营业部　江苏省常熟市海虞北路20号 0512－52881100

11. 海通证券常州健身路证券营业部　江苏省常州市健身路16号　0519－6687943

12. 海通证券成都人民西路证券营业部　四川省成都人民西路96号 028－86110000

13. 海通证券大连分公司天津街证券营业部　辽宁省大连市中山区天津街91号 0411－82816160－201

14. 海通证券大庆经六街证券营业部　黑龙江省大庆市萨尔图区经六街47号 0459－6698999

15. 海通证券大庆晚报大街证券营业部　黑龙江省大庆市萨尔图区东风新村晚报大街 11 号　95553

16. 海通证券股份有限公司大庆西二路证券营业部　辽宁省大庆让胡路西二路 18 号　0459－6698999

17. 海通证券东莞莞太路证券营业部　广东省东莞市莞城区莞太大道 5 号讯通大厦三楼 95553

18. 海通证券福州广达路证券营业部　福州市广达路 76 号　0591－83359337

19. 海通证券广州东风西路证券营业部　广州市东风西路 195 号 B 座 11－12 楼 020－81341027

20. 海通证券广州江南西路证券营业部　广州市江南西路青葵大街 13－16 号二、八楼 020－84481813

21. 海通证券贵阳富水北路证券营业部　贵阳市富水北路 66 号　0851－5212154

22. 海通证券哈尔滨奋斗路证券营业部　哈尔滨市南岗区果戈里大街 200 号 95553

23. 海通证券哈尔滨和平路证券营业部　哈尔滨和平路二号和平大厦 0451－82167601

24. 海通证券哈尔滨通江街证券营业部　黑龙江省哈尔滨市道里区通江街 188 号　95553

25. 海通证券哈尔滨西大直街证券营业部　黑龙江省哈尔滨市南岗区海关街 4 号　95553

26. 海通证券哈尔滨新阳路证券营业部　黑龙江省哈尔滨道里区新阳路 240 号 95553

27. 海通证券哈尔滨中山路证券营业部　黑龙江省哈尔滨市南岗区中山路 111 号　95553

28. 海通证券海口龙昆北路证券营业部　海南省海口市龙昆北路 15 号中航大厦 A 座 0898－66740501

29. 海通证券杭州环城西路证券营业部　浙江省杭州环城西路 46－2 号 0571－85100977

30. 海通证券杭州解放路证券营业部　浙江省杭州市解放路 138 号　0571－87912416

31. 海通证券杭州文化路证券营业部　浙江省杭州市萧山区文化路 169 号 0571－82723291

32. 海通证券合肥美菱大道证券营业部　安徽省合肥市美菱大道 402 号香港步行街 E2 栋 4 楼 0551－2862611

33. 海通证券鹤岗东解放路证券营业部　黑龙江省鹤岗市东解放路 27 号 95553

34. 海通证券淮安淮海南路证券营业部　江苏省淮安市淮海南路 65 号　0517－

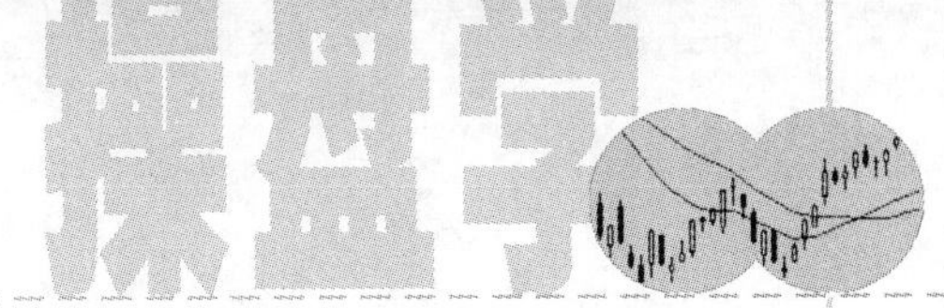

3943159

35. 海通证券鸡西中心大街证券营业部　黑龙江省鸡西市中心大街53号　95553

36. 海通证券吉林南京街证券营业部　吉林市南京街104号　0432－2482465

37. 海通证券加格达奇兴安大街证券营业部　黑龙江省加格达奇兴安大街198号　95553

38. 海通证券金昌长春路证券营业部　甘肃省金昌市长春路盐政大厦 0935－8325605

39. 海通证券昆明东风西路证券营业部　云南省昆明东风西 路162号　0871－3624666

40. 海通证券兰州东岗东路证券营业部　甘肃省兰州市城关区东岗东路1371号　95553

41. 海通证券兰州和政路证券营业部　甘肃省兰州和政路 021－95553

42. 海通证券兰州天水路证券营业部　甘肃省兰州市定西南路376号 0931－8611371

43. 海通证券兰州武都路证券营业部　甘肃省兰州武都路157号　0931－8484111

44. 海通证券兰州西津西路证券营业部　甘肃省兰州市七里河区西津西路9号　95553

45. 海通证券辽源人民大街证券营业部　吉林省辽源市人民大街367号　0437－3220341

46. 海通证券牡丹江牡丹街证券营业部　黑龙江省牡丹江市西安区牡丹街1号　95553

47. 海通证券牡丹江平安街证券营业部　黑龙江省牡丹江市西安区平安街7号　95553

48. 海通证券南京常府街营业部　江苏省南京常府街85－7号　025－84417099

49. 海通证券南京广州路营业部　江苏省南京广州路188号　025－85827833

50. 海通证券南宁人民东路证券营业部　广西南宁市人民东路248号通银大厦13层 0771－2807798

51. 海通证券南通人民中路证券营业部　江苏省南通市人民中路88号邮政大楼二楼 0513－85505112

52. 海通证券宁波百丈东路营业部　宁波市百丈东路787号波 0574－87339834

53. 海通证券宁波解放北路证券营业部　浙江省宁波解放北路148号 0574－87348888

54. 海通证券七台河山湖路证券营业部　黑龙江省七台河市桃山区山湖路41号　95553

55. 海通证券齐齐哈尔安顺路证券营业部　黑龙江省齐齐哈尔市龙沙区安顺路6号　95553

56. 海通证券齐齐哈尔卜奎大街证券营业部　黑龙江省齐齐哈尔卜奎大街 42 号　95553

57. 海通证券齐齐哈尔和平大街证券营业部　黑龙江省齐齐哈尔市富拉尔基区和平大街 112 号　95553

58. 海通证券青岛杭州路证券营业部　山东省青岛市四方区杭州路 20 号　0532—83733586

59. 海通证券青岛湛山一路营业部　山东省青岛市湛山一路 25 号　0532—83891000.838910

60. 海通证券汕头中山中路证券营业部　广东省汕头市中山中路 205 号富都大厦二、三楼 0754—8535095

61. 海通证券上海本溪路证券营业部　上海市本溪路 181 号 021—65031515

62. 海通证券上海桂林路证券营业部　上海市桂林路 46 号　95553

63. 海通证券上海合肥路证券营业部　上海市合肥路 293 号　021—53963700

64. 海通证券上海建国西路证券营业部　上海建国西路 285 号三楼 021—64668996

65. 海通证券上海江宁路证券营业部　上海市江宁路 1330 号 4 楼 021—62463288

66. 海通证券上海崂山东路证券营业部　上海市崂山东路 153 号　021—58761622

67. 海通证券上海崂山西路营业部　上海市浦东新区南泉北路 1021 号　021—95553

68. 海通证券上海临汾路证券营业部　上海市闸北区临汾路 1040 号三楼海通证券 021—962503

69. 海通证券上海牡丹江路证券营业部　上海市牡丹江路 263—265 号 021—56566480

70. 海通证券上海欧阳路证券营业部　上海市虹口区欧阳路 299 号二楼 021—65222260 与 021—652

71. 海通证券上海平武路证券营业部　上海市平武路 38 号　021—62265838

72. 海通证券上海四川南路证券营业部　上海市黄浦区新开河北路 10 号　021—962503

73. 海通证券上海天目中路证券营业部　上海市天目中路 585 号　95553

74. 海通证券上海天平路证券营业部　上海市天平路 137 号　021—962503

75. 海通证券上海天山西路证券营业部　上海市天山西路 155 号 4 楼 95553

76. 海通证券上海铜川路证券营业部　上海市铜川路 1869 号　021—52760413

77. 海通证券上海香港路营业部　上海市香港路 117 号　021—962503

78. 海通证券上海斜土路证券营业部　上海市斜土路 112 号　021—962503

79. 海通证券上海新沪路证券营业部　上海市新沪路 1075 号　021—962503

80. 海通证券上海宣化路证券营业部　上海市宣化路 151 弄 11 号 021—962503

81. 海通证券上海延长西路证券营业部　上海市延长西路338号021—56057278

82. 海通证券上海余姚路证券营业部　上海市余姚路420号021—62773380

83. 海通证券上海玉田支路证券营业部　上海市玉田支路11号　021—65547899

84. 海通证券上海岳阳路证券营业部　上海市岳阳路221号　021—962503

85. 海通证券上海枣阳路证券营业部　上海市枣阳路108号1/12楼95553

86. 海通证券上海种德桥路证券营业部　上海市种德桥路2号　021—62823044—021—628

87. 海通证券上海周家嘴路证券营业部　上海市周家嘴路3255号　021—65180976

88. 海通证券上虞百官镇证券营业部　浙江上虞凤山路49号　0575—2025316

89. 海通证券绍兴劳动路证券营业部　浙江省绍兴市劳动路158号　0575—8952111

90. 海通证券深圳分公司华富路证券营业部　深圳福田区华富路5号南光大厦5楼0755—83689884

91. 海通证券深圳红岭南路营业部　深圳市福田区红岭南路红岭大厦4—5栋2楼021—962503

92. 海通证券深圳红岭中路证券营业部　深圳市红岭中路2068号中深国际大厦3/16楼0755—25869234

93. 海通证券深圳嘉宾路证券营业部　深圳罗湖区嘉宾路23号　0755—25597712

94. 海通证券深圳景田南路营业部　深圳市福田区景田南路瑞达苑二楼0755—82900469

95. 海通证券深圳蛇口太子路证券营业部　深圳市南山区蛇口太子路59号0755—26675479

96. 海通证券深圳深南中路证券营业部　深圳市深南中路3006号佳和华强大厦A座8楼95553

97. 海通证券深圳深南中路证券营业部　深圳市深南中路佳和华强大厦A座8楼 深圳021—95553

98. 海通证券沈阳大西路证券营业部　辽宁省沈阳市沈河区大西路364号024—22972277

99. 海通证券石家庄师范街证券营业部　河北省石家庄师范街2号　0311—87882727

100. 海通证券双鸭山五马路证券营业部　黑龙江省双鸭山市尖山区五马路9号95553

101. 海通证券苏州竹辉路证券营业部　江苏省苏州竹辉路180号　0512—65102176

102. 海通证券太原新建路证券营业部　山西省太原市新建路252号西0351—

3532950

103. 海通证券泰安岱宗大街证券营业部　山东省泰安市岱宗大街 81 号　021—962503

104. 海通证券天津长江道证券营业部　天津南开区长江道 23 号　022—27414781

105. 海通证券威海高山街证券营业部　山东省威海高山街 2 号　0631—5238030

106. 海通证券乌鲁木齐友好北路证券营业部　乌鲁木齐友好北路 6 号昊泰明慧园 D 座四楼 0991—4838665

107. 海通证券无锡工运路证券营业部　江苏省无锡市工运路 8 号　0510—82306566

108. 海通证券芜湖银湖路证券营业部　安徽省芜湖市银湖路福达新村 10 号楼 12 号　0553—5014958

109. 海通证券武汉江大路证券营业部　湖北省武汉市江岸区江大路 2 号　027—82433517

110. 海通证券武汉分公司中北路证券营业部　武汉市武昌区中北路 146 号　027—86620202

111. 海通证券西安西新街证券营业部　陕西省西安市西新街 11 号西 029—87214599

112. 海通证券司咸阳渭阳西路证券营业部　陕西省咸阳市渭阳西路副 64 号　029—33311565

113. 海通证券新余劳动南路证券营业部　江西省新余劳动南路 1 号　0790—6240392

114. 海通证券许昌建设路证券营业部　河南省许昌市春秋广场天伦大厦 3.4.5F95553

115. 海通证券烟台解放路证券营业部　山东省烟台市解放路 164 号　0535—6208797

116. 海通证券扬州汶河南路证券营业部　江苏省扬州市汶河南路 69 号苏 0514—7325987

117. 海通证券营口辽河大街证券营业部　辽宁省营口市站前区辽河广场 9 号　0417—2622901

118. 海通证券郑州经七路证券营业部　河南省郑州经七路 16 号　0371—3826865

119. 海通证券重庆加州花园证券营业部　重庆渝北区加州花园 1 幢 023—67625826

120. 海通证券重庆中山三路证券营业部　重庆渝中区中山三路 152 号　023—63874983

121. 海通证券淄博石化证券营业部　山东省淄博市临淄区齐鲁化工商城 69 号

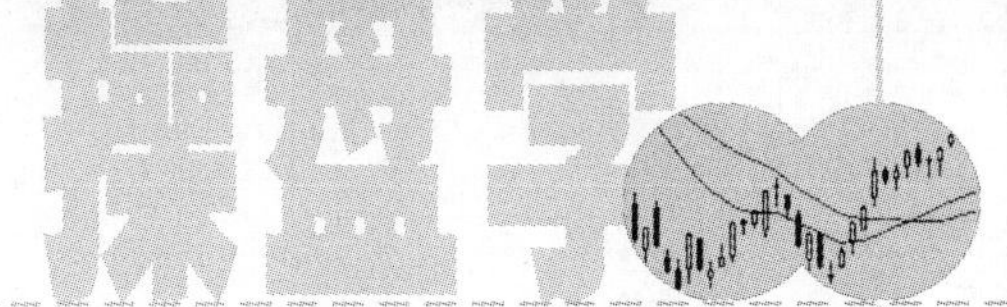

0533—7310040

122. 海通证券淄博通济街证券营业部　山东省淄博淄川通济街140号　0533—5163844

123. 海通证券遵义中华南路证券营业部　贵州省遵义红花岗区中华南路龙井沟综合楼三楼 0852—8237017

36. 航空证券有限责任公司

注册地：北京市朝阳区安华外馆斜街甲1号泰利明苑A座二区4层
办公地：北京市朝阳区安华外馆斜街甲1号泰利明苑A座二区4层
邮编（ZIP）：100011　　电子邮箱：admin@stockfly. com. cn
服务电话：85285202　　公司网址：www. stockfly. com. cn

1. 航空证券保定五四西路证券营业部　河北省保定市五四路338号　0312—3097835

2. 航空证券北京中关村南大街证券营业部　北京市海淀区中关村南大街6号中电信息大厦五层 62150019

3. 航空证券上海龙华西路证券营业部　上海市龙华西路396号强生花苑综合楼1—5层 021—64568852

4. 航空证券深圳龙华证券营业部　深圳市龙华镇人民南路和润大厦3层 0755—28138109

5. 航空证券深圳振华路证券营业部　深圳市福田区振华路航苑大厦三楼 0755—83243862

37. 航天证券经纪有限责任公司

注册地：上海市普陀区曹杨路430号
办公地：上海市普陀区曹杨路430号
邮编（ZIP）：200063　　电子邮箱：hangtian@casstock. com
服务电话：8006201357　　公司网址：http：//www. casstock. com

1. 航天证券北京万柳中路证券营业部　北京市万柳中路35号蜂鸟社区商业楼CD区二层 010—82872198

2. 航天证券上海曹杨路证券营业部　上海市普陀区曹杨路430号　021—62445115

38. 河北财达证券经纪有限责任公司

注册地：河北省石家庄市桥西区自强路35号金融大厦23层
办公地：河北省石家庄市桥西区自强路35号金融大厦23层
邮编（ZIP）：050000　　电子邮箱：zhaoxia@cdzq. com

服务电话：0311－4006128888　　公司网址：www.s10000.com

1. 河北财达证券保定莲池北街证券营业部　河北省保定市莲池北大街 23 号 0312－5090888

2. 河北财达证券北京花园路证券营业部　北京市海淀区花园路 2 号　010－62359989

3. 河北财达证券北京首体南路证券营业部　北京市首体南路 20 号国兴大厦 D 座一层二层 010－88354698

4. 河北财达证券沧州广场街证券营业部　河北省沧州市广场街 11 号　0317－3031234

5. 河北财达证券沧州南北大街证券营业部　河北省沧州市南北大街顺城商厦 0317－3031666

6. 河北财达证券承德火神庙街证券营业部　河北省承德市双桥区火神庙街 14 号　0314－2037107

7. 河北财达证券邯郸丛台路证券营业部　河北省邯郸市丛台路 5 号　0310－3136956

8. 河北财达证券邯郸复兴路证券营业部　河北省邯郸市复兴路 91 号　0310－4069090

9. 河北财达证券邯郸和平路证券营业部　河北省邯郸市和平路 384 号财贸俱乐部内 0310－3012344

10. 河北财达证券邯郸人民路证券营业部　河北省邯郸市人民路 149 号东升饭店 0310－3017669

11. 河北财达证券邯郸市水院北路证券营业部　河北省邯郸市水院北路 23 号 0310－3181893

12. 河北财达证券衡水人民东路证券营业部　河北省衡水市人民东路 139 号 0318－2153085

13. 河北财达证券华岩路证券营业部　河北省唐山市华岩路 22 号　0315－5910685 thyyyb@cdzq.com

14. 河北财达证券佳木斯西林路证券营业部　黑龙江省佳木斯市西林路 171 号 0454－8626659

15. 河北财达证券廊坊建设路证券营业部　河北省廊坊市广阳区建设路与广阳道路口 0316－2237171

16. 河北财达证券廊坊新华路证券营业部　河北省廊坊市广阳区新华路 76 号 0316－2054444

17. 河北财达证券秦皇岛关城南路证券营业部　河北省秦皇岛市山海关区关城南路 52 号　0335－5059447

18. 河北财达证券秦皇岛海宁路证券营业部　秦皇岛市北戴河海宁路 15 号 2 号楼 3－9 号　0335－4043671

19. 河北财达证券秦皇岛河北大街证券营业部　河北省秦皇岛市河北大街 49 号　0335—3027706

20. 河北财达证券秦皇岛迎宾路证券营业部　河北省秦皇岛市迎宾路 68 号　0335—3620355

21. 河北财达证券上海九江路证券营业部　上海市黄埔区九江路 399 号　021—63601571

22. 河北财达证券上海斜土路营业部　上海市斜土路 1579 号　021—64180012

23. 河北财达证券深圳滨河路证券营业部　深圳市滨河路 0755—82966449

24. 河北财达证券石家庄广安大街证券营业部　河北省石家庄市广安大街 10—1 号　86685043

25. 河北财达证券石家庄和平东路证券营业部　河北省石家庄市和平东路 179 号　0311—86680314

26. 河北财达证券石家庄华西路证券营业部　河北省石家庄市华西路 27 号　0311—87884400

27. 河北财达证券石家庄建设南大街证券营业部　河北省石家庄市建设南大街 80 号　0311—86010266

28. 河北财达证券石家庄联盟路证券营业部　河北省石家庄市联盟路 239 号　0311—87794034

29. 河北财达证券石家庄育才街证券营业部　河北省石家庄市育才街 104 号　86053471

30. 河北财达证券石家庄裕华路证券营业部　河北省石家庄市裕华东路 171 号　85073149

31. 河北财达证券石家庄裕华西路证券营业部　河北省石家庄市裕华西路 73 号　87102669

32. 河北财达证券石家庄自强路证券营业部　河北省石家庄市裕华东路 45 号　0311—86996690

33. 河北财达证券唐山车站路证券营业部　河北省唐山市路北区车站路 169 号　0315—2857192

34. 河北财达证券唐山丰润区证券营业部　河北省唐山市丰润区康健街 11 号　0315—2193183

35. 河北财达证券唐山龙泽路证券营业部　河北省唐山市龙泽南路 55 号　0315—2706527

36. 河北财达证券唐山翔云道证券营业部　河北省唐山市路北区翔云道 6 号　0315—7252605

37. 河北财达证券唐山新华西道证券营业部　河北省唐山市新华西道 110 号　0315—2855932

38. 河北财达证券天津江都路证券营业部　天津市河北区江都路鹤山里 3 号　022—26021601

39. 河北财达证券邢台郭守敬北路证券营业部　河北省邢台市郭守敬北路181号　0319－2225459

40. 河北财达证券邢台西门里证券营业部　河北省邢台市西门里2号　0319－3268661

41. 河北财达证券张家口明德南街证券营业部　河北省张家口市明德南街170号　8031718

42. 河北财达证券涿州东兴北街证券营业部　河北省涿洲市开发区东兴北街26号 0312－3864848

39. 和兴证券经纪有限责任公司

注册地：成都市人民南路二段十八号川信大厦10楼
办公地：成都市人民南路二段十八号川信大厦10楼
邮编（ZIP）：610016　　　　电子邮箱：scxtyj@163.com
服务电话：028－86199665

1. 和兴证券北京百万庄大街证券营业部　北京市西城区百万庄大街19号　01068316259

2. 和兴证券成都创业路证券营业部　成都市高新区高新大道创业路2号　85160070

3. 和兴证券成都福兴街证券营业部　四川省成都市福兴街30号　86629402

4. 和兴证券成都人民南路证券营业部　成都市人民南路二段18号川信大厦028－86199065

5. 和兴证券成都市红庙子街证券营业部　四川省成都市红庙子街60号　028－86615013

6. 和兴证券成都西御街营业部　四川省成都市西御街77号　028－86119303

7. 和兴证券成都一环路西二段证券营业部　四川省成都一环路西二段18号浣花商厦二楼 02887716231

8. 和兴证券成都一环路西三段证券营业部　四川省成都市金牛区抚琴西北路街28号　87735897

9. 和兴证券德阳凉山路证券营业部　四川省德阳市凉山路116号　0838－2304060

10. 和兴证券德阳南街证券营业部　四川省德阳下南街德阳商城B座3.4楼 付继兰（兼任）0838－2228354

11. 和兴证券峨眉山报国路证券营业部　四川省峨眉山市绥山镇报国路44号三楼 0833－5527478

12. 和兴证券江油金轮干道证券营业部　四川省江油市中坝镇金轮干道川信小区 0816－3262820 n

13. 和兴证券乐山嘉定中路证券营业部　四川省乐山市嘉定中路299号　0833

—2190029

14. 和兴证券泸州市府路证券营业部　四川省泸州市市府路 8 号　0830—2298245

15. 和兴证券马尔康达尔玛街证券营业部　四川省马尔康市达尔玛街 9 号　0837—2824459

16. 和兴证券内江公园街证券营业部　四川省内江市公园街 130 号帝景大厦 3 楼 0832—2034054

17. 和兴证券南充涪江路营业部　四川省南充市丝绸路 52＃ 0817—2808577

18. 和兴证券上海桂平路证券营业部　上海市桂平路 130 号 3 楼 021—54188585

19. 和兴证券上海崂山东路证券营业部　上海市崂山东路 288 号　021—58771819

20. 和兴证券上海中华新路证券营业部　上海市中华新路 1157 号 021—56096066

21. 和兴证券西昌胜利路证券营业部　四川省西昌市胜利路 80 号　0834—3221277

22. 和兴证券西昌顺城街证券营业部　四川省西昌市下顺城街 68 号　0834—3235210

40. 恒泰证券有限责任公司

注册地：内蒙古自治区呼和浩特市新城区东风路 111 号
办公地：内蒙古自治区呼和浩特市新城区东风路 111 号
邮编（ZIP）：010010　　　　电子邮箱：zcbgs@cnht. com. cn
服务电话：0471—4961259　　　　公司网址：http：//www. cnht. com. cn

1. 恒泰证券包头钢铁大街证券营业部　内蒙古包头市钢铁大街乙 26 号　0472—5164845

2. 恒泰证券司北京安德路证券营业部　北京市东城区安德路 16 号洲际大厦 B 座 010—84882585

3. 恒泰证券北京南滨河路证券营业部　北京市宣武区南滨河路 1 号高新大厦 010—63280088

4. 恒泰证券赤峰哈达街证券营业部　内蒙古赤峰市红山区哈达街西段 0476—8338978

5. 恒泰证券东胜鄂尔多斯大街证券营业部　内蒙古东胜市鄂尔多斯西街 11 号　0477—8337655

6. 恒泰证券海拉尔河西开发区证券营业部　海拉尔市河西开发区草市街管委会办公楼 0470—8351475

7. 恒泰证券杭州凤起路证券营业部　浙江省杭州市下城区凤起路 96 号之俊大厦 16 层 陈 0571—85802470

8. 恒泰证券呼和浩特东影南路证券营业部　内蒙古呼和浩特市新城区东影南路 0471—4963082

9. 恒泰证券呼和浩特锡林南路证券营业部　呼和浩特市锡林南路 80 号　0471—6916755

10. 恒泰证券呼和浩特新城北街证券营业部　呼和浩特市新城北街 62 号　0471—6968951

11. 恒泰证券呼和浩特新城南街证券营业部　呼和浩特市新城南街 39 号　0471—6910636

12. 恒泰证券呼和浩特中山西路证券营业部　呼和浩特市中山西路 62 号　0471—6925699

13. 恒泰证券集宁光明街证券营业部　内蒙古集宁市光明街 0474—2017538

14. 恒泰证券济南解放路证券营业部　山东省济南市解放路 30—1 国华大厦 A 座东四层 0531—81853909

15. 恒泰证券临河胜利北路证券营业部　内蒙古临河市胜利北路 13 号　0478—8227642

16. 恒泰证券南京洪武北路证券营业部　南京市洪武北路 188 号长发数码大厦 20 楼 025—84780345

17. 恒泰证券上海博山东路证券营业部　上海市浦东新区博山东路 9 号　021—68533370

18. 恒泰证券上海祥德路证券营业部　上海市虹口区祥德路 383 号　021—55560021

19. 恒泰证券上海小木桥路证券营业部　上海市徐汇区清真路 101 号　021—64172222

20. 恒泰证券深圳莲花路证券营业部　深圳市福田区莲花北富莲大厦 A 座 0755—83166204

21. 恒泰证券沈阳小西路证券营业部　沈阳市沈河区小西路 49 号　024—62585585

22. 恒泰证券乌海海拉南路证券营业部　乌海市海拉南路 26 号　0473—2017538

41. 红塔证券股份有限公司

注册地：云南省昆明市北京路 155 号附 1 号
办公地：云南省昆明市北京路 155 号附 1 号红塔大厦 7—11 楼
邮编（ZIP）：650011　　电子邮箱：htzq@hongtastock. com
服务电话：0871—3577930　　公司网址：http：//www. hongtazq. com

1. 红塔证券北京板井路证券营业部　北京市海淀区板井路 69 号世纪金源饭店首层西侧 010—88467573

2. 红塔证券楚雄鹿城北路证券营业部　云南省楚雄市鹿城北路 2 号楚雄商厦二楼 0878－3395369

3. 红塔证券大理下关建设路证券营业部　云南省大理市下关建设路中段 51 号 0872－2119528

4. 红塔证券昆明春城路证券营业部　云南省昆明市春城路 168 号　0871－3545331

5. 红塔证券昆明环城南路证券营业部　云南省昆明市环城南路 554 号二楼 0871－4109085

6. 红塔证券昆明南屏街证券营业部　云南省昆明市南屏街 4 号国托大厦 A 座 4 楼 0871－3180553

7. 红塔证券昆明青年路证券营业部　云南省昆明市青年路 448 号华尔顿大厦三、四楼 0871－3159928

8. 红塔证券昆明人民东路证券营业部　云南省昆明市人民东路 392 号　0871－3373109

9. 红塔证券上海骊山路证券营业部　上海市骊山路 1 号　021－56091151

10. 红塔证券上海密云路证券营业部　上海市密云路 23－25 号　021－65089080

11. 红塔证券上海田林东路证券营业部　上海市田林东路 414 弄 12 号　021－64753317

12. 红塔证券苏州人民路证券营业部　江苏省苏州市人民路 385 号华鼎大厦四楼 0512－65156258

42. 证券公司名称：宏源证券股份有限公司

注册地：新疆乌鲁木齐市文艺路 233 号宏源大厦
办公地址：新疆乌鲁木齐市文艺路 233 号宏源大厦
邮编（ZIP）：830002　　　　电子邮箱：hyxtdshj@mai. xj. cninfo. net
服务电话：0991－96562　　　公司网址：http：//www. ehongyuan. com

1. 宏源证券北京北洼路证券营业部　北京市海淀区北洼路 26 号　010－88511336－300

2. 宏源证券北京裕民东路证券营业部　北京市西城区裕民东路 3 号京版信息港四层 010－82031490

3. 宏源证券昌吉延安南路证券营业部　新疆昌吉市延安南路 69 号天元大厦三楼 0994－2335959

4. 宏源证券长沙韶山北路证券营业部　湖南省长沙市韶山北路 366 号水利厅二楼 0731－5500916

5. 宏源证券大连开发区新桥路证券营业部　辽宁省大连开发区新桥路 109 号 0411－87620580

6. 宏源证券大连友好路证券营业部　大连市中山区友好路101号新世界广场曼哈顿大厦 0411－82816502

7. 宏源证券广州江南大道证券营业部　广州市海珠区江南大道中路82号三\四楼 020－84259992

8. 宏源证券桂林上海路证券营业部　广西桂林市上海路安新小区135栋 0773－3850204

9. 宏源证券哈密天山北路证券营业部　新疆哈密天山北路87号　0902－2316258

10. 宏源证券海口龙昆北路证券营业部　海南省海口市龙昆北路30号宏源大厦首层 0898－66513978－8612

11. 宏源证券杭州莫干山路证券营业部　浙江省杭州市莫干山路181号（浙京排练场内）0571－88846450

12. 宏源证券杭州庆春路证券营业部　杭州市庆春路137号华都大厦3楼 0571－56875111

13. 宏源证券杭州体育场路证券营业部　浙江省杭州市体育场路267号　0571－85063333

14. 宏源证券杭州温州路证券营业部　浙江省杭州市温州路普金家园11－1－2楼 0571－88021345

15. 宏源证券杭州浙大路证券营业部　浙江杭州市浙大路7－3号 0571－87975618

16. 宏源证券解放北路证券营业部　新疆乌鲁木齐市解放北路1号附1号通宝大厦 0991－6550507

17. 宏源证券喀什解放北路证券营业部　新疆喀什解放北路92号 0998－2831337

18. 宏源证券克拉玛依塔河路证券营业部　新疆克拉玛依市塔河路40号 0990－6235506

19. 宏源证券克拉玛依友谊路证券营业部　新疆克拉玛依市友谊路139号 0990－6224404

20. 宏源证券库尔勒建设路证券营业部　新疆库尔勒市阿尔金宾馆二楼 0996－2033429

21. 宏源证券奎屯乌鲁木齐西路证券营业部　新疆奎屯市邮政局二楼 0992－3248696

22. 宏源证券昆明祥云街证券营业部　云南省昆明祥云街55号银佳大厦十三层 0871－3627709

23. 宏源证券柳州解放南路证券营业部　广西柳州市解放南路97号华侨大厦4楼 0772－2807688

24. 宏源证券南京华侨路证券营业部　江苏省南京市华侨路81号2楼 025－84717063

25. 宏源证券南宁桃源路证券营业部　广西南宁市桃源路63号信托大厦2楼 0771－5309228 g

26. 宏源证券上海长寿路证券营业部　上海市普陀区长寿路742号二层裙房021－62300909

27. 宏源证券上海康定路证券营业部　上海市康定路1586号1－4层021－62309566

28. 宏源证券上海妙境路证券营业部　上海市川沙妙境路399号　021－58986675

29. 宏源证券上海浦北路证券营业部　上海市浦北路270号　021－64838486

30. 宏源证券上海中山北一路证券营业部　上海市中山北一路1230号柏树大厦B区2－3楼021－65449501

31. 宏源证券深圳福华一路证券营业部　深圳市福田区福华一路国际商会大厦B座20楼0755－83027696

32. 宏源证券深圳莲花路证券营业部　深圳市福田区莲花支路1号公交大厦主楼7层0755－83642153

33. 宏源证券深圳上步中路证券营业部　深圳市上步中路1043号深堪大厦八层0755－83755497

34. 宏源证券沈阳十一纬路证券营业部　辽宁沈阳市沈河区十一纬路145号 024－22706459

35. 宏源证券石河子西环路证券营业部　新疆石河子市西环路92号金三角商贸城三楼0993－2017807

36. 宏源证券天津滨海新区南海路证券营业部　天津市滨海新区南海路12号 022－59829919

37. 宏源证券乌鲁木齐北京路证券营业部　新疆乌鲁木齐市北京南路2号环球大酒店0991－3818878

38. 宏源证券乌鲁木齐北京南路证券营业部　新疆乌鲁木齐北京南路731号 0991－3833877

39. 宏源证券乌鲁木齐和平北路证券营业部　新疆乌鲁木齐和平北路12号 0991－2308581

40. 宏源证券乌鲁木齐红山证券营业部　新疆乌鲁木齐市公园北街2号　0991－7786666

41. 宏源证券乌鲁木齐民主路证券营业部　新疆乌鲁木齐市民主路40号　0991－2815989

42. 宏源证券乌鲁木齐人民路证券营业部　新疆乌鲁木齐市人民路314号 0991－8878802

43. 宏源证券乌鲁木齐文艺路证券营业部　新疆乌市建设路2号宏源大厦11楼 0991－2317008

44. 宏源证券乌鲁木齐新华南路证券营业部　新疆乌鲁木齐市新华南路17号

0991—2812749

45. 宏源证券乌鲁木齐友好南路证券营业部　新疆乌鲁木齐友好南路487号孔雀大厦2楼 0991—4546537

46. 宏源证券武汉东湖路证券营业部　湖北省武汉市武昌区东湖路76号广苑大厦 027—87711135

47. 宏源证券厦门厦禾路证券营业部　厦门厦禾路820号帝豪大厦三楼 0592—2969918

48. 宏源证券盐城大庆中路证券营业部　江苏省盐城市大庆中路70号　0515—88388991

49. 宏源证券盐城解放北路证券营业部　江苏省盐城市解放北路100号 0515—88325546

50. 宏源证券伊宁市斯大林街证券营业部　新疆伊宁市斯大林街22号　0999—8085900

51. 宏源证券宜兴人民中路证券营业部　江苏省宜兴市宜城镇人民中路135号 0510—87962195

43. 证券公司名称：华安证券有限责任公司

注册地：安徽省合肥市长江中路357号
办公地：安徽省合肥市阜南路166号润安大厦A座
邮编（ZIP）：230069　　电子邮箱：bgs@mail. huaans. com. cn
服务电话：0551—5161788　　公司网址：http：//www. huaans. com. cn

1. 华安证券安庆龙山路证券营业部　安徽省安庆市龙山路建南村一号楼 0556—5536918

2. 华安证券司安庆人民路证券营业部　安徽省安庆市人民路296号　0556—5561666

3. 华安证券蚌埠胜利中路证券营业部　安徽省蚌埠市胜利中路111号　0552—2041920

4. 华安证券北京慧忠北里证券营业部　北京朝阳区慧忠北里小区305楼 010—64877006

5. 华安证券巢湖市巢湖路证券营业部　安徽省巢湖市巢湖路112号　0565—2629425

6. 华安证券池州长江南路证券营业部　安徽省池州市长江南路24号　0566—2036439

7. 华安证券滁州天长路证券营业部　安徽省滁州市天长路60号　0550—3043022

8. 华安证券阜阳人民西路证券营业部　安徽省阜阳人民西路38号 0558—2253418

9. 华安证券广州东湖西路证券营业部 广州市东湖西路18号龙湖大厦 020－83760966

10. 华安证券合肥安庆路证券营业部 安徽省合肥市安庆路77号 0551－2631704

11. 华安证券合肥长江中路证券营业部 合肥市长江中路333号 0551－2846286

12. 华安证券合肥金寨路证券营业部 合肥市金寨路209号永达大厦 0551－3653648

13. 华安证券合肥蒙城路证券营业部 合肥市蒙城路79号 0551－2810605

14. 华安证券淮北古城路证券营业部 安徽省淮北市古城路166号 0561－3032516

15. 华安证券淮南朝阳路证券营业部 安徽省淮南市朝阳路4号 0554－2679922

16. 华安证券黄山前南新村证券营业部 安徽省黄山市屯溪区上塘新村18号 0559－2311501

17. 华安证券六安梅山路证券营业部 安徽省六安市梅山路58号 0564－3315686

18. 华安证券马鞍山花雨路证券营业部 安徽省马鞍山市花雨路306号 0555－2476449

19. 华安证券上海丽园路证券营业部 上海市丽园路800号 021－53016612

20. 华安证券上海浦东南路证券营业部 上海市浦东南路1036号 021－58773166

21. 华安证券深圳彩田南路证券营业部 深圳市彩田南路海滨广场福星阁二楼 0755－88304216

22. 华安证券宿州汴河路证券营业部 安徽省宿州市汴河路育才巷 0557－3031586

23. 华安证券铜陵淮河北路证券营业部 安徽省铜陵市淮河北路2号 0556－5561666

24. 华安证券铜陵淮河路证券营业部 安徽省铜陵市淮河路1号 0562－2869535

25. 华安证券芜湖新芜路证券营业部 芜湖市新芜路58号 0553－3815002

26. 华安证券宣城鳌峰西路证券营业部 安徽省宣城市鳌峰西路9号 0563－3017118

45. 华创证券经纪有限责任公司

注册地：贵阳中华北路216号华创证券大厦

办公地：贵阳市中华北路216号华创证券大厦

邮编（ZIP）：550002 公司邮箱：broker@hczq. com

服务电话 0851－960872　　　　公司网址：http：//www.hczq.com

1. 华创证券贵阳北京路证券营业部　贵阳市北京路 27 号 0851－5866666

2. 华创证券贵阳新华路证券营业部　贵阳市新华路 9 号乌江大厦 3 楼 0851－960872

3. 华创证券经纪复兴门外大街证券营业部　北京复兴门外大街海洋局东配楼甲一号　010－68053080

4. 华创证券经纪德阳长江西路证券营业部　四川省德阳市长江西路 212 号海正广场 2－3 楼 0838－2308573

5. 华创证券经纪贵阳都司路证券营业部　贵阳市都司路 124 号都市之星裙楼四楼 0851－96087

6. 华创证券经纪贵阳中华北路营业部　贵州省贵阳市中华北路 216 号华创大厦 2－6 楼 0851－960872

7. 华创证券经纪上海长海路证券营业部　上海杨浦区长海路 580 号　021－55504888－8225

8. 华创证券经纪有上海控江路证券营业部　上海杨浦区控江路 1690 号　021－65038741

9. 华创证券南京和燕路证券营业部　江苏省南京市下关区和燕路 5 号 3 楼 025－85080566

10. 华创证券深圳深南大道证券营业部　深圳市深南大道 7060 号财务广场 B 座 2 楼 0755－82828555

46. 华林证券有限责任公司

注册地：广东省珠海市拱北夏湾华平路 96 号二层 202－203 房
办公地：广东省深圳市福田区民田路 178 号华融大厦 5－6 楼
邮编（ZIP）：518048　　　　电子邮箱：bgswy@chinalions.cn
服务电话 0755－82707866　　　　公司网址：www.chinalions.com

1. 华林证券北京北三环东路证券营业部　北京市北三环东路 28 号易亨大厦二层 010－64405985

2. 华林证券长沙五一大道证券营业部　湖南省长沙市五一大道 549 号联合商厦四楼 0731－2329088

3. 华林证券广州体育西路证券营业部　广东省广州市多宝路 250 号多宝华厦三楼 020－81969715

4. 华林证券合肥金寨路证券营业部　安徽省合肥市金寨路 252 号 0551－2861155－803

5. 华林证券鹤山东升路证券营业部　广东省鹤山市沙坪镇东升路 71.73 号 0750－8830828

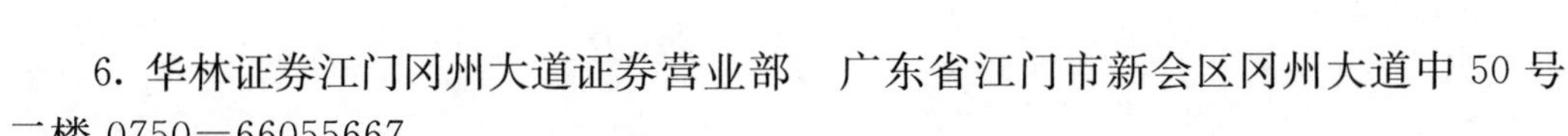

6. 华林证券江门冈州大道证券营业部　广东省江门市新会区冈州大道中50号二楼 0750－66055667

7. 华林证券江门港口路证券营业部　广东省江门市港口路1号　0750－3160828

8. 华林证券江门建设路证券营业部　广东省江门市建设路建业街20号　0750－3288418

9. 华林证券开平东兴中路证券营业部　广东省开平市长沙镇东兴中路23号 0750－2261432

10. 华林证券上海武宁路营业部　上海市武宁路48号　021－52915989

11. 华林证券深圳振华路证券营业部　深圳市振华路航天立业大厦三楼 0755－83040097

47. 华龙证券有限责任公司

注册地：甘肃省兰州市静宁路308号
办公地：甘肃省兰州市静宁路308号
邮编（ZIP）：730030　　　　电子邮箱：hlzq@hlzqgs.com
服务电话：0931－4890619　　公司网址：www.hlzqgs.com

1. 华龙证券白银四龙路证券营业部　甘肃省白银市四龙路261号 0943－8819492 547076863

2. 华龙证券北京安外大街证券营业部　北京市东城区安外大街191号　010－64401588

3. 华龙证券杭州杭大路证券营业部　杭州市杭大路15号嘉华国际商务中心1503室 0571－28916090

4. 华龙证券酒泉盘旋东路证券营业部　甘肃省酒泉市盘旋东路8号（证券大厦）0937－2682818

5. 华龙证券兰州东岗西路证券营业部　甘肃省兰州市东岗西路592号　0931－8820209

6. 华龙证券兰州合水路证券营业部　甘肃省兰州市西固区合水路1号　0931－7313427

7. 华龙证券兰州静宁路证券营业部　甘肃省兰州市静宁路308号 0931－8856969－1105

8. 华龙证券兰州酒泉路证券营业部　甘肃省兰州市中山林省电力投资大厦5楼 0931－8406263

9. 华龙证券兰州陇西路证券营业部　甘肃省兰州市武都路大众市场7A楼3楼 0931－8488434

10. 华龙证券兰州民主东路证券营业部　甘肃省兰州市民主东路294号　0931－8881205

11. 华龙证券兰州民主西路证券营业部　甘肃省兰州市民主西路5号 0931－4811700

12. 华龙证券兰州农民巷证券营业部　甘肃省兰州市农民巷123号 0931－8825215

13. 华龙证券兰州七里河证券营业部　甘肃省兰州市西津东路581号 0931－2651510

14. 华龙证券兰州五泉路证券营业部　甘肃省兰州市五泉广场43号号　0931－8157230

15. 华龙证券兰州中山路证券营业部　甘肃省兰州市中山路中山大厦3楼 0931－8406646

16. 华龙证券平凉西大街证券营业部　甘肃省平凉市崆峒区西大街101号糖酒大厦3楼 0933－8239168

17. 华龙证券上海长宁路证券营业部　上海市长宁路1661弄1号　021－52420620

18. 华龙证券上海中山北二路证券营业部　上海市中山北二路1558号　021－65526106

19. 华龙证券深圳深南大道证券营业部　深圳市福田区深南大道4009号投资大厦7楼 0755－83210655

20. 华龙证券天水广场证券营业部　甘肃省天水市金龙大厦4楼 0938－8390017

21. 华龙证券无锡北大街证券营业部　江苏省无锡市北大街28号 0510－82621980

22. 华龙证券张掖西大街证券营业部　甘肃省张掖市甘州区西大街41号　0936－8250066

23. 华龙证券重庆公园路证券营业部　重庆市渝中区公园路19号德艺大厦二、三楼 023－63818138

48.　华融证券股份有限公司

注册地：北京市西城区月坛北街26号

办公地：北京市西城区月坛北街26号恒华国际商务中心9层

邮编（ZIP）：100045　　电子邮箱：raoxiaoming@chamc. com. cn

服务电话：01058568162　　公司网址：http：//www. hrsec. com. cn

1. 长沙韶山北路证券营业部　湖南省长沙市韶山北路159号通程国际大酒店19楼 0731－4127357

2. 长沙韶山路证券营业部　湖南省长沙市雨花区韶山路460号兴威名座北栋四楼 0731－5535857

3. 长沙五一西路证券营业部　湖南省长沙市五一大道848号银监局大楼2.3层 0731－2564440

4. 德恒证券上海周家嘴营业部　上海市周家嘴路3099号　029－65197119

5. 合肥宁国南路证券营业部　安徽省合肥市宁国南路777号拓佳中心三层0551－2621003

6. 上海华山路证券营业部　上海市华山路1751号021－62822932

7. 深圳金田路证券营业部　广东省深圳市福田区金田路4028号荣超经贸中心附楼4楼0755－82786338

8. 沈阳同泽北街证券营业部　辽宁省沈阳市和平区中山路61号024－23837766

9. 太原新建南路证券营业部　山西省太原市新建南路241号　0351－8715012

10. 天津鞍山西道证券营业部　天津市南开区白堤路168号　022－27419348

11. 武汉解放大道证券营业部　湖北省武汉市汉口解放大道610号　027－83755715

12. 武陵大道证券营业部　湖南省常德市武陵大道南段证券大厦2.3.4楼0736－7225805

13. 西安小寨西路证券营业部　陕西省西安市小寨西路26号安南城9层029－62886161

14. 重庆中山三路证券营业部　重庆市渝中区中山三路161号5楼023－86059881

15. 重庆中山支路营业部　重庆市渝中区中山二路196号港天大厦六楼023－63528389

49. 华泰证券股份有限公司

注册地：江苏省南京市中山东路90号
办公地：江苏省南京市中山东路90号华泰证券大厦
邮编（ZIP）：210002　　电子邮箱：bgs@mail1.htsc.com.cn
服务电话025－84457777　　公司网址：www.htsc.com.cn

1. 北京莲花池东路证券营业部　北京市莲花池东路丙1号63433789

2. 成都梓潼桥西街证券营业部　四川省成都市梓潼桥西街31号86748878

3. 华泰证券包头东河区证券营业部　内蒙古自治区包头市东河区巴彦塔拉大街144号0472－4136000

4. 华泰证券北京和平里证券营业部　北京市东城区和平里小黄庄二区一号楼010－84273912

5. 华泰证券北京月坛南街证券营业部　北京市月坛南街甲12号　010－68019696

6. 华泰证券长春同志街证券营业部　吉林省长春市同志街2690号林0431－5645155

7. 华泰证券长沙城南中路证券营业部　湖南省长沙市城南中路11号　0731－5453201

8. 华泰证券常州和平南路证券营业部　常州市和平南路100号 0519－88102711

9. 华泰证券成都南一环路证券营业部　四川省成都市一环路南三段45号中行大楼三、四层 028－85557676

10. 华泰证券成都西一环路证券营业部　四川省成都市一环路西一段130号 028－87782121

11. 华泰证券大连白山路证券营业部　辽宁省大连市沙河口区白山路76号 0411－84338285

12. 华泰证券当阳子龙路证券营业部　湖北省当阳市子龙路33号文化馆5楼 0717－3252236

13. 华泰证券恩施舞阳大街证券营业部　湖北省恩施市舞阳大街75号　0718－8238691

14. 华泰证券福州六一南路证券营业部　福州市仓山区六一南路118号汇达花园三层 0591－28058058

15. 华泰证券广州机场路证券营业部　广东省广州市白云区机场路137号　020－86344829

16. 华泰证券广州体育东路证券营业部　广东省广州市天河区体育东路160号平安大厦20楼 020－22031382

17. 华泰证券大成街证券营业部　黑龙江省哈尔滨市南岗区大成街122号龙电花园K座 0451－82713311

18. 华泰证券海口龙华路证券营业部　海南省海口市龙华路34号贵州大厦 0898－66111300

19. 华泰证券杭州教工路证券营业部　浙江省杭州教工路1号1号楼 057187756072

20. 华泰证券合肥青阳路证券营业部　安徽省合肥市青阳路信天商办楼 0551－5169731

21. 华泰证券淮安淮海北路证券营业部　江苏省淮安市淮海北路55号　0517－3907898

22. 华泰证券黄冈西湖一路证券营业部　湖北省黄冈市宝塔大道48号　0713－8613917

23. 华泰证券济南山大南路证券营业部　济南市山大南路29－1号山大鲁能科技大厦B座 0531－82318388

24. 华泰证券江阴虹桥北路证券营业部　江阴市虹桥北路167号　0510－86812900

25. 华泰证券荆州北京中路证券营业部　湖北省荆州市沙市区北京中路326号 0716－8118642

26. 华泰证券南昌井冈山大道证券营业部　江西省南昌市井冈山大道1116号 0791－6492116

27. 华泰证券南京长江路证券营业部　南京市长江路99号长江贸易大楼 025－

84798425

28. 华泰证券南京大桥南路证券营业部　南京市大桥南路8号025—85836655

29. 华泰证券南京汉中路证券营业部　南京市汉中路180号星汉大厦025—86586110

30. 华泰证券南京解放路证券营业部　南京市解放路20号025—84593108

31. 华泰证券南京瑞金路证券营业部　江苏省南京市瑞金路48号瑞金大厦025—84490109常

32. 华泰证券南京止马营证券营业部　南京市建邺西路止马营26号　025—52200777

33. 华泰证券南京中华路证券营业部　南京市中华路255号　025—52230154

34. 华泰证券南京中山北路第二证券营业部　南京市中山北路223号　025—83346533

35. 华泰证券南京中山北路证券营业部　南京市中山北路262号苏 025—83463919

36. 华泰证券南通环城西路证券营业部　江苏省南通市环城西路18号　0513—85511722

37. 华泰证券南通人民中路证券营业部　南通市人民中路10号0513—85581919

38. 华泰证券南通姚港路证券营业部　南通市姚港路6号方天大厦0513—85128181

39. 华泰证券宁波西河街证券营业部　浙江省宁波市西河街74号　0574—27872200

40. 华泰证券青岛宁夏路证券营业部　山东省青岛市宁夏路122号　0532—85712584

41. 华泰证券泉州九一街证券营业部　福建省泉州市鲤城区九一街百源大厦0595—22187828

42. 华泰证券上海安龙路证券营业部　上海市安龙路843号5楼021—62917868

43. 华泰证券上海常德路证券营业部　上海市常德路1116号　021—62076068

44. 华泰证券上海康定路证券营业部　上海市康定路1437号021—62321058

45. 华泰证券上海陆家嘴东路营业部　上海市陆家嘴东路166号中保大厦25楼021—62586540

46. 华泰证券上海瑞金一路证券营业部　上海市瑞金一路98号021—64455333—202

47. 华泰证券上海西藏南路证券营业部　上海市西藏南路771号　021—61115700

48. 华泰证券绍兴上大路证券营业部　浙江省绍兴市上大路126—128号　0575—5224444

49. 华泰证券深圳彩田路证券营业部　深圳市彩田路2014—9号富源大厦0755—82979422

50. 华泰证券深圳益田路证券营业部　广东省深圳市福田区益田路 3009 号明月大厦 2 楼 0755－82972500

51. 华泰证券沈阳南五马路证券营业部　辽宁省沈阳市和平区南宁南街 78 号 024－23507645

52. 华泰证券沈阳小南街证券营业部　辽宁省沈阳市沈河区小南街 14 号 12 甲 2 024－24113883

53. 华泰证券石家庄自强路证券营业部　河北省石家庄市自强路 127 号 0311－87019493

54. 华泰证券苏州人民路证券营业部　江苏省苏州市人民路 1925 号苏 0512－67514740

55. 华泰证券泰州鼓楼北路证券营业部　江苏省泰州市鼓楼北路 11－1 号 0523－6242822

56. 华泰证券泰州青年路证券营业部　泰州市迎春西路 22 号　0523－6236363

57. 华泰证券天津白堤路证券营业部　天津市南开区白堤路 240 号　022－87893472

58. 华泰证券天津大沽南路证券营业部　天津市河西区大沽南路 387 号　022－23261066

59. 华泰证券天津勤俭道证券营业部　天津市红桥区勤俭道 185 号云汉大厦 022－26532308

60. 华泰证券无锡解放西路证券营业部　江苏省无锡市解放西路 327 号　0510－82731300

61. 华泰证券无锡永乐路证券营业部　无锡市永乐路南河浜 12 号水利大厦 0510－85019999

62. 华泰证券梧州蝶山二路证券营业部　广西自治区梧州市蝶山二路蝶彩新城 C9－C12 号　0774－3863305

63. 华泰证券武汉江汉二路证券营业部　湖北省武汉市江岸区江汉二路 181 号 027－82780988

64. 华泰证券武汉彭刘杨路证券营业部　湖北省武汉市武昌区彭刘杨路 237 号 027－88924300

65. 华泰证券武汉青山和平大道证券营业部　湖北省武汉市青山区和平大道 1532 号　027－86865416

66. 华泰证券武汉武珞路证券营业部　湖北省武汉市武昌区武珞路 288 号 027－87315598

67. 华泰证券西安和平路证券营业部　陕西省西安市碑林区和平路 22 号盛唐大厦 029－87512276

68. 华泰证券西安文艺北路证券营业部　陕西省西安市文艺北路 11 号　029－87881919

69. 华泰证券孝感长征路证券营业部　湖北省孝感市长征路 29 号　0712－

2321324

70. 华泰证券徐州中山南路证券营业部　江苏省徐州市中山南路56号交行二楼　0516－85697247

71. 华泰证券盐城建军东路证券营业部　江苏省盐城市建军东路46号　0515－8332441

72. 华泰证券扬州文昌中路证券营业部　江苏省扬州市文昌中路108号　0514－7327036

73. 华泰证券宜昌滨湖路证券营业部　湖北省宜昌市滨湖路2号　0717－6230906

74. 华泰证券银川解放东街证券营业部　宁夏回族自治区银川市兴庆区解放东街169号　0951－6091404－　－

75. 华泰证券营口体育馆证券营业部　辽宁省营口市站前区体育馆南里1号　0417－2890004

76. 华泰证券岳阳五里牌证券营业部　湖南省岳阳市五里牌嘉美大厦3楼 0730－8240833

77. 华泰证券张家港杨舍东街证券营业部　江苏省张家港市区杨舍东街2号　0512－58217130

78. 华泰证券镇江中山东路证券营业部　江苏省镇江市中山东路4号　0511－5037666

79. 华泰证券郑州东明路证券营业部　河南省郑州市东明路北6号　河南 0371－66317475

80. 华泰证券郑州经三路证券营业部　河南省郑州市经三路15号广汇大厦B座9楼 0371－65585069 －　－

81. 华泰证券重庆大渡口证券营业部　重庆市大渡口区文体支路18号　023－68831664

50.　华西证券有限责任公司

注册地：四川省成都市陕西街239号
办公地：四川省成都市陕西街239号
邮编（ZIP）：610041　　　　电子邮箱：zcb@hx168.com.cn
服务电话 4008888818　　　　公司网址：www.hx168.com.cn

1. 华西证券北京紫竹院路证券营业部　北京市海淀区紫竹院路31号华澳中心　4008888818

2. 华西证券成都东大街证券营业部　四川省成都市友谊广场B座五楼　4008888818

3. 华西证券成都抚琴街证券营业部　四川省成都市一环路抚琴街1号　4008888818

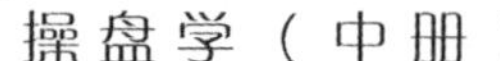

4. 华西证券成都猛追湾街证券营业部　四川省成都市猛追湾街 18 号 4008888818

5. 华西证券成都南一环路证券营业部　四川省成都市一环路南一段 20 号普利大厦 4008888818

6. 华西证券成都陕西街证券营业部　四川省成都市陕西街 239 号 4008888818

7. 华西证券成都西玉龙街证券营业部　四川省成都市西玉龙街 10 号 4008888818

8. 华西证券达州朝阳中路证券营业部　四川省达州市朝阳中路华夏城市花园三楼 4008888818

9. 华西证券大连港湾街证券营业部　大连市中山区港湾街 7 号时代大厦 4008888888818

10. 华西证券峨眉山名山路证券营业部　四川省峨眉山市名山路东段 112 号 4008888818

11. 华西证券广安金广大道证券营业部　四川省广安思源大道 153 号 4008888818

12. 华西证券广汉湖南路证券营业部　四川省广汉市湖南路购物中心北楼 4008888818

13. 华西证券广州江海路证券营业部　广州市海珠区江海路 160 号 4008888818

14. 华西证券杭州学院路证券营业部　杭州市学院路 99 号钱江科技大厦 4008888818

15. 华西证券江油东大街证券营业部　四川省江油市东大街北段 152 号 4008888818

16. 华西证券乐山嘉定南路证券营业部　四川省乐山市市中区嘉定南路 22 号 4008888818

17. 华西证券绵阳安昌路证券营业部　四川省绵阳市安昌路 33 号　4008888818

18. 华西证券南充涪江路证券营业部　四川省南充市涪江路 117 号 4008888818

19. 华西证券攀枝花大河北路证券营业部　四川省攀枝花市大河北路 51 号 4008888818

20. 华西证券攀枝花新华街证券营业部　四川省攀枝花市新华街 15 号东方新天地 D 座三、四楼 4008888818

21. 华西证券上海曲阳路证券营业部　上海市曲阳路 1 号华西证券大厦 4008888818

22. 华西证券深圳民田路证券营业部　深圳市福田区民田路新华保险大厦六楼 4008888818

23. 华西证券遂宁射洪证券营业部　四川省射洪县太和大道南段红专路口 4008888818

24. 华西证券遂宁遂州南路证券营业部　四川省遂宁市遂州南路220号4008888818

25. 华西证券雅安朝阳街证券营业部　四川省雅安市朝阳街朝阳大厦二至三楼4008888818

26. 华西证券宜宾抗建路证券营业部　四川省宜宾抗建路15号4008888818

27. 华西证券重庆上清寺路证券营业部　重庆市渝中区上清寺路1号世纪环岛三楼4008888818

28. 华西证券重庆万州鸽子沟证券营业部　重庆市万州区鸽子沟12号4008888818

29. 华西证券自贡丹桂街证券营业部　四川省自贡汇东新区丹桂街新汇广场4008888818

30. 华西证券自贡五星街证券营业部　四川省自贡市自流井区五星街57号4008888818

51.　华鑫证券有限责任公司

注册地：深圳市深南东路5045号深业中心大厦25层2512.2513

办公地：上海市肇嘉浜路750号

邮编（ZIP）：200030　　电子邮箱：Huaxin _ zhengquan@vip. 163. com

服务电话：021－62445814　　公司网址：http：//www. cfsc. com

1. 华鑫证券北京车公庄大街证券营业部　北京市车公庄大街12号核工业建设集团大厦二层010－88306678

2. 华鑫证券上海漕宝路证券营业部　上海市漕宝路221号021－64516096

3. 华鑫证券上海嘉定证券营业部　上海市嘉定区嘉定镇梅园路226号二楼021－59523666

4. 华鑫证券上海金山证券营业部　上海市金山区朱泾镇东风路15号　021－57320739

5. 华鑫证券上海凌河路证券营业部　上海市凌河路269号021－62163333

6. 华鑫证券上海龙吴路证券营业部　上海市龙吴路5555号　021－64503410

7. 华鑫证券上海茅台路证券营业部　上海市茅台路596号021－62903301

8. 华鑫证券上海梅岭北路证券营业部　上海市普陀区梅岭北路93号021－62546285

9. 华鑫证券上海南汇证券营业部　上海市南汇县惠南镇工农南路6号021－58012121

10. 华鑫证券上海浦雪路证券营业部　上海市浦雪路329号1－2楼021－55511208

11. 华鑫证券上海松江证券营业部　上海市松江区人民北路145号021－57712012

12. 华鑫证券上海同济路证券营业部　上海市同济路131号二楼 021－56672424
13. 华鑫证券上海武宁路证券营业部　上海武宁路1067号 021－62163333
14. 华鑫证券上海斜土路证券营业部　上海市斜土路1939号D幢裙房一、二楼 021－64228585
15. 华鑫证券上海莘庄证券营业部　上海市沪闵路6018号 021－64882674
16. 华鑫证券深圳园岭八街证券营业部　深圳市园岭八街园东花园三栋二楼 0755－25882980
17. 华鑫证券西安红光街证券营业部　西安市莲湖区红光街39号如意大厦辅楼 029－68198888
18. 华鑫证券西安解放路证券营业部　西安市解放路236号图书大厦六楼 029－87411522
19. 华鑫证券西安科技路证券营业部　西安市高新区科技路18号新科大厦一、二层 029－68918888
20. 华鑫证券西安团结南路证券营业部　西安市团结南路30号　029－88354128
21. 华鑫证券西安阎良红安路证券营业部　西安阎良区红安路中段 029－86846199

52.　江海证券经纪有限责任公司

注册地：黑龙江省哈尔滨市香坊区赣水路56号
办公地：黑龙江省哈尔滨市香坊区赣水路56号
邮编（ZIP）：150036　　电子邮箱：dongdch@163.com
服务电话：0451－82269280－510　　公司网址：http：//www.jhzq.com.cn

1. 江海证券哈尔滨赣水路证券营业部　哈尔滨市香坊区赣水路56号 045182269280－333
2. 江海证券哈尔滨花园街证券营业部　哈尔滨市南岗区花园街2号　0451－82837001－200
3. 江海证券哈尔滨石头道街证券营业部　哈尔滨市道里区石头道街117号 0451－84683926 38707237
4. 江海证券哈尔滨西大直街证券营业部　哈尔滨市南岗区西大直街19号 0451－53600078
5. 江海证券哈尔滨西十四道街证券营业部　哈尔滨市道里区西十四道街55号 0451－84637965
6. 江海证券哈尔滨新疆大街证券营业部　哈尔滨市平房区新疆大街8号　0451－86515014
7. 江海证券哈尔滨中宣街证券营业部　哈尔滨市南岗区中宣街16－1号　0451－82804122

8. 江海证券上海万航渡路证券营业部　上海市万航渡路529号　021－62491600

9. 江海证券上海武东路证券营业部　上海市杨浦区武东路321号　021－65422995

53.　江南证券有限责任公司

注册地：江西省南昌市抚河北路291号江西教育出版社六楼
办公地：江西省南昌市抚河北路291号江西教育出版社六楼
邮编（ZIP）：330008　　电子邮箱：webmaster@scstock.com
服务电话 0791－6781119　　公司网址：WWW.SCSTOCK.COM

1. 江南证券北京安立路证券营业部　北京市朝阳区安立路甲56号　010－84802034

2. 江南证券丰城解放南路证券营业部　江西省丰城市剑光街办工农路3号金马步行街4号楼 0795－6411018

3. 江南证券赣州红旗大道证券营业部　江西省赣州市红旗大道31－11号 0797－8275876

4. 江南证券杭州香积寺路证券营业部　浙江省杭州市香积寺路225号　0571－88233899

5. 江南证券吉安中山西路证券营业部　江西省吉安市中山西路13号吉福超市二楼 0796－8313979

6. 江南证券景德镇珠山东路证券营业部　江西省景德镇市珠山东路156号 0793－8212978

7. 江南证券昆明北京路证券营业部　云南省昆明市北京路572号　0871－3713341

8. 江南证券南昌广场南路证券营业部　江西省南昌市广场南路198号　0791－6260563

9. 江南证券上海漕溪北路证券营业部　上海市徐汇区漕溪北路468号宏汇大厦三楼 021－64278828

10. 江南证券上饶赣东北大道证券营业部　江西省上饶市赣东北大道8号 0793－8212978

11. 江南证券深圳春风路证券营业部　深圳市春风路66号庐山大厦B6 0755－82324532

12. 江南证券天津六纬路证券营业部　天津市河东区六纬路54号　022－24388655

13. 江南证券武汉新华路证券营业部　武汉市汉口新华路139号凯盟大厦4楼 027－59508968

14. 江南证券宜春东风大街证券营业部　江西省宜春市东风大街220号　0795

—3289328

15. 江南证券郑州嵩山南路证券营业部　河南省郑州市嵩山南路22号　0371—68897576

16. 江南证券郑州中原东路证券营业部　河南省郑州市中原东路125号　0371—66984308

17. 江南证券重庆南坪西路证券营业部　重庆市南岸区南坪西路27号福天大厦 023—62986728

54.　金元证券股份有限公司

注册地：海口市南宝路36号证券大厦4楼

办公地：深圳市福田区4001号时代金融中心大厦17层

邮编（ZIP）：518034　　电子邮箱：jyzq@jyzq.cn

服务电话：4008—888—228　　公司网址：www.jyzq.cn

1. 金元证券北京方庄芳古园证券营业部　北京市丰台区方庄方古园一区29—4—三层 010—67656001

2. 金元证券北京新外大街证券营业部　北京市海淀区新街口外大街19号京师大厦6层 010—62200570

3. 金元证券城南中路证券营业部　湖南省长沙市城南中路177号城市之心15楼1520室 0731—2931500

4. 金元证券成都二环路证券营业部　成都市二环路西一段90号高速大厦二楼 028—82872388

5. 金元证券广州中山大道证券营业部　广州市天河区华景路1号南方通信大厦二层c部　020—38637898

6. 金元证券杭州体育场路证券营业部　杭州市体育场路426号浙江金属大楼6楼 0571—85056086

7. 金元证券南京广州路证券营业部　江苏省南京市广州路6号君临国际B幢1905室 025—51862777

8. 金元证券南通青年中路证券营业部　江苏省南通市青年中路69号通明大厦A座三层 0513—85123999

9. 金元证券宁波灵桥路证券营业部　宁波市海曙区大沙泥街54号中央商座637室 0574—27718888

10. 金元证券上海长阳路证券营业部　上海市长阳路1665号海 021—65437222

11. 金元证券上海东方路证券营业部　上海市东方路1486号3楼海 021—68736111

12. 金元证券上海徐虹北路证券营业部　上海市徐汇区徐虹北路56—58号 021—54257580

13. 金元证券深圳华强北路证券营业部　深圳福田区华强北路2001号深纺大厦

A座17楼 0755—83777707

14. 金元证券深圳上步南路证券营业部　深圳福田区上步南路1001号锦峰大厦四楼 0755—82077636

15. 金元证券沈阳中山路证券营业部　沈阳市沈河区中山路395号办公大楼4—5层 024—22945855

16. 金元证券苏州养育巷证券营业部　江苏省苏州市养育巷151号苏州商务大厦511室 0512—65230158

17. 金元证券天津大沽南路证券营业部　天津市河西区大沽南路676号　022—28327777

18. 金元证券乌鲁木齐黄河路证券营业部　新疆乌鲁木齐市黄河路22号汇通大厦2楼 0991—5834409

19. 金元证券武汉洪山路证券营业部　湖北武汉武昌洪山路2号E座 027—87848265

20. 金元证券西安和平路证券营业部　西安市和平路118号和平银座4楼410室 029—87512900

21. 金元证券中山兴中道证券营业部　中山市石岐区兴中道6号假日广场北座702—703室 0760—8269800

22. 金元证券海口南宝路证券营业部　海口市南宝路36号证券大厦1—2层 0898—66783047

55. 联合证券有限责任公司

注册地：深圳市深南东路5047号发展银行大厦10.24.25层
办公地：深圳市深南东路5047号发展银行大厦10.24.25层
邮编（ZIP）：518001　　电子邮箱：lhzq@lhzq.com
服务电话：4008888555　　公司网址：hppt：//www.lhzq.com

1. 联合证券北京北三环东营业部　北京市朝阳区北三环东路8号静安中心6072室 010—51085106

2. 联合证券北京南草场街营业部　北京西城区西内大街南草场街甲11号　010—68733903

3. 联合证券北京西三环北营业部　北京海淀区西三环北路72号世纪经贸大厦 010—68488760

4. 联合证券长春营业部营业部　吉林省长春市解放大路1428号 0431—8490320

5. 联合证券长沙劳动西路营业部　湖南省长沙市劳动西路346号6楼 0731—5143567

6. 联合证券成都浣花北路营业部　四川省成都市青羊区浣花北路2号　028—87345338

7. 联合证券成都南一环路营业部　四川省成都市一环路南四段18号　028—

85594100

8. 联合证券广州华乐路营业部　广州市华乐路59号华乐大厦3层 020—83847163

9. 联合证券广州荔湾路营业部　广州市荔湾路小梅大街2号首层．二层 020—81962883

10. 联合证券广州天河路营业部　广州市天河603号一至四层（联合证券广场内）020—87566025

11. 联合证券哈尔滨铁路街营业部　哈尔滨市南岗区铁路街274号 0451—86292643

12. 联合证券哈尔滨西十六营业部　哈尔滨西十六道街15号　0451—84615970

13. 联合证券海口大同路营业部　海南省海口市大同路华能大厦3楼 0898—66792518

14. 联合证券杭州庆春路营业部　杭州市庆春路52号东清大厦E座15楼 0571—28037088

15. 联合证券合肥长江东路营业部　安徽省合肥市长江东路1121号工人文化宫5楼 0551—4297088

16. 联合证券济南无影山东营业部　山东省济南市无影山东路38号名人时代大厦 0531—5829506

17. 联合证券牡丹江东平安营业部　黑龙江省牡丹江市东平安街7号　0453—6988811

18. 联合证券南昌苏圃路营业部　江西南昌苏圃路111号九楼 0791—6219181

19. 联合证券南京汉中路营业部　南京汉中路120号青华大厦 025—84789323

20. 联合证券南京户部街营业部　南京市户部街15号兴业大厦四楼 025—86895677

21. 联合证券南京中山北路营业部　南京市中山北路212号同达大厦4楼 025—83581111

22. 联合证券上海长江西路营业部　上海长江西路1507号 021—56994214

23. 联合证券上海大连路营业部　上海市大连路1548号莱克大厦二楼 021—65133507

24. 联合证券上海牡丹江路营业部　上海市宝山区牡丹江路1512号　021—65154117

25. 联合证券上海武定路营业部　上海市武定路1088号阳光科技大厦7楼 021—62539000

26. 联合证券上海夏碧路营业部　上海市浦东新区夏碧路313号　021—58626385

27. 联合证券上海新闸路营业部　上海市新闸路249号　021—63588178—226

28. 联合证券深圳爱国路营业部　深圳市爱国路1001号万科俊园1—2层 0755—25771249

29. 联合证券深圳海德三道证券营业部　深圳市南山区海德三道海岸大厦东座19楼 0755－86270312

30. 联合证券深圳人民南路营业部　深圳市人民南路1013号广东省银行大厦二楼 0755－82157128

31. 联合证券深圳深南大道证券营业部　深圳市深南大道7008号阳光高尔夫大厦12楼 0755－82872188

32. 联合证券深圳泰然路证券营业部　深圳市福田区天安创新科技广场一期B座八楼 0755－25841010

33. 联合证券深圳益田路营业部　深圳市免税商务大厦（益田路与福华一路交界处）0755－82766168

34. 联合证券深圳振兴路营业部　深圳市振兴路赛格科技园四号楼1.3.5.7层 0755－83766283

35. 联合证券沈阳南三经街第二证券营业部　辽宁省沈阳市和平区南三经街62号　024－23256466

36. 联合证券十堰公园路营业部　湖北十堰市公园路48号张湾大厦4楼 0719－8263974

37. 联合证券厦门湖滨南路证券营业部　福建省厦门市湖滨南路90号立信广场1808－10室 0592－2997878

38. 联合证券仪征环南路营业部　江苏省仪征市胥浦环南路15号　0514－3264666

56. 联讯证券经纪有限责任公司

注册地：广东省惠州市下埔路14号第三层
办公地：广东省惠州市下埔路14号第三层
邮编（ZIP）：516001　　电子邮箱：Lxzq@homeway. com. cn
服务电话：0752－2119397　　公司网址：http：//www. Lxzq. com. cn

1. 联讯证券北京外馆东街证券营业部　北京市潮阳区外馆东街51号凯景铭座 010－64408906

2. 联讯证券北京西直门北大街证券营业部　北京市海淀区西直门北大街42号华星大厦2层 010－62279238

3. 联讯证券成都西月城街证券营业部　四川省成都市西月城街118号 028－86253453

4. 联讯证券惠州麦地南路证券营业部　广东省惠州市麦地南路华侨新村F幢 0752－2380000

5. 联讯证券惠州下埔路证券营业部　广东省惠州市下埔路14号　0752－2119382

6. 联讯证券南通工农路证券营业部　江苏省南通市工农路245号成功大厦 0513

—3586598

7. 联讯证券上海长宁路证券营业部　上海市长宁路1158号　021—52418816

8. 联讯证券沈阳大西路证券营业部　沈阳市沈河区大西路248号　024—22941078

57.　民生证券有限责任公司

注册地：北京市朝阳区朝阳门外大街16号中国人寿大厦1901室
办公地：北京市朝阳区朝阳门外大街16号中国人寿大厦1901室
邮编（ZIP）：100020　　电子邮箱：mszq@mszq. com
服务电话：010—85252626　　公司网址：www. mszq. com

1. 民生证券西三环北路证券营业部　北京市西三环北路91号国图文化大厦南门七幢三层 010—51520108

2. 民生证券成都岳府街证券营业部　四川省成都市锦江区岳府街79号二楼 028—86519600

3. 民生证券广州寺右一马路证券营业部　广州市东山区寺右一马路恒泰大厦608号 020—87371368

4. 民生证券济南千佛山路证券营业部　济南市千佛山路3号华天大厦5楼 0531—82596888

5. 民生证券南阳仲景南路证券营业部　南阳市仲景南路金宛商业街 0377—63266006

6. 民生证券上海漕溪北路证券营业部　上海市漕溪北路18号　021—64274356

7. 民生证券深圳深南中路证券营业部　深圳市深中路3007号国际科技大厦15楼 0755—33365011

8. 民生证券新乡和平路证券营业部　河南省新乡市和平路186号 03773066606

9. 民生证券郑州济源路证券营业部　河南省郑州市上街区济源路76号 0371—68117901

10. 民生证券郑州金水路证券营业部　郑州市金水路113号 0371—65760111

11. 民生证券郑州陇海路证券营业部　郑州市陇海路303号 0371—66598888

12. 民生证券郑州桐柏路证券营业部　郑州市桐柏路186号　0371—67635253

13. 民生证券郑州西太康路证券营业部　郑州市西太康路139号 0371—66267991

14. 民生证券周口八一路证券营业部　河南省周口市八一路中段 0394—8239401

15. 民生证券驻马店解放路证券营业部　河南省驻马店解放路599号 0396—2899002

58.　南京证券有限责任公司

注册地：江苏省南京市玄武区大钟亭8号

办公地：江苏省南京市玄武区大钟亭8号
邮编（ZIP）：210008　　　　　　电子邮箱：office@njzq. com. cn
服务电话 025－83228333　　　　公司网址：www. njzq. com. cn

1. 南京证券北京惠新西街证券营业部　北京市朝阳区惠新西街9号 010－64913500

2. 南京证券常熟吉祥商城证券营业部　江苏省常熟市吉祥商城1号苏 0512－52700989

3. 南京证券福州华林路证券营业部　福建省福州市华林路华林大厦10楼 0591－87828100

4. 南京证券广州先烈中路证券营业部　广州市先烈中路82号　020－37616966

5. 南京证券杭州庆春东路证券营业部　杭州市庆春东路36号 0571－86958625

6. 南京证券江阴虹桥南路证券营业部　江苏省江阴市虹桥南路9号　0510－86874808

7. 南京证券昆明丹霞路证券营业部　云南省昆明市丹霞路2号宏银大厦六楼 0871－5338878

8. 南京证券连云港通灌南路证券营业部　江苏省连云港新浦通灌南路1号2楼 0518－5405727

9. 南京证券南京长乐路证券营业部　南京秦淮区长乐路226号 025－52233787

10. 南京证券南京常府街证券营业部　南京常府街35号　025－84518914

11. 南京证券南京大钟亭证券营业部　南京大钟亭8号　025－83214118

12. 南京证券南京建康路证券营业部　南京建康路409号　025－84693449

13. 南京证券南京龙蟠路证券营业部　南京龙蟠路222号　025－85636805

14. 南京证券南京热河路证券营业部　南京热河路8号 025－58751608

15. 南京证券南京王府大街证券营业部　南京市白下区王府大街63号二层 025－84227500

16. 南京证券南京新华路证券营业部　南京新华路139号 025－58380999

17. 南京证券南京云南北路证券营业部　南京云南北路28号 025－83227978

18. 南京证券南京中山南路证券营业部　南京中山南路311号　025－52256992

19. 南京证券南通姚港路证券营业部　南通市姚港路10号　0513－5585578

20. 南京证券上海南车站路证券营业部　上海南车站路69弄1号华教大厦二楼 021－63681615

21. 南京证券上海西藏南路证券营业部　上海西藏南路1332号 021－53070907

22. 南京证券上海新华路证券营业部　上海新华路543号　021－52301881

23. 南京证券深圳蛇口南海大道证券营业部　深圳南山区南海大道北21号华彩花园二楼 0755－26889123

24. 南京证券深圳深南中路证券营业部　深圳深南中路3003号北方大厦 0755－26889123

25. 南京证券石嘴山大武口证券营业部　石嘴山市大武口区贺兰山北路 33 号 0952－2029226

26. 南京证券石嘴山富强西路证券营业部　石嘴山市惠农区富强西路 13 号 0952－3025067

27. 南京证券无锡五爱北路证券营业部　无锡市五爱北路 97 号金置广场四楼 0510－82739866

28. 南京证券吴忠迎宾大街证券营业部　宁夏吴忠市利通区迎宾大街大城路 90 号　0953－2026741

29. 南京证券银川凤凰北街证券营业部　宁夏银川市凤凰北街 21 号　0951－5031838

30. 南京证券银川福州南街证券营业部　银川市金凤区福州南街 1 号第三层 0951－3066632

31. 南京证券银川怀远西路证券营业部　银川市新市区怀远西路 77 号　0951－2077505

32. 南京证券银川民族北街证券营业部　银川市民族北街 15 号 0951－6027252

33. 南京证券银川文化东街证券营业部　银川市文化东街 36 号　0951－6014－08

34. 南京证券银川新华东街证券营业部　银川新华东街 176－1 号　0951－6010723

35. 南京证券银川中山北街证券营业部　银川中山北街 24 号 0951－6080333

36. 南京证券张家港步行街证券营业部　江苏省张家港市杨舍步行街 49 号 0512－58139758

37. 南京证券镇江中山东路证券营业部　江苏省镇江中山东路 288－1 号 0511－5248167

38. 南京证券重庆较场口证券营业部　重庆市渝中区较场口 88 号得意世界 A 区五楼 023－63798312

59.　平安证券有限责任公司

注册地：深圳市福田区八卦岭八卦三楼平安大厦三楼

办公地：深圳市福田区八卦岭八卦三楼平安大厦三楼

邮编（ZIP）：518029　　电子邮箱：pasc@pasc.com.cn

服务电话：0755－82422251　　公司网址：www.pingan.com.cn

1. 平安证券北京东花市证券营业部　北京市崇文区东花市北巷西区 23 号 B 座 010－67172191

2. 平安证券成都双楠路证券营业部　成都市双楠路 9 号置信购物广场三楼 028－85093138

3. 平安证券大连人民路证券营业部　大连市中山区人民路 24 号平安大厦 2 楼 0411－82539200

4. 平安证券广州环市东路证券营业部　广州市越秀区环市东路450号4楼 020－87667649

5. 平安证券广州新港中路证券营业部　广州市海珠区新港中路356号东区4层 020－84288043

6. 平安证券海口国贸大道证券营业部　海口市国贸大道CMEC大厦二层 0898－68538748

7. 平安证券杭州潮王路证券营业部　杭州市潮王路225号红石中央大厦四楼408.409.410室 0571－88223335

8. 平安证券南京太平北路证券营业部　南京市太平北路51号太平商务大厦9楼—10楼 025－84783228

9. 平安证券青岛中山路证券营业部　青岛市市南区中山路58号 0532－80909918

10. 平安证券上海常熟路证券营业部　上海市常熟路8号静安广场6楼 021－62078108

11. 平安证券上海零陵路证券营业部　上海市徐汇区零陵路353号 021－64182708

12. 平安证券深圳八卦三路证券营业部　深圳市福田区八卦三路平安大厦1楼 0755－82434530

13. 平安证券深圳商报路证券营业部　深圳市商报路奥林匹克大厦3楼 0755－83521689

14. 平安证券深圳蛇口招商路证券营业部　深圳市蛇口招商路招商大厦三楼 0755－26689862

15. 平安证券深圳深南东路证券营业部　深圳市深南东路2028号罗湖商务中心20楼 0755－25159780

16. 平安证券深圳深南中路证券营业部　深圳市深南中路22号兴华大厦东侧附楼8层 0755－83696100

17. 平安证券深圳振华路证券营业部　深圳市振华路8号设计大厦13楼 0755－83785502

18. 平安证券天津绍兴道证券营业部　天津市河西区绍兴道291号三楼 022－58187910

19. 平安证券乌鲁木齐市人民路证券营业部　乌鲁木齐市人民路38号新宏信大厦3层 0991－2330780

20. 平安证券武汉建设大道证券营业部　湖北省武汉市建设大道518号招银大厦 027－85743885

21. 平安证券重庆邹容路证券营业部　重庆市渝中区邹容路50号半岛国际大厦13楼A8 023－63737004

22. 平安证券珠海园林路证券营业部　广东省珠海市吉大园林路平安大厦8楼 0756－3371899

61. 齐鲁证券有限公司

注册地：山东省济南市经十路 128 号
办公地址：山东省济南市经十路 128 号
邮编（ZIP）：250001　　电子邮箱：qlzqbgs123@163.com
服务电话：95538　　公司网址：www.qlzq.com.cn

1. 齐鲁证券淄博沿河西路证券营业部　山东省淄博市博山区沿河西路 24 号 95538

2. 齐鲁证券北京北四环西路证券营业部　北京市海淀区北四环西路 67 号 010－82886682

3. 齐鲁证券北京朝外大街证券营业部　北京市朝阳区朝外大街 20 号联合大厦二层 010－65882610

4. 齐鲁证券滨州渤海七路证券营业部　山东省滨州市渤海七路 629 号　95538

5. 齐鲁证券长春亚泰大街证券营业部　长春亚泰大街 3066 号　0431－88631880

6. 齐鲁证券慈溪天九街证券营业部　浙江省慈溪市天九街 219 号 0574－63803222

7. 齐鲁证券大连上海路证券营业部　大连市中山区上海路 45 号宏孚大厦 19 层 95538

8. 齐鲁证券德州共青团路证券营业部　山东省德州市共青团路 50 号　95538

9. 齐鲁证券德州三八路证券营业部　山东省德州市三八路 618 号　95538

10. 齐鲁证券东营济南路证券营业部　山东省东营市济南路 39 号 0546－8772426

11. 齐鲁证券东营南一路证券营业部　山东省东营市南一路 1165 号　0546－8308387

12. 齐鲁证券东营西四路证券营业部　山东省东营市西四路 604 号　0546－8225550

13. 齐鲁证券福州湖东路证券营业部　福州市鼓楼区湖东路 171 号中旅大厦 3 层 0591－87602810

14. 齐鲁证券广州新港西路证券营业部　广州市海珠区新港西路 235 号愉景雅苑三层 302 020－34203636

15. 齐鲁证券杭州求是路证券营业部　杭州市下城区延安路 466 号六楼 0571－28808200

16. 齐鲁证券菏泽双河路证券营业部　山东省菏泽市双河路 983 号　0530－5611300

17. 齐鲁证券济南大明湖路证券营业部　济南市大明湖路 100 号　95538

18. 齐鲁证券济南共青团路证券营业部　济南共青团路 12 号 95538

19. 齐鲁证券济南解放路证券营业部　山东省济南市解放路 30 号　0531－

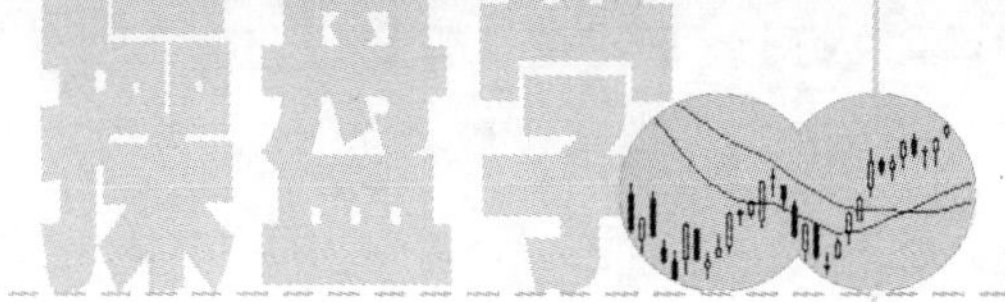

88599008

20. 齐鲁证券济南经七路证券营业部　山东省济南市经七路573号　95538

21. 齐鲁证券济南经十路证券营业部　济南市槐荫区经十路410号95538

22. 齐鲁证券济南历山路证券营业部　济南历下区历山路80号95538

23. 齐鲁证券济南民生大街证券营业部　山东省济南市北坦南街35号　0531－86168566

24. 齐鲁证券济南山大路证券营业部　山东省济南市山大路22号0531－88010184

25. 齐鲁证券济南舜耕路证券营业部　济南市舜耕路38－2号　95538

26. 齐鲁证券济南文化西路证券营业部　山东省济南市文化西路13号　95538

27. 齐鲁证券济宁古槐路证券营业部　济宁市中区古槐路34号0537－2210646

28. 齐鲁证券济宁洸河路证券营业部　山东省济宁市中区洸河路109号（仙营绿地东临）0537－2907812

29. 齐鲁证券济宁运河路证券营业部　山东省济宁市运河路2号综合楼95538

30. 齐鲁证券胶南珠海中路证券营业部　胶南市珠海中路273号0532－86165876

31. 齐鲁证券莱芜钢都大街证券营业部　山东省莱芜市钢城区钢都大街200号　95538

32. 齐鲁证券莱芜鲁中东大街证券营业部　山东莱芜市鲁中东大街52号　95538

33. 齐鲁证券聊城东昌西路证券营业部　山东省聊城市东昌西路58号　0635－8200816

34. 齐鲁证券聊城柳园南路证券营业部　山东省聊城市柳园南路109号　95538

35. 齐鲁证券临沂解放路证券营业部　临沂市解放路185号0539－8212277

36. 齐鲁证券龙口环城北路证券营业部　龙口市环城北路389号　0535－8508567

37. 齐鲁证券蓬莱钟楼北路证券营业部　山东省蓬莱市钟楼北路38号0535－5641513

38. 齐鲁证券青岛广州路证券营业部　青岛市广州路47号　0532－82627561

39. 齐鲁证券青岛江西路证券营业部　青岛市江西路78号　0532－85735842

40. 齐鲁证券青岛香港中路证券营业部　青岛市香港中路94号　0532－85886381

41. 齐鲁证券青岛延安三路证券营业部　青岛市延安三路204号　0532－83893798

42. 齐鲁证券日照黄海一路证券营业部　山东省日照市黄海一路33号　0633－8880666

43. 齐鲁证券荣成成山大道证券营业部　山东省荣成市成山大道78号0631－7558919

44. 齐鲁证券上海赤峰路证券营业部　上海市赤峰路 323 号　021－65528879

45. 齐鲁证券上海东方路证券营业部　上海市浦东新区东方路 836 号齐鲁大厦二楼 021－68867607

46. 齐鲁证券上海甘河路证券营业部　上海市甘河路 8 号　021－65606521

47. 齐鲁证券上海建国路证券营业部　上海市卢湾区建国中路 29 号 021－54560373

48. 齐鲁证券上海苗圃路证券营业部　上海浦东新区苗圃路 267 号　021－50281891

49. 齐鲁证券上海西安路证券营业部　上海市西安路 68 号　021－65372496

50. 齐鲁证券上海仙霞西路证券营业部　上海市长宁区仙霞西路 299 弄 1 号 4 楼 021－51746633

51. 齐鲁证券上海斜土路证券营业部　上海市斜土路 359 号　021－63018023

52. 齐鲁证券绍兴解放北路证券营业部　浙江省绍兴市解放北路 320－342 月池坊 B 幢 4F 0575－85099277

53. 齐鲁证券深圳红荔路银荔大厦证券营业部　深圳市福田区红荔路 1 号银荔大厦 2 楼 0755－82095804

54. 齐鲁证券深圳吉祥中路证券营业部　深圳市龙岗区吉祥中路新亚洲花园 A 栋会所 95538

55. 齐鲁证券沈阳五爱街证券营业部　沈阳市沈河区五爱街 15－23 号　024－22950152

56. 齐鲁证券泰安岱宗大街证券营业部　山东省泰安市岱宗大街 151 号 0538－2187665

57. 齐鲁证券泰安东岳大街证券营业部　山东省泰安市东岳大街 125 号盐业大厦 0538－8265812

58. 齐鲁证券泰安升平街证券营业部　山东省泰安市升平街 37 号　0538－8214231

59. 齐鲁证券天津红旗路证券营业部　天津市南开区红旗路 332 号　022－23680011

60. 齐鲁证券威海东城路证券营业部　威海市东城路 44 号 95538，0631－5220337

61. 齐鲁证券威海海滨北路证券营业部　山东省威海市海滨北路 106 号 95538，0631－5313429

62. 齐鲁证券潍坊东风东街证券营业部　潍坊市奎文区东风东街 289 号　95538

63. 齐鲁证券潍坊东风西街证券营业部　潍坊市潍城区东风西街 88 号 0536－8317134

64. 齐鲁证券潍坊四平路证券营业部　潍坊市奎文区四平路 19 号　95538

65. 齐鲁证券潍坊新华路证券营业部　潍坊市奎文区新华路 23 号　95538

66. 齐鲁证券温州新城大道证券营业部　温州新城大道新城大厦五楼 0577－

89971234

67. 齐鲁证券文登香山路证券营业部 山东省文登市香山路4号 95538，0631－8460008

68. 齐鲁证券武汉宝丰路证券营业部 武汉市宝丰路6号 95538

69. 齐鲁证券厦门蜂巢山路证券营业部 厦门市蜂巢山路1号海味大厦一、六、八、九楼 95538

70. 齐鲁证券厦门松柏路证券营业部 厦门市松柏路1号松柏大厦二楼 95538

71. 齐鲁证券厦门厦禾路证券营业部 厦门市思明区厦禾路837号汇成商业中心东楼二、三层 95538

72. 齐鲁证券新泰府前街证券营业部 山东省新泰市府前街39号 0538－7236867

73. 齐鲁证券烟台北马路证券营业部 烟台市北马路49号 0535－6651143

74. 齐鲁证券烟台环山路证券营业部 烟台环山路83号 于常军 山东 0535－6604588

75. 齐鲁证券烟台开发区长江路证券营业部 烟台开发区长江路161号 0535－6374546

76. 齐鲁证券烟台牟平证券营业部 山东省烟台市牟平区政府大街131号 0535－4266912

77. 齐鲁证券烟台南大街证券营业部 山东省烟台市南大街9号 0535－3393856

78. 齐鲁证券枣庄青檀中路证券营业部 枣庄市青檀中路86号 0632－3321320

79. 齐鲁证券枣庄文化中路证券营业部 山东省枣庄市文化中路47号 0632－3126969

80. 齐鲁证券淄博桓公路证券营业部 淄博市临淄区桓公路103号 95538

81. 齐鲁证券淄博机场路证券营业部 山东省淄博市周村区机场路642号 95538

82. 齐鲁证券淄博人民西路证券营业部 山东省淄博市张店区人民西路66＃ 95538

83. 齐鲁证券淄博小商品街证券营业部 山东省淄博市张店区小商品街6号 95538

84. 齐鲁证券淄博新村西路证券营业部 山东省淄博市张店区新村西路2号 95538

85. 齐鲁证券邹城东滩路证券营业部 山东省邹城市东滩路1269号 0537－5318077

62. 日信证券有限责任公司

注册地：内蒙古呼和浩特市锡林南路18号

办公地：北京市西城区闹市口大街1号长安兴融中心西楼11层

邮编（ZIP）：100031　　　　电子邮箱：RXZQ@RXZQ. COM. CN
服务电话：010－88086830　　　　公司网址：http：//www. rxzq. com. cn

1. 日信证券北京北四环西路证券营业部　北四环西路52号中芯大厦8层010－62691526

2. 日信证券呼和浩特锡林南路证券营业部　内蒙古呼和浩特市锡林南路40号0471－6292471

3. 日信证券通辽和平路营业部　内蒙古通辽市和平路中段天王小区0475－8266873

63.　瑞银证券有限责任公司

注册地：北京西城区金融大街7号英蓝国际金融中心12层．15层
办公地：北京西城区金融大街7号英蓝国际金融中心12层．15层
邮编（ZIP）：100034
服务电话：400－8878－827　　　　公司网址：www. ubssecurities. com

1. 瑞银证券北京建外大街证券营业部　北京市建国门外大街乙12号双子座大厦东塔17层4008878827

2. 瑞银证券北京金融大街证券营业部　北京市金融大街7号北京英蓝国际金融中心15层4008878827

3. 瑞银证券广州林和西路证券营业部　广州市林和西路161号中泰国际广场B座3506－07室4008878827

4. 瑞银证券上海花园石桥路证券营业部　上海市浦东新区花园石桥路33号花旗大厦37.38层4008878827

5. 瑞银证券上海南京西路证券营业部　上海市南京西路1168号24层2401.2402.2403.2404室4008878827

6. 瑞银证券深圳深南东路证券营业部　深圳市深南东路5001号华润大厦2602－2603室4008878827

64.　山西证券股份有限公司

注册地：太原市府西街69号山西国际贸易中心
办公地：太原市府西街69号山西国际贸易中心A座26—30层
邮编（ZIP）：030002　　　　电子邮箱：sxzqzhglb@i618. com. cn
服务电话：400－666－1618　　公司网址：www. i618. com. cn；www. sxzq. net

1. 山西证券北京太平庄证券营业部　北京市海淀区太平庄13号010－62235588－268

2. 山西证券长治长兴南路证券营业部　长治市长兴南路146号0355－3014198

3. 山西证券大同新建南路证券营业部　山西省大同市新建南路51号 0352—2028900

4. 山西证券汾阳证券营业部　山西省汾阳市杏花村 0358—7220562

5. 山西证券晋城黄华街证券营业部　山西省晋城市黄华街C区12号　0356—3052510

6. 山西证券晋中迎宾路证券营业部　山西省晋中市榆次区迎宾路92号东楼 0354—3036641

7. 山西证券离石滨河北西路证券营业部　山西省吕梁市离石区滨河北西路1号 0358—8288092

8. 山西证券临汾北洪家楼证券营业部　山西省临汾市北洪家楼20号 0357—2021177

9. 山西证券宁波百丈东路证券营业部　浙江省宁波市百丈东路711弄1号3层 0574—27717861

10. 山西证券上海虹桥路证券营业部　上海市虹桥路2284—2286号　021—62625807

11. 山西证券上海浦东南路证券营业部　上海市浦东南路379号金穗大厦主楼21层 021—68598989—211

12. 山西证券上海松花江路证券营业部　上海市松花江路1250号 021—65200077

13. 山西证券深圳华富路证券营业部　深圳市福田区华富路1006号航都大厦5楼 0755—83790618

14. 山西证券深圳蛇口工业七路证券营业部　深圳市南山区蛇口工业七路弘都世纪公寓二楼 0755—83790614

15. 山西证券朔州开发路证券营业部　山西省朔州市开发路48号　0349—2026947

16. 山西证券太原并州南路证券营业部　太原市并州南路105号　九仙艺苑 0351—7083894

17. 山西证券太原府西街证券营业部　太原市府西街69号　0351—8686999

18. 山西证券太原解放北路证券营业部　太原市解放北路279号　0351—3132333

19. 山西证券太原桃园二巷证券营业部　太原市桃园二巷58号　0351—8612316

20. 山西证券太原五一路证券营业部　太原市五一路155号　0351—3523777

21. 山西证券太原坞城路证券营业部　太原市坞城路19号 0351—7630811

22. 山西证券司太原西矿街证券营业部　太原市西矿街53号 0351—6175822

23. 山西证券太原迎泽大街证券营业部　太原市迎泽大街248号南宫西展厅 0351—4031140

24. 山西证券西安高新二路证券营业部　西安市高新二路2号山西证券大厦 029

—88496893

25. 山西证券忻州七一北路证券营业部　山西省忻州市七一北路 20 号 0350—3032090

26. 山西证券阳泉德胜东街证券营业部　山西省阳泉市德胜东街 23 号 0353—2035447

27. 山西证券运城河东街证券营业部　山西省运城市河东街 159 号 0359—2029366

28. 山西证券重庆红黄路证券营业部　重庆市渝北区红黄路 52 号　023—86812621

65.　陕西开源证券经纪有限责任公司

注册地：陕西省西安市南四府街 11 号

办公地：西安市南四府街 11 号

邮编（ZIP)：710002　　电子邮箱：tianjing1618@sina. com

服务电话：029—87611417　　公司网址：http：//www. sxkyzq. com

1. 陕西开源证券西安长安路证券营业部　陕西省西安市长安南路 447 号 029—85242699

2. 陕西开源证券西安纺织城正街证券营业部　西安市纺织城正街 262 号 029—83536689

3. 陕西开源证券西安南四府街证券营业部　陕西省西安市南四府街 11 号　029—87611413

4. 陕西开源证券榆林新建南路证券营业部　陕西省榆林市新建南路贾石下巷口金桥大厦 0912—3231141

66.　上海远东证券有限公司

注册地：上海浦东南路 256 号华夏银行大厦 5 层

办公地：上海市浦东南路 256 号华夏银行大厦 5 层

邮编（ZIP)：200120　　电子邮箱：zhglb@ydstock. com

服务诉电话：021—58788888—11公司网址：www. ydstock. com

1. 上海远东证券北京南礼士路证券营业部　北京市西城区南礼士路 3 号海通大厦 A 座 4 层 010—68025237

2. 上海远东证券长沙蔡锷北路证券营业部　长沙市蔡锷北路 441 号北信楼 0731—2800806

3. 上海远东证券成都西安中路证券营业部　四川省成都市西安中路 18 号 028—87778772

4. 上海远东证券成都一环路证券营业部　四川省成都市一环路南三段 78 号 028

—85195936

5. 上海远东证券广州天河南二路证券营业部　广州市天河区天河南二路8号建丰大厦东 020—87303114

6. 上海远东证券潢川跃进东路证券营业部　河南省信阳市潢川县跃进东路华中商厦 0376—3915708

7. 上海远东证券绵阳临园路证券营业部　绵阳市涪城路113号涪城大厦10—2号　028—86639424

8. 上海远东证券汕头金砂东路证券营业部　广东省汕头市龙湖区金砂东路127号 0754—8732936

9. 上海远东证券上海金桥路证券营业部　浦东金桥路1389号一层．三层 021—58993898

10. 上海远东证券深圳湖贝路证券营业部　深圳市罗湖区湖贝路1047号湖业楼4.6楼 0755—82284560

11. 上海远东证券石家庄联盟路证券营业部　石家庄市联盟路707号 0311—7287003

12. 上海远东证券天津苏州道证券营业部　天津市河西区苏州道2号文华中心20层 022—23265891

13. 上海远东证券武汉球场路证券营业部　武汉江岸区球场路44—7号 027—82410983

14. 上海远东证券信阳大庆路证券营业部　河南省信阳市大庆路职业技术学院南大门 0376—6268136

15. 上海远东证券信阳解放路证券营业部　信阳市解放路60号　0376—6228128

16. 上海远东证券宜昌东山大道证券营业部　宜昌市西陵区东山大道95号 0717—6319052

17. 上海远东证券郑州经八路证券营业部　河南省郑州市经八路26号 0371—3818826

67.　上海证券有限责任公司

注册地：上海市黄浦区西藏中路336号

办公地：上海市黄浦区西藏中路336号　上海市临平北路19号

邮编（ZIP）：200086　　　　电子邮箱：shzq@sigchina.com

服务电话：021—962518　　　公司网址：http：//www.962518.com

1. 上海证券堡镇证券营业部　上海市崇明堡镇中路378号 021—59421590

2. 上海证券北京东直门南大街证券营业部　北京市东直门南大街3号国华投资大厦 010—84085598

3. 上海证券北京万寿路证券营业部　北京市海淀区万寿路翠微中里14号楼 010

—68254010

4. 上海证券崇明证券营业部 上海市崇明县城桥镇东门路177号 021—69615462

5. 上海证券大连同兴街证券营业部 大连市中山区同兴街25号 0411—82531901

6. 上海证券定西路证券营业部 上海市定西路1118号（乙）021—62524517

7. 上海证券东方路证券营业部 上海市东方路818号底层北大厅 021—58209198—118

8. 上海证券福州五四路证券营业部 福州市五四路111号宜发大厦2楼建 021—962518

9. 上海证券高安路证券营业部 上海市高安路107号高安公寓一楼 021—64375899

10. 上海证券广灵四路证券营业部 上海市广灵四路100号 021—65445831

11. 上海证券广州东风中路证券营业部 广东省广州市东风中路410号健力宝大厦6楼 020—83487200

12. 上海证券杭州解放路证券营业部 杭州市上城区解放路85号九楼 0571—87169808

13. 上海证券杭州文三路证券营业部 浙江省杭州市文三路259号 0571—88994555

14. 上海证券虹梅路证券营业部 上海市虹梅路3309号 021—64468828

15. 上海证券嘉定证券营业部 上海市嘉定区清河路156号 021—59927899

16. 上海证券嘉兴越秀北路证券营业部 浙江省嘉兴市越秀北路1098号江 0573—82115560

17. 上海证券金山证券营业部 上海市金山象州路138号 021—57958678

18. 上海证券九江路证券营业部 上海市九江路41号 021—63297420

19. 上海证券乐清乐成镇乐怡路证券营业部 浙江省乐清市乐成镇乐怡路189号 0577—62572808

20. 上海证券临平路证券营业部 上海市临平北路19号 021—65084024

21. 上海证券龙镇路证券营业部 上海市宝山月浦龙镇路98号 021—56932799

22. 上海证券妙境路证券营业部 上海市浦东妙境路829路 021—58902030

23. 上海证券南昌民德路证券营业部 江西省南昌市民德路349号 0791—6799810

24. 上海证券南京草场门大街证券营业部 江苏省南京市鼓楼区草场门大街105号苏 025—86299800

25. 上海证券南京洪武路证券营业部 江苏省南京市洪武路129号 021—962518

26. 上海证券南京西路证券营业部 上海市南京西路1468号中欣大厦2楼 021—962518

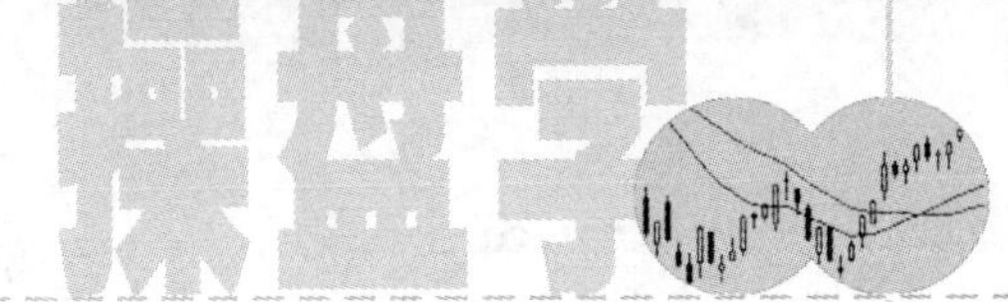

27. 上海证券南桥证券营业部　上海市南桥镇南奉路47号　021－57422932

28. 上海证券平顺路证券营业部　上海市平顺路108号　021－56833260

29. 上海证券青浦证券营业部　上海市青浦城中东路566号 021－59738888

30. 上海证券茸城证券营业部　上海市松江区人民北路40号　021－57718124

31. 上海证券瑞安罗阳大道证券营业部　浙江省瑞安市罗阳大道1099－1112号 0577－65801122

32. 上海证券商城路证券营业部　上海市浦东新区商城路373号 021－58870637

33. 上海证券深圳福虹路证券营业部　深圳市福田区福虹路世界贸易广场F501 0755－83003138

34. 上海证券深圳深南中路证券营业部　深圳市福田区深南中路3039号国际文化大厦2907A 021－962518

35. 上海证券苏州干将西路证券营业部　江苏省苏州市干将西路456号苏 0512－65588288

36. 上海证券台州解放南路证券营业部　浙江省台州市椒江区解放南路251－8号　0576－88825979

37. 上海证券天山路证券营业部　上海市长宁区天山路919号虹桥天都四楼 021－62298020

38. 上海证券温州谢池商城证券营业部　浙江省温州市谢池商城 0577－88833090

39. 上海证券西藏路证券营业部　上海市西藏北路1号　021－63815528

40. 上海证券西藏南路证券营业部　上海市西藏南路889号　021－63454288

41. 上海证券襄阳北路证券营业部　上海市襄阳北路27号　021－54036573

42. 上海证券莘庄证券营业部　上海市闵行区莘西路319号　021－64880099

43. 上海证券延长西路证券营业部　上海市延长西路80号　021－56958948

44. 上海证券芷江西路证券营业部　上海市芷江西路244号　021－56978546

45. 上海证券重庆南城大道证券营业部　重庆市南岸区南城大道199号　023－62988898

46. 上海证券周浦证券营业部　上海市周浦镇年家浜路388号　021－58112000

68.　申银万国证券股份有限公司

注册地：上海市常熟路171号

办公地：上海市常熟路171号

邮编（ZIP）：200031　　电子邮箱：sywg@sywg. com. cn

服务电话：021－962505　　公司网址：WWW. SYWG. COM. CN

1. 申银万国证券深圳红荔西路证券营业部　深圳市红荔西路上步工业区301栋上航大厦21楼 021－962505

2. 申银万国证券北京安定路证券营业部　北京朝阳区安定路39号长新大厦 021

—962505

3. 申银万国北京劲松九区证券营业部　北京朝阳区劲松九区 909 楼 021—962505

4. 申银万国长春东朝阳路证券营业部　吉林省长春市东朝阳路 555 号综合楼第五层 021—962505

5. 申银万国证券长沙蔡锷中路证券营业部　长沙市蔡锷中路 24 号　021—962505

6. 申银万国证券成都槐树街证券营业部　成都槐树街 2 号申银万国证券大厦 021—962505

7. 申银万国证券成都人民北路证券营业部　成都市人民北路二段 29 号海发大厦 2 楼 021—962505

8. 申银万国证券成都西一环路证券营业部　成都市一环路西一段嘉宇大厦二楼 021—962505

9. 申银万国证券成都盐市口证券营业部　成都市盐市口成都物资大厦三、四楼 021—962505

10. 申银万国证券大连武汉街证券营业部　大连市中山区武汉街 36 号　021—962505

11. 申银万国证券福州鼓屏路证券营业部　福州市鼓屏路 192 号　021—962505

12. 申银万国证券广州江南大道证券营业部　广州市江南大道中 108 号　021—962505

13. 申银万国证券广州天河北路证券营业部　广州市天河北路金海花园金瀚阁 1—2 层 021—962505

14. 申银万国证券哈尔滨南马路证券营业部　哈尔滨市道外区南马路 165 号 021—962505

15. 申银万国证券哈尔滨中山路证券营业部　哈尔滨市香坊区中山路 93 号江 021—962505

16. 申银万国证券海口龙昆南路证券营业部　海口市龙昆南路 1 号　021—962505

17. 申银万国证券杭州密渡桥路证券营业部　杭州市密渡桥路 3 号　021—962505

18. 申银万国证券合肥阜南路证券营业部　合肥市阜南路 136 号　021—962505

19. 申银万国证券黄石黄石大道证券营业部　黄石市黄石大道 820 号　021—962505

20. 申银万国证券嘉兴禾兴北路证券营业部　嘉兴市禾兴北路 620 号　021—962505

21. 申银万国证券金华八一北街证券营业部　金华市八一北街 484 号　021—962505

22. 申银万国证券靖江骥江路证券营业部　靖江市骥江路 160 号　021—962505

23. 申银万国证券九江浔阳路证券营业部　九江市浔阳路105号021—962505

24. 申银万国证券兰州东岗西路证券营业部　兰州市城关区东岗西路457号021—962505

25. 申银万国证券泸州广凤路证券营业部　泸州市广凤路4号　021—962505

26. 申银万国证券眉山东坡镇证券营业部　眉山市东坡区三苏大道东段寿险大厦021—962505

27. 申银万国证券南昌北京西路证券营业部　南昌市北京西路88号江信国际大厦021—962505

28. 申银万国证券南昌市南京东路证券营业部　南昌市南京东路165号021—962505

29. 申银万国证券南京华侨路证券营业部　南京市华侨路29号021—962505

30. 申银万国证券南京山西路证券营业部　南京市山西路57号021—962505

31. 申银万国证券南宁古城路证券营业部　南宁市古城路22号　021—962505

32. 申银万国证券南通南大街证券营业部　南通市南大街218号　021—962505

33. 申银万国证券宁波大梁街证券营业部　宁波市大梁街48号　021—962505

34. 申银万国证券宁波中山东路证券营业部　宁波市中山东路416弄26号021—962505

35. 申银万国证券青岛太平路证券营业部　青岛市太平路37号华能大厦021—962505

36. 申银万国证券衢州县西街证券营业部　衢州市县西街77号　021—962505

37. 申银万国证券上海碧江路证券营业部　上海闵行碧江路349号　021—962505

38. 申银万国证券上海昌化路证券营业部　上海昌化路33号　021—962505

39. 申银万国证券上海崇明证券营业部　上海崇明城桥镇川心街1号　021—962505

40. 申银万国证券上海川沙路证券营业部　上海川沙路4487号　021—962505

41. 申银万国证券上海东方路证券营业部　上海市东方路1870号021—962505

42. 申银万国证券上海东体育馆路证券营业部　上海东体育馆路1150号　021—962505

43. 申银万国证券上海飞虹路证券营业部　上海飞虹路325号　021—962505

44. 申银万国证券上海丰镇路证券营业部　上海丰镇路78号　021—962505

45. 申银万国证券上海奉贤证券营业部　上海市奉贤人民中路236号021—962505

46. 申银万国证券上海福州路证券营业部　上海福州路118号　021—962505

47. 申银万国证券上海广东路证券营业部　上海广东路729号021—962505

48. 申银万国证券上海海宁路证券营业部　上海海宁路851号　021—962505

49. 申银万国证券上海沪太路证券营业部　沪太路549号和泰花园一、二楼021—962505

50. 申银万国证券上海黄兴路证券营业部　上海黄兴路 2001 号　021—962505
51. 申银万国证券上海吉林路证券营业部　上海吉林路 60 号 021—962505
52. 申银万国证券上海嘉定证券营业部　上海嘉定清河路 10 号　021—962505
53. 申银万国证券上海金山证券营业部　上海金山朱泾镇公园 288 号　021—962505
54. 申银万国证券上海瞿溪路证券营业部　瞿溪路 805 号 021—962505
55. 申银万国证券上海兰坪路证券营业部　上海闵行兰坪路 92 号　021—962505
56. 申银万国证券上海兰溪路证券营业部　上海兰溪路 135 号　021—962505
57. 申银万国证券上海临沂路证券营业部　临沂路 128 号　021—962505
58. 申银万国证券上海龙漕路证券营业部　上海龙漕路 1 弄 9 号 021—962505
59. 申银万国证券上海龙茗路证券营业部　上海龙茗路 1847 号 3 楼 021—962505
60. 申银万国证券上海隆昌路证券营业部　上海隆昌路 619 号　021—962505
61. 申银万国证券上海陆家浜路证券营业部　上海陆家浜路 1293 号　021—962505
62. 申银万国证券上海陆家嘴环路证券营业部　上海陆家嘴环路 958 号 021—962505
63. 申银万国证券上海洛川东路证券营业部　上海洛川东路 303 号　021—962505
64. 申银万国证券上海南汇证券营业部　上海南汇城东路 23 号　021—962505
65. 申银万国证券上海青浦证券营业部　上海青浦公园路 222 号 1—3 层 021—962505
66. 申银万国证券上海曲阳路证券营业部　曲阳路 800 号 021—962505
67. 申银万国证券上海瑞金二路证券营业部　上海瑞金二路 24 号 021—962505
68. 申银万国证券上海三林路证券营业部　上海三林路 345 号 021—962505
69. 申银万国证券上海商城路证券营业部　上海商城路 1088 号 021—962505
70. 申银万国证券上海上中西路证券营业部　上中西路 200 号 021—962505
71. 申银万国证券上海石化证券营业部　上海石化蒙山路 279 号 021—962505
72. 申银万国证券上海双流路证券营业部　上海双流路 15 号　021—962505
73. 申银万国证券上海松江证券营业部　上海松江中山东路 272 号 021—962505
74. 申银万国证券上海天钥桥路证券营业部　上海市天钥桥路 518 号英雄大厦二、三楼 021—962505
75. 申银万国证券上海同泰路证券营业部　上海同泰路 88 号 021—962505
76. 申银万国证券上海吴中路证券营业部　上海吴中路 2760 号　021—962505
77. 申银万国证券上海莘庄证券营业部　上海市莘庄莘松路 235 号 1.2 层 021—962505
78. 申银万国证券上海新昌路证券营业部　上海新昌路 180 号 021—962505

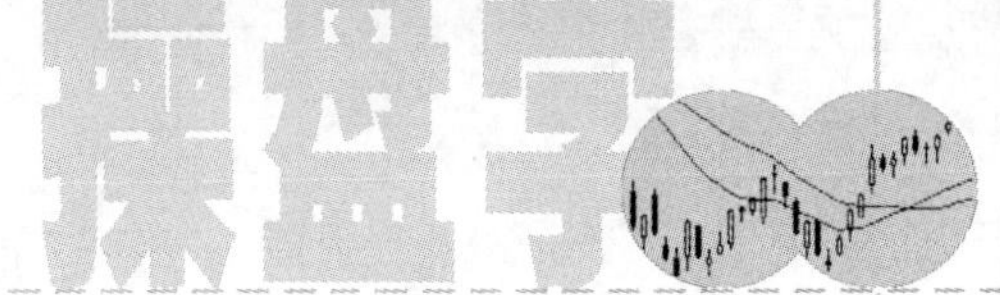

79. 申银万国证券上海延长中路证券营业部　上海延长中路597号021—962505

80. 申银万国证券上海余姚路证券营业部　上海余姚路169号021—962505

81. 申银万国证券上海玉屏南路证券营业部　上海玉屏南路373号021—962505

82. 申银万国证券上海云台路证券营业部　上海云台路529弄10—13号021—962505

83. 申银万国证券上海中华路证券营业部　上海中华路1158号021—962505

84. 申银万国证券上海中山北路证券营业部　上海中山北路2918号　021—962505

85. 申银万国证券上海中山西路证券营业部　中山西路小闸镇街133号　021—962505

86. 申银万国证券上海周浦证券营业部　上海川周路4508号021—962505

87. 申银万国证券上饶中山西路证券营业部　上饶市中山西路20号　021—962505

88. 申银万国证券深圳金田路证券营业部　深圳市金田路4018号安联大厦22楼A01—A02 021—962505

89. 申银万国证券沈阳岐山中路证券营业部　沈阳市皇姑区岐山中路60号021—962505

90. 申银万国证券沈阳中山路证券营业部　沈阳市和平区中山路193号021—962505

91. 申银万国证券苏州东吴北路证券营业部　吴中区东吴北路158号021—962505

92. 申银万国证券天津红星路证券营业部　天津市河东区红星路180号021—962505

93. 申银万国证券天津浦口道证券营业部　天津市河西区浦口道22号汇通大厦底商一、二层021—962505

94. 申银万国证券桐乡振兴东路证券营业部　桐乡市梧桐镇振兴东路摩托车市场北区021—962505

95. 申银万国证券温州人民路证券营业部　温州市人民西路群艺大楼二楼021—962505

96. 申银万国证券乌鲁木齐光明路证券营业部　乌鲁木齐市光明路5号中保大厦四楼疆021—962505

97. 申银万国证券无锡清扬路证券营业部　无锡市清扬路24号　021—962505

98. 申银万国证券武汉青年路证券营业部　武汉市青年路277号教育出版社北021—962505

99. 申银万国证券武汉中山路证券营业部　武汉市武昌区中山路341号　021—962505

100. 申银万国证券西安长安北路证券营业部　西安市长安北路54号太平洋大厦021—9620505

101. 申银万国证券厦门厦禾路证券营业部　厦门市厦禾路842号021—962505

102. 申银万国证券襄樊人民广场证券营业部　湖北省襄樊市人民广场文渊楼021—962505

103. 申银万国证券扬州扬子江北路证券营业部　江苏省扬州市扬子江中路758号021—962505

104. 申银万国证券宜昌西陵一路证券营业部　湖北省宜昌市西陵一路72号021—962505

105. 申银万国证券镇江中山东路证券营业部　江苏省镇江市中山东路28号021—962505

106. 申银万国证券重庆小新街证券营业部　重庆市沙坪区小新街85号恒鑫大厦四楼庆021—962505

107. 申银万国证券重庆杨家坪正街证券营业部　重庆市龙坡区杨家坪正街11号五环大厦5楼021—962505

108. 申银万国证券重庆中山一路证券营业部　重庆渝中区中山一路181号抗建大厦2楼021—962505

109. 申银万国证券珠海迎宾南路证券营业部　珠海市拱北迎宾南路迎宾广场三楼021—962505

69.　沈阳诚浩证券经纪有限责任公司

注册地：沈阳市沈河区热闹路51号恒信大厦C座
办公地：沈阳市沈河区热闹路51号恒信大厦C座
邮编（ZIP）：110014　　　　电子邮箱：www.sychzq@126.com
服务电话：024—22955438

1. 沈阳诚浩证券沈阳西顺城街证券交易营业部　沈阳市沈河区西顺城街239号024—24847619

2. 沈阳诚浩证券沈阳崇山东路证券营业部　沈阳市于洪区崇山东路32号024—86223722

3. 沈阳诚浩证券沈阳宁山中路证券营业部　沈阳市皇姑区宁山中路66号1门024—86223957

4. 沈阳诚浩证券沈阳启工街证券营业部　沈阳市铁西区启工街72号024—85732461

5. 沈阳诚浩证券沈阳泉园街证券营业部　沈阳市东陵区泉园街28号甲024—24213191

6. 沈阳诚浩证券沈阳热闹路证券营业部　沈阳市沈河区热闹路51号024—22955519

7. 沈阳诚浩证券沈阳兴华南街证券营业部　沈阳市铁西区兴华南街二十号七门024—25853721